**Medienbildung**

Kapitel und Aufgaben mit diesem Symbol vermitteln dir Kompetenzen, mit denen du die digitalen Medien und Werkzeuge selbstbewusst, kritisch und erfolgreich handhaben kannst.

 **Vor einigen Aufgaben oder Überschriften steht ein ⓜ.**

Dieses ⓜ bedeutet: METHODE.
In solchen Kapiteln oder Aufgaben lernst du zum Beispiel folgende Methoden kennen und anwenden:

- Nachschlagen im Wörterbuch
- Schreibkonferenz
- Ein Gedicht gestaltend vortragen
- Strategie: Kurzform bilden

Diese Methoden helfen dir dabei, selbstständig zu arbeiten: allein oder gemeinsam mit anderen.

Auf vielen Seiten findest du eine LUPE mit einer Seitenzahl.

Diese Lupe ist wie ein Link. Wenn du die angegebene Seite aufschlägst, dann findest du dort Informationen, die dir beim Lösen deiner Aufgabe helfen. 🔍 206

Hinter einigen Texten steht ein LAUTSPRECHER. 🔊

Von diesen Texten gibt es eine Hörfassung auf der BiBox zu Praxis Sprache.

Am Ende des Buches findest du ein REGISTER.

In diesem Register findest du für jedes Schuljahr alle Fachausdrücke, die für dich beim Lernen und Arbeiten im Fach Deutsch wichtig sind.

Praxis Sprache 5

Differenzierende Ausgabe

Herausgegeben von	Wolfgang Menzel
Erarbeitet von	Wolfgang Menzel Regina Nußbaum Ursula Sassen
Illustriert von	Konrad Eyferth

westermann

Zusatzmaterialien zu Praxis Sprache 5 Differenzierende Ausgabe

Für Lehrerinnen und Lehrer:

Materialien für Lehrerinnen und Lehrer	978-3-14-122667-6
BiBox für Lehrerinnen und Lehrer (Einzellizenz)	WEB-14-122679
BiBox für Lehrerinnen und Lehrer (Kollegiumslizenz)	WEB-14-122685
Online-Diagnose zu Praxis Sprache 5 Differenzierende Ausgabe	www.onlinediagnose.de
kapiert.de zu Praxis Sprache 5 Differenzierende Ausgabe	www.kapiert.de/schule

Für Schülerinnen und Schüler:

Arbeitsheft	978-3-14-124087-0
Interaktive Übungen	WEB-14-122691
Arbeitsbuch Inklusion	978-3-14-124093-1
BiBox (Einzellizenz für 1 Schuljahr)	WEB-14-101818

© 2017 Bildungshaus Schulbuchverlage Westermann Schroedel Diesterweg Schöningh Winklers GmbH,
Georg-Westermann-Allee 66, 38104 Braunschweig
www.westermann.de

Das Werk und seine Teile sind urheberrechtlich geschützt. Jede Nutzung in anderen als den gesetzlich zugelassenen bzw. vertraglich zugestandenen Fällen bedarf der vorherigen schriftlichen Einwilligung des Verlages. Wir behalten uns die Nutzung unserer Inhalte für Text und Data Mining im Sinne des UrhG ausdrücklich vor. Nähere Informationen zur vertraglich gestatteten Anzahl von Kopien finden Sie auf www.schulbuchkopie.de.

Für Verweise (Links) auf Internet-Adressen gilt folgender Haftungshinweis: Trotz sorgfältiger inhaltlicher Kontrolle wird die Haftung für die Inhalte der externen Seiten ausgeschlossen. Für den Inhalt dieser externen Seiten sind ausschließlich deren Betreiber verantwortlich. Sollten Sie daher auf kostenpflichtige, illegale oder anstößige Inhalte treffen, so bedauern wir dies ausdrücklich und bitten Sie, uns umgehend per E-Mail davon in Kenntnis zu setzen, damit beim Nachdruck der Verweis gelöscht wird.

Druck A^{13} / Jahr 2025
Alle Drucke der Serie A sind im Unterricht parallel verwendbar.

Redaktion: Regina Nußbaum
Typographisches Konzept: Janssen Kahlert Design & Kommunikation GmbH
Layout: Druckreif! Sandra Grünberg, Braunschweig
Umschlaggestaltung: Janssen Kahlert Design & Kommunikation GmbH
Druck und Bindung: Westermann Druck GmbH, Georg-Westermann-Allee 66, 38104 Braunschweig

ISBN 978-3-14-**122630**-0

Inhalt

Sprechen und Zuhören

8 Miteinander arbeiten und lernen
8 Einander näher kennenlernen
10 Sich selbst und andere vorstellen
12 Freundlich miteinander umgehen
14 Wünsche äußern für das Zusammenleben in der Klasse
16 Das Verhalten von Kindern in einer Diskussion untersuchen: Ausgestaltung unseres Klassenraumes
19 Regeln für Gespräche und Diskussionen vereinbaren

20 Das Vorlesen üben
20 Sich mit einem Text inhaltlich vertraut machen
    A. L. Grimm – *nacherzählt von Wolfgang Menzel*: Die beiden Ziegen
    Iwan Krylow: Warum das Schwein weinte
    Äsop – *nacherzählt von Wolfgang Menzel*: Der Fuchs und der Ziegenbock
22 Vorlesen üben mit einem Partner
23 Vorlesen mit verteilten Rollen
25 Überprüfe dein Wissen und Können

Lesen – Umgang mit Texten und Medien

26 Sachtexte lesen – Sachtexte verstehen
26 Wie man einen Sachtext erarbeiten kann: Ein Beispiel
28 Sachtexte mithilfe der 6-Schritt-Lesemethode erarbeiten
30 Einen längeren Sachtext erarbeiten
32 Nach einer bestimmten Information in einem Text suchen
33 Einen Text aufmerksam lesen – und noch einmal gezielt lesen

34 Tabellen – Diagramme – Infografiken
34 Tabellen: Informationen übersichtlich geordnet
37 Diagramme: Zahlen anschaulich dargestellt
39 Infografiken: Informationen sichtbar gemacht
40 Eine Infografik erschließen
41 Überprüfe dein Wissen und Können

42 Informationen im Internet recherchieren
42 Suchmaschinen nutzen
44 Suchergebnisse sichten
46 Gesucht und gefunden: Sich auf einer Internetseite orientieren
47 Sich auf Internetseiten informieren: Einen Steckbrief schreiben
48 Informationen aus dem Internet selbstständig auswerten
49 Kontakt aufnehmen per E-Mail: Eine Anfrage schreiben
51 Überprüfe dein Wissen und Können

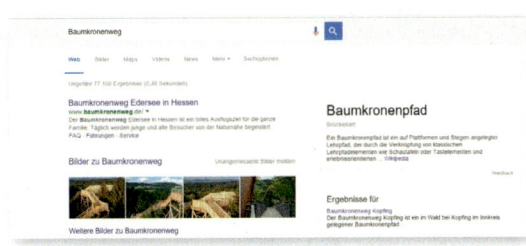

Schreiben und Präsentieren

52 Abschreiben
 52 Abschreiben: In welcher Schrift? Wie? Was?

54 Gegenstände beschreiben
54 Gegenstände beschreiben und erkennen
56 Merkmale einer Gegenstandsbeschreibung erarbeiten
59 Einen Gegenstand beschreiben
60 Gebrauchsgegenstände beschreiben
63 Gegenstände beschreiben – eine Verlustanzeige ausfüllen
 64 Lieblingssachen beschreiben – gemeinsam Plakate gestalten
66 Überprüfe dein Wissen und Können

68 Lieblingsplätze beschreiben
68 Aus einer Beschreibung etwas lernen
71 Einen Text nacherzählen – umerzählen – ergänzen
 72 Vom Entwurf zur Überarbeitung: Schreibkonferenz
74 Ein Gedicht über einen Lieblingsplatz lesen und vorlesen
Arno Holz: Rote Dächer
76 Einen Lieblingsplatz beschreiben
79 Überprüfe dein Wissen und Können

80 Von Erlebnissen erzählen
80 Eine Geschichte lesen und untersuchen
82 Mündlich erzählt – und weitererzählt
84 Geschichten überarbeiten und ergänzen

 87 Vom Cluster zur eigenen Geschichte
89 Geschichten schreiben
 92 Vom Entwurf zur Überarbeitung: Schreibkonferenz
95 Überprüfe dein Wissen und Können

96 Fantasiegeschichten erzählen
96 Anderen gern erzählen – anderen gern zuhören
99 Zu einem Bild erzählen – eine Geschichte ergänzen
101 Eine Fantasiegeschichte zu einem Bild schreiben
102 Alles ist möglich: Fantasiegeschichten schreiben
 104 Gemeinsam erzählen: Erzählspiele
107 Überprüfe dein Wissen und Können

Lesen – Umgang mit Texten und Medien

108 Till Eulenspiegel
Zwei Eulenspiegelgeschichten lesen
Erich Kästner: Wie Eulenspiegel auf dem Seil tanzte
Erich Kästner: Eulenspiegel rächt sich
111 Einen Sachtext zu Till Eulenspiegel in Gruppen erarbeiten
Der Schalk Till Eulenspiegel
113 Eine Eulenspiegelgeschichte lesen und verstehen
Wolfgang Menzel – nach Hermann Bote: Wie Eulenspiegel in einen Bienenkorb kroch

Inhalt

- 114 Eine Eulenspiegelgeschichte aus einer anderen Perspektive erzählen
  Erich Kästner: Wie Eulenspiegel einem Esel das Lesen beibrachte
- 116 Zu Bildern eine Eulenspiegelgeschichte schreiben
  Wie Eulenspiegel zu Erfurt einen Metzger um einen Braten betrog
- 118 Eine Eulenspiegelgeschichte als szenisches Spiel aufführen
  Wolfgang Menzel: Wie Eulenspiegel bei Uelzen einen Bauern um ein grünes Londoner Tuch betrog
- 123 Überprüfe dein Wissen und Können

124 Märchen
- 124 Erfahrungen mit Märchen austauschen
- 126 Merkmale von Märchen erkennen und identifizieren
  Slowakisches Volksmärchen – nacherzählt von Wolfgang Menzel: Der Schmied Butec
- 132 Ein Märchen lesen und verstehen
  Brüder Grimm: Die Bremer Stadtmusikanten

- 137 Produktiv mit Märchen umgehen
  Volksmärchen aus den Pyrenäen: Die drei Wünsche
  Brüder Grimm: Prinzessin Mäusehaut
  Wolfgang Menzel – nach den Brüdern Grimm: Prinzessin Mäusehaut – Ein szenisches Spiel
- 147 Ein Märchen nach Bildern erzählen
  Brüder Grimm: Hans im Glück
- 153 Überprüfe dein Wissen und Können

154 Gedichtewerkstatt
- 154 Wörter und Klang in Gedichten
  Jean de Brunhoff: Patali dirapata
  Volksgut: Atte katte nuwa
  Wolfgang Menzel: In der grummel Flotterlucht
  Volksgut: Ose wiesewose
  Joachim Ringelnatz: Der Stein
  Joachim Ringelnatz: Der Funke
- 156 Von den Reimen
- 157 Ein Gedicht mit einem Sachtext vergleichen
  Eduard Mörike: Septembermorgen
- 158 Ein Gedicht lebendig vortragen
  Heinrich Seidel: November
- 160 Von Versen, Strophen und Reimen
  James Krüss: Das Wasser
- 161 Die besondere Sprache in Gedichten untersuchen
  Josef Guggenmos: Ich male mir den Winter
- 163 Aus Wörtern werden Gedichte
- 165 Reime durch Einfügungen und Umstellungen herstellen
  Adolf Holst: Eislauf
  Peter Hacks: Der Walfisch
  James Krüss: Der gereimte Löwe
- 167 Gedichte schreiben, gestalten und zusammenstellen
  James Krüss: Gewitterlied
  Vera Ferra-Mikura: Regenschirme
  Christian Morgenstern: Der Frühling kommt bald
- 170 Gedichte untersuchen, deuten und vortragen
  Christian Morgenstern: Die drei Spatzen
  Robert Reinick: Der Schneemann auf der Straße
  James Krüss: Schneemanns-Los
  Fredrik Vahle: Viel Himmel zwischen den Ohren
- 174 Ein Gedicht gestaltend vortragen
  Georg Britting: Goldene Welt
- 175 Überprüfe dein Wissen und Können
  Joseph von Eichendorff: Herbst

Lesen – Umgang mit Texten und Medien

Rechtschreibung und Zeichensetzung

176	**Textwerkstatt**		**206**	**Arbeit mit dem Wörterbuch**
176	Sich in die literarischen Figuren einer Erzählung einfühlen		206	Nachschlagen im Wörterbuch
	H. B. Cave: Arktisches Abenteuer		**212**	**Aufbau und Schreibung der Wörter**
179	Meinungen zu einem literarischen Text austauschen		212	Vokale und Konsonanten unterscheiden
	Achim Bröger: Lieber Weihnachtsmann		213	Offene und geschlossene Silben unterscheiden
181	Sich in die literarische Figur einer Erzählung einfühlen		214	Langvokale und Kurzvokale unterscheiden
	Renate Welsh: Axel und die Freude		215	Wörter nach Silben gliedern
183	Einen literarischen Text inhaltlich erschließen		216	Das h, mit dem man Silben trennt
	Paul Maar: Falsch verbunden		217	Wörter mit Dehnungs-h schreiben
186	Die Handlungsweise und Gefühle einer literarischen Figur verstehen		218	Vorsilben (Präfixe) vorn an Wörter anfügen
	Tilde Michels: Wie der Vogel gestorben ist		219	Die Nachsilben (Suffixe) *-lich*, *-ig* an Wörter anfügen
188	Über die Handlungsmotive literarischer Figuren nachdenken		220	Einfacher Konsonant oder Doppelkonsonant?
	Astrid Lindgren: Wie Ole seinen Hund bekam		222	Wörter mit *tz* und *ck* richtig schreiben
191	Produktiv mit literarischen Texten umgehen		223	Wörter mit *ß* und *ss* unterscheiden
	Susanne Kilian: Kennst du das auch?		225	Strategie: Kurzform bilden – Wörter mit *ä* und *äu*
	Susanne Kilian: Oder das, kennst du das?		227	Strategie: Langform bilden – Wörter mit *b, d, g* am Ende
193	Zum Verhalten literarischer Figuren Stellung nehmen		228	Wörter berichtigen
	Irmela Wendt: Uli und ich		230	Überprüfe dein Wissen und Können
195	Über die Anziehungskraft von literarischen Texten nachdenken		**232**	**Die Großschreibung**
196	Überprüfe dein Wissen und Können		232	Wann werden Wörter großgeschrieben?
	Gret Ziswiler: Die Stute erwartet ihr Fohlen		234	Die Großschreibung an Signalen erkennen: Artikel
198	**Ein Lesetagebuch anlegen und führen**		236	Die Großschreibung an Signalen erkennen: Adjektive
198	Erstbegegnung mit einem Kinderroman		237	Die Großschreibung an Signalen erkennen: Pronomen
	Uwe Timm: Rennschwein Rudi Rüssel		238	Die Großschreibung an Signalen erkennen: „versteckte Artikel"
200	Ein Lesetagebuch anlegen		239	Die Großschreibung an Signalen erkennen: Nachsilben (Suffixe)
204	Ein Lesetagebuch selbstständig führen		240	Überprüfe dein Wissen und Können

241 Zeichensetzung
- 241 Aussagesätze – Punkte setzen
- 242 Aufforderungssätze – Ausrufezeichen setzen
- 243 Fragesätze – Fragezeichen setzen
- 244 Satzschlusszeichen setzen
- 246 Zeichen der wörtlichen Rede setzen

248 Kommasetzung
- 248 Bei der Aufzählung von Wörtern Kommas setzen
- 250 Die Kommasetzung an Signalwörtern erkennen
- 253 Überprüfe dein Wissen und Können

Sprache und Sprachgebrauch

254 Mündliche Sprache – schriftliche Sprache
- 254 Worin unterscheiden sich mündliche und schriftliche Texte?

258 Wortarten
- 258 Nomen erkennen – Wozu wir Nomen gebrauchen
- 259 Das Geschlecht von Nomen kennenlernen
- 260 Den Singular und Plural von Nomen bilden
- 262 Den Plural im Deutschen und Englischen unterscheiden
- 263 Bestimmte und unbestimmte Artikel in Texten anwenden
- 265 Pronomen in Texten anwenden
- 267 Die Anredepronomen richtig schreiben
- 268 Wozu gebrauchen wir Adjektive?
- 269 Woran erkennen wir Adjektive?
- 270 Wie wir mit Adjektiven vergleichen können
- 271 Einen Text durch Adjektive anschaulich machen
- 272 Adjektive aus Wortfeldern auswählen und anwenden
- 273 Präpositionen kennen und gebrauchen lernen
- 275 Die Fälle nach Präpositionen kennenlernen
- 276 Präpositionen und Fälle richtig anwenden
- 277 Wozu gebrauchen wir Verben?
- 278 Den Infinitiv und die Zeitformen bilden
- 281 Verben aus einem Wortfeld anwenden
- 282 Überprüfe dein Wissen und Können
- 283 Überprüfe dein Wissen und Können

284 Die Zeitformen
- 284 Die verschiedenen Zeitformen kennenlernen
- 286 Die Zeitformen anwenden
- 289 Überprüfe dein Wissen und Können

290 Satzglieder
- 290 Wörter in Sätzen umstellen
- 291 Passende Wörter im Textzusammenhang auswählen
- 292 Wörter in Sätzen umstellen – Texte verbessern
- 294 Mit Umstellproben Satzglieder ermitteln
- 295 Mit Frageproben Adverbiale ermitteln
- 296 Adverbiale des Ortes unterscheiden
- 297 Adverbiale unterscheiden und umstellen
- 298 Subjekt und Prädikat ermitteln
- 299 Das Verb als Mittelpunkt des Satzes erkennen
- 300 Objekte im Dativ und Akkusativ unterscheiden
- 301 Satzglieder erkennen und in Texte einfügen
- 302 Deutsch – Englisch: Satzglieder verschieben
- 303 Überprüfe dein Wissen und Können

304 Anhang
- 304 Nachschlagen im Register der verwendeten Fachausdrücke
- 305 Register der verwendeten Fachausdrücke
- 317 Lösungen: Überprüfe dein Wissen und Können
- 325 Quellen

Sprechen und Zuhören

Miteinander arbeiten und lernen
Einander näher kennenlernen

Auf den beiden folgenden Seiten erhaltet ihr Spielanregungen dafür, wie ihr euch in der neuen Schulklasse besser kennenlernen könnt. Lest euch diese Anregungen durch und wählt aus, was ihr spielen möchtet.

1 **Sich mit Körperbewegungen vorstellen**

 1. Schritt: Aufstellen im Kreis – den Namen nennen – eine Bewegung machen
Jeweils sechs Kinder stellen sich im Kreis auf. Reihum nennt jedes Kind seinen Vornamen und Familiennamen. Gleichzeitig macht es dabei eine bestimmte Bewegung, z. B.:
- Mit einer Hand winken
- Den Daumen nach oben strecken
- Mit Zeige- und Mittelfinger ein V-Zeichen machen
- Die Arme vor der Brust überkreuzen
- Mit den Händen die Augen zuhalten
- Mit den Händen die Ohren bedecken
- Mit dem Zeigefinger auf die Nasenspitze tippen
- Die Hände in die Hüften stemmen
- Mehrmals den Kopf schütteln
- Ein Bein anwinkeln
- Eine Verbeugung machen

Achtung: Jedes Kind soll eine andere Bewegung machen.

 2. Schritt: Die Bewegung und den Namen des Nachbarn wiederholen
In der zweiten Runde wiederholt jedes Kind die Bewegung seines **rechten** Nachbarn. Dabei sagt es: „Mein Nachbar / meine Nachbarin heißt …"

2 Sich mit den Ellenbogen begrüßen

Alle Kinder stehen in einem großen Kreis und zählen sich zu dreien ab:
Alle Einser verschränken die Arme hinter dem Kopf,
alle Zweier verschränken die Arme vor der Brust,
alle Dreier stemmen die Hände in die Hüften.
Dann gehen alle Kinder durch den Klassenraum.
Dabei begrüßen sie sich freundlich mit einem „Hallo" und dem Vornamen, (z. B.: „Hallo Anna!")
und berühren sich kurz mit den Ellenbogenspitzen.
Falls ihr den Namen nicht mehr wisst, fragt noch einmal höflich nach und grüßt erneut.

3 Mischmasch

Jedes Kind schreibt auf ein Kärtchen eine Frage an die anderen Mitschülerinnen
und Mitschüler, zum Beispiel:
„Welche Musik hörst du am liebsten?" oder „Was ist deine Lieblingsfarbe?" oder
„Was ist dein Lieblingsessen?" oder …
Dann gehen alle Kinder im Klassenraum umher.
Auf ein bestimmtes Signal hin bleiben alle gleichzeitig stehen.
Die Frage auf dem Kärtchen wird nun der Person gestellt, die einem am nächsten steht.
Nachdem beide Kinder ihre Antwort bekommen haben, geht das Spiel weiter.
Spieldauer: Maximal zehn Minuten.

4 Schneeballschlacht

Ihr kennt euch jetzt schon ein bisschen besser und könnt das folgende Spiel spielen:
Jedes Kind schreibt auf einen Zettel drei Aussagen über sich selbst.
Dann werden die Zettel zusammengeknüllt.
Die ganze Klasse bekommt nun eine Minute Zeit für eine Schneeballschlacht
mit den zusammengeknüllten Zetteln. Danach nimmt sich jedes Kind
einen Schneeball und muss die Person finden, die den Zettel geschrieben hat.
Achtung: Bitte nicht den eigenen Zettel nehmen! Den solltet ihr unauffällig
gegen einen anderen Schneeball eintauschen.
Anschließend stellen alle Kinder ihre Person vor und berichten,
was sie Neues über den Jungen oder das Mädchen erfahren haben.

5 Wichtiger Gegenstand

Jedes Kind bringt von zu Hause einen Gegenstand mit, der ihm aus bestimmten
Gründen wichtig ist. Dann setzen sich alle miteinander in einen Kreis.
Jedes Kind stellt nun seinen Gegenstand vor. Dabei erklärt es den anderen,
warum es diesen Gegenstand mag oder warum er so wichtig ist.

Miteinander arbeiten und lernen

Sich selbst und andere vorstellen

1 Hier stellen sich die Kinder Alina und Berat ihrer Klasse vor. Lest beide Texte laut.

Alina
Ich bin Alina Sonntag. Mein Geburtstag ist der 24. Dezember. Mein Sternzeichen ist der Steinbock. Ich koche gern und kann das schon sehr gut! Mein Lieblingstier ist mein Pferd Jako. Als liebstes Fach habe ich Sport. Geschwister habe ich keine, aber das ist nicht schlimm. Ich habe ja eine Menge Freundinnen und Freunde. Ach ja, ich wohne in Waldhausen. Und ich wünsche mir, dass unsere Schule einen Schulgarten bekommt.

Berat
Ich heiße Berat Eroğlu. Ich bin elf Jahre alt. Mein Geburtstag ist am 12. Juli. Ich wohne in Neustadt. Ich habe noch eine Schwester. Die ist vier Jahre alt. Ich gehe gern zur Jugendgruppe der Freiwilligen Feuerwehr. Dort üben wir viel und dürfen auch schon mal ein kleines Feuer löschen. Mein Lieblingsfach ist Musik. Mein Hobby ist Gitarrespielen. Ich wünsche mir, dass ich in einer Schüler-Band mitspielen kann.

2 Gebt mündlich wieder, was ihr euch von den beiden Kindern gemerkt habt.

3 Lest die beiden Vorstellungstexte nun noch einmal in euren Tischgruppen.
- Macht euch anschließend Notizen, zu welchen Bereichen die beiden genauere Angaben machen.
- Ordnet eure Notizen übersichtlich auf einem Zettel.
- Vergleicht eure Ergebnisse dann auch mit den anderen Tischgruppen.

Vorname und Familienname
Geburtstag
...
...
Geschwister
Wohnort
...
Hobby
...

Gelerntes vertiefen und selbstständig anwenden

4 Zwei Partner befragen sich nun in der Tischgruppe gegenseitig.
Nutzt dazu eure Notizzettel aus Aufgabe 3. Haltet die Antworten schriftlich fest.
Wie heißt du?   Wann hast du Geburtstag?   Wo wohnst du?   …

5 Dann stellt jedes Kind seinen Partner den anderen Kindern in der Tischgruppe vor.
Das ist …
Er hat am … Geburtstag.
Er wohnt in …
Sein Hobby ist …

6 Schreibt nun Vorstellungstexte über euch selbst.
- Überlegt, ob ihr noch weitere Informationen zu euch ergänzen möchtet, z. B.:
  → ein Lieblingswort oder ein Lieblingsbuch,
  → eine Jahreszeit, die ihr besonders mögt,
  → wie ihr euch selbst so seht, z. B.:
    ehrlich, ernst, fleißig, fröhlich, gut gelaunt, gutmütig, kräftig, nachdenklich, sportlich, still, verträumt, wild, witzig, zuverlässig …
- Möchtet ihr eure Selbstporträts in Stichwörtern schreiben oder lieber in ganzen Sätzen – so wie Alina und Berat auf Seite 10?
- *l u* Nutze den **Wortschatz** fürs Schreiben.
- Benutzt Karton oder festes Papier im Hochformat DIN-A 4. Ihr könnt verschiedene Farben wählen.
- Helft euch in der Tischgruppe beim Korrekturlesen.
- Besprecht, wie ihr eure Selbstporträts im Klassenraum präsentieren möchtet.

Name: Paula Schwarz
Geburtstag: 12. Mai
Wohnort: Nimburg
Hobbys: Voltigieren, Lesen
Lieblingsfächer: Sport, Deutsch
Lieblingsfarbe: Pink
Lieblingstier: Giraffe
Lieblingsessen: Spaghetti bolognese
Was ich mir wünsche:
Eine gute Klassengemeinschaft

Wortschatz

Name:
Ich bin …
Ich heiße …
Mein Name ist …

Geburtstag:
Ich bin am … geboren.
Ich habe am … Geburtstag.
Mein Geburtstag ist der …

Sternzeichen:
Mein Sternzeichen ist …

Wohnort:
Ich wohne in …

Geschwister:
Ich habe … Geschwister.

Hobby:
Ich … gern.
Mein Hobby ist …
Ich mag … besonders gern.
In meiner Freizeit … am liebsten.

Lieblingsfach:
Mein Lieblingsfach ist …
… habe ich am liebsten.

Lieblingsfarbe:
Meine Lieblingsfarbe ist …

Lieblingstier:
Mein Lieblingstier ist …
… finde ich besonders toll.

Lieblingsessen:
Am liebsten esse ich …
Ich esse am allerliebsten …
… ist mein Lieblingsessen.
Mein Leibgericht ist …

Was ich mir wünsche:
Es wäre schön, wenn …
Ich wünsche mir, dass …
Mein größter Wunsch ist …
Was ich mir wünsche: …

Miteinander arbeiten und lernen

Freundlich miteinander umgehen

1 Lest die einzelnen Dialoge mit verteilten Rollen vor (**M** = Mädchen, **J** = Junge).

M 1: *Hau ab! Du nervst mich!*
M 2: *Sei doch nicht immer so gemein!*

J 3: *Wie findest du mein Bild? Gefällt es dir?*
J 4: *Super! Ich könnte das nicht.*

J 5: *Du schreibst ja alles von mir ab! Das sag ich der Lehrerin!*
M 6: *Alte Petze!*

J 7: *Meine Schrift soll unleserlich sein? Jetzt bin ich aber sauer!*
M 8: *Entschuldige! Ich hab es nicht so gemeint.*

M 9: *Was ist denn das für ein komisches Bild? Ich lach mich krumm!*
J 10: *Immer musst du mich gleich auslachen! Hör auf damit!*

M 11: *Das ist doch reine Angeberei!*
J 12: *Sag das nicht noch mal! Sonst ...*

M 13: *Hör auf, mich ständig zu verbessern! Ich kann das nicht vertragen.*
M 14: *Sei doch nicht gleich beleidigt! Ich will dir doch nur helfen.*

M 15: *Kannst du mir bitte mal helfen? Ich pack das nicht.*
M 16: *Na klar. Wir schauen uns das mal zusammen an. Dann schaffst du das auch.*

2 Untersucht diese Dialoge der Kinder genauer:
- Welche Aussagen findet ihr freundlich?
- Welche Aussagen findet ihr unfreundlich – oder sogar verletzend?
- In welchen beiden Dialogen gehen beide Kinder freundlich miteinander um?

Gelerntes vertiefen und selbstständig anwenden

3 Wie könnte man die unfreundlichen Äußerungen noch genauer benennen?
Schaut euch die folgenden Wörter an. Bezeichnet damit die unfreundlichen Reden.

abwimmeln   klagen   beschimpfen   verspotten
drohen   zurückweisen   einen Vorwurf machen

4 Wie man freundlich miteinander umgeht, das spiegelt sich in den Wörtern aus dem
folgenden **WORTSCHATZ** wider. Lest die Wörter laut und sprecht über ihre Bedeutung.

WORTSCHATZ

achten	sich entschuldigen	nachfragen
akzeptieren	etwas erklären	Rat annehmen
anerkennen	ermuntern	respektieren
jemandem auf die Sprünge helfen	ermutigen	etwas richtigstellen
jemandem unter die Arme greifen	sich freuen	trösten
sich bedanken	freundlich sein	unterstützen
beruhigen	fragen	etwas wiederholen
bestätigen	helfen	etwas zugeben
um Hilfe bitten	sich um jemanden kümmern	zuhören
etwas einsehen	loben	zur Seite stehen
einverstanden sein	jemandem Mut zusprechen	zustimmen

5 Wandelt die Dialoge **M 1, M 2, J 5, M 6, J 7, M 9, J 10, M 11, J 12, M 13** und **M 14**
auf Seite 12 mündlich in freundliche Aussagen und Reaktionen um.
- Überlegt dazu, wie sich die Kinder jeweils ihrem Partner zuwenden könnten.
- Nutzt bei euren Überlegungen den **WORTSCHATZ**.

6 Die Kinder in den folgenden Beispielsätzen **1)** bis **8)** möchten alle eine Antwort
von ihren Partnern bekommen. Auf welche Weise wenden sie sich an ihre Partner?
- Nennt Wörter aus dem **WORTSCHATZ**, die die Reden der Kinder treffend bezeichnen, z. B.:
  Kind 1) bittet um Hilfe. Kind 2) gibt zu, dass es etwas nicht verstanden hat. Kind 3) …

1) Ich kann das nicht allein. Hilfst du mir? → a) Warte, Luca, ich helfe dir auf die Sprünge.
2) Das habe ich nicht verstanden. → b) Nicht verstanden? Ich erkläre es dir noch mal.
3) Das stimmt doch aber nicht! → c) Ja, du hast recht. Ich habe etwas übertrieben.
4) Ich finde das total merkwürdig. → d) Wie meinst du das denn, Paula?
5) Diese Stelle im Text finde ich super! → e) Ganz meine Meinung, Ben! Finde ich auch.
6) Warum bist du so ironisch? → f) Sorry, Marie! Ich hab das nicht so gemeint.
7) Die andern sind immer so komisch zu mir! Was soll ich denn nur machen? → g) Wein doch nicht gleich, Leonie! Ich steh doch auf deiner Seite.
8) Was du da sagst, habe ich nicht richtig verstanden. → h) Na gut, Emma, das war auch unklar. Ich sage es noch mal deutlicher.

- Wie reagieren die Partner in den Sätzen **a)** bis **h)** jeweils mit ihren Antworten?
Wählt auch für diese Antworten passende Wörter aus dem **WORTSCHATZ** aus.

Sprechen und Zuhören

Miteinander arbeiten und lernen

Wünsche äußern für das Zusammenleben in der Klasse

1 Welche Wünsche hast du für das Zusammenleben in der neuen Klasse?
- Denke darüber einmal fünf Minuten nach.
- Schreibe anschließend fünf Wünsche auf.
- *t u* Beim Schreiben kannst du den **Wortschatz** nutzen.

WORTSCHATZ

Ich wünsche mir …
Ich wünsche mir, dass …
Ich habe den Wunsch, dass …
Mein größter Wunsch ist …

Ich würde gern …
Ich würde mich freuen, wenn …
Ich würde mich über … freuen.
Ich würde es super finden, wenn …
Ich fände es schön, wenn …

Ich hätte gern, dass …
Ich hätte es gern, wenn wir …
Ich möchte gern, dass …

Es wäre gut, wenn …
Es wäre mir wichtig, dass …
Es wäre toll, wenn …

Ich hoffe, dass …
Hoffentlich bekommen wir …
Hoffentlich gibt es …

Ich erwarte, dass …
Ich mag es gern, wenn …
Mir bedeutet es viel, dass …
Mir ist es wichtig, dass …

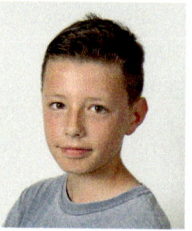  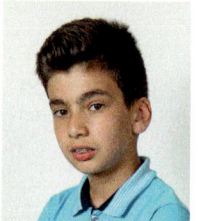

- sich schnell in der neuen Schule zurechtfinden
- sich in der neuen Klasse wohlfühlen
- sich mit anderen Kindern anfreunden
- gut miteinander in der Klasse auskommen
- Regeln, an die sich alle Mitschüler halten
- den Klassenraum selbst gestalten dürfen
- spannenden Unterricht haben
- in Tischgruppen arbeiten können
- Lehrer, die uns beim Lernen helfen
- Lehrer, die gut erklären können
- Lehrer, die viel mit uns lachen
- einen Schulgarten bekommen
- auf dem Pausenhof spielen dürfen
- …

2 Lest eure Wünsche in der Tischgruppe vor und tauscht euch darüber aus.

3 Erstellt aus euren Wünschen einen gemeinsamen Wunschzettel für eure Tischgruppe. Kein Wunsch soll dabei verloren gehen. Dopplungen solltet ihr vermeiden.

4 Überlegt, wie ihr euch in der Klasse über all eure Wünsche verständigen möchtet: die Wünsche vorlesen oder die Zettel zum Lesen an die Pinnwand heften oder …

Gelerntes vertiefen und selbstständig anwenden

5 Lest vor, was sich diese Kinder für das Zusammenleben in der Klasse wünschen.

Ich hätte gern, dass wir freundlich miteinander umgehen.
Luisa

Ich möchte nicht von Mitschülern ausgelacht werden. Das verletzt mich.
Pablo

Ich wünsche mir nette Lehrer, die gern mit uns lachen.
Lilli

Ich fände es schön, wenn wir in unserem Klassenraum eine Leseecke zum Schmökern hätten. Ich würde dort auch gern für Ordnung sorgen.
Ilkan

Ich spiele Gitarre. Hoffentlich kann ich in der Schulband mitspielen.
Berat

Ich wünsche mir, dass wir uns gegenseitig helfen.
Alex

Ich wünsche mir Blumen im Klassenraum. Das sieht gemütlich aus.
Nadine

Mein größter Wunsch ist, dass die Lehrer gerecht sind.
Sarah

6 Beschreibt Gemeinsamkeiten und Unterschiede im Vergleich mit euren Wünschen.

7 Welchen Bereichen lassen sich die Wünsche der Kinder jeweils zuordnen?
**Klassengemeinschaft   Lehrerinnen und Lehrer   Unterricht   Klassenraumgestaltung
Regeln für das Zusammenleben in der Klasse   Schule   Mitschülerinnen und Mitschüler**

8 Für welche Bereiche könntet ihr selbst versuchen, eure Wünsche umzusetzen?
In welchen Bereichen braucht ihr die Unterstützung von euren Lehrern?

9 Überlegt, mit welchen Ideen ihr euer Klassenleben schöner gestalten könntet.
- Ihr könntet zum Beispiel verschiedene „Dienste" ins Leben rufen, z. B. einen Blumen-Dienst, Tisch-Dienst, Leseecken-Dienst, Tafel-Dienst …
Wie könnte die Zuständigkeit reihum organisiert werden?
- Ihr könnt eine „Klassen-Wunsch-Box" basteln, in der Wünsche, Lob und Verbesserungsvorschläge für euer Klassenleben gesammelt werden.
Wie oft soll diese Box geleert werden?
Wie könnte für die regelmäßige Betreuung der Box gesorgt werden?

10 Erstellt aus der folgenden Sammlung „Regeln für ein friedliches Zusammenleben in unserer Klasse". Formuliert dazu die Infinitive in **Wir-Sätze** um.
- eine Klassengemeinschaft sein und niemanden aus dieser Gemeinschaft ausschließen
- freundlich zueinander sein und respektvoll und friedlich miteinander umgehen
- sich nicht körperlich wehtun und niemanden mit Worten verletzen
- das Recht haben, seine Meinung zu sagen
- gegenseitig helfen und unterstützen beim Lernen
- das Eigentum der Mitschüler achten
- den Arbeitsplatz und den Klassenraum sauber halten, damit sich alle wohlfühlen

Wir sind eine Klassengemeinschaft und …

Miteinander arbeiten und lernen

Das Verhalten von Kindern in einer Diskussion untersuchen

1 Einige bereiten sich darauf vor, das folgende Gespräch mit verteilten Rollen zu lesen.
- Ihr braucht insgesamt acht Sprecher, vier Jungen und vier Mädchen.
- Die Zuhörer achten darauf, **wie** die einzelnen Kinder miteinander sprechen!

Diskussion zum Thema: Ausgestaltung unseres Klassenraumes

	Julia:	Wir wollen heute darüber diskutieren, wie wir unseren Klassenraum ausgestalten können.
	Finn:	Poster! Da müssen unbedingt Poster an die Wand!
	Paul:	*(protestiert laut)* So'n Quatsch! Poster!
	Julia:	Dann sag doch mal, was für Poster, Finn!
5	**Finn:**	Oldtimer! Poster mit Oldtimern!
	Lea:	*(sehr leise)* Ich bin auch für Poster.
	Julia:	Wir können dich nicht verstehen, Lea. Sprich doch bitte mal etwas lauter!
	Lea:	*(jetzt laut und deutlich)* Ich hab an Pferdeposter gedacht.
	Paul:	*(lacht auf)* Ha, Mädchen und Pferde! Hab ich's nicht gedacht? Ich lach mich tot!
10	**Julia:**	Da musst du doch nicht gleich lachen! Jedenfalls haben wir jetzt zwei Vorschläge.
	Finn:	Also ich bleib dabei: Poster mit Oldtimern.
	Lea:	*(laut)* Und ich finde Pferde besser!
	Julia:	Paul, hast du auch einen Vorschlag?
	Paul:	*(hat den Kopf auf die Bank gelegt)*
15	**Julia:**	Paul, du hörst ja gar nicht zu!

Paul:	*(hebt den Kopf)* Was hast du gesagt?
Julia:	Ob du auch einen Vorschlag hast?
Paul:	Nö. Hab ich nicht.
Julia:	Dann können wir ja mal überlegen, ob wir nicht ab und zu die Poster wechseln. Einen Monat Pferde und einen Monat Oldtimer und so weiter.
Paul:	Und einen Monat gar nichts!
Julia:	Dann mach ich mal einen anderen Vorschlag: Wie wäre es mit einem Blumenposter?
Paul:	*(lacht ironisch)* Hihi! So mit kleinen niedlichen Gänseblümchen!
Lea:	Immer musst du andere runtermachen!
Finn:	Also ich finde Blumen auch nicht krass! Dann schon lieber …
Paul:	*(unterbricht ihn)* Hör auf mit deinen Oldtimern!
Julia:	Also, Paul, so geht es nicht! Immer musst du jemanden unterbrechen! Du musst dich schon melden, wenn du etwas sagen willst. So kommen wir jedenfalls nicht weiter. *(guckt in die Klasse)* Wie sieht es denn mit weiteren Vorschlägen aus? Wer einen Vorschlag hat, der melde sich bitte. – Felix?
Felix:	Ich wäre für einen Geburtstagskalender. Da stehen alle unsere Geburtstage drauf. Und Fotos von uns und vielleicht auch Telefonnummern.
Akkan:	Vielleicht können wir deinen Vorschlag noch ein bisschen ändern, Felix. Wir haben doch unsere Selbstporträts. Die haben wir noch gar nicht ausgestellt. Wir könnten doch einen großen Baum mit vielen Ästen malen und …
Sophie:	Einen Baum? Wieso denn einen Baum?
Akkan:	Lass mich doch mal ausreden, Sophie. Also: Den Baum malen wir auf dickes Packpapier. Dann schneiden wir ihn aus und hängen ihn hinten an der großen Wand auf. An den Ästen befestigen wir unsere Porträts. Das sieht bestimmt toll aus.
Felix:	Nichts dagegen. Das hört sich gut an.
Emily:	Da kann ich nur zustimmen.
Akkan:	Danke, Emily, dass du mich unterstützt.
Paul:	So ein Baum ist doch langweilig: brauner Stamm, braune Äste …
Finn:	Ach Paul, du schon wieder, immer was zu meckern …
Sophie:	Du, Paul, ich glaube aus Akkans Vorschlag kann echt was werden. Wenn wir den Baum schön groß machen, dann kriegt er in die Äste noch tolle grüne Blätter gemalt … und dazwischen hängen dann unsere Texte – auf schönen bunten Kartons. Das sind dann die Früchte.
Julia:	Ich sehe, wir können uns langsam einigen.
Felix:	Und wenn wir die Porträts noch nach den Monaten der Geburtstage ordnen, dann ist es sogar auch ein Geburtstagskalender …
Julia:	Super Idee! Jetzt haben wir aus zwei Vorschlägen einen gemacht. Was meinen denn nun die anderen: Wer für einen Geburtstagskalender-Baum ist, der hebt jetzt bitte die Hand!

2 Sprecht über die einzelnen Kinder, die in dieser Diskussion zu Wort kommen:
- Wie verhalten sich die Kinder?
- Wie sprechen sie miteinander?
- Wie gehen sie miteinander um?

Sprechen und Zuhören

3 Arbeitet in Tischgruppen und untersucht die Diskussion mithilfe der folgenden Fragen genauer. Notiert jeweils die Namen der Kinder und gebt Zeilen für passende Beispiele an.
- Wer leitet die Diskussion?
- Wer lehnt etwas sachlich ab?
- Wer unterbricht andere in ihrem Beitrag?
- Wer spricht sachlich und freundlich?
- Wer stellt anderen Gesprächspartnern gezielt Rückfragen?
- Wer vermittelt?
- Wer kritisiert sachlich?
- Wer lobt?
- Wer lästert?
- Wer hört nicht zu?
- Wer spricht nicht deutlich genug?
- Wer geht auf Beiträge von anderen positiv ein?
- Wer macht sich über Beiträge von anderen lustig?
- Wer fasst zusammen?

4 Tauscht eure Ergebnisse mit den anderen Tischgruppen aus und vergleicht eure Angaben.

5 Schaut euch die folgende Sammlung an und klärt miteinander in der Klasse:
Was sollte man in einer Diskussion tun? Was sollte man unterlassen?
Gebt die Buchstaben an und begründet eure Zuordnung.

a) andere auslachen
b) andere unterbrechen
c) anderen zuhören
d) auf Beiträge von anderen eingehen
e) beim Thema bleiben
f) reden, was einem gerade einfällt
g) den Gesprächspartner anschauen
h) weghören, wenn einen etwas nicht interessiert
i) seine Meinung begründen
j) sich unverständlich ausdrücken
k) den Gesprächspartner mit Namen ansprechen
l) einen Gesprächsbeitrag auch einmal kritisieren
m) den Gesprächspartner beleidigen
n) an einen Gesprächsbeitrag anknüpfen

6 Welche Verhaltensweisen wünscht ihr euch außerdem noch für eure Gespräche und Diskussionen? Lest die Informationen im Kasten und beschreibt eure Wünsche.

Sprache der Höflichkeit

Höflichkeit und Freundlichkeit erleichtern den Umgang der Menschen miteinander.
Höflichkeit ist eine Sache der **Sprache**. Es gibt besondere **Formeln**, die für den Gesprächspartner angenehm klingen und Wertschätzung ausdrücken:
Könntest du bitte mal … Wärst du so nett … Gut gemacht … Eine super Idee … Ein toller Vorschlag …
Würden Sie bitte … Wären Sie so freundlich … Könnten Sie bitte … Dankeschön für Ihren Beitrag …

Doch Höflichkeit ist auch eine Sache der **Körpersprache**:
der **Gestik** (Bewegung), der **Mimik** (Gesichtsausdruck) und der freundlichen **Stimme**.
Mit einer ruhigen und freundlichen Körpersprache zeigen wir unsere höflichen Absichten anderen Menschen gegenüber.

Miteinander arbeiten und lernen
Regeln für Gespräche und Diskussionen vereinbaren

1 Für Gespräche und Diskussionen, bei denen ihr euch einigen möchtet oder nach Lösungen für ein Problem sucht, sind gemeinsame Regeln sehr hilfreich.
Lest euch dazu die folgenden Regeln vor.

Regeln für gute Gespräche

- *Das Gespräch leiten*
- *Die Hand heben und sich zum Sprechen melden*
- *Laut und deutlich sprechen*
- *Niemanden beschimpfen oder lächerlich machen*
- *Auf die Reihenfolge der Wortmeldungen achten*
- *Andere ausreden lassen – nicht einfach dazwischenreden*
- *Zur Sache reden und die eigene Meinung deutlich machen*
- *Aufmerksam zuhören, nicht stören oder ablenken*
- *Abstimmen und das Ergebnis feststellen lassen*
- *Beide Hände heben bei direkten Meldungen zum Vorredner*
- *Beim Sprechen alle Zuhörer anschauen, nicht nur die Gesprächsleitung*
- *Andere Meinungen gelten lassen*

2 Warum können solche Regeln dazu beitragen, dass eure Gespräche fair, freundlich und erfolgreich ablaufen? Begründet eure Meinung.

3 Die Regeln aus Aufgabe 1 könnt ihr den folgenden vier Bereichen zuordnen.
- *Aufgaben der Gesprächsleitung*
- *So melden wir uns*
- *Darauf achten wir bei unserem Redebeitrag*
- *So gehen wir miteinander um*

Probiert das für jede Regel aus und begründet eure Zuordnung.

4 Die Regeln oben sind alle im Infinitiv formuliert. Ihr könntet sie auch so formulieren:
Das Gespräch wird von einem Schüler oder einer Schülerin geleitet.
Wir heben die Hand und melden uns zum Sprechen.
Wir sprechen laut und deutlich.
Wir beschimpfen niemanden oder machen ihn lächerlich.
...
Welche Formulierungen gefallen euch besser?

5 Gestaltet nun ein Plakat mit **Regeln für Gespräche und Diskussionen** in eurer Klasse.
- Überlegt, ob ihr vielleicht noch weitere Regeln aufnehmen möchtet.
- Besprecht auch, wie ihr die Bereiche übersichtlich auf dem Plakat anordnen könnt.
- Was müsst ihr beachten, damit alle das Plakat gut sehen und lesen können?

Probleme erkennen – Einsichten gewinnen

Das Vorlesen üben

 Sich mit einem Text inhaltlich vertraut machen

1 Hier sind drei Texte zum Vorlesen.
Lest sie euch erst einmal leise durch und macht euch mit ihnen vertraut.

l Die beiden Ziegen

A. L. Grimm – nacherzählt von Wolfgang Menzel

Zwei Ziegen begegneten sich / an einer schmalen Brücke.
Die eine wollte hinüber, / die andere / wollte herüber.
Mitten auf dem Steg / trafen sie sich.
„Geh mir aus dem Weg!", / sagte die eine.
5 „Geh du zurück!", / rief die andere. / „Ich war zuerst da."
„Was bildest du dir ein!", / rief die erste. / „Ich bin älter als du!"
Keine wollte nachgeben, / jede wollte zuerst hinüber.
Wütend / stießen sie ihre Hörner gegeneinander.
Von dem Stoß / verloren sie beide das Gleichgewicht / und stürzten in den Bach.
10 Nur mit großer Mühe / konnten sie sich retten.

ll Warum das Schwein weinte

Iwan Krylow

Ein Schwein, / das auf einem Bauernhof lebte, / hörte, /
wie sich die Menschen stets mit seinem Namen beschimpften. //
Die Magd sagte zum Knecht: /
„Du hast mich belogen, / du bist ein Schwein!" //
5 Der Bauer sagte: /
„Dieser Händler ist ein Schwein, / er hat uns betrogen!" //
Und die Bäuerin schalt die Magd: /
„Wie schmutzig und unordentlich ist die Küche. /
Das ist doch eine Schweinerei!" //

10 So ging es fort, / und das Schwein / kränkte sich immer mehr und mehr darüber.
Eines Tages, / als es wieder zuhören musste, / wie man seinen Namen missbrauchte, /
legte es sich in seinen Stall nieder / und weinte.

Im Stall war aber auch / ein munterer kleiner Esel.
„Warum weinst du?", / fragte er voll Anteilnahme das Schwein.
15 „An meiner Stelle / würdest du auch weinen", / schluchzte das Schwein.
Und es erzählte alles dem Esel. Der Esel hörte mitfühlend zu / und sagte:
„Ja, / das ist wirklich eine Schweinerei!"

Der Fuchs und der Ziegenbock

Äsop – nacherzählt von Wolfgang Menzel

Der Fuchs / war in einen Brunnen gefallen / und wusste nicht, /
wie er wieder herauskommen sollte.
Da kam ein Ziegenbock, / der großen Durst hatte.
Er sah den Fuchs unten im Brunnen / und rief hinab:
5 „Wie ist das Wasser dort unten?"
Der Fuchs rief hinauf:
„Köstlich! / Komm doch herunter / und probiere es aus!"
Da / sprang der Ziegenbock hinunter / und trank sich satt.

Nun überlegten die beiden, /
10 wie sie wieder / aus dem Brunnen herausklettern könnten.
Der Fuchs / sagte zum Ziegenbock:
„Stell deine Vorderbeine gegen die Wand, /
dann kann ich / über deinen Rücken hinaufsteigen!"
„Und was wird mit mir?", / fragte der Ziegenbock.
15 „Ich reiche dir dann / meine Pfote / und ziehe dich nach."

Der Ziegenbock / ging auf diesen Vorschlag ein, /
und der Fuchs / kletterte aus dem Brunnen hinaus.
Oben angelangt, / wollte er sich gerade davonmachen, /
da schimpfte der Ziegenbock:
20 „Du hast mir doch versprochen, / mich hochzuziehen!"
Der Fuchs aber lachte nur / und sagte:
„Du Dummkopf! / Wenn du so viel Verstand hättest, /
wie du Haare am Bart hast, dann wärest du erst heruntergekommen, /
wenn du dir / einen Rückweg ausgedacht hast!", / und lief davon.

Einen Text betont vorlesen

Gut vorlesen heißt, **Wörter sinnvoll betonen** und **Sprechpausen machen**.
Die Sinnwörter, die man **betonen** sollte, **unterstreicht** man.
An Stellen im Satz, an denen man eine kleine **Pause** macht,
zieht man einen **Strich** (**/**).
Das richtige **Betonen** ist wichtig, damit die Zuhörer den Text gut **verstehen**.
Die **Pausen** sind wichtig, damit ein Text **spannend** wird.

2 Nun habt ihr euch mit den Texten vertraut gemacht.
- Wählt euch nun einen Text davon aus.
- Sucht euch einen Übungspartner, mit dem ihr den Text für das Vorlesen übt.
Wie ihr das machen könnt, steht auf Seite 22.

Das Vorlesen üben

Vorlesen üben mit einem Partner

Vorlesen kann Spaß machen, besonders wenn die ganze Klasse dem Vorlesenden gern zuhört. Vorlesen will aber auch geübt sein! Hier ist eine Methode, mit der ihr das Vorlesen üben könnt.

Das Vorlesen üben mit einem Partner: Übungsplan

1. Jedes Kind setzt sich mit einem Partner zusammen.
   Der eine Partner ist der **Trainer**, der andere ist der **Vorleser**.

2. Beide Kinder lesen einen Text leise durch.

3. Der **Trainer** bereitet sich so vor, dass er den Text gut vorlesen kann.

4. Der **Trainer** liest den Text vor, der **Vorleser** hört zu und liest den Text mit den Augen mit.

5. Nun liest der **Trainer** den ersten Satz vor. Er achtet dabei auf die Betonung.
   Der **Vorleser** liest den Satz nach.
   Der **Trainer** achtet auf das Vorlesen des **Vorlesers**. Er lobt und verbessert das Lesen.

6. So geht es Satz für Satz weiter: Der **Trainer** liest vor, der **Vorleser** wiederholt.
   Der **Trainer** achtet darauf, ob jeder Satz richtig gelesen wurde.

7. Zuletzt liest der **Vorleser** den ganzen Text (oder einen Absatz) vor.
   Der **Trainer** achtet auf Fehler und verbessert sie – oder er lobt.

8. Wenn der **Vorleser** seinen Text (oder den Absatz) gut geübt hat, liest er ihn der Klasse vor.

1 Schreibe den folgenden Witz ab und trage die Betonungs- und Pausenzeichen ein.

Witz

Ein Elefant schwimmt in einem See herum.
Auf einmal hört er vom Ufer aus eine Maus rufen:
„Elefant, komm heraus!"
Der Elefant will aber nicht, doch die Maus lässt nicht locker.
5 Schließlich wird es dem Elefanten zu blöd, und er schwimmt ans Ufer.
„Was willst du denn?", fragt er die Maus.
„Okay", sagt die Maus. „Du kannst wieder reingehen.
Ich wollte nur mal sehen, ob du meine Badehose geklaut hast."

Das Vorlesen üben

Vorlesen mit verteilten Rollen

1 Das folgende Gespräch müsst ihr mit verteilten Rollen lesen.
A soll ein Junge sein. **B** soll ein Mädchen sein.

Tipp: Den Text für das Mädchen **B** findet ihr auf der nächsten Seite.

Der Junge **A** fängt an zu lesen und achtet darauf, was das Mädchen **B** antwortet.
Dann liest wieder **A** und so weiter. Also: Lesen und gut zuhören!
Probiert es aus! Achtet darauf, dass ihr die Wörter richtig betont.

Das Pferd und das Hängebauchschwein

A: Was hast du denn da gemalt?
B: …
A: Das soll ein Pferd sein? Das sieht ja aus wie eine Kuh!
B: …
5 **A:** Jedenfalls hab ich noch nie ein Pferd gesehen, das Flecken wie eine Kuh hat.
B: …
A: Na, ich weiß nicht! Ich mag sowieso keine Pferde.
B: …
A: Pferde sind für Mädchen.
10 **B:** …
A: Sieht man das nicht?
B: …
A: Mensch, das ist ein Hängebauchschwein!
B: …
15 **A:** Ein Hängebauchschwein. Müllers haben so eins.
B: …
A: Hän-ge-bauch-schwein heißt das! Das lebt in ihrer Wohnung.
B: …
A: Klar. Und es ist sauber und lustig und sehr intelligent!
20 **B:** …
A: Spinnst du? Schweine können doch nicht reiten!
B: …
A: Wieso schade?
B: …
25 **A:** Und dein Pferd lässt sich das gefallen?
B: …
A: Gut. Dann können wir es ja mal probieren.
B: …
A: Und was sagt wohl die Lehrerin dazu?
30 **B:** …

2 Dies ist der **zweite Teil des Gespräches**, das auf Seite 23 beginnt.
Dieser Text soll von einem Mädchen **B** gesprochen werden.

Tipp: Den Text für den Jungen **A** findet ihr auf der vorigen Seite.

Der Junge **A** beginnt das Gespräch.
Das Mädchen **B** hört genau zu und achtet darauf, was der Junge sagt.
Dann antwortet das Mädchen **B** auf die Sätze des Jungen **A**.
Anschließend liest wieder **A** und so weiter.
Also: Lesen und gut zuhören, was der andere sagt!
Achtet darauf, dass ihr die Wörter richtig betont.

Das Pferd und das Hängebauchschwein

A: …
B: Kannst du das nicht erkennen? Das ist ein Pferd.
A: …
B: Mann, bist du blöd! Hast du noch nie ein Pferd gesehen?
5 **A:** …
B: Das ist eben ein geschecktes Pferd. Sieht doch gut aus. Oder?
A: …
B: Du magst keine Pferde? Warum denn nicht?
A: …
10 **B:** Da hast du Recht. Und was hast du gemalt?
A: …
B: Das sieht aus wie ein Dackel, der zu dick geworden ist.
A: …
B: Ein was?
15 **A:** …
B: Was machen denn Müllers mit einem Bänge-hauch-schwein?
A: …
B: Igitt! Ein Schwein in der Wohnung?
A: …
20 **B:** Kann es auch reiten?
A: …
B: Schade!
A: …
B: Dann könnten wir dein Hängebauchschwein auf meinem Pferd reiten lassen.
25 **A:** …
B: Gemalte Pferde können sich ja nicht wehren.
A: …
B: Und dann nennen wir unser Bild: Gemaltes Hängebauchschwein reitet auf gemaltem Pferd.
30 **A:** …
B: Die sagt bestimmt wieder: Das ist kreativ!

Gelerntes überprüfen

Das Vorlesen üben

Überprüfe dein Wissen und Können

1. Was ist wichtig beim Vorlesen? Schreibe die Buchstaben für die fünf richtigen Antworten auf:
   a) dass man den Text, den man vorliest, gut kennt;
   b) dass man den Text auswendig kann;
   c) dass man die Zuhörer ab und zu anschaut;
   d) dass man Pausen macht und die richtigen Wörter betont;
   e) dass man möglichst laut liest;
   f) dass die Zuhörer Spaß daran haben, dir zuzuhören;
   g) dass man sich Mühe gibt, deutlich zu sprechen;
   h) dass man möglichst schnell liest.

2. Beim Vorlesen sollte man möglichst Pausen in die Sätze einbauen. Warum?
   Schreibe die Buchstaben für die beiden richtigen Antworten auf:
   a) weil Pausen eine Geschichte spannend machen;
   b) weil man mit Pausen schneller lesen kann;
   c) damit man beim Vorlesen ab und zu Atem holen kann;
   d) damit man beim Vorlesen die richtigen Wörter betonen kann.

3. Der Witz auf Seite 22 endet so: „*Ich wollte nur mal sehen, ob du meine Badehose geklaut hast.*"
   Welche Wörter würdest du in diesem Satz betonen?
   Schreibe den Buchstaben für den Satz mit den richtigen Betonungen auf:
   a) „*Ich wollte nur mal sehen, ob du meine Badehose geklaut hast.*"
   b) „*Ich wollte nur mal sehen, ob du meine Badehose geklaut hast.*"
   c) „*Ich wollte nur mal sehen, ob du meine Badehose geklaut hast.*"

4. Schreibe den Satz ab und unterstreiche die Wörter, die du betonen solltest:
   Wer andern eine Grube gräbt, fällt selbst hinein.

5. Wo würdest du in diesem Satz Pausenzeichen setzen? Sprich den Satz vor dich hin.
   Schreibe den Buchstaben für den Satz mit den richtigen Pausenzeichen auf:
   a) *Auf einmal hört / er vom Ufer aus eine Maus / rufen:*
   b) *Auf einmal hört er vom / Ufer aus eine / Maus rufen:*
   c) *Auf einmal / hört er vom Ufer aus / eine Maus rufen:*

6. Auf die Fragen links gibt ein Kind drei Antworten.
   Die Antworten sehen immer gleich aus.
   Aber jedes Mal wird in ihnen eine andere Stelle betont.
   Schreibe die Fragen und die Antworten auf.
   Unterstreiche in den Antworten jeweils die Stelle, die passend zur Frage betont wird.
   Ich habe gehört, ihr habt 1:0 gewonnen?   a) *Nein, wir haben 3:0 gewonnen.*
   Ihr habt doch sicher wieder verloren?   b) *Nein, wir haben 3:0 gewonnen.*
   Ich habe gehört, die 5c hat 3:0 gewonnen?   c) *Nein, wir haben 3:0 gewonnen.*

Probleme erkennen – Einsichten gewinnen

Sachtexte lesen – Sachtexte verstehen
Wie man einen Sachtext erarbeiten kann: Ein Beispiel

Sperber

Der Sperber ist der kleinere Verwandte des Habichts. Er zählt zu den Greifvögeln, die überall in Europa verbreitet
5 sind – auch bei uns. Er bevorzugt Waldränder, Parks und Gärten. Sogar in vielen Städten ist er anzutreffen. Er überwintert bei uns. Manch-
10 mal kann man seinen Ruf hören, der wie ein kreischendes Kichern klingt.

Das Sperberweibchen ist mit seinen 40 cm etwa so groß wie eine Taube und hat eine Flü-
15 gelspannweite von bis zu 80 cm. Dabei ist das Weibchen, wie bei vielen Greifvögeln, wesentlich größer als das Männchen. Das auffälligste Kennzeichen des Sperbers ist die quer gebänderte Bauchseite; die Oberseite ist blaugrau oder
20 schwarzbraun (beim Weibchen) gefärbt. Sperber haben einen kleinen Kopf mit gelben Augen und einem Hakenschnabel.

Die Nahrung des Sperbers besteht aus kleinen Vögeln wie Spatzen, Meisen und Fin-
25 ken. Das Weibchen kann sogar größere Tauben, Hasen und Hühner fangen. Sperber sind schnelle Flieger, sie schlagen die Vögel in einem tollkühnen Überraschungsangriff im Sturzflug und verzehren sie dann auf dem Boden oder in
30 ihrem Nest.

Sperber bauen sich gemeinsam ihren Horst aus Reisig in hohen Laub- und Nadelbäumen. In dieses Nest legt das Weibchen im Frühjahr vier bis sechs Eier, die es allein ausbrütet. Nach
35 etwa 36 Tagen schlüpfen die Jungen aus dem Ei. Sie bleiben etwa 30 Tage Nesthocker und werden von beiden Eltern gefüttert. Drei Wochen später sind sie dann flügge und verlassen das Nest.

Sperber
ein Greifvogel

Lebensraum
Waldränder, sogar Städte

Aussehen
Größe: 40 cm
Flügelspannweite: bis zu 80 cm
Weibchen größer als Männchen
auffällig: quer gebänderte Bauchseite

gebändert: quer gestreift

Nahrung
kleine Vögel im Sturzflug, die Weibchen sogar Tauben, Hasen und Hühner

schlagen: hier: Beute im Flug greifen

Vermehrung
Nest in hohen Bäumen
Weibchen legt 4–6 Eier
36 Tage Brutzeit
die Jungen: Nesthocker von beiden Eltern gefüttert

Horst: Nest
Reisig: kleine trockene Zweige von Bäumen oder Büschen

flügge sein: fliegen können

1 Lest euch zunächst einmal **nur den Sachtext** auf Seite 26 in Ruhe durch.

2 Wenn ihr euch einen Text verständlich machen wollt, könnt ihr die folgende Methode benutzen. Sie lässt sich auf alle möglichen Texte anwenden – ganz gleich, ob ihr dabei allein oder mit Partnern arbeiten möchtet.
Verschafft euch hier einen Überblick über die einzelnen Schritte dieser Methode.

Die Sechs-Schritt-Lesemethode

1. Überfliegend lesen:
Was steht ungefähr in dem Text drin?
Überfliege den Text zuerst einmal mit deinen Augen. Dabei erfährst du, worum es sich ungefähr handelt. Orientiere dich dabei vor allem an den großgeschriebenen Nomen, denn sie enthalten die wichtigsten Informationen.

2. Gründlich lesen:
Was steht in den einzelnen Absätzen ganz genau?
Lies nun Absatz für Absatz genau.
In der Partnerarbeit ist es hilfreich, wenn einer den Text vorliest und der andere liest den Text still mit.

3. Unverstandenes klären:
Was verstehe ich nicht?
Lass dich nicht gleich von Wörtern irritieren, die du nicht verstehst; meistens erklären sie sich aus dem Zusammenhang.
Wenn du ein Wort (Fremdwort) nicht verstehst, frage einen Partner oder schau in einem Wörterbuch nach.

4. Zwischenüberschriften formulieren:
Worum geht es genau?
Was ist das Wichtigste in den einzelnen Absätzen? Schreibe Wörter, einen kurzen Satz oder eine Frage am Rand auf.

5. Informationen festhalten:
Was will ich mir unbedingt merken?
Schreibe jetzt zu den Zwischenüberschriften weitere Stichwörter auf.
In der Partner- oder Gruppenarbeit solltet ihr euch auf die Formulierung der Stichwörter verständigen.

6. Inhalt wiedergeben:
Wie kann ich den Inhalt zusammenfassen?
Decke nun den Text ab und gib ihn mit eigenen Worten den anderen Schülern wieder. Benutze dazu deine Zwischenüberschriften und Stichwörter.
Ergänzt euch gegenseitig, wenn ihr etwas Wichtiges vergessen habt.

---

3 Vergleicht die Schritte der Lesemethode mit den Stichwörtern, die rechts am Rand des Textes über den Sperber stehen.
Welche Schritte der Lesemethode könnt ihr am Beispiel der Randnotizen wiedererkennen?

4 Welche **Fragen** habt **ihr** an den Text? Führt in Partnerarbeit ein Fragespiel durch:
- Der eine stellt eine Frage. Der andere versucht, die Frage mithilfe des Textes zu beantworten. – Und dann macht ihr es umgekehrt.
- Wenn eine Frage nicht beantwortet werden kann, schreibt ihr diese Frage auf. Versucht sie in der Klasse gemeinsam zu beantworten.

 Sachtexte lesen – Sachtexte verstehen

Sachtexte mithilfe der Sechs-Schritt-Lesemethode erarbeiten

1 Bildet Gruppen und erarbeitet euch gemeinsam einen der folgenden drei Texte mithilfe der Sechs-Schritt-Lesemethode.

l Rotmilan

Der Rotmilan ist einer unserer großen Greifvögel. Er hat eine Flügelspannweite von bis zu 1,50 Metern. An seinem rotbraunen Gefieder, den schmalen Flügeln und dem gegabelten Schwanz ist der Vogel gut zu erkennen, wenn er im Segelflug in den Lüften kreist. Dann kann man auch manchmal seinen Ruf hören, der wie ein langes „Hiäh" klingt.

Die Nahrung des Milans besteht vor allem aus Mäusen, Fischen, Fröschen und Insekten, aber auch gelegentlich aus Kaninchen. Häufig verzehrt er das Aas von verendeten Tieren, die an Rändern von Wegen oder Autobahnen liegen.

Seinen Horst baut der Rotmilan aus Reisig und Knüppeln auf hohen Bäumen, die vereinzelt im Gelände stehen, oft in der Nähe von Gewässern. Das Weibchen brütet etwa vier Wochen lang zwei bis drei Eier aus. Im Alter von etwa 50 Tagen verlassen die Jungen den Horst.

Aussehen:
Flügelspannweite 1,50 Meter
rotbraunes Gefieder
schmale Flügel
gegabelter Schwanz

Nahrung: …

Standort des Horstes: …

Fortpflanzung: …

ll Mäusebussard

Der Mäusebussard ist der häufigste Greifvogel bei uns. Man sieht ihn oft hoch in den Lüften kreisen und kann dann seinen Ruf hören, der wie ein miauendes „Hiäh" klingt. Der Mäusebussard hat eine Flügelspannweite von rund 1,20 Metern. Sein Gefieder ist braun. An seinem rundlichen Schwanz und den breiten Flügeln kann man ihn sehr gut erkennen, wenn er manchmal stundenlang in Gesellschaft mit Artgenossen hoch in den Lüften kreist.

Der Mäusebussard ernährt sich vor allem von Feldmäusen, Fröschen und Eidechsen, doch auch von Insekten und Regenwürmern. Er hockt auf Bäumen oder einem erhöhten Pfosten und beobachtet von dort aus, ob sich auf der Erde etwas bewegt, das er jagen könnte. Hat er eine Maus gefangen, dann wird er oft von Krähen angegriffen, die ihm seine Beute streitig machen.

Seinen umfangreichen Horst baut der Mäusebussard hoch im Baum. Das Nest aus Reisig wird jedes Jahr neu gebaut. Das Weibchen brütet darin fünf Wochen lang zwei bis drei Eier aus. Nach sechs Wochen sind die Jungen flügge und verlassen das Nest.

ʧʧʧ Habicht

Der Habicht ist mit einer Flügelspannweite von 1,20 Metern ein sehr großer Greifvogel. Das Weibchen ist sogar noch um einiges größer als das Männchen. Der Habicht gilt als einer der geschicktesten Beutegreifer in der Vogelwelt. Im Unterschied zu anderen Greifvögeln töten Habichte ihre Beute nicht mit dem Biss ihres spitzen Schnabels, sondern mit ihren messerscharfen Krallen. Dabei sind sie nicht wählerisch. Sie fressen, was am leichtesten zu erbeuten ist: Amseln, Krähen, Tauben oder auch schon einmal ein Huhn oder sogar eine Gans.

Der Habicht hat einen langen schmalen Schwanz; sein Gefieder ist auf der Brustseite weißlich und hat dunkle Querstreifen. Sehen kann man den Habicht allerdings nur selten; denn er kreist nicht wie Bussard und Rotmilan in den Lüften. Er liebt dunkle Baumverstecke und kommt nur aus dem dichten Gezweig der Bäume hervor, wenn er jagt. Von dort aus startet er seine Überraschungsangriffe. Habichte sind schnell und unglaublich wendig. Selbst im dichtesten Wald manövriert ein Habicht sehr gekonnt. Noch rascher als ein Eichhörnchen um einen Baum herumklettern kann, hat der Habicht den Baum schon umflogen und das Eichhörnchen geschlagen.

Außerhalb der Brut- und Aufzuchtzeit gehen Habichte getrennte Wege. Die Paare finden sich aber meist Jahr für Jahr im alten Horst wieder und führen eine lebenslange Ehe. Für den Bau des Horstes ist das Männchen zuständig, das Weibchen bessert nur hin und wieder aus, wenn es Ende März seine 2–5 Eier gelegt hat. Etwa einen Monat dauert es, bis die Küken schlüpfen. Das Weibchen verrichtet das Brutgeschäft allein. Es wird dabei vom Männchen, das auf die Jagd geht, gefüttert. Dabei verlässt es sein Nest – aber nur für kurze Zeit, denn die Gefahr ist groß, dass ein Marder oder eine Krähe den Nachwuchs tötet. Die jungen Habichte wachsen, wenn sie geschlüpft sind, rasch heran. Schon nach sechs Wochen unternehmen sie erste Ausflüge.

2 Jede Gruppe stellt jetzt den anderen Gruppen vor, was sie erarbeitet hat.
- Nutzt eure Zettel mit den Zwischenüberschriften und den Stichwörtern.
- Gruppen, die denselben Text gewählt haben, können sich gegenseitig ergänzen.
- So könnt ihr eure Vorträge einleiten:
  Wir möchten euch darüber informieren, was wir über unseren Greifvogel, den Rotmilan / den Mäusebussard / den Habicht, erarbeitet haben. Achtet einmal darauf, worin sich unser Greifvogel von euren unterscheidet. …

Sachtexte lesen – Sachtexte verstehen

Einen längeren Sachtext erarbeiten

1. Auf dieser Doppelseite findet ihr einen längeren Text über Schimpansen. Erarbeitet euch den Text in verschiedenen Gruppen nach der **Sechs-Schritt-Lesemethode**:
   I Erarbeitet die ersten vier Absätze des Textes.
   II Ihr erarbeitet die Absätze eins bis fünf.
   III Ihr erarbeitet den gesamten Text.

Schimpansen

Schimpansen sind die wohl bekanntesten und beliebtesten Affen. Wir kennen sie meistens nur aus dem Zoo oder aus Tierfilmen. Was sie so interessant macht, ist ihre Ähnlichkeit mit uns
5 Menschen.

Ihre Heimat ist Afrika. Sie leben dort im dichten Regenwald. Die meiste Zeit verbringen sie auf Bäumen. Man findet sie aber auch in der Savanne, wo es nur kleine Büsche und wenige
10 Bäume gibt. Dort bewegen sie sich meistens am Boden im „Knöchelgang": Sie laufen auf allen Vieren und stützen sich dabei auf die abgeknickten Finger ihrer Hände.

Schimpansen tragen fast am ganzen Kör-
15 per ein schwarzes Fell. Nur die Innenflächen der Hände, die Fußsohlen und das Gesicht sind unbehaart. Alte Schimpansen besitzen oft einen weißen Bart und eine kahle Stirn wie eine menschliche Glatze. Mit ihren großen Ohren,
20 die etwas vom Kopf abstehen, können die Tiere auch leise Geräusche hören. Über den braunen Augen wölben sich breite nackte Augenbögen. Ihre langen Finger und Zehen sind beim Klettern sehr nützlich.

25 Mindestens vier Stunden am Tag verbringen die Tiere mit Fressen. Hat einer von ihnen einen Baum mit reifen Früchten entdeckt, gibt er Signale. Die anderen stürzen dann herbei. Bevor die Affen am Abend ihr
30 Schlafnest bauen, fressen sie ihre Abendmahlzeit: Blätter und frische Baumtriebe. In Notzeiten nehmen sie auch mit Baumrinde und Harz vorlieb. Ihre absolute
35 Lieblingsspeise sind Termiten und Honig. Schimpansen fressen sogar Fleisch. Hin und wieder gehen die Männchen auf die Jagd und erbeuten eine kranke
40 Antilope. Aber das gelingt ihnen nur mit Schnelligkeit und guter Teamarbeit.

Sehr geschickt suchen Schimpansen Werkzeuge. Meistens geht es dabei ums Fressen. Ei-
45 nige Nüsse haben so harte Schalen, dass sie mit den Zähnen nicht geknackt werden können. Dann benutzen sie Steine als Hämmer. Aber sie werfen auch damit, um sich gegen ihren Erzfeind, den Leoparden, verteidigen zu können.
50

Mit Stöcken können Schimpansen eine Menge anfangen. Sie können in Baumlöchern nach Käfern stochern oder angeln damit Termiten aus ihrem Bau.

⁵⁵ Nach dem Fressen achten Schimpansen sehr auf Sauberkeit. Man hat beobachtet, dass sie kleine Zweige als Zahnstocher benutzen. Auch Blätter sind sehr nützlich. Die Tiere rubbeln sich damit ihr Fell sauber oder benutzen sie als
⁶⁰ Serviette, wenn ihre Finger verklebt sind. Ihren Durst löschen Schimpansen auf eine besondere Weise: Sie zerkauen mehrere Blätter und tauchen sie wie einen Schwamm ins Wasser. Den drücken sie dann über ihrem Mund aus.

Schimpansen leben in lockeren Gruppen von ⁶⁵ 80 Tieren. Freunde begrüßen sich mit lautem Geschrei, umarmen sich und klopfen einander auf den Rücken. Manchmal kommt es zum Streit. Dann gehen sich die Gegner aus dem Weg und halten Abstand. Schimpansen kennen in ⁷⁰ ihrer Sprache auch viele verschiedene Laute, mit denen sie sich verständigen. Sie grunzen, wenn sie sich wohl- ⁷⁵ fühlen, und kreischen, wenn ihnen etwas nicht passt. Die Affen können sogar lächeln und lachen oder die Zähne ⁸⁰ fletschen. Damit signalisieren sie: Sei nett zu mir – oder komm mir nicht zu nahe!

2 Gebt nun den Inhalt des Textes den anderen Gruppen wieder.
Ihr könnt euch die Arbeit aufteilen:
   I   Ihr gebt den Inhalt der ersten vier Absätze wieder.
   II   Ihr gebt den Inhalt von fünf Absätzen wieder.
   III Ihr gebt noch einmal den gesamten Text wieder.

Es schadet nichts, wenn ihr dabei dieselben Informationen mehrmals hört.
So können viele von euch die zusammenfassende Wiedergabe eines Textes üben.
Und ihr könnt eure Ergebnisse miteinander vergleichen und Rückmeldung geben.

So könnte euer kleiner Vortrag beginnen:
Ihr habt doch sicher schon einmal etwas von Schimpansen gehört.
Vielleicht kennt ihr sie aus dem Fernsehen oder aus dem Zoo.
Ich habe mich in einem Sachtext über diese Affenart informiert.
Jetzt möchte ich euch hier die wichtigsten Ergebnisse meiner Arbeit vorstellen.

Und so könnte der Vortrag enden:
Ihr habt nun meinen Vortrag gehört.
Besonders beeindruckt hat mich das Verhalten dieser Tiere.
Mir hat es Spaß gemacht, etwas über die Schimpansen zu erfahren.
Und es hat mir auch Spaß gemacht, euch darüber zu informieren.
Ich hoffe, ihr habt alles verstanden und es hat euch auch Spaß gemacht.

Sachtexte lesen – Sachtexte verstehen

Nach einer bestimmten Information in einem Text suchen

Manchmal liest du einen Text nur, um etwas ganz Bestimmtes zu erfahren.
Man nennt so etwas „gezielte Informationsentnahme".
Dabei überfliegst du den Text mit den Augen, bis du an eine Stelle kommst,
an der das steht, was du suchst.

1. Du hast vielleicht schon einmal gehört, dass Eidechsen ihren Schwanz abwerfen können.
Du kannst das gar nicht recht glauben.
Lies also in dem Text über Eidechsen nach, ob das stimmt.

2. Du hast vielleicht schon einmal gehört, dass es bei uns in Deutschland Eidechsen gibt,
die fast einen Meter lang werden. Stimmt das eigentlich?
Lies den Text daraufhin durch.

3. Lies den Text daraufhin durch, ob es auch eine Verwandte der Eidechse gibt,
die keine Beine hat.

Eidechsen

Eidechsen kommen in Europa, Afrika und Asien vor. Australien haben diese Tiere nicht erreicht, und auch in Nord- und Südamerika sind sie nicht zu Hause. Es gibt größere und kleinere Formen, wobei in Deutschland die kleineren Formen vorherrschen. Alle Eidechsen haben vier Beine mit je fünf Zehen und einen gut ausgebildeten langen Schwanz.

Die meisten von ihnen sind flinke und gewandte Tiere. Sie lieben die Wärme und sind häufig auf Felsen und Steinen zu beobachten. Da sie selbst kein warmes Blut haben, ist die Temperatur ihres Blutes von der äußeren Wärme abhängig. Deswegen wärmen sie sich in der Sonne.

Das Schuppenkleid der Eidechsen schillert in den verschiedensten Farben. Meist sind Eidechsen hervorragend an ihre Umgebung angepasst. Bei Gefahr können sie einen Teil ihres Schwanzes abwerfen, der bald wieder nachwächst. Das hat den Vorteil, dass ein Tier, das die Eidechse jagt, nur einen Teil von ihr zu packen bekommt. Ein zweites Mal kann der nachgewachsene Schwanz allerdings nicht abgeworfen werden.

Am weitesten verbreitet ist bei uns in Deutschland die Bergeidechse. Eine ausgewachsene Bergeidechse kann bis zu 18 cm lang werden. Als Lebensraum bevorzugt sie Waldränder, Heidegebiete, Moore, Hecken und Steinbrüche.

Die Zauneidechse kommt bei uns ebenfalls fast überall vor. Sie kann über 30 cm lang werden. Doch es gibt noch eine ganz besondere Art von Eidechsen, die bei uns vorkommt, aber sehr selten ist: die grün schillernde Smaragdeidechse. Verglichen mit den anderen Eidechsen, ist sie ein wahrer Riese und kann bis zu 50 cm lang werden.

Eine Verwandte der Eidechse ist die Blindschleiche. Sie hat eine Länge von etwa 40 cm und kommt auch bei uns häufig vor. Dieses Reptil ist keine Schlange, obwohl sie keine Beine hat und wie eine Schlange aussieht. Sie lebt wie die Eidechse von Insekten, Larven, Spinnen und Würmern, gelegentlich auch von Samen und Früchten.

Sachtexte lesen – Sachtexte verstehen

Einen Text aufmerksam lesen – und noch einmal gezielt lesen

1 Lies dir den folgenden Text aufmerksam durch.

Spuren lesen im Schnee

Alles ist weiß. Wie eine glitzernde Decke liegt der Schnee über dem Land ausgebreitet. Moritz stapft mit seinem Opa durch den Schnee. Überall Spuren! Tritte von einem Vogel. „Der ist gehüpft", sagt der Opa. „Das war bestimmt eine Amsel." „Oder eine Krähe", sagt Moritz. „Nein", sagt der Opa. „Dafür ist die Spur viel zu klein." Und dann sehen sie die feinen Abdrücke von einem winzigen Tierchen, die mitten in ein braunes Loch im Schnee verschwinden. „Eine Feldmaus", sagt der Opa. Dann fallen Moritz die Spuren von großen Schuhen auf, und rechts daneben immer ein kleines Loch im Schnee. „Das war Herr Brückner mit seinem Spazierstock", sagt der Opa. „Und sieh dir das an! Da sind immer kreuz und quer die Tritte von einem Hund zu sehen. Der muss ziemlich groß sein. Zwei Tatzen links, zwei Tatzen rechts. Der ist wahrscheinlich immer hin und her gerannt. Herr Brückner hat seinen Hund ausgeführt." Ganz weit hinten auf der Wiese, dicht am Waldrand, sehen die beiden ein Reh stehen. „Machen Rehe denn keine Spuren?", fragt Moritz. „Natürlich", lacht der Opa. „Die kannst du hier nur nicht finden, weil sich die Rehe nicht so weit heraus trauen." Dann fällt Moritz plötzlich eine merkwürdige Spur auf: Vier Fußabdrücke, zwei rechts, zwei links – und dazwischen eine Spur, als ob jemand mit einem kleinen Besen gewischt hätte. „Das war ein Fuchs", sagt der Opa. „Der fegt mit seinem buschigen Schwanz durch den Schnee." Und dann sieht Moritz noch eine andere Spur. Sie besteht aus zwei Fußabdrücken nebeneinander und zwei Abdrücken hintereinander. Vier Füße, immer zwei nebeneinander, zwei hintereinander. Die Spur führt über die ganze Wiese bis hin in die Büsche. „Wer ist denn hier gelaufen?", fragt Moritz. „Das war ein Hase", sagt der Opa. „Der hoppelt. Auf den Hinterbeinen stößt er sich ab, mit den Vorderbeinen tapst er voran." „Na, hoffentlich hat ihn der Fuchs nicht gesehen!", sagt Moritz.

Manche Texte muss man mindestens zweimal lesen, wenn man bestimmte Fragen genau beantworten will:

2 Von welchen Tieren haben Moritz und sein Opa im Schnee Spuren entdeckt?
Lies noch einmal nach. Schreibe die Tiere auf.

3 Wie viele verschiedene Spuren haben die beiden entdeckt – von Menschen, von Tieren und von Dingen?
Lies noch einmal nach. Schreibe die verschiedenen Spuren auf.

4 Von wie viel verschiedenen Füßen stammen die Spuren, die die beiden entdeckt haben?
Und von wem haben der Opa und Moritz **keine** Fußspuren gefunden?
- Lies noch einmal aufmerksam nach.
- Schreibe die Anzahl der Füße auf und notiere, zu wem sie gehören.
- Erkläre, warum die beiden von einem Tier keine Spur auf ihrem Weg entdeckt haben.

LESEN Umgang mit **Texten** und **Medien**

Probleme erkennen – Einsichten gewinnen ●○○○

Tabellen – Diagramme – Infografiken
Tabellen: Informationen übersichtlich geordnet

Seit 2005 ist die „Stunde der Gartenvögel" die größte NABU-Mitmachaktion zur Vogelbeobachtung in Deutschland. Jedes Jahr werden im Mai „zuverlässige Zahlen zur Bestandsentwicklung von über 100 Vogelarten in Städten und Dörfern gesammelt", erläutert NABU-Vogelexperte Lars Lachmann. Im Jahr 2015 haben 47 400 Vogelfreunde aus über 30 700 Gärten und Parks mehr als 1 100 000 Vögel gemeldet.

1 Warum beteiligen sich wohl so viele Menschen an dieser Aktion?

„Stunde der Gartenvögel" 2015
Quelle: NABU

Rang	Vogelart	beobachtete Vögel (gesamt)	(Rang im Jahr 2014)
1	Haussperling[1]	149 778	(1)
2	Amsel	110 390	(2)
3	Kohlmeise	91 242	(3)
4	Blaumeise	71 855	(4)
5	Star	70 170	(5)
6	Feldsperling	65 092	(12)

[1] auch Spatz genannt

2 Diese Tabelle enthält viele Informationen in übersichtlicher Form. Verschafft euch einen Überblick.
- Lest die Überschrift. Worum geht es in der Tabelle? Von wann sind die Ergebnisse? Wie heißt die Quelle?
- Wie viele Spalten hat die Tabelle? Klärt die Bedeutung der Spaltenüberschriften.
- Nennt die Vogelarten, die es auf Rang 1 bis 6 geschafft haben. Könnt ihr sie den Fotos A–F zuordnen?
- Wenn ihr unsicher seid, unterstützt euch gegenseitig.
  A: Haussperling, B: …

3 Arbeitet zu zweit: Einer stellt eine Frage zu der Tabelle. Zum Beispiel: *Wie viele Stare wurden 2015 gezählt?* Oder: *Wer lag im Jahr 2014 auf Rang 12?* Und der andere sucht die richtige Antwort in der Tabelle. Wechselt euch dabei ab.

A

B

C

D

E

F

G

Tabellen

Tabellen enthalten viele Informationen in einer übersichtlichen Form. Sie bieten einen Überblick und erleichtern das Auffinden von Einzelinformationen.
- Sie bestehen aus waagerechten **Zeilen** (—) und senkrechten **Spalten** (|).
- In der ersten Zeile stehen die **Spaltenüberschriften**.
- Meistens hat die Tabelle eine **Überschrift** und **Quellenangaben**, damit man weiß, woher und von wann die Informationen stammen.

H

4 Dies ist die Fortsetzung der Tabelle von Seite 34. Seht euch die Ergebnisse an. Ordnet die Vogelarten den Fotos G–L zu.

Rang	Vogelart	beobachtete Vögel (gesamt)	(Rang im Jahr 2014)
7	Ringeltaube	54 316	(10)
8	Elster	52 322	(6)
9	Grünfink	40 018	(7)
10	Mehlschwalbe	35 992	(8)
11	Mauersegler	35 514	(9)
12	Buchfink	34 744	(11)

I

5 Formuliert zu diesen Ergebnissen mündlich Sätze.
Wie zum Beispiel: *Auf Rang ... liegt der / die ...*
Oder: *Insgesamt wurden von ... gezählt.*

6 Erstelle eine vollständige Tabelle für die Rangfolge im **Jahr 2014**. Übernimm dazu die folgende Tabelle und ergänze sie.

J

„Stunde der Gartenvögel" 2014 (Quelle: NABU)

Rang	Vogelart
1	Haussperling
...	...
...	...
...	...
...	...
6	Elster
...	...
...	...
...	...
...	...
...	...
12	Feldsperling

K

L

7 Erstelle eine Tabelle für Rang 1 bis 12 bei der „Stunde der Gartenvögel" im **Jahr 2014**. (siehe Aufgabe 6 auf Seite 35)
- Vergleiche die Rangfolge im Jahr 2014 mit der Rangfolge im Jahr 2015.
- Trage dann in einer dritten Spalte den Trend mit einem Pfeil ein:
  - ↔ Diese Vogelart belegt 2015 denselben Rang wie 2014 (keine Veränderung).
  - ↗ Diese Vogelart belegt 2015 einen besseren Rang als 2014 (positiver Trend).
  - ↘ Diese Vogelart belegt 2015 einen schlechteren Rang als 2014 (negativer Trend).

„Stunde der Gartenvögel" 2014 (Quelle: NABU)

Rang	Vogelart	Trend im Vergleich mit 2015
1	Haussperling	↔

8 Recherchiere das neueste Ergebnis der „Stunde der Gartenvögel": www.nabu.de
- Erstelle für das **aktuelle Jahr** eine Tabelle für die Ränge 1 bis 12.
- Vergleiche diese aktuelle Rangfolge mit der des Jahres 2015.
- Trage dann in einer dritten Spalte den Trend mit einem Pfeil ein:
  - ↔ Diese Vogelart belegt aktuell denselben Rang wie 2015 (keine Veränderung).
  - ↗ Diese Vogelart belegt aktuell einen besseren Rang als 2015 (positiver Trend).
  - ↘ Diese Vogelart belegt aktuell einen schlechteren Rang als 2015 (negativer Trend).

9 Die Tabelle von Seite 34–35 habt ihr euch mit der Drei-Schritt-Lesemethode erschlossen. Lest hier noch einmal nach, wie diese Methode funktioniert.

Die Drei-Schritt-Lesemethode für Tabelle, Diagramm, Infografik

Erster Schritt: Sich orientieren
- Lies die Überschrift und wirf einen ersten Blick auf die Tabelle, das Diagramm oder die Infografik.

Zweiter Schritt: Den Inhalt erfassen
- Notiere kurz, um welches Thema es geht und was du gleich verstehen kannst.
- Kläre genau, was schwierige Fachwörter und Beschriftungen, z. B. Größen- oder Mengenangaben, bedeuten.
- Schreibe inhaltliche Informationen stichwortartig auf.

Dritter Schritt: Ergebnisse wiedergeben
- Gib die Informationen mithilfe deines Stichwortzettels anderen mündlich wieder.
- Oder: Schreibe die Informationen in einem kurzen Text auf.

10 Notiere zu der Tabelle, die du in der Aufgabe 6, 7 oder 8 erstellt hast, Stichwörter. Setzt euch zu zweit oder in der Tischgruppe zusammen und gebt euch die Ergebnisse mithilfe eurer Notizen mündlich wieder.

Tabellen – Diagramme – Infografiken

Diagramme: Zahlen anschaulich dargestellt

1 Hier ist ein Säulendiagramm abgebildet, auf dem ihr unterschiedlich hohe Säulen sehen könnt.
- Werft einen Blick auf das folgende Diagramm und orientiert euch.
- Was fällt euch auf?

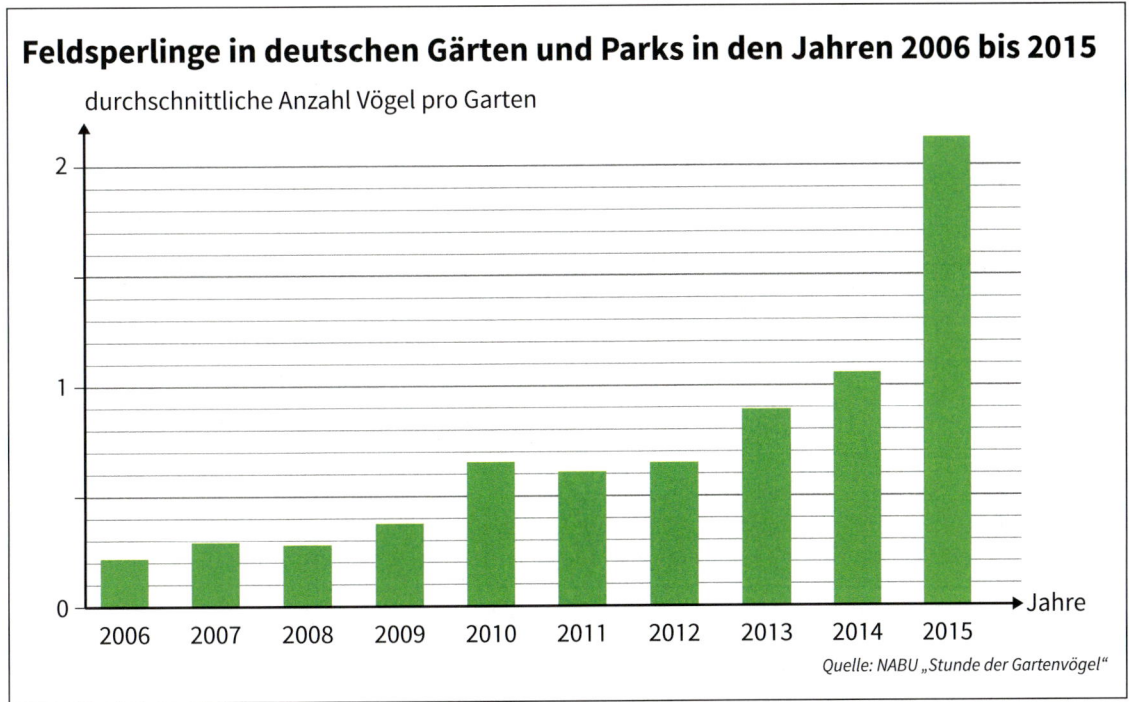

2 Geht Schritt für Schritt vor und klärt gemeinsam:
- Welche Informationen enthält die **Überschrift** des Säulendiagramms?
- Woher stammen die Zahlen für das Diagramm? Wie lautet die Quelle?
- Was bedeuten die Zahlenangaben auf der **waagerechten Achse** (—)?
- Warum gibt es 10 unterschiedlich hohe **Säulen**? Was stellen sie dar?
- Die Zahlen auf der **senkrechten Achse** (|) bedeuten:
  1: durchschnittlich ein Feldsperling pro Garten
  2: durchschnittlich zwei Feldsperlinge pro Garten

3 Lest im Diagramm ab und notiert:
a) In welchen Jahren gibt es durchschnittlich weniger als einen Feldsperling pro Garten?
b) Und wie sieht es mit der Anzahl der Sperlinge im Jahr 2015 aus?

4 Lest euch den folgenden Text Satz für Satz vor und wählt dabei das *richtige Wort* aus. Dabei müsst ihr vielleicht ab und zu einen Blick auf das Diagramm werfen.
Achtung! Ein Unsinnssatz gehört **nicht** in diesen Text.

Feldsperlinge in unseren Gärten und Parks

Das Säulendiagramm zeigt den Bestand des *Feldsperlings / Haussperlings* in deutschen Gärten und Parks in den Jahren 2006 bis 2015. Für jedes Jahr gibt es eine *Kurve / Säule*, die die durchschnittliche Anzahl der Vögel pro Garten darstellt. Auf den ersten Blick
5 kann man erkennen, dass die durchschnittliche Anzahl der Feldsperlinge pro Garten stark *zugenommen / abgenommen* hat.

Im Jahr 2006 wurde in jedem Garten ein halbes Hähnchen beobachtet. Am *Ende / Anfang* der Beobachtungszeit liegen die Werte noch deutlich unter der Eins. Im Jahr 2014 klettert der Wert zum
10 *ersten / zweiten* Mal über die Eins. Dann macht der Wert 2015 einen großen Sprung und steigt *über / unter* die Zwei.

Aber Experten *fragen / sagen* sich, ob es wirklich einen Zuwachs an Feldsperlingen gibt. Oder ob es die *Feldlerchen / Feldsperling* möglicherweise stärker in die Dörfer und Städte zieht, weil sich in
15 der Feldflur[1] ihre Lebensbedingungen verschlechtert haben.

[1] auf den Ackerflächen

 **5** Schreibe den ersten Absatz des Textes richtig ab.

 6 Schreibe den ersten und zweiten Absatz des Textes ab. Aber den Unsinnssatz lässt du weg.

7 Schreibe den ganzen Text richtig ab, aber ohne den Unsinnssatz.

8 Lest euch eure Texte in der Gruppe vor.

Diagramme

In Diagrammen werden viele Zahlen in bildlicher Form anschaulich dargestellt. Das ermöglicht den Lesern einen schnellen Überblick.

- Es gibt Diagramme in verschiedenen Formen, z. B. das **Säulendiagramm** oder das **Balkendiagramm**.

- Diagramme haben in der Regel eine **Überschrift**. Und es wird auch die **Quelle** genannt, also **woher** und von **wann** die Angaben stammen.

- Säulen- und Balkendiagramme haben meistens eine **waagerechte** (—) und eine **senkrechte Achse** (|). Die beiden Achsen sind in bestimmter Weise unterteilt und beschriftet, z. B. mit Jahreszahlen oder Mengenangaben.

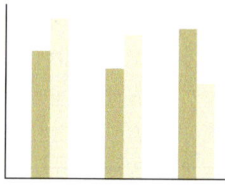
Säulendiagramm

Balkendiagramm

Einsichten gewinnen – An Beispielen üben

Tabellen – Diagramme – Infografiken

Infografiken: Informationen sichtbar gemacht

Alle zehn Jahre werden vom Bundesamt für Naturschutz „Rote Listen" veröffentlicht, die die Gefährdung von Tier-, Pflanzen- und Pilzarten in unserem Land beschreiben. Auf der „Roten Liste der gefährdeten Wirbeltiere Deutschlands" stehen 478 verschiedene Wirbeltierarten. Davon wurde im Jahr 2009 etwa bei einem Drittel eine Gefährdung festgestellt.

1 Seht euch die Infografik an. Was könnt ihr auf den ersten Blick entdecken?

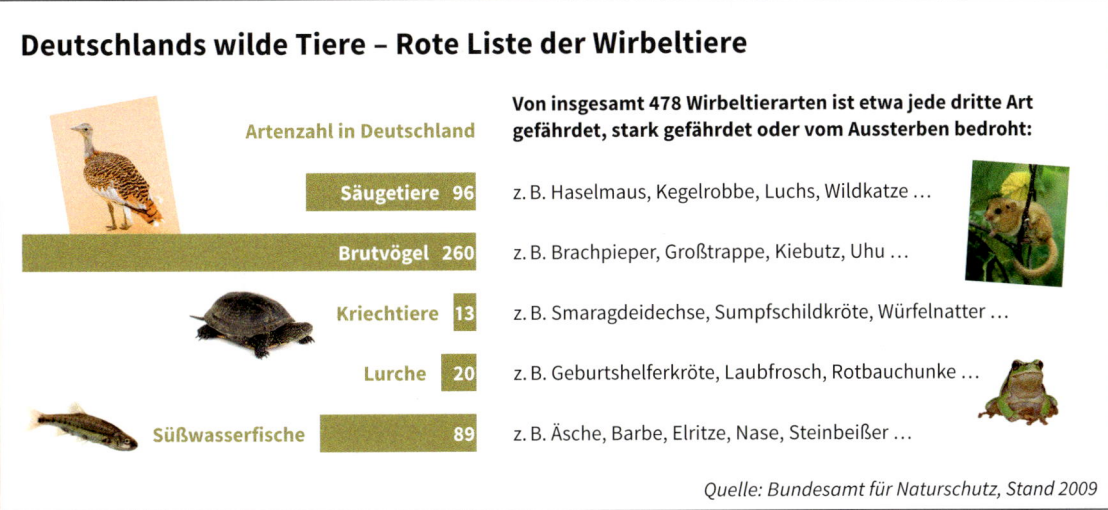

Deutschlands wilde Tiere – Rote Liste der Wirbeltiere

Von insgesamt 478 Wirbeltierarten ist etwa jede dritte Art gefährdet, stark gefährdet oder vom Aussterben bedroht:

Artenzahl in Deutschland		Beispiele
Säugetiere	96	z. B. Haselmaus, Kegelrobbe, Luchs, Wildkatze …
Brutvögel	260	z. B. Brachpieper, Großtrappe, Kiebutz, Uhu …
Kriechtiere	13	z. B. Smaragdeidechse, Sumpfschildkröte, Würfelnatter …
Lurche	20	z. B. Geburtshelferkröte, Laubfrosch, Rotbauchunke …
Süßwasserfische	89	z. B. Äsche, Barbe, Elritze, Nase, Steinbeißer …

Quelle: Bundesamt für Naturschutz, Stand 2009

2 Oft kann man nicht gleich alle Einzelheiten einer Infografik erfassen. Und doch kann man sagen, worum es geht. Probiert das einmal für diese Infografik aus.

3 Sucht zu zweit Informationen heraus: Einer stellt eine Frage zu der Infografik.
Zum Beispiel: *Wie viele Säugetierarten stehen auf der Liste?*
Oder: *Welcher Lurch ist auf der Infografik abgebildet?*
Und der andere sucht die Antwort in der Infografik. Wechselt euch ab.

Infografiken

Infografiken wollen **Daten** und **Fakten** möglichst **sichtbar** darstellen.
Man findet sie in vielen Zeitungen, Zeitschriften oder in Fach- und Lehrbüchern.
Die Leser sollen sich schnell über ein Sachthema informieren können.

- Infografiken sehen sehr unterschiedlich aus. Sie können verschiedene Bestandteile enthalten: zum Beispiel **Diagramme, Tabellen, Landkarten, Zahlen, Wörter und Sätze** sowie **Bilder**, die auch als **Blickfang** dienen.
- Neben einer **Überschrift** gehören auch **Quellenangaben** zu einer Infografik.

Tabellen – Diagramme – Infografiken

Eine Infografik erschließen

1 Erschließe dir nun die Infografik auf Seite 39.
Gehe dabei nach der **Drei-Schritt-Lesemethode** vor.
Lies dazu im Infokasten auf Seite 36 nach.
Lege zunächst einen Notizzettel an.
Nutze das abgebildete Beispiel.

Erster Schritt: Sich orientieren
Schreibe auf, worum es geht (Thema).

Zweiter Schritt: Inhalte erfassen
Sieh dir die verschiedenen Bestandteile der Infografik der Reihe nach an.
Notiere Informationen:
a) zur Überschrift, zur Quelle und zum Jahr,
b) zum Balkendiagramm,
c) zu Sätzen und Wörtern,
d) zu den Bildern.

2 Nutze deinen Notizzettel und gib deine Ergebnisse wieder.

Dritter Schritt: Ergebnisse wiedergeben
- Trage deine Ergebnisse mündlich vor.
  Übe diesen Vortrag mit einem Partner.
  Oder:
- Nutze deinen Notizzettel und schreibe deine Ergebnisse als Text auf.
  Diese Satzanfänge können dir helfen:
  Die Infografik mit der Überschrift „…" beschäftigt sich mit …
  Die Daten sind aus dem Jahr … und stammen von …
  Ein Balkendiagramm zeigt die …
  Am stärksten vertreten sind …
  Im mittleren Bereich liegen die Zahlen für …
  Eher schwach vertreten sind …
  Von den insgesamt 478 Wirbeltierarten sind etwa ein Drittel …
  Beispiele dafür sind …
  Blickfang auf dieser Infografik sind die Bilder von …

1. Schritt
Es geht darum, dass viele Wirbeltierarten …

2. Schritt
a) Deutschlands wilde Tiere
   Liste der …
   Bundesamt …
   Stand ….

b) fünf Balken:
   Artenzahl in Deutschland
   96 Säugetierarten
   260 Brutvogelarten
   …

c) 478 Arten, davon ein Drittel gefährdet, stark gefährdet oder vom Aussterben bedroht, zum Beispiel: Luchs, …

d) fünf Bilder: Großtrappe …

3 Stellt eure mündlichen oder schriftlichen Ergebnisse einander vor und besprecht sie:
- Sind das Thema und die Quellenangaben genannt worden?
- Sind wichtige Informationen richtig wiedergegeben worden?

Tabellen – Diagramme – Infografiken

Überprüfe dein Wissen und Können

1 Sieh dir diese Infografik an.
Schreibe auf, worum es geht.
Die Infografik zeigt, wie viele …

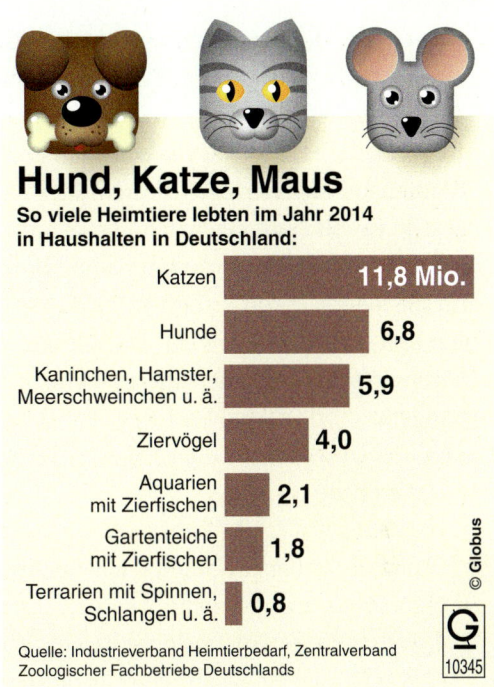

2 Lies die Infografik genau und
schreibe die Antworten auf:
a) Wie heißt die Überschrift?
b) Was ist der Blickfang?
c) Was bedeutet die Abkürzung *Mio.*?
d) Von wann sind die Zahlen?
e) Wie heißt die Quelle?
f) Gibt es Balken oder Säulen?

3 Beantworte diese vier Fragen zu der Infografik.
Notiere die Antworten:
a) Wer waren die Spitzenreiter unter den Haustieren?
b) Wie viele Hunde lebten 2014 in unseren Haushalten?
c) Welche Tiere waren mit 4 Millionen in unseren Haushalten vertreten?
d) Wo lebten mehr Zierfische – in Gartenteichen oder in Aquarien?

4 ✍ ✍✍ In jedem der vier Sätze über diese Infografik steckt ein Fehler.
Schreibe die Sätze berichtigt auf.
a) Es gab 2014 fast zweimal so viele Hunde wie Katzen.
b) Spitzenreiter waren 2015 die Katzen mit 11,8 Mio.
c) Es gab weniger Ziervögel als Zierfische.
d) In den Terrarien lebten 8 Mio. Tiere.

5 ✍✍ In welchem Sinne wird das Wort „Haushalt" in der Infografik verwendet?
a) häusliche Arbeit:
   z. B. den Haushalt machen, den Haushalt erledigen …
b) Wohneinheit von Menschen:
   z. B. ein Vier-Personen-Haushalt, ein Singlehaushalt …
c) Geldbetrag:
   z. B. der Haushalt des Fußballvereins, der öffentliche Haushalt …

6 Fülle die Lücken in den folgenden Sätzen mit den richtigen Begriffen.
a) Tabellen bestehen aus waagerechten ? und senkrechten ?.
b) Diagramme gibt es in verschiedenen Formen, zum Beispiel das ? und das ?.
c) Infografiken enthalten oft ?, die auch als Blickfang dienen.

Balkendiagramm
Bilder
Säulendiagramm
Spalten
Zeilen

Probleme erkennen – Einsichten gewinnen

Informationen im Internet recherchieren
Suchmaschinen nutzen

1 Lest das folgende Gespräch in einer Schulklasse aus Göttingen.

Eine gute Idee

Lulu: Wir sollen uns etwas für den nächsten Klassenausflug überlegen. Frau Müller hat gesagt, es soll Spaß machen und was mit unserem Wald-Projekt zu tun haben. Habt ihr 'ne Idee?

Theo: Klar, auf in den Urwald! Da können wir uns wie Tarzan von Liane zu Liane hangeln.

Carl: Cool! Und da krabbeln riesige giftige Spinnen rum.

Elena: Igitt – Riesenspinnen, Urwald und Lianen! Träumt weiter. Das ist doch ganz weit weg.

Lulu: Aber bei uns gibt's auch Urwälder. Man kann sogar ganz oben durch die Baumkronen laufen, das hab' ich mal im Fernsehen gesehen. Vielleicht wär' das was für uns.

Carl: Gute Idee. Aber wo gibt's so was?

Theo: Das kriegen wir schon raus.

Elena: Am besten suchen wir im Internet.

2 Die Kinder haben im Internet eine **Suchmaschine** aufgerufen und dort nach *Baumkronenweg* gesucht.
- Welche Informationen über Baumkronenwege enthalten diese ersten **Suchergebnisse**?
- Was würdet ihr davon zuerst anklicken, warum?

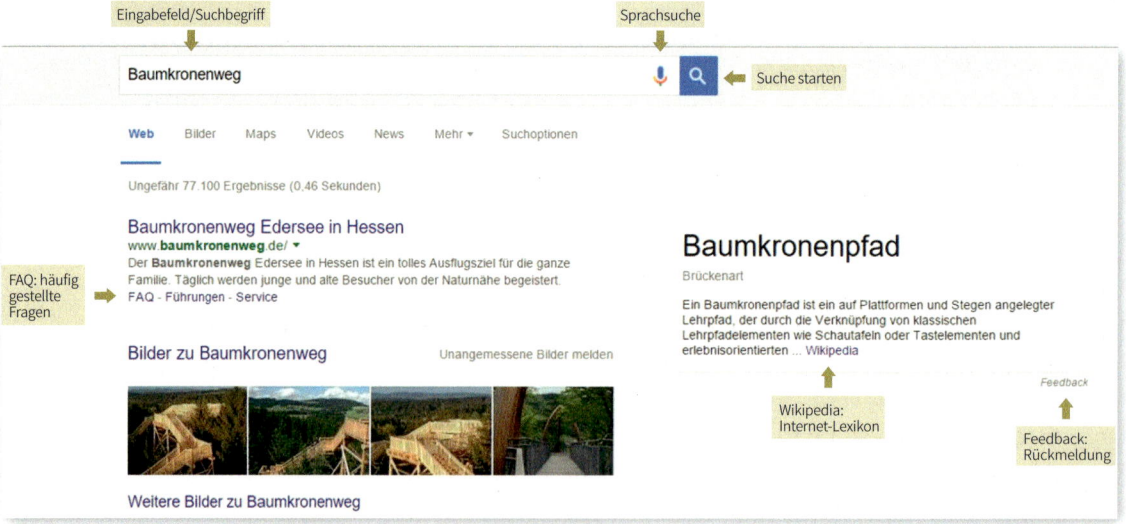

Tipps:
- Eine **blaue Überschrift** oder eine **blaue Unterschrift** kann man anklicken. Sie ist ein **Link**, mit dem man auf die ausgewählte **Internetseite** gelangt.
- Auch die **grüne Zeile** ist ein Link. Es ist die **Internetadresse** der Seite.
- In dem Text darunter steht etwas zum Inhalt der Internetseite. Der Suchbegriff wird **fett** angezeigt.
- Auch die Fotos kann man anklicken, sodass sie in großem Format erscheinen.

3 Besprecht, was die Symbole, Wörter und Texte auf der abgebildeten Internetseite bedeuten. Beachtet die Hinweise und nutzt euer Vorwissen.
- Wo und wie kann man den Suchbegriff eingeben?
- Welche Informationen bekommt man zu den Ergebnissen?
- Was lässt sich alles anklicken?

Einige Suchmaschinen zum Ausprobieren
www.ask.com
www.bing.com
www.google.de
www.yahoo.de

4 Sicherlich nutzt auch ihr das Internet, um dort nach Informationen zu ganz unterschiedlichen Fragen zu suchen.
- Welche Suchmaschinen habt ihr schon ausprobiert?
- Wie seid ihr zurechtgekommen?
- Sprecht über eure Erfahrungen.

speziell für Kinder:
www.blindekuh.de
www.fragfinn.de
www.helles-koepfchen.de

5 Vielleicht sind euch die folgenden Fachwörter schon vertraut. Tauscht euch aus.

Kleines Fachwörter-Lexikon

Internet
kurz: **Web** oder **Netz**
weltweites Computernetzwerk zur Verwaltung und zum Transport von Daten:
Texte, Bilder, Videos, Informationen …

Internetadresse oder **Webadresse**
kurz: **Adresse**
Buchstaben- und Zeichenkombination, die direkt zu einer Internetseite führt
z. B. www.westermann.de

Internetseite oder **Webseite**
kurz: **Seite**
einzelnes Dokument im Internet

Link
Hinweis auf eine Verknüpfung mit einer anderen Internetseite, die durch Anklicken aufgerufen werden kann
Links sind oft grafisch hervorgehoben.

Recherche, recherchieren
Informationssuche, Informationen suchen

Suchmaschine
ein Programm, das gezielt mit Hilfe von Stichwörtern Internetseiten sucht und findet, z. B. Google, Yahoo …

6 Bei der Internet-Recherche geht ohne Suchmaschinen fast nichts! Und sie werden immer benutzerfreundlicher. Stellt nun selbst Suchanfragen. Beachtet dabei folgende Hinweise:

Suchmaschinen gezielt nutzen

- Suchmaschinen suchen nach den Wörtern, die man eingibt. Wählt also solche Wörter aus, die möglichst genau ausdrücken, wonach ihr sucht.
- **Wichtig:** Gebt möglichst eindeutige Wörter ein, zum Beispiel: statt *Baum*, *Bär* oder *Reiten* besser *Baumkrone*, *Schwarzbär* oder *Westernreiten*.
- Ihr könnt die Suche noch weiter einschränken, wenn ihr mehrere Stichwörter eingebt. Gebt zum Beispiel *Baumkronenweg* und *Hessen* ein oder *Baumkronenweg* und *Niedersachsen*. Dann bekommt ihr weniger, aber gezieltere Ergebnisse, als wenn ihr nur nach *Baumkronenweg* sucht.
- Haltet die Suchanfrage trotzdem möglichst einfach und begrenzt sie auf ein bis vier Begriffe.

Informationen im Internet recherchieren

Suchergebnisse sichten

1 Verschaffe dir zunächst einen Überblick über diese zehn Suchergebnisse. Also nicht Wort für Wort lesen, sondern den Text nur mit den Augen überfliegen.

1 Willkommen am Baumkronenpfad Hoherodskopf im Vogelsberg
http://www.naturpark-hoher-vogelsberg.de/baumkronenpfad.html
Der **Baumkronenweg** Hoherodskopf ist ein beliebtes Ausflugsziel für die ganze Familie im hohen Vogelsberg in Hessen. Wandern Sie …

2 Forstwirtschaft: Auf dem Weg zur Baumkrone
www.svz.de › Lokales › Der Prignitzer
Auf dem **Weg** zur **Baumkrone**, vom 18. August 2015, aus der Redaktion des Prignitzers. Der Zapfenpflücker Günter Pump klettert auf eine Douglasie … Hier weiterlesen!

3 Urwaldfeeling: Nationalpark Hainich: Baumkronenpfad
www.nationalpark-hainich.de/erleben/baumkronenpfad.html
Der an der Thiemsburg in Thüringen gelegene **Baumkronenweg** führt den Besucher in einen Urwald mitten in Deutschland.

4 Nationalparks entdecken
`Anzeige` Anzeige www.nationale-naturlandschaften.de/
Offizielle Seite der Nationalparks, Biosphärenreservate und Naturparks

5 Baumkronenpfad Bad Harzburg – eine neue Attraktion im Harz
www.baumkronenpfad-harzburg.de
In Bad Harzburg eröffnete im Mai 2015 der erste **Baumkronenweg** Niedersachsens. In 22 Metern Höhe können die Besucher …

6 Baumwipfelpfad Panarbora, Baumwipfelpfad Waldbröl …
www.baumwipfelpfad-baumkronenpfad.de
Bilder und Infos über den Baumwipfelpfad in Waldbröl, Nordrhein-Westfalen. Ein Aussichtsturm und ein 1635 Meter langer **Weg** durch **Baumkronen** …

7 Baumkronenweg mit Riesenröhrenrutsche: Ausflug der Klasse 5a
www.lrs.fr.bw.schule.de
Die Klasse 5a der Lessingschule aus Freiburg traf sich am Mittwoch am Bahnhof zu einem Ausflug in den Schwarzwald. Ziel: der **Baumkronenweg** in Waldkirch …

8 Baumkronenpfad - im Naturerbe Zentrum RÜGEN
nezr.de/de/baumwipfelpfad/
Entdecken Sie Natur aus einer völlig neuen Perspektive auf der Ostsee-Insel Rügen in Mecklenburg-Vorpommern. Auf dem fantastischen **Weg** durch die **Baumkronen** …

9 Tree Top Walk am Edersee …
www.baumwipfelpfad-baumkronenpfad.de/…/**baumkronenweg**-edersee …
Am Südufer des zweitgrößten Stausees von Deutschland, dem Edersee in Hessen, wurde 2010 ein einzigartiger **Baumkronenweg** errichtet, der …

10 Baumkronenpfad Hoherodskopf – YouTube
www.youtube.com/watch?v=jtGifACkBoA
02.07.2012 – Hochgeladen von SWChannel76

2 Stellt euch vor, ihr möchtet einen Baumkronenpfad besuchen. Welche Internetseite würdet ihr zuerst aufrufen? Warum? Probiert das doch einmal aus.

Einsichten gewinnen – An Beispielen üben

3 Betrachtet die zehn Suchergebnisse auf der linken Seite nun genauer.
I Suchergebnis 1 bis 5, *II* Suchergebnis 1 bis 8, *III* alle Suchergebnisse.
   a) Welche Suchergebnisse führen direkt zu der Internetseite eines Baumkronenweges? Notiert die Ziffern.
   b) Welche Suchergebnisse haben eigentlich nichts mit Baumkronenwegen zu tun? Woran könnt ihr das erkennen? Notiert die Ziffern.
   c) Für Baumkronenwege gibt es noch andere Bezeichnungen. Schreibt sie auf.
   d) Vergleicht eure Lösungen.

4 Viele Suchergebnisse im Internet enthalten neben Informationen auch Ausdrücke der Werbung, die euch ein bestimmtes Angebot schmackhaft machen wollen.
Lest noch einmal auf Seite 44 nach und schreibt einige Ausdrücke der Werbung heraus:
ein beliebtes Ausflugsziel für die ganze Familie, Urwaldfeeling …

5 Ein kleines Quiz zu zweit: Stellt euch Quizfragen zu den Suchergebnissen auf Seite 44.
Einer liest eine Frage vor – oder denkt sich eine eigene Frage aus.
Der andere sucht die richtige Antwort in den Suchergebnissen. Wechselt euch ab.
   a) Welche beiden Baumkronenwege liegen in Hessen?
   b) Wer hat einen Baumkronenweg mit einer Riesenrutsche besucht?
   c) Welchen Beruf hat Günter Pump?
   d) Wo wurde im Mai 2015 ein Baumkronenweg eröffnet?
   e) In welchem Bundesland befindet sich der Baumwipfelpfad Waldbröl?
   f) Auf welcher Ostsee-Insel gibt es einen Baumkronenpfad?

6 Wo gibt es in Deutschland Baumkronenwege? Lies noch einmal
in den Suchergebnissen auf der gegenüberliegenden Seite nach.
   - *I* Lege eine Liste mit Angaben zur Region und zum Bundesland an.
     Orientiere dich an den Überschriften der Suchergebnisse.
     Baumkronenwege in Deutschland
     — Hoherodskopf im Vogelsberg, Hessen
     — …

   - *II III* Lege eine Tabelle an.
     Baumkronenwege in Deutschland

Region, Bundesland	Internetadresse
Hoherodskopf im hohen Vogelsberg in Hessen	www.naturpark-hoher-vogelsberg.de /baumkronenpfad.html
…	…

7 Sucht im Internet nach weiteren Baumkronenwegen. Ergänzt eure Listen und Tabellen.

8 Besprecht eure Ergebnisse. Wie viele Baumkronenwege habt ihr insgesamt gefunden?
Welche liegen in eurer näheren Umgebung?

9 Wo würdet ihr weitersuchen, wenn ihr bei einem Ausflug einen Baumwipfelpfad besuchen wolltet?

LESEN Umgang mit Texten und Medien

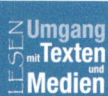

Informationen im Internet recherchieren

Gesucht und gefunden: Sich auf einer Internetseite orientieren

1 Seht euch auf dieser Internetseite um und orientiert euch.
- Was fällt euch auf den ersten Blick auf? Was spricht euch an?
- Was erwartet die Besucher am Vogelsberg in Hessen so alles?

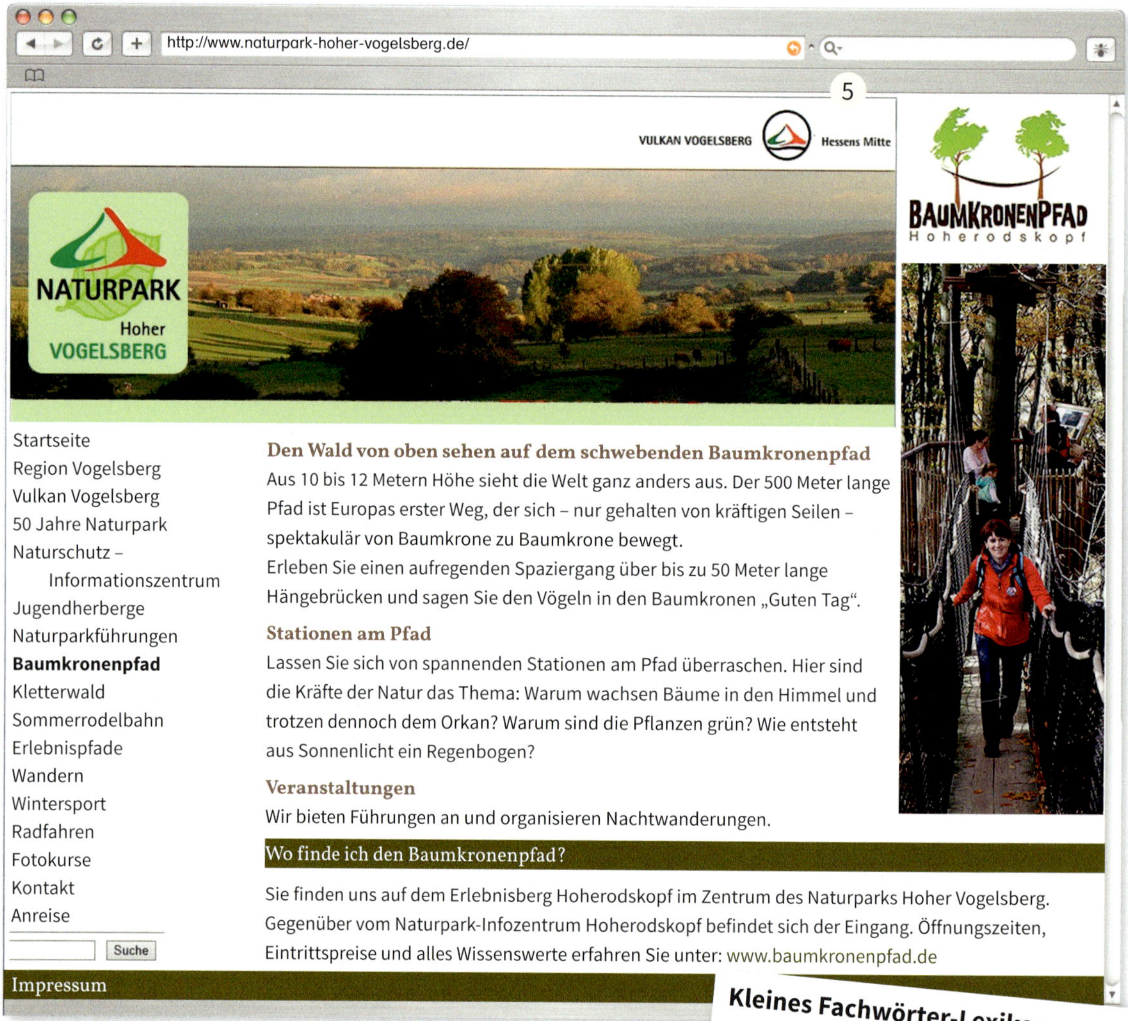

1
2
3
4

Kleines Fachwörter-Lexikon

Impressum: ein Link, der zum „Impressum“ führt: zu Namen und Adressen der Personen, die für den Inhalt verantwortlich sind

Logo: ein bestimmtes grafisches Zeichen, das zum Beispiel für eine Marke, eine Firma oder eine Organisation steht

Sitemap: Inhaltsverzeichnis für Internetseiten, eine Reihe mit verschiedenen Links

Slogan: kurzer, einprägsamer Werbespruch

Suche: Eingabefeld für eigene Suchwörter

2 Betrachtet einzelne Bausteine der Internetseite: Fotos, Logos, Text, Sitemap …
- Was könnt ihr alles entdecken?
- Wo können sich Links zum Anklicken befinden? Nutzt eure Erfahrung und tauscht euch aus.

3 Lest die Erklärungen zu den Fachwörtern und sucht die entsprechenden Bausteine auf der Internetseite. Ordnet den Bausteinen 1 bis 5 die passenden Fachwörter zu.

Erkenntnisse anwenden – An Beispielen üben

Informationen im Internet recherchieren

Sich auf Internetseiten informieren: Einen Steckbrief schreiben

1 Lest den Text der Internetseite auf Seite 46 noch einmal aufmerksam. Versuche, euch viele Informationen zu merken.

2 Tauscht euch aus: Welche Informationen über den Baumkronenpfad habt ihr behalten? Für wen sind diese Informationen interessant?

3 Internetseiten wie diese enthalten viele Informationen, aber – ganz klar – sie wollen die Leser als Kunden gewinnen. Das könnt ihr auch an der Sprache erkennen.
- Sucht im Text Sätze, in denen die Leser direkt angesprochen werden.
  Erleben Sie … Lassen Sie sich … Lest euch solche Sätze vor. Wie wirken sie auf euch?
- Sucht Adjektive heraus, mit denen Werbung gemacht wird. Notiert: *spektakulär …*

4 Bildet kleine Gruppen und legt einen Steckbrief zum Baumkronenweg Hoherodskopf an. Lest dazu auf der Internetseite (Seite 46) noch einmal nach.
- Notiert in Stichwörtern Informationen …
  – zur *Besonderheit* der Bauweise,
  – zur *Höhe* und *Länge* des Pfades,
  – zu den *Stationen* am Pfad,
  – zu *Veranstaltungen*,
  – zur genauen *Lage*,
  – zu weiteren *Angeboten / Attraktionen* im Naturpark Hoher Vogelsberg.
- Geht ins Internet und sucht nach weiteren Informationen, z. B. zu den *Eintrittspreisen*, den *Öffnungszeiten*, der *Anfahrt …*

Steckbrief:
Baumkronenweg Hoherodskopf
Besonderheit: bis zu 50 m lange
Hängebrücken zwischen
den Baumkronen,
Höhe: …
Länge: …
Stationen: …
? …

5 Du hast bereits die Namen und die Internetadressen vieler Baumwipfelpfade zusammengetragen (vergleiche Seite 46).
- Recherchiere nun im Internet Informationen zu einem Baumkronenweg, der dich besonders interessiert oder den du einmal besuchen möchtest.
- Fertige einen eigenen Steckbrief zu „deinem" Baumwipfelpfad an. Beachte auch die Anregungen aus Aufgabe 4.

6 Nutzt die Steckbriefe für einen Vortrag vor der Gruppe oder der Klasse. Stellt „euren" Baumwipfelpfad oder den Baumkronenweg Hoherodskopf als mögliches Ziel für einen Ausflug oder eine Klassenfahrt vor. Gebt euch anschließend ein faires Feedback.

Für unseren Klassenausflug möchte ich euch ein tolles Ziel vorschlagen …

Im Internet habe ich ein cooles Ziel für die nächste Klassenfahrt gefunden. …

Ich will euch den Baumkronenweg Hoherodskopf am Vogelsberg vorstellen …

Informationen im Internet recherchieren

Informationen aus dem Internet selbstständig auswerten

1 Ganz in der Nähe des Baumkronenwegs Hoherodskopf gibt es einen Kletterwald. Orientiert euch und lest die Informationen auf der Internetseite.

* Parcours
– festgelegte Strecke im Sport
– Kletterstrecke mit einem bestimmten Schwierigkeitsgrad

2 Spaß, Abenteuer, Nervenkitzel … Was sagt euer Bauchgefühl?
Wäre so eine Kletterpartie etwas für euch? Stimmt spontan ab: ja – nein – vielleicht.

3 Bildet Gruppen und sucht euch eine der drei folgenden Aufgaben aus:
- *I* Lest den Text und fertigt einen Steckbrief für den „Kletterwald Hoherodskopf" an.
  Mögliche Stichpunkte sind: **Spaßfaktor   Größe   Personal   Parcours   Sicherheit**
- *II* Kletterparks, Seilgärten, Hochseilgärten gibt es in vielen Orten. Sucht im Internet einen Kletterpark in der Nähe eurer Schule. Fertigt dazu einen Steckbrief an.
- *III* Ist ein Kletterwald das richtige Ziel für einen Klassenausflug?
  Bereitet in der Gruppe eine Diskussion vor. Notiert möglichst viele Gründe:

  Dafür spricht: *Dagegen spricht:*

  Spaß und Nervenkitzel …   *Nicht jeder ist schwindelfrei …*

  Sicherheit durch …   *Höhenangst …*

4 Stellt eure Steckbriefe in einem kleinen Vortrag der Klasse vor.
Führt anschließend auch eine Diskussion zu der Frage, ob ein Besuch in einem Kletterwald das Richtige für euch wäre. Hört einander aufmerksam zu. Und gebt euch ein faires Feedback.

Informationen im Internet recherchieren

Kontakt aufnehmen per E-Mail: Eine Anfrage schreiben

Der Ausflug der Klasse 5b soll in den Vogelsberg zum Baumkronenweg führen. Die Kinder haben noch einige Fragen. Klassensprecherin Elena schreibt deshalb eine E-Mail. Hier ist ihr Entwurf.

```
An: info@baumkronenpfad.de
Betreff: Besuch im Baumkronenpfad
Von:
```

Hallo zusammen,
ich heiße Elena Franke und bin die Klassensprecherin der 5b der Brüder-Grimm-Schule in Bebra. In zwei Wochen wollen wir einen Ausflug machen. 🙂 Den Baumkronenweg finden wir super. 🙂 Wir sind ganz viele Kinder und zwei Lehrerinnen und haben ganz schrecklich viele Fragen. 😐 Am Mittwoch sind wir dann bei euch. Können wir schon um 8:30 Uhr kommen? Denn wir wollen noch in den Kletterwald. 🙂 Aber acht Kinder möchten nicht klettern. ☹ Habt ihr einen anderen Vorschlag für sie?
Bitte, antwortet uns schnell, schnell, schnell! Das wäre echt super! 🙂
Tschüsschen ❤ ❤ ❤
Elena

1 Was gefällt euch an Elenas Mail? Und was würdet ihr verändern? Warum?

2 Schaut euch an, was die anderen Kinder zu der E-Mail gesagt haben. Welchen Anmerkungen stimmt ihr zu? Welchen Anmerkungen stimmt ihr nicht zu? Begründet eure Entscheidungen.

> Mir gefällt gut, dass du dich am Anfang vorgestellt hast.

> Ich finde, du schreibst freundlich, aber etwas zu locker.

> Du solltest den Empfänger höflich mit Sie anreden.

> Das genaue Datum und die Namen der Lehrer fehlen noch.

> Bitte, keine Smileys! Und pinke Herzchen sind ein bisschen peinlich …

3 Welche Anrede ist passend, wenn man den Namen des Empfängers nicht kennt? Und wie sollte man am Schluss grüßen? Sprecht über diese Vorschläge.

Hallo, Guten Tag, Hi, Guten Morgen, Hallo zusammen, Liebe Leute, Servus, Sehr geehrte Damen und Herren, Liebes Team, Moin, Leute …

Mit freundlichen Grüßen Herzliche Grüße
Liebe Grüße Mit vielen Grüßen
Bis bald Tschüss dann Ade
Auf Wiedersehen Servus Tschau

4 Welche Fragen könnten die Kinder zu ihrem Ausflug noch haben – vielleicht zu einem Picknickplatz, zu einem Rabatt für Schulklassen oder zum Kletterwald …? Sammelt Vorschläge.

5 Stellt euch vor, ihr sollt für eure eigene Klasse diese E-Mail schreiben.
Lest euch die folgenden Sätze **A** bis **J** vor und ergänzt sie …
- mit einer passenden Anrede und einem passenden Gruß.
- mit euren Namen, mit Angaben zu eurer Schule und zu eurer Klasse.
- mit eigenen Fragen.

A ?,

ich heiße ? und bin ? der Klasse ? der ?-Schule in ?.

B Unsere Lehrer Herr ? und Frau ? begleiten uns.

C Wir möchten am ? einen Ausflug zum Baumkronenpfad machen.

D Aber ? Kinder wollen nicht klettern.

E Denn wir möchten noch in den Kletterwald.

F Ist es möglich, dass wir schon um 8:30 Uhr bei Ihnen sind?

G Haben Sie vielleicht einen schönen Vorschlag für Kinder, die nicht klettern wollen?

H Wir sind ? Kinder im Alter von 10 bis 12 Jahren.

I Außerdem würden wir gern wissen:
Gibt es einen Rabatt für Schulklassen?
Wo können wir ein Picknick machen? ?

J Ich freue mich auf Ihre Antwort
und bedanke mich.
?
?

6 Probiert aus, in welcher Reihenfolge die Sätze in der E-Mail stehen sollten.
Es gibt mehrere sinnvolle Möglichkeiten. Notiert die Reihenfolge,
die euch am besten gefällt: **A …**

7 Schreibe nun die E-Mail mit einer passenden Anrede und einem passenden Gruß auf.
Schreibe sie in deinem Namen und verwende Angaben zu deiner Klasse und Schule.

8 Lest euch eure Lösungen gegenseitig vor.
Welche Fassungen gefallen euch besonders gut?

Informationen im Internet recherchieren

Überprüfe dein Wissen und Können

1 Sieh dir diese vier Suchergebnisse rechts an.
a) Nach welchen Suchwörtern hat die Suchmaschine jeweils gesucht?
Notiere: *1 Hoherodskopf   2 …*
b) Welches Suchergebnis stammt aus einem Online-Lexikon und enthält eine sachliche Information? Notiere die Internetadresse.
c) In den anderen Suchergebnissen wird nicht nur informiert, sondern auch geworben. Notiere solche Werbe-Ausdrücke.
Adventure …

1 Hoherodskopf – Wikipedia
https://de.wikipedia.org/wiki/Hoherodskopf
Der Hoherodskopf ist mit 764 m über dem Meeresspiegel der zweithöchste Gipfel im Vogelsberg. Er …

2 Adventure Minigolf Hoherodskopf
www.adventure-minigolf-hoherodskopf.de
Jetzt neu! Adventure-Minigolf auf dem Hoherodskopf, viel spannender als herkömmliches Minigolf! …

3 Galileo Hoherodskopf
www.galileo-hoherodskopf.de
Galileo – Erlebniswald der Sinne. Die neue Attraktion auf dem Hoherodskopf! Was erwartet dich im Galileo?

4 Jugendherberge Hoherodskopf
www.djh-hessen.de/jugendherbergen/hoherodskopf
Die helle Jugendherberge Hoherodskopf ist ideal für Seminare, Workshops, Schulklassen …

2 Welche Bausteine kannst du auf der folgenden Internetseite erkennen? Notiere sie.

3 Was trifft auf den Text auf dieser Internetseite zu?
Entscheide für die Sätze *l* a)–d), *u* für die Sätze a)–h).

a) Die Leser werden freundlich angesprochen.
b) Die Sommerrodelbahn ist 75 m lang.
c) Zwischendurch muss man absteigen.
d) Rodler müssen einige Regeln beachten.
e) Die Besucher müssen gute Rodler sein.
f) Eine umfangreiche Einweisung ist unnötig.
g) Der Text will informieren und werben.
h) Der Text will Kinder und Erwachsene ansprechen.

u **4** Lies den Text der Internetseite aufmerksam. Schreibe fünf **Werbe-Ausdrücke** auf.

Probleme erkennen – Einsichten gewinnen

Abschreiben

Abschreiben: In welcher Schrift? Wie? Was?

Manchmal musst du etwas abschreiben. Was an der Tafel oder in einem Buch steht, möchtest du auf einen Zettel, auf einen Papierbogen oder in dein Heft übertragen. Dabei kommt es darauf an, dass du es so genau wie möglich, ordentlich und richtig abschreibst. Das richtige Abschreiben aber will gelernt und geübt sein.

Abschreiben: in welcher Schrift?

Normalerweise schreibe ich einen Text in meiner Handschrift ab.
Wenn er besonders gut lesbar sein soll, schreibe ich in Druckschrift.
Manchmal schreibe ich einen Text aber auch auf dem Computer ab.

Normalerweise schreibe ich einen Text in meiner Handschrift ab.
Wenn er besonders gut lesbar sein soll, schreibe ich in Druckschrift.
Manchmal schreibe ich einen Text aber auch auf dem Computer ab.

1 Schreibe einen dieser drei Sätze einmal in deiner normalen Handschrift ab – und einmal in Druckschrift.

Abschreiben: wie?

Für das richtige Abschreiben gibt es eine Methode.

1. Lies den Text zuerst genau durch.
2. Lies dir dann den Satz, den du abschreiben möchtest, noch einmal durch.
3. Teile den Satz in kürzere Abschnitte ein, die du dir merken kannst.
4. Schreibe den Teil, den du dir gemerkt hast, auswendig auf.
5. Schreibe so Teil für Teil den ganzen Satz auf.
6. Vergleiche dann, ob du den Satz richtig abgeschrieben hast.
7. Berichtige, wenn du Fehler gemacht hast.
8. Schreibe auf diese Weise den ganzen Text ab.

2 Schreibe den Text nach dieser Methode ab. Schreibe ihn auf ein Blatt Papier, das neben dem Buch liegt. Schreibe in deiner Handschrift oder in Druckschrift.
Zuerst lese ich mir / den Text durch. / Dann schreibe ich ihn / so genau wie möglich ab. / Dabei achte ich darauf, / dass ich / keine Fehler mache. / Am Schluss / vergleiche ich / das Abgeschriebene / noch einmal / mit dem Text / und berichtige / die Fehler.

Abschreiben: was?

3 Manchmal musst du im **Rechtschreibunterricht** etwas abschreiben, damit du auf die Rechtschreibung besonders aufmerksam wirst. Schreibe den Text nach der Abschreibmethode ab. Unterstreiche danach alle Wörter, die mit **ß** geschrieben werden.

Früher hielten sich manche Leute / einen Frosch, / der in einem großen Glas saß. /
Wenn das Wetter / draußen schlecht war, / blieb der Frosch / unten im Glas sitzen. /
Wurde es aber heiß, / dann kletterte er / auf einer Leiter / nach oben. /
Daran konnte man erkennen, / wie das Wetter / werden könnte. / Aber nur vielleicht! /
Denn so genau / ließ sich das Wetter / doch nicht vorhersagen. /

4 Manchmal muss man eine Regel aus einem der **Infokästen** abschreiben, damit man sie sich besser merken kann. Schreibe die folgende Regel ab. Unterstreiche auch beim Abschreiben die Wörter, die im Merktext unterstrichen sind.

Satzschlusszeichen

Wenn ein Satz als Frage gemeint ist, setzt man am Ende ein <u>Fragezeichen</u>.
Wenn ein Satz als Ausruf, als Bitte oder als Aufforderung gemeint ist,
setzt man ein <u>Ausrufezeichen</u>.
Bei allen anderen Sätzen steht am Ende ein <u>Punkt</u>.

5 Auch ein **Gedicht** sollte man manchmal abschreiben.
Denn durch das Abschreiben merkt man sich das Gedicht besonders gut.
Man wird dadurch auch auf besondere Stellen aufmerksam.
Schreibe die vier Strophen des Gedichtes „Die Feder" in möglichst schöner Schrift ab.
Achte darauf, dass du jeden Vers in eine eigene Zeile schreibst und eine
leere Zeile zwischen den Strophen lässt. Achte auch genau auf die Satzzeichen.

Die Feder

Joachim Ringelnatz

Ein Federchen flog über Land;
Ein Nilpferd schlummerte im Sand.

Die Feder sprach: „Ich will es wecken!"
Sie liebte, andere zu necken.

Aufs Nilpferd setzte sich die Feder
Und streichelte sein dickes Leder.

Das Nilpferd öffnete den Rachen
Und musste ungeheuer lachen.

Abschreiben

Man schreibt etwas ab,
- um **genauer zu erfahren**, was in einem Text steht.
- um es zu **lernen** und sich besonders gut zu **merken**.
- um **fehlerfrei** schreiben zu lernen.
- um anderen das Abgeschriebene **vorzustellen**.

Schreiben und Präsentieren

Probleme erkennen – Einsichten gewinnen

Gegenstände beschreiben
Gegenstände beschreiben und erkennen

Beschreiben kann man vieles: Gegenstände und Lebewesen, aber auch Versuche, Orte oder Wege. Egal, ob man etwas mündlich oder schriftlich beschreibt, immer sollen andere informiert werden.

○○○○ Probleme erkennen – Einsichten gewinnen 55

Maxi
Mein Gegenstand ist schwarz und weiß. Er besteht aus weichem Stoff.

Mein Gegenstand besteht hauptsächlich aus rotem und schwarzem Plastik. Er hat außerdem Einkerbungen, damit er besser in der Hand liegt.
Elena   **Lucca**

Mit meinem Gegenstand kommt man gut durch den Winter. Er besteht aus weicher Wolle und bildet mit den Farben Grün, Grau und Lila ein schönes Muster.

Mein Gegenstand ist größtenteils weiß und dunkelgrau. Er besteht aus hartem Plastik, das mit Fell bezogen ist. Der Schnabel und die Füße sind orange und die großen Ohren lila.

Tim
Leonie
Mein Gegenstand ist rund. Er besitzt einen Verschluss und man kann ihn am Arm tragen.

1 Die Kinder haben Gegenstände beschrieben, die auf Seite 54 abgebildet sind.
- Vergleicht die Beschreibungen mit den Bildern. Wer hat welchen Gegenstand beschrieben?
- Bei welcher Beschreibung wart ihr euch nicht ganz sicher? Begründet, woran das liegt.

2 Sucht euch einen der links abgebildeten Gegenstände aus und beschreibt sein Aussehen. Verratet aber **nicht** seinen Namen und was man damit machen kann.
Wer findet heraus, welcher Gegenstand gemeint ist?

3 Das folgende Spiel lässt sich gut in der Tischgruppe oder in Kleingruppen spielen.

> *Ich sehe was …* **ein Beschreibungsspiel**
> - Bildet einen Stuhlkreis. Jeder legt einen Gegenstand gut sichtbar in die Kreismitte, z. B. *einen Schal, einen Stift, eine Federmappe, ein Buch …*
> - Beschreibt nun reihum das Aussehen eines Gegenstandes.
> - Schwieriger, aber auch spannender ist es, wenn ähnliche Dinge mehrfach vorhanden sind.
> - Wer erkennt den beschriebenen Gegenstand zuerst und woran genau?

4 Besprecht miteinander, was euch beim Beschreiben von Gegenständen leichtgefallen ist und was schwierig war. Wie muss eine Beschreibung sein, damit man sich die beschriebenen Gegenstände gut vorstellen kann?

5 Überlegt, welche der folgenden Aussagen auf Gegenstandsbeschreibungen zutreffen.
Gegenstandsbeschreibungen sollen …
a) davon berichten, was mit einer Sache einmal passiert ist.
b) das Aussehen und die Beschaffenheit eines Gegenstands genau beschreiben.
c) andere sachlich informieren.
d) andere zum Lachen bringen.
e) so genau sein, dass sich andere den Gegenstand gut vorstellen können.
f) andere spannend unterhalten.

Schreiben und Präsentieren

Gegenstände beschreiben

Merkmale einer Gegenstandsbeschreibung erarbeiten

1 Seht euch das Foto genau an. Beschreibt das Nisthäuschen zunächst einmal mündlich.

2 Lest nun den folgenden Text gemeinsam laut.

Das Nisthäuschen im Garten

A Das Nisthäuschen, das ich beschreiben möchte, hängt bei uns im Garten an einem Kirschbaum.

B Es hat die rechteckige Form eines Kastens, auf dem oben ein spitzes Dach sitzt. Weil es nur 23 cm hoch, 24 cm breit und 18 cm tief ist, gehört es zu den kleinen Nisthöhlen.

C Das Häuschen besteht komplett aus hellem Kiefernholz. Das moosgrüne Spitzdach und die naturholzfarbenen Wände passen gut in den Garten.

D Das Dach hat an beiden Seiten und an der Vorderseite einen Überstand von mehreren Zentimetern. Vorne sind zwei Holzleisten befestigt, die an den unteren Kanten leicht abgerundet sind.

E Das kreisrunde Einflugloch befindet sich auf der Vorderseite oben im Giebel. Durch das vorgezogene Dach wird es vor Regen geschützt. Es ist glatt gefeilt und geschliffen, damit sich die Vögel nicht verletzen. Mit einem Durchmesser von 32 mm ist es für kleine Vogelarten wie Meisen, Sperlinge oder sogar für Fledermäuse geeignet. In unserer Nisthöhle brüten häufig Blaumeisen.

F Einige Zentimeter unterhalb des Einfluglochs ist der Lochsitz angebracht. Dabei handelt es sich um ein etwa 5 cm langes Rundholz, das den Vögeln die Möglichkeit zum Ausruhen und Beobachten bietet.

G Der Nistkasten besitzt auf der rechten Seite eine Klappe zum Öffnen. Diese praktische Seitenklappe erleichtert die Reinigung nach dem Ende der Brutzeit. Außerdem kann man so das Nest im Notfall auch mal kontrollieren.

H In etwa drei Metern Höhe ist der Nistkasten mit der Rückseite am Baumstamm befestigt. Die Einflugöffnung zeigt nach Südosten, der Wetterseite entgegengesetzt. Der Platz liegt meistens im Schatten, denn eine Bruthöhle darf nie der prallen Sonne ausgesetzt werden. Ich freue mich schon auf die nächste Brutzeit, wenn man das Füttern der Jungen am Einflugloch beobachten kann.

3 Bestimmt habt ihr das Nisthäuschen etwas anders beschrieben als in dieser Beschreibung. Überlegt, was im Text anders ist und warum das wohl so ist.

4 Nennt einige Informationen aus dem Text, die ihr nicht dem Foto entnehmen konntet.

● ○ ○ ○ Probleme erkennen – Einsichten gewinnen   **57**

5 Wie hat der Text auf euch gewirkt?
- Ist der Text überwiegend spannend oder lustig, persönlich oder unpersönlich, sachlich oder unsachlich?
- Werdet ihr eher unterhalten oder informiert? Oder soll für etwas geworben werden?
- Begründet eure Einschätzungen.

6 Lest noch einmal nach, worum es in den einzelnen Abschnitten der Beschreibung des Nisthäuschens geht.
- Ordnet den Abschnitten die folgenden Stichwörter zu:
  Form und Größe *Dach*
  Seitenklappe *Material und Farben*
  Befestigung und Höhe *Lochsitz*
  Einflugloch *Bezeichnung und Standort*
- Notiert: A: *Bezeichnung und …*
  B: *…*

7 Teilt euch die Arbeit in der Gruppe:
- Die einen suchen solche Stellen aus dem Text heraus, in denen es hauptsächlich um das Aussehen des Nisthäuschens und der Einzelteile geht. Notiert die Zeilen.
- Die anderen suchen solche Textstellen heraus, in denen nicht nur das Aussehen beschrieben wird, sondern auch der Zweck erklärt wird. Notiert die Zeilen.

8 Stellt euch eure Ergebnisse gegenseitig vor und begründet sie.

9 Die meisten Sätze der Gegenstandsbeschreibung beschreiben das Nisthäuschen in einer sachlichen Form:
Es hat die rechteckige Form eines Kastens, …   Das Häuschen besteht komplett aus …
Lest euch solche Sätze vor.

10 Nur drei Sätze dieser Gegenstandsbeschreibung enthalten einen persönlichen Hinweis in der Ich-Form: *Das Nisthäuschen, das ich beschreiben möchte, hängt bei uns im Garten …*
- Sucht die beiden weiteren Hinweise auf etwas Persönliches heraus.
- Nennt die Zeilen und lest euch die Sätze vor.

11 Legt Wörterlisten an. Ihr könnt euch diese Arbeit in der Gruppe teilen:
- Das Nisthäuschen wird in dem Text mit **verschiedenen Fachwörtern** bezeichnet.
  Schreibt diese Wörter auf: *Nisthäuschen …*
  Sucht weitere Fachwörter heraus: *Spitzdach, Überstand …*
- Sucht die **Verben** aus dem Text heraus.
  Beachtet, dass sie manchmal zweiteilig sind: *hängt, sieht … aus …*
- Sucht die **Adjektive** aus dem Text heraus, mit denen die Dinge genau bezeichnet werden: *rechteckig, hell, naturholzfarben …*

12 Stellt eure Ergebnisse vor und ergänzt eure Wörterlisten mit weiteren Beispielen, die ihr kennt.

13 Lest die folgenden Informationen im Kasten aufmerksam.
Klärt miteinander eure Fragen, wenn ihr etwas nicht verstanden habt.

Die Gegenstandsbeschreibung

Gegenstandsbeschreibungen sind informierende Sachtexte. Ein Gegenstand wird so genau beschrieben, dass sich die Leser ein Bild davon machen können.

Dabei kann man in folgender **Reihenfolge** vorgehen:
- Zuerst nennt man die **Bezeichnung** des Gegenstands und teilt mit, **woher** man ihn kennt. *Das Nisthäuschen im Garten … auf dem Foto …*
- Es folgen Angaben zu:
  Form: *kastenförmig, eckig, oval …* oder vergleichend, z. B. *wie eine Birne …*
  Größe: *mm, cm, m … so groß wie ein Tennisball, von der Größe einer Streichholzschachtel*
  Farbe: *moosgrün, beige, dunkelgrün, silberfarben …*
  Material: *Kiefernholz, Metall, Kunststoff, Leder …*
- Im Anschluss daran folgt die Beschreibung der **Einzelteile** und der **besonderen Merkmale**:
  Dach, Wand, Boden …
  Verzierung, Beschriftung, Kratzer, Beule …

Zu den Einzelteilen **erklärt** man nur dann etwas, wenn es interessant ist:
Die große Seitenklappe erleichtert die Reinigung am Ende der Brutzeit.

Die **Sprache** ist **sachlich** und **genau**.
Man verwendet **Fachwörter**: *Rundholz, Lochsitz, Brutsaison …*
sowie treffende **Adjektive**: *rechteckig, spitz, naturholzfarben, kreisrund …*
Gegenstandsbeschreibungen werden überwiegend in einer **sachlichen Form** geschrieben:
Das Häuschen besteht aus … Das Dach hat …

Gegenstandsbeschreibungen kommen in Produkt- und Versuchsbeschreibungen oder in Diebstahls- und Verlustanzeigen vor. In Gesprächen mit anderen oder in literarischen Texten enthalten Gegenstandsbeschreibungen auch persönliche Hinweise. Man erzählt dann z. B., warum man einen Gegenstand mag oder nicht mag, warum er einem viel bedeutet oder …

14 Entscheidet jetzt, ob die folgenden Aussagen über Gegenstandsbeschreibungen richtig oder falsch sind.
   Gegenstandsbeschreibungen …
   a) sind Sachtexte, die die Leser informieren.
   b) werden sachlich und genau geschrieben.
   c) wollen die Leser vor allem spannend unterhalten.
   d) erzählen auch ausführlich davon, was früher einmal war.
   e) enthalten Fachwörter und genau beschreibende Adjektive.
   f) dürfen niemals persönliche Hinweise enthalten.
   g) beschreiben so genau, dass man sich den Gegenstand vorstellen kann.
   h) machen keine Angaben über Größe, Farbe und Material.
   i) enthalten keinerlei Angaben zum Zweck von Gegenständen und Einzelteilen.
   j) kommen in Produktbeschreibungen und Verlustanzeigen vor.

Gegenstände beschreiben

Einen Gegenstand beschreiben

1 Beschreibt den abgebildeten Nistkasten erst einmal mündlich. Nutzt dazu auch die folgenden Hinweise.

> **Nistkasten für Meisen**
> – aus Holz (heimische Fichte)
> – Maße: 33 cm Höhe, 21 cm Breite, 21 cm Tiefe
> – Schlupfloch: 30 mm Durchmesser
> – für alle Meisenarten geeignet, z. B. Blaumeise, Tannenmeise, Haubenmeise, Kohlmeise …
> – wetterfestes Dach mit besandeter Teerpappe
> – leicht zu öffnende Reinigungsklappe auf der Vorderseite für die Reinigung des Innenraums am Ende der Brutzeit

2 Lege einen Notizzettel für den Nistkasten an:
- *Bezeichnung und Verwendung / Zweck: …*
- *Größe: 33 cm Höhe …*
- *Form: …*
- *Farbe und Material: …*
- *Einzelteile: …*

3 Schreibe nun eine eigene Gegenstandsbeschreibung.
- Nutze deine Notizen aus Aufgabe 2 und den **WORTSCHATZ**.
- Beachte beim Schreiben auch die Checkliste unten.
- So kannst du deinen Text beginnen:
  Ein Nistkasten für Meisen
  Der Nistkasten auf dem Foto hat eine … Form und besteht aus … Er misst … und ist speziell für Meisen …

4 Überarbeitet eure Texte in einer Schreibkonferenz.
Überprüft sie mit Hilfe der Checkliste.

CHECKLISTE

- ✔ Zuerst schreibe ich etwas zur Form, Farbe und zum Material des Nistkastens. Anschließend schreibe ich etwas zu seiner Größe und zu seiner speziellen Verwendung.
- ✔ Dann beschreibe ich nacheinander das Dach, die Vorderseite und die Holzleiste an der Rückseite.
- ✔ Ich benutze beim Beschreiben passende Fachwörter.
- ✔ Ich verwende treffende Adjektive und Verben.

WORTSCHATZ

ist angebracht
ist angeordnet
ist bedeckt mit
ist befestigt
befindet sich
besitzt
besteht aus
beträgt
dient der
erkennt man an
fällt auf
ist geeignet für
ist gefertigt aus
gibt es
hängt
hat eine … Form
ist hergestellt aus
liegt
misst
reicht bis
setzt sich zusammen aus
sieht aus wie
sitzt
sorgt für

Gegenstände beschreiben

Gebrauchsgegenstände beschreiben

1 Auf den Seiten 60–62 sind drei verschiedene Gegenstände abgebildet.
- Verschaffe dir zunächst einen Überblick über die Materialien und Aufgaben.
- Entscheide dann, welchen Gegenstand du beschreiben möchtest.

2 Sieh dir die Sporttasche erst einmal genau an. Lies dann die Hinweise dazu.
Das meiste davon kannst du auf dem Foto sehen. Aber es gibt auch zusätzliche Erläuterungen.

Eine besondere Sporttasche
– Außenmaße: 20 cm Höhe, 34 cm Breite, 20 cm Tiefe
– aus strapazierfähigem Kunststoffgewebe
– vier Stellfüße zum Schutz vor Schmutz und Nässe
– aufwendige Stickerei auf der Vorderseite
– zwei flache Reißverschlusstaschen an den Seiten
– ein großes Hauptfach mit Doppel-Reißverschluss
– Tragegriff mit Klettsicherung
– Ösen für abnehmbaren Schulterriemen

3 Beschreibe die abgebildete Tasche. Nutze die folgenden Satzanfänge und die Hinweise oben.
Eine besondere Sporttasche
Die Außenmaße der Sporttasche betragen in der Höhe …
Hergestellt ist die kleine, eckige Tasche aus … in den Farben …
Die vier Stellfüße unter dem schwarzen Boden schützen die Tasche vor …
Die Vorderseite besteht aus schwarzem Kunststoff mit …
An den grauen Seitenteilen gibt es …
Oben auf der Tasche befindet sich ein Doppelreißverschluss, mit dem man …
Der schwarze Tragegriff besitzt …
Darüber hinaus verfügt die Tasche an den Seiten über Ösen …
Das besondere Merkmal, das diese Tasche zu einem richtigen Hingucker macht, ist …

58

4 Stelle deinen Text in der Tischgruppe vor oder arbeite mit einem Partner.
Prüft und überarbeitet eure Texte mit Hilfe dieser Checkliste in einer Schreibkonferenz.

72–73

CHECKLISTE
- ✓ Ich schreibe zuerst etwas über Art, Material, Farbe und Form der Tasche.
- ✓ Dann beschreibe ich die Einzelteile der Tasche nacheinander genau und erläutere ihre Funktion: *Taschenboden, Vorderseite, Hauptfach, Seitentaschen, Griffe.*
- ✓ Am Schluss beschreibe ich, was mir an der Tasche besonders aufgefallen ist.
- ✓ Ich benutze passende Fachwörter.
- ✓ Ich verwende treffende Adjektive und Verben.

Eine Winterjacke für Jungen

Material:
Oberstoff 100 % Baumwolle,
Futter 100 % Polyester

Details:
vorn mit Reißverschluss zu schließen
2 Einschubtaschen
2 Brusttaschen
1 Innentasche
Strickbündchen an den Ärmeln,
 da zieht keine Kälte rein
tolle Applikationen[1]
aufwendig verarbeitet

[1] aufgenähte Verzierungen

5 Vergleiche die Jacke auf dem Foto mit der Produktbeschreibung daneben.
- Was kannst du auf der Abbildung sehen, was nicht?
- Welche weiteren Einzelheiten fallen dir auf?
- An welchen Wörtern merkst du, dass hier nicht nur informiert, sondern auch geworben wird?

6 Lege einen Notizzettel für eine Beschreibung der Jacke an.
Nutze dazu den **WORTSCHATZ** rechts und von Seite 59.

Notizzettel
Bezeichnung: Winterjacke für Jungen
Form und Größe: gerader, sportlicher
     Schnitt, hüftlang
Farbe: …
Material: …
Einzelteile: …
Besonderheiten: …

WORTSCHATZ

abgesteppt
aufgesetzte Taschen
Aufnäher
Bündchen
Druckknopf
einfarbig (uni)
gerade geschnitten
hüftlang
Innenfutter
Metallknopf
Schnitt
Schulterklappe
sportlich
Steppnaht
verdeckter Reißverschluss

7 Beschreibe nun die abgebildete Jacke.
So kannst du deinen Text beginnen:
Bei der Jacke auf dem Foto handelt es sich um eine
Winterjacke für … Die hüftlange Jacke …

8 Stellt eure Texte in der Tischgruppe vor. Prüft und überarbeitet sie mit Hilfe dieser Checkliste in einer Schreibkonferenz.

CHECKLISTE
- ✓ Ich schreibe zuerst etwas über Art, Material, Farbe und Form der Jacke.
- ✓ Dann beschreibe ich die Einzelteile nacheinander genau und erläutere ihre Funktion: *Vorderteil(e), Verschluss, Kragen, Ärmel, Innenseite …*
- ✓ Am Schluss beschreibe ich die Besonderheiten der Jacke.
- ✓ Ich benutze passende Fachwörter.
- ✓ Ich verwende treffende Adjektive und Verben.

Schreiben und Präsentieren

Schulrucksack
– Größe: 45 cm Höhe, 30 cm Breite, 22 cm Tiefe
– Material: Kunststoffgewebe, das aus PET-Flaschen recycelt ist
– Verschlussart: Reißverschlüsse, Steckverschlüsse
– verstärkter Boden
– im Rückenteil stabilisierende Aluschienen, Rückenpolster
– vorderes Fach: Organizer für Stifte, Schlüssel …
– zwei große Hauptfächer: für Hefte, Bücher, Laptop …
– seitlich zwei offene Fächer für Trinkflaschen …
– gepolsterte Schulterträger, in der Länge verstellbar
– Beckengurt mit gepolsterten Beckenflossen,
  damit das Gewicht auf die Hüfte verlagert wird
– abnehmbarer Brustgurt
– seitliche Kompressionsgurte; bringen Gewicht an den Rücken

Extras
– Skateboard-Schnallen auf der Front
– innenliegendes Handyfach mit Kopfhörerausgang

9 Vergleiche die Produkthinweise Punkt für Punkt mit dem Foto. Was kannst du außerdem noch erkennen?

10 Lege einen Stichwortzettel für eine Beschreibung an:
Bezeichnung – Form – Größe – Farbe – Muster – Material – Einzelteile – Besonderheiten …

58

11 Beschreibe den abgebildeten Rucksack.
- Du kannst dabei auf den **WORTSCHATZ** zurückgreifen.
- So könntest du deinen Text beginnen:
Mit den Maßen … bietet der kompakte Schulrucksack viel Stauraum für … Er besteht aus …

59

12 Stellt eure Texte in der Tischgruppe vor. Überprüft und überarbeitet sie mit Hilfe der folgenden Checkliste in einer Schreibkonferenz.

72–73

CHECKLISTE
- ✓ Zuerst schreibe ich etwas über die Art, Form, Farbe und das Material des Rucksacks.
- ✓ Dann beschreibe ich die Einzelteile in einer sinnvollen Reihenfolge genau.
- ✓ Ich erkläre auch die Funktion der Einzelteile: *Boden, Rücken, Gurte, Front, Seiten, Taschen, Verschlüsse, Innenseite.*
- ✓ Am Schluss beschreibe ich die Besonderheiten des Schulrucksacks.
- ✓ Ich benutze passende Fachwörter.
- ✓ Ich verwende treffende Adjektive und Verben.

○○●○ Gelerntes vertiefen und selbstständig anwenden

Gegenstände beschreiben

Gegenstände beschreiben – eine Verlustanzeige ausfüllen

Manchmal verliert man etwas und kann es nicht wiederfinden. Eine Möglichkeit, einen verlorengegangenen Gegenstand zurückzubekommen, ist eine Verlustanzeige beim Fundbüro. Fundbüros gibt es in vielen Städten und Gemeinden. Oft gibt es auch ein Online-Formular. So kann man die Verlustanzeige bequem zu Hause ausfüllen und mailen.

1 Hier ist ein solches Online-Formular.
- Welche Angaben macht man …
  in **Schritt 1**?
  in **Schritt 2**?
  in **Schritt 3**?
- Warum sind möglichst genaue Angaben so wichtig?

2 Stell dir vor, du hättest dein Portemonnaie oder Handy verloren.
- Denke dir aus, wo und wann das passiert sein könnte.
- Lege für die Verlustanzeige einen geordneten Stichwortzettel an.

  Verlustanzeige
  1. Daten zur Person:
     Vorname: Katharina
     Nachname: Großmann
  2. Zeit und Ort: …

3 Du kannst auch einen dieser Gegenstände beschreiben. Nutze auch den **WORTSCHATZ**.

Verlustanzeige

Verfassen Sie hier Ihre Verlustanzeige und übermitteln Sie diese dann an Ihr Fundbüro!
Wir werden uns dann mit Ihnen in Verbindung setzen.

Schritt 1: Daten zu Ihrer Person:

Anrede	▼	z. B. Herr
Vorname		z. B. Max
Nachname		z.B. Mustermann
Straße und Hausnummer		z. B. Musterstraße 12a
Postleitzahl und Ort		z. B. 12345 Musterstadt
Telefon (Vorwahl und Rufnummer)		z. B. 01234-50001
E-Mail		z. B. max@mustermann.de

Schritt 2: Wann und wo wurde der Gegenstand verloren?

Ich habe am ☐.☐.☐ z. B. 10.08.2010

um ☐:☐ Uhr z. B. 12:30

in ☐ z. B. Musterstadt, Stadtpark

den nachfolgend beschriebenen Gegenstand verloren.

Schritt 3: Gegenstandsbeschreibung:

Wert des Gegenstandes	€	z. B. 25 €
Kurzbezeichnung		z. B. Portemonnaie
Genaue Beschreibung (besondere Merkmale)		z. B. rotes Lederportemonnaie Inhalt: etwa 10 € 1 Kundenkarte 1 Hundefoto
Wahrscheinlich habe ich den Gegenstand auf folgende Weise verloren:		z. B. beim Spaziergang

Schritt 4: Senden Sie Ihre Verlustanzeige.

[Verlustanzeige senden]

 **Schreiben und Präsentieren**

Gegenstände beschreiben

 ## Lieblingssachen beschreiben – gemeinsam Plakate gestalten

Das war mein allererstes Paar. Es passt mir schon lange nicht mehr.
Asmaa

Mein oranger Blitz, mit dem sause ich überall hin.
Oskar

Mein Glücksbringer ist bei allen Klassenarbeiten dabei.
Tiana

Ein Geschenk von meinem Opa! Ich spiele jeden Tag.
Ida

Den habe ich schon lange. Daraus trinke ich Kakao.
Lenni

1 Die Kinder einer 5. Klasse haben Fotos von ihren Lieblingssachen mit in die Schule gebracht. Warum sind ihnen gerade diese Gegenstände wichtig?

2 Was macht einen Gegenstand eigentlich zu einer Lieblingssache? Ist es vielleicht der Wert in Cent und Euro, der Coolnessfaktor … oder was denkt ihr?

Plakate gestalten

Gestaltet gemeinsam Plakate mit euren Lieblingssachen. So geht ihr dabei vor:
- Arbeitet in Gruppen von vier bis sechs Kindern zusammen.
- Führt ein Gespräch über eure Lieblingssachen: Stellt sie reihum kurz vor. Stellt euch auch Fragen dazu. Zeigt euch nach Möglichkeit auch Fotos.
- Jedes Kind schreibt seine Gegenstandsbeschreibung – zunächst als Entwurf. Nutzt den **WORTSCHATZ** auf Seite 59.
- Am Anfang schreibt ihr, warum der beschriebene Gegenstand eine Lieblingssache ist, zum Beispiel:
  Diesen schönen Traumfänger hat meine Schwester gebastelt – mit Federn, die unser Wellensittich Willy bei der Mauser verloren hat.
- Am Ende steht ein persönlicher Schlusssatz, zum Beispiel:
  Seit der Traumfänger über meinem Bett hängt, habe ich tatsächlich keine bösen Träume mehr.

 59

- Helft einander bei schwierigen Formulierungen, zum Beispiel:

  > *Ich weiß nicht, wie ich das Netz beschreiben soll. Hast du eine Idee?*

  > *Hm ... vielleicht schreibst du **das kunstvolle Netz**.*

  > *Oh ja. Das hört sich schön an. Danke!*

- Tippt die Texte am PC ab, gestaltet (formatiert) sie ansprechend. Ihr könnt auch ein schönes Foto digital einfügen – oder ihr klebt später ein Papier-Foto direkt auf das Plakat.
- Überarbeitet und verbessert nun eure Texte gemeinsam am PC. Achtet dabei auf die Rechtschreibhilfen, die euch das Textverarbeitungsprogramm anbietet.
- Wenn dann alles stimmt und gut aussieht, speichert die Dateien erst ab und druckt sie dann aus.
- Gestaltet nun mit Hilfe von Tonkarton, Schere, Papier, Klebestift und dicken Filzstiften euer Plakat mit den Texten und Fotos.
- Gebt dem Plakat eine Überschrift und klebt Texte und Fotos auf. Vergesst nicht, eure Namen dazuzuschreiben.

Galeriegang

Hängt eure Plakate in der Klasse auf. Veranstaltet dann einen kleinen Rundgang: Versammelt euch vor dem ersten Plakat, das von den Kindern einer Gruppe präsentiert wird. Stellt Fragen, gebt selbst Antworten zu eigenen Texten … und spaziert anschließend weiter zum nächsten Plakat.

Unsere absoluten Lieblingssachen
von Fritzi, Jojo, Linus, Ida und Asmaa

Der Traumfänger
Diesen schönen Traumfänger hat meine Schwester gebastelt – mit Federn, die unser Wellensittich Willy bei der Mauser verloren hat.

Mein Skateboard
Das ist ein echt cooles Teil. Damit habe ich sogar schon den Olli geschafft.

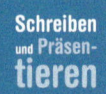

Gegenstände beschreiben

Überprüfe dein Wissen und Können

1 Achtung, inhaltliche Fehler! Notiere die Buchstaben der vier richtigen Sätze.
Die Gegenstandsbeschreibung
- **A** Die Gegenstandsbeschreibung gehört zu den informierenden Texten.
- **B** Sie steht in der Regel im Perfekt.
- **C** Typische Merkmale einer Sache werden so beschrieben, dass man sie sich vorstellen kann.
- **D** Form, Größe, Farbe und Material sollte man erst ganz am Schluss beschreiben.
- **E** Auf Fachwörter sollte man auf jeden Fall verzichten.
- **F** Interessante Angaben zum Zweck des Gegenstandes gehören ebenfalls nicht in die Beschreibung.
- **G** Gegenstandsbeschreibungen kommen auch in Versuchsbeschreibungen und Verlustanzeigen vor.
- **H** Und manchmal kann man sie in Erzähltexten wie Jugendbüchern lesen.

2 Jedes der folgenden Kleidungsstücke soll eine andere Farbe und ein anderes Muster haben. Wähle aus der Liste passende Muster aus.
Schreibe: *ein **rot getupftes** Kleid, eine ? Hose, ein ? Rock, eine ? Bluse, ein ? Tuch, ein ? T-Shirt*

> blau – geblümt – gebügelt – gekräuselt – gekürzt – gepunktet – geringelt – gerüscht – gestreift – gestrickt – getupft – glitzernd – grau – grün – kariert – rosa – rot – schwarz – tailliert – weiß

3 Zwei der folgenden Textabschnitte gehören nicht zu einer Gegenstandsbeschreibung. Notiere die Buchstaben und begründe deine Entscheidung.
Der MP3-Player
a) Mein MP3-Player ist kaum größer als eine Streichholzschachtel. Sein Gehäuse aus Aluminium glänzt in einem knalligen Rot. Der Player liegt gut in der Hand und wirkt mit seinen abgestuften Kanten sehr edel.
b) Als ich meinen schicken MP3-Player im Schulbus verloren hatte, war ich sehr traurig. Ich habe gleich beim Busunternehmen angerufen, aber dort hatte man ihn nicht gefunden.
c) Das klare Display auf der Vorderseite zeigt hellblaue Buchstaben auf schwarzem Hintergrund an. So lassen sich die Informationen gut ablesen.
d) Der MP3-Player war unten in meinem Rucksack zwischen die Schulbücher gerutscht. Da habe ich ihn dann am Nachmittag wiedergefunden.

4 In der folgenden Gegenstandsbeschreibung sind die Verben zu eintönig. Ersetze sie durch Verben aus der Liste. Beachte beim Aufschreiben, dass du die Verben verändern musst, damit ein richtiger Text daraus wird.

> hängen
> bestehen
> sich befinden
> kleben
> leuchten
> geben
> aufhängen

Der Spiegel
In meinem Zimmer **ist** ein großer Wandspiegel.
Er **ist** aus einem kreisrunden Spiegelglas von 60 cm Durchmesser.
Das Spiegelglas **ist** in einem breiten Rahmen aus grau lackiertem Metall.
Zur Verzierung **ist** auf der linken oberen Ecke eine Blüte aus Glassteinchen.
Die Blüte **ist** sonnengelb und grasgrün.
Auf der Rückseite **hat** der Spiegel ein Drahtseil, damit man ihn an der Wand **haben** kann.

5 Sieh dir das Foto der Tasche an und schreibe die Gegenstandsbeschreibung vollständig auf. Füge treffende Verben und Adjektive ein. Nutze dazu den **WORTSCHATZ**.

Die Sporttasche

Meine neue Sporttasche hat leicht ? Formen. Sie ? etwa 35 cm in der Höhe und in der Tiefe und ist 74 cm ? . Das Material besteht aus ? und ? Kunststoffgewebe. Die Tasche ? vier Reißverschlussfächer. Das ? Hauptfach wird durch eine Abdeckung mit einem Klettverschluss ? . In den Seitentaschen lassen sich gut Turnschuhe oder schmutzige Wäsche ? . In der ? Reißverschlusstasche auf der Vorderseite kann man die Geldbörse oder andere ? Dinge aufbewahren. Der Boden aus ? Kunststoffgewebe ? sehr stabil. Er ist bis zu den beiden Tragegriffen aus ? Textilband hochgezogen. Darüber hinaus ? es noch einen ? Schulterriemen.

WORTSCHATZ

abgerundet
abnehmbar
besitzt
besonderes
breit
dunkelgrau
flach
gibt
geschützt
gestickt
grau
groß
hellgrau
klein
misst
grün
verstauen
wirkt

6 **Achtung:** Fehlertext! Überprüfe die folgende Gegenstandsbeschreibung. Überarbeite sie und schreibe die korrigierte Fassung auf.
- Im ersten Absatz sind die Verben etwas eintönig geraten.
- Im zweiten Absatz stimmt manchmal etwas mit der Stellung der Satzglieder im Satz nicht. Und außerdem gibt es zwei Textstellen, die nicht zu dem sachlichen Stil dieser Beschreibung passen.
- Im dritten Absatz haben sich fünf Rechtschreibfehler eingeschlichen.

Das Aquarium

So sieht das Aquarium aus: Das rechteckige Becken aus klarem Glas ist 61 cm breit, 31 cm tief und 42 cm hoch, und es hat ein Volumen von 63 Litern. Die Seitenwände und
5 der Boden sind aus wasserdicht verklebten Glasscheiben. Ein etwa 6 cm hoher Deckel aus schwarzem Kunststoff ist die Abdeckung. Darin ist auch die Beleuchtung. Der Deckel ist leicht abnehmbar. Er hat eine große Klappe
10 und eine kleine Futteröffnung.

Auf dem Boden des Beckens befindet sich eine dicke Kiesschicht mit einigen großen Steinen, die Papa, Josy und ich so angeordnet haben, dass es wirkt abwechslungsreich
15 und natürlich. Darauf schöne grüne Wasserpflanzen wachsen, die den Sauerstoff für die Fische herstellen. Rechts hat Josy das Becken dicht bepflanzt, damit sich die Fische dort verstecken können. Aber links kann man
20 sie gut beobachten, weil gibt es dort weniger Pflanzen.

Die Heizung ist rechts hinter den Pflanzen versteckt. Sie erwärmt das Wasser im Aquarium auf 24° Celsius. Ausserhalb sorgt
25 ein Standfilter mit einer kleinen, elektrischen Pumpe für die reinigung des Wassers. Das Ansaugrohr reicht bis zum boden des Aquariums.

Schreiben und Präsentieren

Lieblingsplätze beschreiben
Aus einer Beschreibung etwas lernen

Mein Lieblingsplatz? Oben auf dem Hausboden!

Meiner ist unter dem Kirschbaum.

Auf dem Teppich in meinem Zimmer.

Ich habe eigentlich keinen Lieblingsplatz!

Viele Kinder haben einen Lieblingsplatz, an dem sie sich gern aufhalten und an den sie sich zurückziehen können, um einmal ganz allein zu sein. Bei manchen ist es eine Baumbude, bei anderen das Kinderzimmer, bei wieder anderen ist es eine Stelle auf dem Spielplatz. Manche Kinder haben keinen Lieblingsplatz, sie hätten aber gern einen.

1 Sprecht in der Klasse darüber, welches eure Lieblingsplätze sind. Sprecht über Plätze, an denen ihr euch so richtig wohlfühlen würdet.

2 Lest euch den folgenden Text vor.

Joshuas Lieblingsplatz

Joshua steigt manchmal in seine alte Baumbude hinauf, die sein Vater früher einmal gebaut hat. Dann muss er die graue Strickleiter hinaufklettern. Die zieht er danach immer hoch, damit ihm keiner nachklettern kann. Das dunkle Holz der Bude riecht modrig, und der Fußboden aus den alten Brettern ist etwas feucht, aber das stört ihn nicht.

Besonders wohl fühlt er sich, wenn der Wind weht und wenn es regnet. Dann rauscht alles um ihn herum, und der Regen prasselt laut auf das alte Dach. Nass werden kann er aber nicht, denn das Dach hält noch ganz gut dicht. Und die Bude hat ja auch ein richtiges Fenster aus Glas, sodass kein Wind hereinkommt. Die glatten Holzwände fühlen sich zwar etwas glitschig an, aber das macht ihm nichts aus. Er setzt sich dann auf die raue Holzbank, hüllt sich in das weiche Schaffell, das dort liegt, und macht es sich gemütlich. Manchmal hört er mit seinem Smartphone Musik. Meistens aber lauscht er nur auf die Geräusche dort oben.

Manchmal nimmt Joshua sich etwas zu knabbern mit. Einmal hat er die Tüte mit den Nüssen liegen lassen. Am nächsten Tag war sie leer. Das war sicher das Eichhörnchen, das sie gefressen hat.

Durch sein Fernglas kann er aus der Höhe genau beobachten, was unten passiert. Einmal hat er gesehen, wie zwei Amseln mit lautem Gezeter hinter einer Katze hergeflogen sind, weil die an ihr Nest heranwollte. Manchmal hört er auch das heisere Krächzen einer Elster ganz in der Nähe, die oben in der Krone ihr Nest hat.

Meistens bleibt Joshua eine ganze Stunde lang in seiner Bude. Danach klettert er wieder runter. Langweilig wird es ihm nie.

3 Gebt wieder, wie es in Joshuas Baumbude aussieht, wie er sich dort oben fühlt.

4 Arbeitet in Gruppen. Seht euch den Text genauer an. Schreibt auf Zetteln Wörter heraus, die für die Geschichte wichtig sind.

I Die eine Gruppe sammelt **Nomen**:
Welche Dinge sind genannt: Strickleiter ...
Welche Lebewesen kommen vor: Drosseln ...
Welche Laute und Geräusche sind genannt: Gezeter ...

II Eine zweite Gruppe sammelt **Adjektive**:
Wie etwas ist, was man sieht: alt, ...
Wie sich etwas anhört: ...
Wie etwas ist, was man riecht: ...
Wie sich etwas anfühlt: ...

III Die dritte Gruppe sammelt **Verben**:
Verben für Tätigkeiten: hinaufklettern ...
Verben für sehen: beobachten ...
Verben für hören: ...
Verben für Gerüche: ...
Verben für Gefühle: sich wohlfühlen ...

5 Sammelt die Zettel, auf denen die Verben, Adjektive und Nomen stehen, ein. Hebt sie gut auf, denn sie sollen euch später noch weiterhelfen.

6 Was könnte Joshua wohl erleben, wenn schönes Wetter wäre? Vervollständige die folgenden Sätze, indem du passende Verben und Adjektive einsetzt.

I
Wenn die Sonne ? ,
? Joshua im Schatten seines Baumes.
Er ? den Duft der frischen Blätter.
Er ? , wie die Bienen ? und die Blätter ? .
Er ? , wie unten auf der Wiese einige Kinder ? .
Doch die Kinder können ihn hier oben nicht ? .
Er ? sich so richtig wohl. Und ? ist es ihm hier oben noch nie gewesen.

II III
Wenn ? Wetter ist und die ? Sonne durch die Blätter
? , ? Joshua im ? Schatten seines Baumes.
Er ? den Duft der ? Blätter.
Er ? , wie die Bienen ? und die Blätter ? .
Er ? , wie unten auf der Wiese einige Kinder ? .
Manchmal pfeift er ? durch die Finger.
Doch die Kinder können ihn hier oben nicht ? .
Er ? sich so richtig ? . Und ? hat er sich hier oben noch nie.

Schreiben und Präsentieren

7 Hier sind zwei Texte von Kindern. Lest sie vor.
Eines der Kinder beschreibt einen Lieblingsplatz, der ausgedacht ist.
Welches Kind ist es? Und woran kann man das merken?

Ich stelle mir vor, dass ich ein Zelt hätte. Da würde ich manchmal draußen mit meinem Bruder übernachten. Wir hätten zu essen und zu trinken dabei. Wenn es dunkel wird, würden wir uns etwas gruseln. Dann machen wir unsere Taschenlampe an. Draußen knistert und knackt es. Aber hier drin ist es gemütlich. Der Wind weht leise über das Zeltdach. Wir machen die Taschenlampe aus und schlafen gemütlich ein.

Maximilian

Mein Lieblingsplatz ist im Stall von Ronny, meinem Pferd. Dort riecht es immer so gut nach Heu. Ich setze mich auf einen Strohballen und sehe Ronny beim Fressen zu. Es ist ziemlich schummerig, aber schön warm. Eine Lampe hängt an der Decke, durch das Stallfenster kommt etwas Licht herein. Das ist gemütlich. Manchmal lese ich Ronny etwas vor oder spreche mit ihm. Ich glaube, er hört mir sogar zu.

Karolin

8 Lest euch zu zweit oder in Gruppen beide Texte noch einmal aufmerksam durch. Sucht Beispiele für Nomen, Verben und Adjektive heraus und schreibt sie auf:
Verben: Was wird dort getan?
Nomen: Was kann man dort sehen, hören und riechen?
Adjektive: Wie ist etwas oder wie sieht es aus?

INFO

Was in Beschreibungen deines Lieblingsplatzes vorkommen kann:

Was für ein Platz es ist: *Wo befindet er sich? Ist es eine Bude, ein Keller, ein Zelt …?*
Wie du dorthin kommst: *Ist er in der Nähe, musst du weit gehen, musst du klettern …?*
Wie es dort aussieht, wie es dort ist: *dunkel, hell, schummerig, gemütlich, einsam …?*
Was du dort tun kannst: *lesen, beobachten, die Aussicht genießen …*
Welche Dinge man dorthin mitnehmen kann: *Spielzeug, Buch, Knabbersachen …*
Wann du am liebsten dort bist: *am Nachmittag, am Sonntag …*
Was du dort sehen, hören, riechen, fühlen kannst: *Aussicht, Geräusche, Gerüche …*

9 Stellt aus den beiden Texten oben ein kleines Lexikon zusammen.
Das kann man auch am Computer tun.

- Nehmt in eure Liste auch die Wörter aus Aufgabe 5 von Seite 69 mit auf.
- Überlegt, wie ihr euer Lexikon in der Klasse präsentieren könnt.

Wörter für Lieblingsplatzbeschreibungen

Verben	Adjektive	Nomen
beobachten	ängstlich	Aussicht
hören	dicht	Baumbude
…	…	…

Einsichten gewinnen – An Beispielen üben

Lieblingsplätze beschreiben

Einen Text nacherzählen – umerzählen – ergänzen

1 Schreibe diesen Text ab und ergänze dabei die fehlenden Wörter.
Unten findest du eine Auswahl von Wörtern in alphabetischer Reihenfolge,
von denen du einige einsetzen kannst.

Manchmal sitze ich unter einer *** Trauerweide am Kanal. Die *** Zweige hängen fast bis auf den Boden herunter, sodass man wie in einem *** Zelt sitzt. In der Sommerhitze ist es hier *** wie unter einem Schattendach. Ich lehne mich mit dem Rücken an den *** Baumstamm. Manchmal lese ich dort ein *** Buch. Wenn ich den *** Blättervorhang beiseite schiebe, kann ich auf den Kanal hinuntersehen. Und wenn ein Schiff vorbeifährt, höre ich die *** Geräusche des Motors. Noch lange danach plätschert *** das Wasser.

alt	dicht	glühend	kühl	riesig	sonderbar
am liebsten	dunkel	grün	leise	ruhig	spannend
breit	einsam	interessant	mächtig	schön	still
brummend	gemütlich	klopfend	ratternd	schummerig	wunderbar

2 Schreibe den Text ab. Für *** solltest du dir anschauliche Adjektive aussuchen, für ??? passende Verben im Präsens.

Immer wieder ??? ich zu der *** Trauerweide am Kanal. Die *** Zweige ??? *** herunter, fast bis auf den Boden, sodass man wie in einem *** Zelt ???. An einem *** Sommertag ist es hier *** wie unter einem Schattendach. Ich ??? das *** Licht, das hereinfällt. Ich ??? mich mit dem Rücken an den *** Baumstamm zurück. Manchmal ??? ich in einem *** Buch. Manchmal ??? ich aber gar nichts und ??? nur. Wenn ich den *** Blättervorhang beiseite???, ??? ich auf den Kanal hinunter. Und wenn ein Schiff ???, ??? ich die *** Geräusche des Motors.

3 Lies den Text über Joshuas Lieblingsplatz auf Seite 68 noch einmal durch. Decke ihn dann ab und schreibe ihn in der Ich-Form noch einmal aus dem Gedächtnis auf. Denke dir selbst etwas hinzu, was du dort tun würdest. Lass weg, was dir nicht gefällt:
Manchmal klettere ich in meine Baumbude hinauf. ... 68

4 Lest euch eure Texte gegenseitig vor und sprecht darüber.

Lieblingsplätze beschreiben

Vom Entwurf zur Überarbeitung: Schreibkonferenz

Auf den nächsten beiden Seiten findet ihr Aufgaben, wie ihr in einer Schreibkonferenz einen Text besprechen und anschließend überarbeiten könnt.

1 Wenn ihr einen Text entworfen habt, dann ist es hilfreich, ihn in einer Schreibkonferenz zu besprechen. Übt das einmal an folgendem Schülertext.
- Setzt euch mit einem Partner oder in der Gruppe zusammen.
- Ein Kind liest vor, was Anna geschrieben hat.
- Andere lesen die Anregungen am Rand vor, die Anna von ihrer Tischgruppe bekommen hat.
- Was würdest du an Annas Stelle auf die Hinweise der anderen Schüler antworten: Du könntest dich freuen, dich verteidigen, du könntest die Kritik ablehnen oder um andere Vorschläge bitten, du könntest …

Unser Lieblingsplatz

Ich habe mit Paula zusammen einen Lieblingsplatz.
Der **ist** in unserem Hinterhof.
Von unserer Küche aus führt eine Steintreppe in den Hof.
Unter der Treppe **ist** eine kleine Höhle.
Dort **ferstecken** wir uns **manchmal**.
Manchmal bringen wir alte Sachen dorthin.

Jetzt **ist** ein alter **Teppig** auf dem Fußboden.
Vor der Höhle **ist** eine Gardine.
Sogar ein uralter Sessel ist in unserem Versteck.
Und auch ein kleiner Tisch ist jetzt drin.
Manchmal zünden wir eine Kerze an.
Und **manchmal** hören wir auch Musik.
Es **ist** sehr gemütlich dort.

Du hast deinen Lieblingsplatz gut beschrieben.

Mir würde es dort auch gefallen.

Kann man für manchmal nicht auch andere Wörter finden?

Und dann schreibst du immerzu ist, ist, ist!

Du kannst deinen schönen Text bestimmt noch etwas verbessern!

Da sind noch zwei Rechtschreibfehler im Text.

2 Verbessert zunächst mündlich die Sätze, in denen die Wörter *manchmal, manchmal* und *ist, ist* wiederholt werden.
Das müsst ihr natürlich nicht immer tun, aber hin und wieder könnt ihr doch andere Wörter dafür einsetzen. Arbeitet mit dem **WORTSCHATZ** rechts.

3 Schreibe den Text so auf, wie du ihn besser findest. Berichtige die Rechtschreibfehler!

4 Lest euch eure Texte gegenseitig vor.

WORTSCHATZ

Wörter für *manchmal*:
ab und zu
hin und wieder
gelegentlich
oft, öfter

Wörter für *ist*:
befindet sich
liegt
hängt
steht

5 Wenn ihr einen Text entworfen habt, dann ist es hilfreich, ihn in einer Schreibkonferenz zu besprechen. Übt das einmal an folgendem Schülertext.
- Setzt euch mit einem Partner oder in der Gruppe zusammen.
- Ein Kind liest vor, was Anna geschrieben hat.
- Andere lesen die Anregungen am Rand vor, die Anna von ihrer Tischgruppe bekommen hat.
- Anna antwortet auf alles, was die anderen gesagt haben:
Sie kann zugeben, dass sie diese Stelle besser machen könnte.
Sie kann aber auch ihren Text verteidigen.

Annas Lieblingsplatz

Mein Lieblingsplatz ist oben auf dem Hausboden.
Dort kann ich aus der Dachluke kucken.
Dort steht auch ein alter Sessel in einer Ecke.
Dort habe ich auch einen kleinen Tisch
ans Fenster gestellt.

Drausen höre ich die Tauben gurren, die meinem
Papa gehören.
Manchmal nehme ich auch etwas zu essen
und zu trinken mit rauf.

Dort habe ich auch eine alte Blechdose, in der ich
Steine und Glasmurmeln verwahre.
Ich finde es echt toll dort oben.

Was kannst du denn aus der Dachluke alles sehen?

*Heißt das nicht **gucken**?*

*Du fängst deine Sätze so oft mit **dort** an!*

Kann man die Tauben auch riechen? Das würde ich dann auch schreiben!

Was isst und trinkst du denn dort oben? Schreib es doch genauer!

*Mir fällt auf, dass du immerzu **auch, auch** schreibst.*

Da ist noch ein Rechtschreibfehler drin!

6 Verbessert mündlich gemeinsam einige der Sätze, die mit *dort* anfangen. Dabei könnt ihr für *dort* andere Wörter wählen wie zum Beispiel *hier, da, da oben, auf dem Dachboden …*

7 Nimm dir den Text von Anna vor und überarbeite ihn.
- Schreibe ihn so auf, wie du ihn besser findest. Dabei solltest du beachten, was die Kinder in der Schreibkonferenz gesagt haben.
- Berichtige auch den Rechtschreibfehler!

8 Lest euch eure überarbeiteten Texte vor.

9 Besprecht nun eure Texte in einer Schreibkonferenz, die ihr über Joshuas Lieblingsplatz in der Ich-Form erzählt habt (Aufgabe 3, Seite 71). Überarbeitet eure Texte anschließend.

Schreiben und Präsentieren

Lieblingsplätze beschreiben

Ein Gedicht über einen Lieblingsplatz lesen und vorlesen

1 In diesem Gedicht erinnert sich der Dichter Arno Holz daran, was er früher einmal als Kind von seinem Lieblingsplatz aus erlebt hat.
Lest euch das Gedicht vor.

Arno Holz

Rote Dächer!
Auf den Schornsteinen,
Hier und da
Rauch;
Oben, hoch, in sonniger Luft,
Ab und zu
Tauben!

Es ist Nachmittag.
Aus
Mohdrickers Garten her
Gackert
Eine Henne.

Die ganze Stadt … riecht nach Kaffee.
Ich bin ein kleiner achtjähriger Junge,
Liege,
Das Kinn in beide Fäuste,
Platt auf dem Bauch
Und
Kucke durch die Bodenluke.

Unter mir … steil der Hof …
Wie still das ist!
Nur drüben,
In Knorrs Regenrinne,
Zwei Spatzen, die sich um einen Strohhalm zanken.

Irgendwo ein Mann, der sägt,
Und,
Dazwischen,
Deutlich von der Kirche her,
In kurzen Pausen regelmäßig hämmernd,
Der Kupferschmied Thiel.
…

Erklärungen:
Mohdricker, Knorr und *Thiel* sind Namen von Nachbarn.

An Beispielen üben – Gelerntes selbstständig anwenden

2 In welchen Zeilen wird deutlich, dass das alles Erinnerung ist?

3 Wo mag sich dieser Platz wohl befinden?

4 Was sieht, hört und riecht der Beobachter alles? Schreib es heraus:
Er sieht: rote Dächer … Er hört: … Er riecht: … Er fühlt: …

5 Arno Holz beschreibt in der Rolle des Jungen alles so genau, dass er sogar Namen nennt, an die er sich erinnert. Welche sind das?
Mohdrickers Garten …

6 Denke dich selbst einmal in das Kind hinein:
Was könnte es noch gesehen, gehört, gerochen oder gefühlt haben?
Schreibe auf dieselbe Weise vier oder fünf kurze Zeilen auf, etwa so:

*Von unten herauf
riecht es
nach …
Ich höre
…
Ich sehe
…
Ich fühle
…
Hier stört mich keiner.
Hier bin ich gern
ganz allein.*

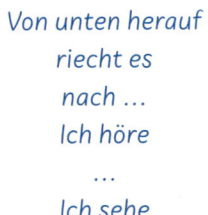
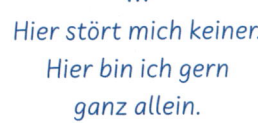

7 Lest euch eure Sätze gegenseitig vor.
Schreibt einige davon an die Tafel. Die schönsten von ihnen könntet ihr zu einer Fortsetzung dieses Gedichtes zusammenstellen.
Vielleicht möchtet ihr sie ja sogar auch auf dem Computer aufschreiben.

8 Verfasse ein kleines Gedicht über **deinen** Lieblingsplatz.
- Was siehst, hörst, riechst, fühlst oder beobachtest du dort?
- Du kannst dein Gedicht in der Form gestalten, wie es Arno Holz gemacht hat.

Lieblingsplätze beschreiben

Einen Lieblingsplatz beschreiben

Auf den nächsten drei Seiten findet ihr Aufgaben und Anregungen, wie ihr eure Lieblingsplätze beschreiben könnt. Wählt eine der Seiten 76, 77 oder 78 aus.

Wenn ihr dann eure Texte geschrieben habt, überarbeitet ihr sie. Achtet dabei auch auf die Rechtschreibung.

Wenn ihr die Texte in gut lesbarer Schrift aufgeschrieben habt, könnt ihr sie anderen vorstellen:
- Lest sie euch gegenseitig vor.
- Heftet sie an die Wandtafel, damit alle sie lesen können.
- Stellt ein Büchlein her, in dem alle eure Texte stehen.

1 Denke dir einen Platz unter einer Treppe aus, wie er hier abgebildet ist. Versuche, ihn dir so genau wie möglich vorzustellen, denke und fühle dich hinein.

2 Schreibe einen Text über diesen Platz.
- Die folgenden Satzanfänge helfen dir dabei.

Ich habe einen schönen Lieblingsplatz.
Er befindet sich ...   Dorthin gehe ich, wenn ...   Ich habe mir diesen Platz ... eingerichtet.
In meiner Höhle stehen ...   Ich habe auch ... dort.   Manchmal nehme ich ... mit.
Ab und zu ... ich dort auch.   Es riecht dort ...   Von meinem Platz aus kann ich ... sehen.
Ich fühle mich ...   Das Schönste aber ist, dass ...

- Du kannst den **Wortschatz** auf Seite 78 nutzen.

𝒰 3 Denke dir einen Platz unter einem Boot aus, wie er hier unten abgebildet ist.
Versuche, ihn dir so genau wie möglich vorzustellen. Denke und fühle dich hinein.

𝒰 4 Schreibe nun einen Text über diesen Platz. Die Checkliste hilft dir dabei.
Im **WORTSCHATZ** auf Seite 78 findest du Wörter, die du verwenden kannst.

CHECKLISTE

Ich schreibe …
- wo sich dieser Platz befindet,
- wie ich dorthin komme,
- wie es dort genau aussieht,
- was ich dort tun kann,
- was ich dorthin mitnehme,
- was ich dort sehen, hören, riechen kann,
- wie ich mich dort fühle,
- wann ich am liebsten dort bin,
- was mir am besten an diesem Platz gefällt.

Schreiben und Präsentieren

5 Schreibe einen eigenen Text über deinen Lieblingsplatz.
Du kannst ihn auch dann beschreiben, wenn du gar keinen hast.
Mit etwas Fantasie gelingt dir das!
Für deine Beschreibung brauchst du vor allem möglichst viele Wörter.
Die Wörter aus dem **WORTSCHATZ** unten geben dir eine gute Hilfe.

Vorschlag 1: Ein wirklicher Lieblingsplatz
- Was für eine Art Ort ist das?
- Wie sieht es dort aus?
- Was nimmst du dorthin mit?
- Bist du allein oder mit anderen dort?

Vorschlag 2: Ein ausgedachter Lieblingsplatz
- Was wäre das für ein Ort?
- Wie könnte es dort aussehen?
- Was nimmst du dorthin mit?
- Bist du allein dort oder mit anderen?

*Am liebsten bin ich allein in unserem Garten.
Dort kann ich in meiner Hängematte …*

*Ich stelle mir vor: Meine Hütte steht ganz hoch oben
in einem riesigen Baum. Dort sitze ich und …*

*Mein Lieblingsplatz ist das Garagendach hinter unserem
Haus. Ich klettere dort manchmal hinauf …*

WORTSCHATZ

Adjektive		Verben		Nomen	
angenehm	interessant	anfühlen	knistern	Aussicht	Kissen
ängstlich	kühl	ausruhen	kreischen	Baum	Luke
dicht	kuschelig	belauschen	lesen	Bauwagen	Meer
dunkel	laut	beobachten	liegen	Boot	Rinde
einsam	leise	duften	plätschern	Bude	Sand
feucht	rau	empfinden	rauschen	Dachboden	Schatten
finster	riesig	erkennen	riechen	Duft	Sehnsucht
gemütlich	ruhig	ertasten	sehen	Geräusch	Stall
glatt	schattig	essen	sitzen	Geruch	Strickleiter
glitschig	schummerig	fühlen	spielen	Glück	Teppich
grau	sonderbar	hinaufklettern	träumen	Hängematte	Wasser
gruselig	spannend	hineinkuscheln	trinken	Himmel	Wind
heiß	warm	hören	wehen	Höhle	Wolken
hell	wunderbar	knacken	wohnen	Holz	Zelt

○○○● Gelerntes überprüfen

Lieblingsplätze beschreiben

Überprüfe dein Wissen und Können

1 Welche beiden Aussagen sind richtig? Schreibe die Buchstaben auf.
a) Der Leser muss sich in den Ort, den du beschreibst, hineinversetzen können.
b) Alles, was du beschreibst, muss wahr sein, nichts darf ausgedacht sein.
c) Der Platz muss möglichst anschaulich beschrieben werden.
d) An deinem Lieblingsplatz darfst du nur in den Ferien sein.

2 Welche beiden Aussagen sind richtig? Schreibe die Buchstaben auf:
a) Der Text über einen Lieblingsplatz ist eine *Beschreibung*.
b) In einem solchen Text kann man auch etwas *erzählen*.
c) Über seinen Lieblingsplatz kann man eine *Gebrauchsanweisung* schreiben.
d) Ein Text über einen Lieblingsplatz kann auch ein *Märchen* sein.

3 Welche der Ausdrücke würden in die Beschreibung eines Lieblingsplatzes gut hineinpassen? Schreibe die Buchstaben auf.
I Schau dir die Sätze a)–d) an, *II* die Sätze a)–f), *III* alle Sätze.
a) ein schattiges Plätzchen   e) eine Fahrt im Schulbus
b) eine knarrende Treppe   f) ein neues T-Shirt
c) eine wuschelige Frisur   g) ein fantastischer Ausblick
d) ein geheimer Gang   h) ein Einkauf im Supermarkt

4 Verbessere die folgenden Sätze aus der Beschreibung eines Lieblingsplatzes. Das kannst du dabei tun:
I Aufgabe a)–b), *II* Aufgabe a)–c), *III* alle Aufgaben.
a) Rechtschreibfehler berichtigen,
b) anschauliche Adjektive einsetzen,
c) treffendere Verben verwenden,
d) Wörter in Sätzen umstellen,
e) eigene Sätze hinzufügen.

… Zuerst gehe ich die Holzleiter hinauf. Ich kann auf diese Weise oben auf den Hausboden gelangen. Ich gehe dann vorsichtig unter den Holzbalken hindurch. Ich bin jetzt in der Kammer. Es riecht hier immer ein bisschen. Ich gehe deßwegen hinüber zum Fenster und öffne es. Luft kommt jezt herein. Ich kann über das Land schauen. Was für ein Blick!

5 Schreibe die Sätze auf und ersetze das Wort *ist* jeweils durch andere Wörter:
a) Mein Lieblingsplatz *ist* in einer kleinen Hütte.
b) Die Hütte *ist* im Garten von meinem Opa.
c) In dem gemütlichen Raum *ist* ein altes Sofa.
d) Außerdem *ist* dort ein großes Poster an der Wand.
e) Auf dem Tisch *ist* das Buch, das ich gerade lese.
f) Bis alles eingerichtet ist, *ist* aber noch viel zu tun.

habe ich, steht, liegt, hängt, befindet sich, gibt es

Schreiben und Präsentieren

Von Erlebnissen erzählen
Eine Geschichte lesen und untersuchen

Laura schreibt an ihre Freundin Nina …

Hey, liebe Nina,

ich muss dir unbedingt erzählen, was mir heute passiert ist. Es war echt unglaublich. Wir waren in der Nicolai-Kirche bei einer Extraprobe fürs Krippenspiel, der Jakob und ich. Also, die Probe haben wir gut über die Bühne gebracht. Sogar mein kleiner Bruder konnte seinen Text. Am Ende haben wir beide dann die Verkleidungssachen
5 in die Sakristei[1] gebracht. Da hatten wir richtig viel zu tun. Gerade waren wir fertig – da ist plötzlich das Licht ausgegangen. Totale Finsternis! Ich habe mich vielleicht erschrocken! Jakob hat sich dann bis zur Tür vorgetastet. „Abgeschlossen, nichts zu machen!", schrie er. Wir haben geklopft und gerufen, aber niemand hat uns gehört. Jakob meinte bedrückt: „Die anderen sind alle schon weg."
10   Zum Glück hatte ich mein Handy in der Hosentasche. Natürlich hatte ich es wegen der Probe ausgemacht. Ich musste es erst wieder anstellen. Und dann war der Akku fast leer. Für eine SMS an Mama hat es noch gereicht, dann war es tot. So ein Pech.
   Danach haben wir gewartet – ganz allein in der Dunkelheit. Und all die unheimlichen Geräusche – es knirschte und knarrte – und es roch so muffig aus den alten
15 Mauern. Wir hatten solche Angst, dass wir die ganze Nacht eingesperrt sein würden. Schließlich hat Jakob Witze erzählt – das hat uns ein bisschen abgelenkt.
   Nach einer ganzen Ewigkeit ist dann endlich der Küster[2] gekommen und hat uns befreit. Es tat ihm unheimlich leid, dass er uns eingeschlossen hatte. Er sagte auch, dass Mama die SMS erst ganz spät gelesen hat. Sie hatte nämlich noch eine Bespre-
20 chung. Sie hat dann gleich bei ihm angerufen. Ich war vielleicht froh, als wir endlich wieder zu Hause waren! …

[1] Nebenraum in einer Kirche
[2] Hausmeister in einer Kirche; auch Messner oder Kirchendiener genannt

1 Das ist gerade noch gut gegangen. Erzählt euch gegenseitig in eigenen Worten, was geschehen ist.

2 Sicherlich habt ihr Lauras Geschichte gespannt gelesen und wart neugierig auf das Ende. Nennt einige Stellen im Text, die ihr besonders spannend findet.

3 Arbeitet in Tischgruppen und untersucht einmal genauer, wie Laura erzählt.
Teilt die Aufgaben a) bis d) in der Gruppe untereinander auf.
a) Notiert in Stichwörtern, welche **genauen Angaben** Laura zum Geschehen macht:

Wann ist es geschehen?   heute   *Wer* sind die beteiligten Personen?   ?
Wo sind sie und *warum*?   ?   *Was* passiert Unvorhergesehenes?   ?
Weshalb ist es passiert?   ?   *Wie* ist das Ganze ausgegangen?   ?

b) Erstellt eine Liste mit Wörtern für Satzanfänge.
also, am Ende, da …
c) Wie erzählt Laura von Gefühlen und Gedanken?
Legt eine kleine Liste mit solchen Ausdrücken an.
erschrocken …
d) Wie schildert Laura die Umgebung, die Geräusche und Gerüche?
Legt eine kleine Liste mit solchen Ausdrücken an.
totale Finsternis …

4 Stellt die Ergebnisse eurer Gruppenarbeiten vor. Überlegt gemeinsam, warum sie jeweils für Lauras Geschichte wichtig sind.

5 Übertragt eure Wörterlisten auf ein großes Wandplakat, damit ihr diesen Wortschatz für eigene Geschichten nutzen könnt.

6 Lest die folgenden Informationen aufmerksam. Vergleicht sie Punkt für Punkt mit Lauras Geschichte und nennt jeweils ein weiteres Beispiel.

WORTSCHATZ

Wörter für Satzanfänge:
also, am Ende, da …

Gedanken und Gefühle:
unglaublich, erschrocken, bedrückt …

Von Erlebnissen erzählen

Wenn man etwas Interessantes erlebt oder beobachtet hat, möchte man das anderen gern erzählen. Als Erzähler oder Erzählerin steht man im Mittelpunkt des Geschehens und erzählt die Geschichte in der **Ich-** und **Wir-Form**.
… was mir heute passiert ist. Wir waren in der Nicolai-Kirche … der Jakob und ich.

Am Anfang erzählt man, **wann, wo** und **wem** etwas passiert ist – dann wird Schritt für Schritt erzählt, **was** passiert ist und schließlich **wie** es ausgegangen ist.

Meistens wird in den Zeitformen der **Vergangenheit** geschrieben.
Endlich ist der Küster gekommen. Es tat ihm leid, dass er uns eingeschlossen hatte.

Man erzählt, wie man sich **gefühlt** oder was man **gedacht** hat.
Ich habe mich vielleicht erschrocken! Zum Glück hatte ich …

Was man **sieht, hört** oder **riecht**, wird anschaulich beschrieben.
Es knirschte und knarrte – und es roch so muffig aus den alten Mauern.

Wörtliche Reden machen die Geschichte lebendig:
„Abgeschlossen, nichts zu machen!", schrie er.

Ab und zu kann man auch **Spannungswörter** einfügen.
plötzlich, endlich, gerade als … Es war echt unglaublich.

Schreiben und Präsentieren

Von Erlebnissen erzählen

Mündlich erzählt – und weitererzählt

1 Jakob erzählt in der Schule von dem Vorfall in der Kirche.
Er redet drauflos, wie ihm der Schnabel gewachsen ist.
Und so ist diese mündliche Geschichte hier auch abgedruckt.
Es ist gar nicht so einfach, diesen Text gut vorzulesen.
Hört euch die Geschichte zunächst einmal an oder lasst sie euch von eurer Lehrkraft vorlesen.

Jakob erzählt …

Gestern, da waren wir bei der Probe in der Kirche, war ne Extraprobe, da haben wir das Krippenspiel geübt, ich musste nen Hirten spielen. Und danach sollte ich die ganze Verkleidung, die Mäntel und die Hüte und das ganze Zeug und so, sollten wir noch aufräumen, die Laura und
5 ich, und in die Sakristei bringen. Haben wir auch gemacht. Waren wir gerade beim Aufstapeln, ordentlich auf den Tisch legen und so, da war auf einmal, … ging das Licht aus und war zappenduster. Nichts mehr, alles schwarz. Ich hab gedacht, was isn nu los? Die Laura hat gerufen, wo bist du? Ich war, … stand noch am Tisch, konnt mich dran festhal-
10 ten. Dann hab ich mich an die Tür, so mit Händen, hab mich vorgetastet. Aber die war zu, kriegt ich nich auf, … abgeschlossen! Hab ich dran gerüttelt. Nichts! Ging nich! Zu, hab ich zu der Laura gesagt, die haben uns eingeschlossen! Is vielleicht … Die haben nur einen Witz gemacht, hat die Laura gesagt, wolln uns Angst einjagen. Aber alles war still,
15 nichts zu hören. Die sind schon alle zu Hause, hab ich gesagt, haben uns vielleicht … aus Versehen, die haben uns vergessen. Haben wir erst noch geschrien und an die Tür gepocht, kam aber keiner, waren alle wie weggezaubert, keiner mehr da. Was machen wir jetzt, hab ich gesagt, können doch nicht … die ganze Nacht … wenn uns keiner findet? …

2 Erzählt Jakobs Geschichte zu Ende.
Versetzt euch dazu in seine Lage und erzählt frei mit eigenen Worten.

3 Warum erzählt Jakob die Geschichte wohl ein bisschen anders als Laura?

4 Sicherlich habt ihr beim Lesen und Zuhören bemerkt, dass hier ein Text in gesprochener Sprache abgedruckt ist.
Sucht im Text einige Beispiele heraus für:
- unvollständige Wörter,
- verschluckte Silben,
- unvollständige Sätze,
- Redepausen,
- Wiederholungen.

○●○○ Erkenntnisse anwenden – An Beispielen üben

5 Jakob will seinem Cousin Tim eine E-Mail schreiben.
Er hat diese Mail schon einmal angefangen.
- Lest Jakobs Mail aufmerksam.
- Sprecht darüber, wie und warum sich der geschriebene Text von Jakobs mündlichem Text unterscheidet.

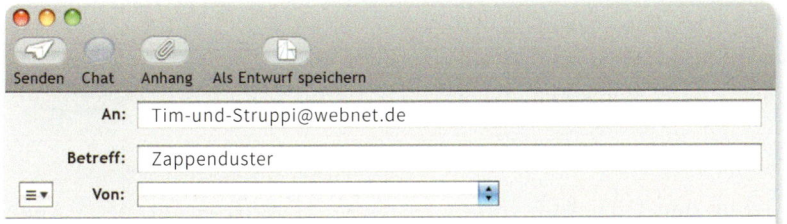

Hi Tim,
was mir gestern Nachmittag in der Nicolai-Kirche passiert ist – das war ein Ding. Ich war dort zusammen mit meiner Schwester bei einer Probe fürs Krippenspiel. Danach sollten Laura und ich beim Aufräumen helfen. Also haben wir die ganzen Mäntel, Hüte und Bärte in die Sakristei gebracht. Wir waren gerade beim Aufstapeln – da ging auf einmal das Licht aus. Zappenduster! Alles war schwarz! Man konnte nichts mehr sehen …

6 Schreibe nun Jakobs mündliche Erzählung von Seite 82 in einen **schriftlichen** Text um.
- Als Anfang kannst du den Text aus dieser E-Mail übernehmen.
- Wenn du nicht mehr genau weißt, wie es in der Geschichte weitergeht, lies auf Seite 80 in Lauras Erzählung nach. Aber denke daran, dass Jakob die Geschichte etwas anders erzählt als Laura.
- Du kannst den **Wortschatz** fürs Erzählen nutzen.

7 Tauscht eure Texte untereinander aus und prüft sie mithilfe der Checkliste in einer Schreibkonferenz.

Checkliste
- ✓ Ich erzähle die Geschichte aus Jakobs Sicht.
- ✓ Ich erzähle lebendig und anschaulich, zum Beispiel:
  - Ich teile etwas über Gefühle und Gedanken mit.
  - Ich beschreibe die Umgebung, Geräusche und Gerüche.
  - Ich verwende Spannungswörter.
  - Ich füge wörtliche Reden ein.
- ✓ Ich erzähle meistens in den Zeitformen der Vergangenheit.
- ✓ Ich achte auf die Rechtschreibung und die Satzzeichen.

Wortschatz

Verben
dachte, erschrak, erzählte, flüsterte, hoffte, rief, sagte, schrie, tröstete, wartete

Wörter für Satzanfänge
also, am Ende, anfangs, anschließend, danach, dann, endlich, schließlich, zuerst, zum Schluss, zunächst

Spannungswörter
aber, als, auf einmal, da, gerade als …, hoffentlich, in diesem Augenblick, plötzlich, unheimlich, unglaublich

Gefühlswörter
ängstlich, Angst, aufgeregt, erleichtert, erschrocken, Gänsehaut, froh, Glück, glücklich, glücklicherweise, gruselig, Herzklopfen, Mut, mutig, oje, Pech, Riesenschreck, tapfer, unsicher, verzagt

Von Erlebnissen erzählen

Geschichten überarbeiten und ergänzen

Auf den Seiten 84–86 findest du drei Erlebniserzählungen mit passenden Aufgabenstellungen. Verschaffe dir einen Überblick und entscheide, welchen Text du bearbeiten möchtest.

1 Lies erst einmal, was an Lottas Geburtstag passiert ist.

Überschrift ?

Ich hatte **am letzten Sonntag** Geburtstag. Ich bekam **von meinem Vater** ein tolles Geschenk! Er hatte mir eine Elfmeterwand gebaut. Ich hatte **die** mir gewünscht. Wir haben sie **natürlich** gleich im Garten aufgestellt.

5 Am Nachmittag übte / tanzte ich mit meinen Freunden Elfmeterschießen. Ich wurde immer besser / lieber. Dann kaufte / traf ich den Ball mit voller Wucht. Er ist weit über das Tor gelaufen / geflogen. Ich hörte / sah nur noch ein lautes Klirren. Und eine Stimme: „Das war mein Küchenfenster!" Oje, das war unsere
10 Nachbarin, die war sicher stolz / sauer auf mich.

Da ? auch schon mein Vater angelaufen und ?: „Was ? denn ?" Ich ? total aufgeregt und ? kaum sprechen. Aber Papa ? mich: „Keine Sorge, Lotta, zum Glück ? wir ja versichert." Ich ? mich dann bei Frau Meier ?. Aber die Torwand ? woanders hin. So
15 etwas ? mir nicht noch mal ?.

Tipps zur Überarbeitung:
- Hier wird der Text besser, wenn du die **fettgedruckten** Wörter an den Satzanfang stellst:
  Am letzten Sonntag hatte ich …

- Wähle hier jeweils die passenden Wörter aus:
  üben …

- Setze hier diese Verben ein:
  kam, rief, ist … passiert, war, konnte, tröstete, sind, habe … entschuldigt, kommt, soll … passieren

2 Überlege dir eine Überschrift für diese Geschichte. Sie soll neugierig machen, aber nicht zu viel verraten. Schreibe deine Überschrift oben auf ein Blatt.

3 Überarbeite nun die Geschichte Abschnitt für Abschnitt.
- Du kannst den **WORTSCHATZ** auf Seite 83 nutzen.
- Nutze die Tipps zur Überarbeitung und die Checkliste unten.
- Schreibe den Text vollständig auf.

4 Prüft und überarbeitet eure Texte gemeinsam in einer Schreibkonferenz.

CHECKLISTE
✓ Ich finde eine treffende Überschrift für die Geschichte.
✓ Ich achte auf abwechslungsreiche Satzanfänge.
✓ Ich erzähle in der Ich-Form.
✓ Ich schreibe in den Zeitformen der Vergangenheit.
✓ Ich achte auf die Rechtschreibung und die Satzzeichen.

5 Lies zuerst einmal, was Fabio bei einem Klassenausflug erlebt hat.

Überschrift ?

Wir haben im Mai einen Ausflug mit der Klasse nach Hamburg gemacht. Wir wollten eine Hafenrundfahrt machen. Wir kamen endlich um 10 Uhr in Hamburg am Hauptbahnhof an.

5 Frau Roth, unsere Klassenlehrerin, verteilt die Karten für die U-Bahn. Jeder bekommt eine. Mit einer Rolltreppe geht es unter die Erde. Dann sind wir alle auf dem Bahnsteig und warten auf die gelbe Linie.
Im Tunnel tauchten zwei Scheinwerfer auf. Die Bahn bremste
10 mit einem lauten Quietschen. Dann haben sich alle in den Wagen gedrängt. „Beeilt euch!", hörte Fabio noch Frau Roth rufen. Er war ganz hinten in der Schlange. Da schließt sich doch die Tür automatisch direkt vor seiner Nase. Alle sind drin, nur er ist draußen!
15 kein Handy dabei – was machen? – Polizei rufen? – nicht von der Stelle rühren! – einfach stehenbleiben! – warten: 10 Minuten, 20 Minuten! – plötzlich eine Hand auf der Schulter – Frau Roth freundlich: „Sehr gut, Fabio, dass du hier gewartet hast." – nächster Zug – 10 Minuten später Landungsbrücken[1] –
20 tolle Hafenrundfahrt.

Tipps zur Überarbeitung:

- *Wir ... Wir ...* Verschiebe hier andere Wörter an den Satzanfang. Einen Satz kannst du aber so lassen, wie er ist.

- Setze hier die passenden Zeitformen der Vergangenheit ein.

- Erzähle hier in der Ich-Form. Dazu musst du einige Nomen und Pronomen ersetzen und manchmal die Verbformen verändern.

- Nutze diese Stichwörter für einen zusammenhängenden Text. Dazu musst du Sätze bilden und weitere Wörter ergänzen.

6 Überlege dir eine Überschrift für diese Geschichte, die neugierig macht, aber nicht zu viel verrät. Schreibe sie auf ein Blatt.

7 Schreibe nun die Geschichte vollständig auf.
- Überarbeite sie dabei Abschnitt für Abschnitt mithilfe der Tipps am Rand.
- Du kannst den **WORTSCHATZ** und die Checkliste nutzen.
- Du kannst die Geschichte noch etwas ausschmücken, zum Beispiel mit wörtlichen Reden von Klassenkameraden oder von Leuten auf dem Bahnsteig, mit Gedanken und Gefühlen von Fabio, mit einer Schilderung der Ankunft an den Landungsbrücken.

8 Prüft und überarbeitet eure Texte gemeinsam in einer Schreibkonferenz.

CHECKLISTE
- ✓ Ich finde eine treffende Überschrift.
- ✓ Ich achte auf abwechslungsreiche Satzanfänge.
- ✓ Ich schreibe in den Zeitformen der Vergangenheit.
- ✓ Ich erzähle aus der Sicht von Fabio.
- ✓ Ich ergänze die Erlebniserzählung passend.
- ✓ Ich achte auf die Rechtschreibung und die Satzzeichen.

[1] Die Landungsbrücken sind eine große Anlegestelle für Fahrgastschiffe im Hamburger Hafen.

9 Lies erst einmal, was zwei Kinder in einer Tropfsteinhöhle erlebt haben.

Überschrift ?

Im Sommer ? Leonie und ich in einer Tropfsteinhöhle. Zusammen mit anderen Besuchern ? wir uns auf den engen Pfaden durch die Gewölbe. Ich ? einen mächtigen Tropfstein, der wie ein Löwenkopf ? , und ? ihn meiner Freundin zeigen. Wo ? sie nur?
5 Bestimmt ? sie wieder getrödelt, das wäre typisch.
Doch was war das? Ich hörte von Weitem einen Pfiff. Unser Erkennungszeichen! Kam das von da unten? Ich rannte los. Ich hörte wieder einen Pfiff. Er kam aus einer engen Höhle, die steil bergab führte. Es war feucht hier und glitschig. Ich wäre beinahe ausge-
10 rutscht. Mir war kalt.
Leonie sagte zu mir: „Enzo, hierher! Ich habe eine tolle Abkürzung entdeckt. Komm mit!" „Nein, nein", sagte ich, „das ist zu gefährlich. Wir müssen zurück." „Die anderen sind gleich nebenan", sagte sie. Lachend sagte sie: „Ich hab' sogar eine Taschenlampe dabei. Das
15 wird bestimmt ein Spaß."
Leonie ging voran … **???**

Der Schreck steckte mir noch in allen Knochen. Obwohl ich in dicke Decken gewickelt war, schlotterte ich vor Kälte. „Das hätte schiefgehen können. Ihr habt beide großes Glück gehabt!", sagte der Sanitäter und drückte mir einen Becher mit heißem Tee in die Hand.

Tipps zur Überarbeitung:

- Hier fehlen Verben. Setze in die Lücken passende Verben in den Zeitformen der Vergangenheit ein.

- Wenn du hier ab und zu eins der markierten Wörter an den Satzanfang stellst, bekommt der Text mehr Spannung.

- Ersetze *sagen* durch genauere Verben.

… tiefer in die Höhle gehen
… in Gefahr geraten
… endlich Hilfe!

10 Schreibe eine interessante Überschrift auf ein Blatt.

11 Schreibe die Geschichte nun vollständig auf. Nutze auch den **WORTSCHATZ**.
  - Überarbeite die Textabschnitte mithilfe der Tipps am Rand.
  - Erzähle die Geschichte an der Stelle mit den drei **???** weiter.
  Aber Achtung: Dein Text soll zum Ende der Geschichte passen.
  So könntest du weitererzählen:
  Leonie ging voran und ich folgte ihr. Im flackernden Licht der Taschenlampe …

12 Prüft und überarbeitet eure Texte gemeinsam in einer Schreibkonferenz.

CHECKLISTE
- ✓ Ich wähle eine treffende Überschrift.
- ✓ Ich erzähle in der Ich-Form.
- ✓ Ich schreibe in den Zeitformen der Vergangenheit.
- ✓ Ich achte auf abwechslungsreiche Satzanfänge und sorge für mehr Spannung.
- ✓ Ich ersetze *sagen* durch genauere Verben.
- ✓ Ich schreibe einen eigenen Mittelteil, der zum Anfang und zum Schluss passt.
- ✓ Ich achte auf die Rechtschreibung und die Satzzeichen.

Von Erlebnissen erzählen

Vom Cluster zur eigenen Geschichte

1 Ein Schnappschuss zur Erinnerung an Sommer, Ferien, Badespaß …
- Betrachtet das Foto: Was könnt ihr darauf alles entdecken?
- Wenn ihr euch in das Bild hineinversetzt, was könnt ihr dann hören, riechen, fühlen, schmecken …?

Manchmal möchte man eine Geschichte schreiben, aber es will einem einfach nichts einfallen. Eine Methode, wie man seinen Ideen auf die Sprünge helfen kann, ist das **Clustern**. Man sammelt seine Ideen übersichtlich in einem **Gedankenschwarm**, einem **Cluster**. Probiert einmal aus, wie das funktioniert.

2 Sammle deine Einfälle in einem **Cluster**. Nutze dazu die Informationen im Kasten unten.

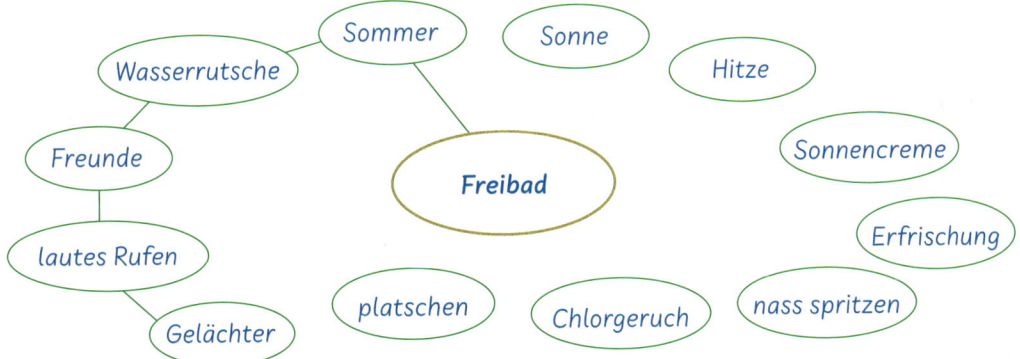

Ein Cluster anlegen

- Schreibe in die Mitte eines Blattes ein **Reizwort**, also ein Wort, das deine Fantasie anregt. Kreise das Wort ein.
- Schreibe nun ringsherum alles auf, was dir zu diesem Wort einfällt. Jeden einzelnen Einfall kreist du ebenfalls ein.
- Lass deinen Gedanken freien Lauf. Dann ergibt eine Idee die nächste.
- Zum Schluss verbindest du Wörter, die **inhaltlich** zusammenpassen, mit Linien zu einer **Gedankenkette**.
- Nutze nun die Gedankenkette für deine Geschichte.
- Du musst beim Schreiben nicht alle Ideen verwenden. Und wenn dir noch etwas Neues einfällt, kannst du auch diese Idee in deine Geschichte einbauen.

3 Das ist der Gedankenschwarm einer Schülerin zu dem Reizwort **„Freibad"**. Daraus ist eine Geschichte entstanden. Lest sie euch vor.

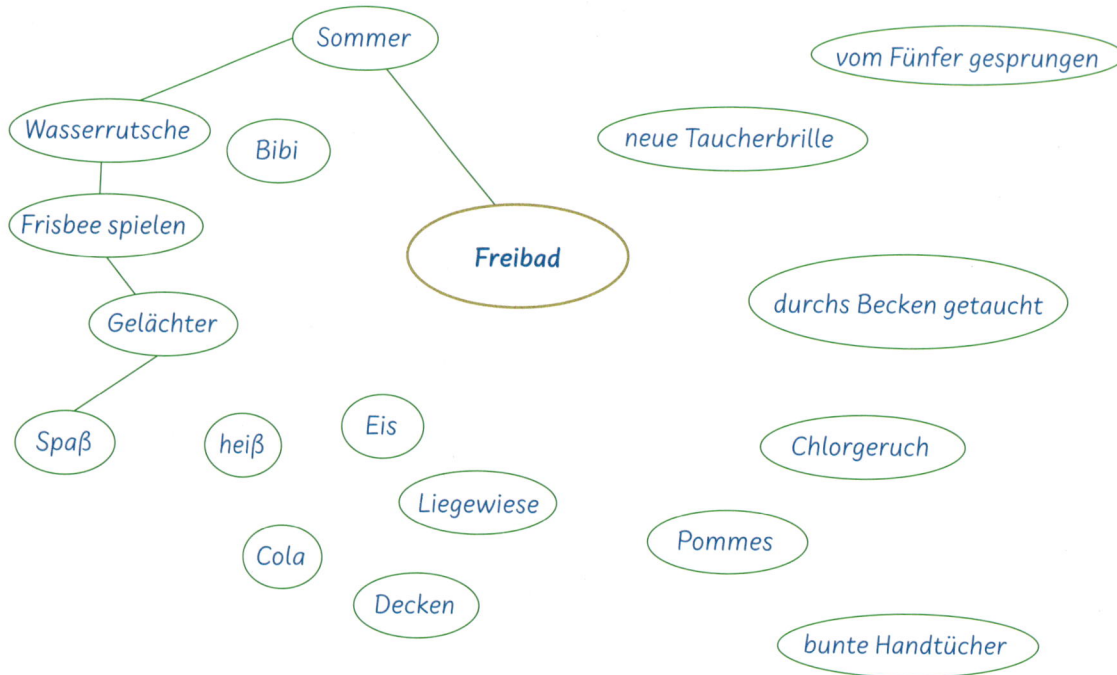

Spaß im Freibad

Im letzten Sommer war ich mit meiner Freundin Bibi oft im Freibad. Auf der Liegewiese hatten wir einen Stammplatz hinten an der Buchenhecke. Dort breiteten wir unsere Decken aus. Wir sonnten uns und spielten Frisbee. Zwischendurch sind wir immer mal eine
5 Runde geschwommen, um uns abzukühlen. „Hey, wo ist denn meine Frisbeescheibe?", rief Bibi, als wir zu unserem Platz zurückkamen. Wir suchten und suchten überall, im Korb, unter der Decke und zwischen den Handtüchern. Die Frisbeescheibe war weg. Ärgerlich sagte ich: „Bestimmt hat die jemand geklaut." „Na ja, da kann
10 man wohl nichts machen", antwortete Bibi. Kaum hatten wir uns zum Sonnen auf den Bauch gelegt, kam *sssssst* etwas angeflogen und landete auf meinem Rücken. Erschreckt fuhr ich hoch, aber Bibi lachte: „Da ist sie ja wieder – meine liebe Frisbeescheibe." Hinter der Hecke wurde gekichert. Das waren Kai und Darian aus unserer Klasse,
15 die uns einen Streich gespielt hatten. Die Jungen haben dann eine Runde Eis ausgegeben.

Marie

4 Untersucht, wie Marie die Wörter aus dem Gedankenschwarm für ihre Geschichte genutzt hat:
- Warum sind einige Wörter zu einer Gedankenkette verbunden?
- Lest nach, welche Wörter aus dem Cluster tatsächlich in der Geschichte vorkommen.
- Die Geschichte geht dann eigene Wege. Wie erklärt ihr euch das?

Von Erlebnissen erzählen
Geschichten schreiben

1 Hier findest du Fotos und Reizwörter rund um Sport und Freizeit.
- Lass dich davon zu einer Geschichte anregen.
- Sieh dir dann die Schreibaufgaben auf der nächsten Seite an. Wähle eine Aufgabe zur Bearbeitung aus.

Elfmeter *Fußball*

Kletterwand *Fahrradtour*

Sport
Ferien
Ausflug *Indoorspielplatz* *Freunde*

Drachen

Freizeit

Riesenrutsche

Wind

2 Sieh dir das Foto von der Kletterwand auf Seite 89 genau an.
- Was kannst du alles entdecken? Was fällt dir dazu ein?
- Zeichne das angefangene Cluster ab. Fülle es mit deinen Ideen.

- Verbinde passende Wörter zu einer Gedankenkette.
- Nutze deine Gedankenkette und schreibe eine Geschichte.
  Schreibe den Text zuerst einmal als Entwurf vor. Nutze dazu auch den **WORTSCHATZ**.
- So ähnlich kannst du deine Geschichte anfangen:
  In der Pause wollte ich die neue Kletterwand auf dem Schulhof ausprobieren. Doch als ich davorstand, sah das große Ding mit den bunten Griffen ziemlich hoch aus. Und was war das? Ganz oben auf der Wand saß bereits … und grinste mich an. Ich dachte: „Na warte! Was du kannst, kann ich schon lange." Also …

3 Wähle aus den Reizwörtern und Fotos von Seite 89 und 90 aus.
- Was fällt dir dazu ein? Erstelle ein Cluster.
- Sammle möglichst viele Ideen.
- Verbinde passende Wörter zu einer Gedankenkette.
- Nutze die Gedankenkette für eine Geschichte.
- Schreibe deinen Text erst einmal als Entwurf vor.
- So oder so ähnlich könnte deine Geschichte beginnen:

Letzte Woche hat unsere Klasse eine Radtour zum Badesee gemacht. Ich fuhr mit … am Ende der Fahrradkolonne, als …

Auf der Geburtstagseinladung hatte „Indoorspielplatz" gestanden. Gespannt betrat ich die hohe Halle mit den bunten Spielgeräten …

Endlich war es so weit! Beim Freundschaftsspiel am letzten Wochenende bekam ich meine große Chance. Zum ersten Mal …

4 Schreibe eine Geschichte zu einem Erlebnis.
- Wähle aus den Reizwörtern und Fotos von Seite 89 und 90 aus und erstelle ein Cluster.
- Nutze dein Cluster und schreibe nun deine Geschichte. Fertige erst einmal einen Entwurf an.

5 Stellt nun eure Geschichten in der Tischgruppe vor.
- Prüft eure Entwürfe mithilfe der folgenden Checkliste.
- Gebt euch gegenseitig Ratschläge, wie ihr eure Texte in einer Schreibkonferenz überarbeiten könnt.

Checkliste
- ✓ Ich erzähle in der Ich-Form.
- ✓ Ich schreibe in den Zeitformen der Vergangenheit.
- ✓ Ich achte auf abwechslungsreiche Satzanfänge.
- ✓ Ich teile etwas über Gedanken und Gefühle mit.
- ✓ Ich erzähle lebendig und anschaulich.
- ✓ Ich finde eine passende Überschrift.
- ✓ Ich achte auf die Rechtschreibung und Satzzeichen.

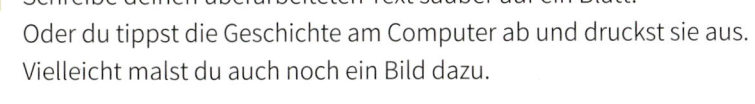

6 Schreibe deinen überarbeiteten Text sauber auf ein Blatt. Oder du tippst die Geschichte am Computer ab und druckst sie aus. Vielleicht malst du auch noch ein Bild dazu.

7 Hängt eure Geschichten im Klassenraum aus, damit alle sie lesen können. Ihr könnt sie auch in einer Geschichtenmappe sammeln.

Von Erlebnissen erzählen

Vom Entwurf zur Überarbeitung: Schreibkonferenz

Ihr habt jetzt viele schöne Geschichten geschrieben, die auch andere gerne lesen wollen. Damit sie das mit Vergnügen tun können, fertigt ihr am besten eine Reinschrift an. Eure Textentwürfe werden also in einer Schreibkonferenz überarbeitet, berichtigt und sorgfältig abgeschrieben.

1 Lest die folgende Geschichte. Sie ist anschaulich erzählt.
Sie muss aber überarbeitet werden, weil sie noch Fehler enthält.
Einige Fehler werden euch sicherlich beim Lesen auffallen.

Glück gehabt beim Drachenfliegen

A Im Herbst wollten meine schwester und ich unseren schönen Drachen steigen. Auf dem Hügel am Stadtrant wehte der wind gerade richtig. „Super_ Hier lassen wir ihn aufsteigen", sagte Ella zufrieden. Aber ich meinte: _Dahinten auf dem Stoppelfeld sind wir nicht so dicht an der Hochspannungsleitung._ Doch Ella war war das zu weit. Also sezten wir den Drachen zusammen und starteten ihn. Schnell stig er höher und höher in den blauen Himmel_ Das sah echt toll.

Schwester
... lassen

B Ella hielt den Drachen nun ruig in der Luft und ließ ihn kleine kurven fliegen. _Das machst du toll_, ich meine Schwester lobte. „Hui_ Wetten, dass ich heute einen Looping schaffe", rief sie begeistert und dem Drachen mehr Leine gab. Und tatsächlich, der Drachen schrieb einen grossen Halbkreis in den Himmel_ Wir jubelten.

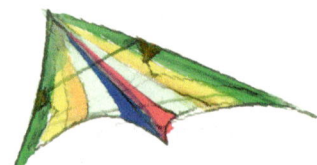

C Plötzlich wurde der Drachen von einer heftigen Böe erfast und mit einem hässlichen Plopp riss die Leine Er wirbelte durch die luft. Mal flog er hoch, mal runter und dann geradewegs auf die Hochspannungsleitung zu. O nein Mir stockte der Atem. Doch dann legte sich der Wind und sanfft segelte der Drachen zur Erde Erleichtert rannten wir los, um ihn zu holen. Sogar heil war er geblieben. So ein Glück

2 Beim Schreiben macht wohl jeder einmal Fehler. Und ganz bestimmt ist es schwierig, die Fehler in eigenen Texten zu finden. Aber hier ist eine Methode, mit der ihr Fehlern in euren Texten besser auf die Spur kommt. Lest euch die Methode durch.

Ⓜ Drei Schritte fürs Korrekturlesen

❶ Murmelnd lesen
Lies dir den Text **leise** vor, und zwar Satz für Satz.
- Hört sich etwas „komisch" an?
- Fehlen Wörter?
- Stimmt der Satzbau?

❷ Punkt-und-Komma-Lesen
Lies den Text noch einmal und achte jetzt **nur** auf die Zeichensetzung.
- Hast du am Satzende einen Punkt, ein Fragezeichen oder ein Ausrufezeichen gesetzt?
- Hast du die Kommas bei Aufzählungen oder vor „dass" gesetzt?
- Hast du die Anführungszeichen bei der wörtlichen Rede gesetzt?

❸ Rückwärts lesen
Lies den Text rückwärts **von unten nach oben**, und zwar Wort für Wort.
- Sieh dir jedes Wort einzeln an.
- Achte dabei ganz besonders auf die Großschreibung.

---

3 Gebt mit eigenen Worten die drei Schritte fürs Korrekturlesen wieder.

4 Erprobt die drei Schritte fürs Korrekturlesen an **Abschnitt A** der Geschichte auf Seite 92.
- Macht euch Notizen, am besten auf kleinen Haftzetteln, die ihr lose an den Rand klebt.
- Tauscht euch über eure Ergebnisse und Erfahrungen aus.

5 Fertige eine Reinschrift der Geschichte an. Nutze dazu die drei Schritte fürs Korrekturlesen.
I Abschnitt A,   *II* Abschnitt A und B,   *III* Abschnitt A, B und C.

Beachtet folgende Hinweise:
zu Abschnitt A:
- Es fehlen zwei Wörter, aber ein Wort ist auch zu viel.
- An den markierten Stellen fehlen Anführungszeichen, ein Punkt oder ein Ausrufezeichen.
- Falsch geschriebene Wörter sind unterstrichen.

zu Abschnitt B:
- Zweimal muss die Reihenfolge der Wörter im Satz geändert werden.
- An den markierten Stellen fehlen Anführungszeichen, ein Punkt oder ein Ausrufezeichen.
- Drei Rechtschreibfehler sollen gefunden und korrigiert werden.

zu Abschnitt C:
- Es fehlen noch zwei Ausrufezeichen und zwei Punkte.
- Drei Rechtschreibfehler sollen gefunden und korrigiert werden.

6 Wähle nun **deine** schönste Geschichte für eine Reinschrift aus.
- Überarbeite die Geschichte mithilfe der drei Schritte fürs Korrekturlesen.
- Schreibe die Geschichte sorgfältig ab.

💡 **Tipp:**
Wenn du bei einer Korrektur unsicher bist, frage jemanden um Hilfe oder schlage im Wörterbuch nach. Du kannst auch eine andere Person bitten, deinen Text aufmerksam zu lesen.

Von Erlebnissen erzählen

Überprüfe dein Wissen und Können

Bei den ersten beiden Aufgaben sind immer drei Sätze richtig. Notiere die richtigen Buchstaben.

1 Wenn man erzählt, was man einmal erlebt hat …
a) schreibt man über etwas Vergangenes.
b) denkt man sich aus, was in der Zukunft passieren könnte.
c) schreibt man eine Fantasiegeschichte.
d) will man seine Leser gut unterhalten.
e) dürfen die Verben nur im Präsens stehen.
f) stehen die meisten Verben in den Vergangenheitsformen.

2 Als Erzählerin, als Erzähler der Geschichte …
g) schreibt man die Geschichte in der Er- oder Sie-Form.
h) bleibt man immer ganz sachlich.
i) schreibt man über Gefühle und Gedanken, über Geräusche, Gerüche und vieles mehr.
j) schreibt man in der Ich- und Wir-Form.
k) darf man keine wörtlichen Reden verwenden.
l) verwendet man Spannungswörter wie *plötzlich, auf einmal …*

3 In welchem Textanfang wird von einem Erlebnis erzählt? Schreibe auch auf, warum das so ist.

Text A
Am Sonntag findet in der Sporthalle der IGS Langer Kamp ein Badminton-Turnier statt. Mannschaften aus dem ganzen Landkreis werden gegeneinander antreten. Die Veranstalter planen, …

Text B
Gestern war ich mit meinem Fahrrad unterwegs. Plötzlich gab es einen heftigen Hagelschauer. So ein Schreck! Im Nu verwandelte sich die Straße in eine Rutschbahn. …

4 Rechts steht der Anfang einer Geschichte.
- Lies dir den Text erst einmal durch.
- Schreibe nun den Text in der Ich-Form aus der Sicht von Malte auf. Dazu brauchst du die Wörter: *ich, meiner, wir Also, diese Woche habe ich …*

Also, diese Woche hat Malte etwas sehr Merkwürdiges erlebt. Es war am Montag und er war bei seiner Schulfreundin Merle zu Besuch. Die beiden Kinder spielten gerade am Computer, als plötzlich Merles Handy piepte. Eine SMS. Cool! Malte war vielleicht neugierig. „Los, lies schon vor", sagte er. Aber Merle …

5 Schreibe den Erzähltext rechts ab:
- Setze die Verben in einer passenden Vergangenheitsform ein.
  Gestern wollte ich …
- Denke dir etwas aus und schreibe den letzten Satz passend zu Ende.

Gestern wollen ich ein Geschenk kaufen. Schnell finden ich ein schönes Armband. Ich gehen zur Kasse. So ein Ärger! Ich können meine Geldbörse nicht finden. Ich wühlen in meinem Rucksack, suchen in meinen Hosentaschen — alles vergeblich. Aber da fallen mir ein, dass …

Gelerntes überprüfen

ü 6 Schreibe die folgende Erlebniserzählung überarbeitet auf:
- Erzähle den ersten Absatz in der Ich-Form.
  Es war mitten in der Nacht, …
- Füge an diesen Stellen ? anschauliche Adjektive in den Text ein.
  Der **WORTSCHATZ** kann dir dabei helfen.
  … als ich von einem unheimlichen Geräusch aufwachte.
- Setze im zweiten Absatz die unterstrichenen Verben ins Präteritum.
  Nun bekam ich es mit der Angst zu tun. …
- Gib der Geschichte eine interessante Überschrift.

WORTSCHATZ

Adjektiv-Liste
ärgerlich, böse, entsetzlich, fürchterlich, gelb, getigert, grau, groß, grün, hell, laut, merkwürdig, riesig, schlecht, schnell, schlimm, schwarz, seltsam, unheimlich, unsanft, verschlafen, vorsichtig, weiß

Es war mitten in der Nacht, als Mia von einem ? Geräusch aufwachte. Es kam von draußen. Da hatte doch einer geschrien. Sie stand auf und lief zum Fenster. Der Mond schien ?, aber sie konnte keinen sehen. Alles war ruhig und friedlich. „Vielleicht habe ich ja ? geträumt", dachte sie und ging zurück ins Bett. Gerade wollte Mia einschlafen, als das ? Geschrei wieder anfing.

10 Nun bekomme ich es mit der Angst zu tun und laufe ? zu Papa. Ich rüttele ihn ? an der Schulter: „Wach auf, Papa, da draußen schreit jemand ganz ?." „Ja, ja", brummt Papa ?. Aber dann lächelt er: „Das sind
15 doch nur Katzen. Die zanken sich. Geh schlafen." In dieser Nacht träume ich von ? Katzen mit ? Augen, wie sie sich anfauchen und zanken.

ü 7 Schreibe die folgende Erlebniserzählung überarbeitet auf.
- Füge an diesen Stellen ? anschauliche Adjektive in den Text ein.
  Der **WORTSCHATZ** kann dir dabei helfen.
- Erzähle aus der Sicht von Milo in der Ich- und Wir-Form.
- Setze die unterstrichenen Verben ins Präteritum.
  An einem regnerischen Herbsttag ging ich mit meinem Großvater …
- Denke dir einen Mittelteil aus, der zum Anfang und zum Ende der Geschichte passt.
- Finde eine interessante Überschrift.

WORTSCHATZ

Adjektiv-Liste
alt, groß, gut, hübsch, klein, kratzig, lecker, nett, regnerisch, richtig, riesig, schnell, schön, super, tief, toll, unbedingt, weit, wirklich, wunderschön

An einem ? Herbsttag geht Milo mit seinem Großvater in den Wald. Sie wollen Pilze sammeln, weil die bei Regen besonders ? wachsen. Sein Opa kennt sich ? mit Pilzen
5 aus und weiß, wo die besten zu finden sind. Schon bald sind die Körbe gefüllt. Das reicht für eine ? Mahlzeit. Opa und Milo können sich auf den Heimweg machen. Aber da entdeckt Milo noch ein paar besonders ?
10 Steinpilze, ? Prachtexemplare. Die will

er ? haben. Die Pilze stehen unter einer ? Fichte. Milo muss ganz ? unter die Zweige kriechen. Gerade will er nach dem ersten Steinpilz greifen, als er etwas sehr Merk-
15 würdiges sieht.
… ? …
„Na, das nenne ich mal einen Fund!", schmunzelt Opa. „Den geben wir nachher im Fundbüro ab. Vielleicht kriegst du ja
20 einen ? Finderlohn."

Fantasiegeschichten erzählen
Anderen gern erzählen – anderen gern zuhören

1 Lest zunächst einmal den Anfang der folgenden Geschichte.

Der Geschichtenerzähler

neu erzählt nach einem Text von Klaus-Peter Klein

Leon war sauer. Wieder einmal hatte ihn Mona nicht beachtet, als er ihr und den anderen erzählen wollte, wie ihn gestern der große Schäferhund so furchtbar angebellt hatte. Keiner hatte ihm zugehört. Woran das nur lag? Wenn der coole Noah seine Geschichten erzählte, hörten
5 alle zu – auch Mona. Erzählte er denn keine interessanten Sachen? Und überhaupt, die Geschichten von Noah waren doch immer maßlos übertrieben, waren halb wahr und halb erfunden. „Na schön", sagte Leon zu sich, „wenn das so ist: Das kann ich auch!" Und er fasste einen Plan.

2 Besprecht miteinander, wie es Leon ergangen ist und wie er sich fühlt. Überlegt, warum er wohl mit seinen Geschichten nicht ankommt.

3 Noahs Geschichten kommen bei den Zuhörern gut an. Was macht er anders als Leon?

4 Kennt ihr auch so gute Erzähler und Erzählerinnen? Vielleicht gehört ihr ja selbst dazu.
- Überlegt, warum viele Menschen eigentlich so gern erzählen.
- Und woran kann es liegen, dass man manchen lieber zuhört als anderen?

Und so geht die Geschichte von Leon weiter:
Einige Tage später stand die Gruppe in der Pause wieder zusammen.
Das war seine Chance. Dieses Mal würde Leon sich nicht wieder von Noah
die Schau stehlen lassen, und er begann:

„Also Leute, gestern beim Fußballtraining, das war echt cool. Hat mich
10 doch der Trainer der C-Jugend gefragt, ob ich als Torwart bei denen einspringen kann. Die dachten natürlich, sie könnten mir die Bälle einfach so um die Ohren hauen, nur weil sie 'n bisschen älter sind. Aber nicht mit mir! Ich habe die Kiste sauber gehalten.
Und dann – ich stand mindestens zehn Meter vor dem Tor – da kam ein
15 superharter Schuss direkt aus der Mitte. Eine unglaubliche Granate! Ich also hochgestiegen und mir den Ball geschnappt.

Aber der Schuss war so scharf, dass ich mit dem Ball einfach weitergeflogen bin. Versteht ihr? Mit dem Ball in den Händen flog ich durch die Luft, immer weiter, weiter und weiter. Echt unglaublich! Bis mich
20 dann die Querlatte stoppte. Also, wenn die Latte nicht gewesen wäre, wer weiß, wie weit ich noch geflogen wäre."

Erwartungsvoll blickte Leon in die Runde seiner Zuhörer …

5 Leon hat sich an Noah ein Beispiel genommen.
Was ist an Leons Fußballgeschichte „halb wahr"?
Was ist „halb erfunden" und was ist „maßlos übertrieben"?
Für beides gibt es Hinweise im Text. Lest euch entsprechende Textstellen vor.

6 Und diesmal hat Leon es geschafft: Die anderen haben ihm zugehört.
Doch wie werden sie auf Leons Geschichte reagieren? Was denkt ihr?
Sprecht über verschiedene Reaktionsmöglichkeiten seiner Zuhörer.

*Cool, Leon! Du bist der Beste.
Eine tolle Geschichte.*

*Ein bisschen Übertreibung gehört
zu einer guten Geschichte einfach dazu.
Macht doch sonst keinen Spaß.*

*Ist doch alles glatt gelogen.
Wer soll dir das schon glauben?*

*Nee, nee – das stimmt schon.
Leon hat gestern super gehalten. Der
Trainer hat ihn voll gelobt.*

*Na ja, alles erfunden.
Aber: Super erzählt!*

7 Geht diese Informationen Punkt für Punkt durch. Überprüft sie an der Geschichte, die Leon den anderen Kindern erzählt hat (Zeile 9–21). Lest passende Beispiele vor.

Fantasiegeschichten erzählen

- Fantasiegeschichten sind teilweise oder ganz erfunden. Sie können den Leser in eine „andere" Welt entführen: zum Beispiel in eine Welt, in der es fliegende Kaffeetassen, sprechende Tiere, Aliens oder Fußbälle mit unwahrscheinlichen Kräften gibt. In der Fantasie ist alles möglich.

- Meist fängt alles ganz wirklich an. Doch dann passiert etwas, das eigentlich unmöglich ist. Und heraus kommt etwas ganz Unerwartetes.

- Entweder erzählt man in der **Ich**-Form oder in der **Er**- oder **Sie**-Form.

- In der Regel wird im **Präteritum** erzählt.

- Zum **Schluss** kann die Geschichte mit einem Satz abgerundet werden.

8 Hier lest ihr eine weitere Geschichte. Sie ist aber noch nicht ganz vollständig.

Mixed Fußball

In der Sportstunde war Mixed Fußball angesagt: zwei gemischte Teams mit jeweils vier Mädchen und vier Jungen wurden eingeteilt. Rote Leibchen spielten gegen blaue Leibchen.

Frida, noch neu in der Klasse, ein kleines zartes Persönchen, wurde den Blauen
5 zugeteilt. Die Blauen waren nicht begeistert. Die Roten feixten[1]. „Einmal pusten und die fällt um", spottete Maxi, ein Bär von einem Jungen und der Torwart der Roten. Kemal von den Blauen verzog das Gesicht und zuckte die Schultern.
Die Blauen hielten sich tapfer. Auch Frida, die sich als flinkes Dribbeltalent erwies, leistete ihren Beitrag. Aber kurz vor dem Schlusspfiff stand es dann
10 doch 3 : 2 für Rot. Kemal versuchte es mit einem letzten verzweifelten Fernschuss auf Maxis Tor – aber sein Ball kam viel zu hoch. Doch was war das? Unglaublich, es war wie im Film, alles lief in Zeitlupe ab.
… …
Starr vor Staunen standen alle mit offenen Mündern da. Bei den Blauen brach
15 Jubel aus.
Den Schlusspfiff hörte keiner mehr. Frida war die Heldin des Tages.

[1] schadenfroh lachen

9 Wenn alle starr vor Staunen dastehen, muss etwas Unglaubliches passiert sein. Jetzt seid ihr mit euren Ideen an der Reihe. Spinnt die Geschichte mündlich weiter:
Unglaublich, es war wie im Film, alles lief in Zeitlupe ab. …

10 Wähle eine der folgenden Aufgaben aus:

A Versetze dich in die Lage eines Jungen oder eines Mädchens aus dem **blauen Team**. Schreibe den folgenden Anfang ab. Erzähle dann die Fantasiegeschichte mit deinen eigenen Ideen weiter.
*Gestern in der Sportstunde haben wir Mixed Fußball gespielt. Ich gehörte zum blauen Team. Wir spielten gut, aber das rote Team hatte mehr Glück und ging kurz vor dem Schlusspfiff mit einem Tor in Führung.
Wir wollten unbedingt den Ausgleich. Ein letzter Fernschuss auf das Tor der Roten, aber der Ball flog viel zu hoch. So ein Pech! Doch dann kam alles anders. Unglaublich, es war wie im Film, wie in Zeitlupe. …*

B Versetze dich in die Lage eines Jungen oder eines Mädchens aus dem **roten Team**. Schreibe den folgenden Anfang ab und schreibe dann die Geschichte weiter.
Gestern in der Sportstunde haben wir Mixed Fußball gespielt. Ich gehörte zum roten Team. Von Anfang an waren wir dem blauen Team überlegen. …

C Maxi, Frida oder Kemal? Versetze dich in die Lage eines dieser Kinder und schreibe aus seiner Sicht. Erzähle die Fantasiegeschichte mit eigenen Ideen neu.

○●○○ Erkenntnisse anwenden – An Beispielen üben

Fantasiegeschichten erzählen

Zu einem Bild erzählen – eine Geschichte ergänzen

Paul Klee: „Der Seefahrer". 1923. Ölpause, Bleistift, Aquarell und Gouache auf Papier und Karton

1 Dieses Bild stammt von dem berühmten Maler Paul Klee. Seht es euch aufmerksam an. Was könnt ihr auf dem Bild alles entdecken? Erzählt, was dort wohl passiert.

2 Ein Mädchen hat zu dem Bild eine Geschichte geschrieben. Lest den Text zunächst einmal still.

Überschrift ?

 An einem ? Sommerabend ging ich am Strand spazieren. Der Wind strich mir ? durch die Haare. Ich beobachtete ein ? Boot, das ? auf den Wellen schaukelte. Aber was war das? Plötzlich wurde das Boot von drei ? Seeungeheuern angegriffen. Der ? Seefahrer wehrte sich und stach mit seiner ? Harpune zu. Das ? Monster brüllte vor Schmerz und Wut, ? Blut tropfte aus seinem Maul. Immer ? wurde der Kampf und das Wasser spritzte ? auf.

 Da *schloss/senkte* ich die Augen, damit ich kein Salz *reinkriegte/bekam*. Als ich sie langsam wieder *öffnete/aufmachte*, waren am Horizont

nur drei kleine Gestalten zu *sehen/erkennen*. Das Schiff war *weg/verschwunden*. Das Wasser *glänzte/schimmerte* in der untergehenden Sonne, als ob nichts geschehen wäre. Merkwürdig! Hatte ich das alles geträumt? Nein, ich wusste, was ich gesehen hatte.

C Beim Abendessen erzählte ich von dem Seefahrer und den drei Ungeheuern. „ ? ", sagte mein großer Bruder grinsend. Und meine Mutter fragte augenzwinkernd: „ ? " Dabei mag ich gar keine Actionfilme!

Christin

3 Welche Figuren und Dinge aus dem Bild von Paul Klee findet ihr in Christins Geschichte wieder? Was hat sich Christin außerdem noch ausgedacht?

4 Schreibe die Geschichte ab.
Finde eine eigene Überschrift und ergänze den Text.

I Abschnitt A
- Setze für die Fragezeichen in Abschnitt A passende Adjektive ein.
- Du kannst dir selbst Wörter suchen oder du kannst den **WORTSCHATZ** nutzen.
  An einem schönen Sommerabend …

II Abschnitt A und B
- Setze für die Fragezeichen in Abschnitt A passende Adjektive ein. Du kannst dazu auch den **WORTSCHATZ** nutzen.
- Wähle im Abschnitt B jeweils das Verb aus, das dir besser gefällt.

III Abschnitt A, B und C
- Setze für die Fragezeichen im Abschnitt A passende Adjektive ein.
- Wähle im Abschnitt B jeweils das Verb aus, das dir besser gefällt.
- Schreibe im Abschnitt C in wörtlicher Rede auf, was der Bruder und die Mutter zu dem Mädchen sagen.
- Achte auf die Zeichensetzung.
  *„…", sagte mein großer Bruder grinsend.
  Und meine Mutter fragte augenzwinkernd: „Hast du …?"*

5 Lest euch eure Texte gegenseitig vor.

WORTSCHATZ

friedlich
gefährlich
groß
größte
klein
lang
mutig
rot
sanft
schön
turmhoch

Fantasiegeschichten erzählen
Eine Fantasiegeschichte zu einem Bild schreiben

René Magritte: „Die Domäne von Arnheim". 1962

1 Schaut euch das Bild von René Magritte aufmerksam an. Erzählt, was ihr darauf entdecken könnt.

2 Stell dir vor, dass du in dieser merkwürdigen Landschaft unterwegs bist. Denke dir eine Geschichte zu dem Bild aus. Schreibe in der Ich-Form und überwiegend im Präteritum.

i Du kannst den folgenden Textanfang übernehmen und die Geschichte weiterschreiben.

Im letzten Sommer war ich mit Lumpi, unserem kleinen Dackel, in den Bergen wandern. Nach drei Stunden erreichten wir endlich eine Felsenburg. Ich war müde und wollte mich ausruhen. Doch Lumpi bellte und zerrte wie wild an der Leine. Und auf einmal, da sah ich …

ii Stell dir vor, dass du früher einmal in dieser merkwürdigen Landschaft gewohnt hast. Aber eines Tages geschah etwas Unerwartetes. So kannst du beginnen:
Als ich noch klein war, wohnten wir in den Alpen. Von meinem Fenster aus hatte ich einen tollen Ausblick auf die Berge. Aber eines Tages war etwas ganz anders. Irgendetwas stimmte nicht …

iii Stell dir vor, du könntest in das Bild einsteigen und bist plötzlich mitten in dieser Landschaft …

3 Stellt eure Geschichten in der Gruppe vor.
- Überprüft sie mithilfe der Checkliste auf Seite 103.
- Gebt euch gegenseitig Tipps, wie ihr eure Geschichten noch besser machen könnt.

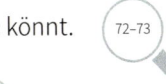

4 Überarbeite deine Geschichte und schreibe sie sauber auf ein Blatt.
- Gib deinem Text eine Überschrift, die neugierig macht, aber nicht zu viel verrät.
- Und natürlich sollt ihr euch eure Geschichten auch vorlesen.

Fantasiegeschichten erzählen

Alles ist möglich: Fantasiegeschichten schreiben

1 Hier findest du die Anfänge von verschiedenen Geschichten. Lies sie dir zunächst einmal in Ruhe durch.

Text A

Unser Ferienhaus stand direkt hinterm Deich: ein altes Friesenhaus mit Strohdach. Gleich unter dem Dach hatte ich ein eigenes Zimmer. Das würden tolle Ferien werden. Müde kuschelte ich mich am Abend in das gemütliche Bett und war schon fast eingeschlafen, als …

Text B

Wer früher einmal im Haus Nr. 37 gewohnt hatte, wusste ich nicht. So lange stand es schon leer. Der Putz bröckelte, die Fenster waren blind und dunkel. Doch auf einmal war da ein Lichtschein im oberen Stockwerk. Was war das? Dieser Sache musste ich auf den Grund gehen. …

Text C

Mitten in der Nacht wachte ich auf. Etwas war anders. Aber was war es? In der Luft lag ein fremder Geruch. Im Schein der Nachttischlampe sah die Tapete an der Wand wie eine Mondlandschaft aus. Magisch wurde ich von dieser Landschaft angezogen. Ich stand auf und ging darauf zu. In dem Augenblick, als ich unter meinen Füßen das kalte Gestein spürte, war mein Zimmer verschwunden. …

Text D

Wir hatten es geschafft! Chrissi und ich standen triumphierend hoch oben auf dem Teufelsturm. So nannten wir den alten Fabrikturm. Eigentlich war mir nicht ganz wohl bei dieser Aktion, denn am Eingang unten stand unübersehbar: Betreten verboten! Hätten wir uns doch bloß daran gehalten. Ich drängte auf einen schnellen Abstieg. Die verrostete Eisentür knarrte unheilvoll, als ich nach Chrissi ins Treppenhaus trat. Hier drinnen war es stockfinster …

Text E

Im letzten Sommer war ich in den Alpen. Ich wohnte in einer kleinen Berghütte. Ganz in der Nähe war eine Pflegestation für verletzte Greifvögel. Jeden Tag bin ich dort hingelaufen und habe meinen Freund, den großen, braunen Steinadler, besucht. Wenn ich mit ihm redete, hörte er mir zu. Dann kam der Tag, an dem der Adler wieder gesund in die Freiheit entlassen wurde. Elegant schwang er sich mit kraftvollen Flügelschlägen in den klaren Himmel. Ich sah ihm nach, bis er verschwunden war. Traurig ging ich zu meiner Hütte zurück. Da hörte ich auf einmal ein Rauschen hinter mir. Es war mein Adler.

→ Und schon wurde ich hochgehoben in die Luft. Der Flug begann. …

    oder

→ Auf einmal hatte ich das Gefühl, als könnte ich hinterherfliegen. Ich breitete die Arme aus …

Text F

Die Schule war aus. Ich war der Letzte, der die Klasse verließ. Draußen hing noch eine Jacke. Aber es war nicht meine. Ein anderer musste meine Jacke angezogen haben. Was sollte ich tun? Es regnete, und es war kalt. Also zog ich die fremde Jacke an und ging. Die Jacke war schwer und schlug bei jedem Schritt gegen meine Beine. Die Jackentaschen waren prall gefüllt. Ich fasste in die linke Außentasche und hatte … ? … in der Hand. Ich …

In der rechten Tasche entdeckte ich …?…
So etwas …
In der Innentasche der Jacke fand ich …?…
Noch nie hatte ich …

2 Wähle den Geschichtenanfang aus, den du gern weitererzählen möchtest.
- Schreibe diesen Anfang auf ein Blatt. **Achtung:** Lass oben zwei Zeilen frei.
- Versetze dich nun in die Geschichte hinein und schreibe sie in der Ich-Form zu Ende.
- Erzähle hauptsächlich im Präteritum.
- Überlege dir eine Überschrift und schreibe sie über deinen Text.

3 Lest eure Textentwürfe in der Tischgruppe vor. Gebt euch gegenseitig Ratschläge, wie ihr eure Geschichten noch überarbeiten könnt. Nutzt dazu die folgende Checkliste.

CHECKLISTE
- ✓ Ich gebe der Geschichte eine interessante Überschrift, die neugierig macht.
- ✓ Meine Geschichte fängt ganz wirklich an, aber dann passiert etwas Unerwartetes, etwas Fantastisches.
- ✓ Die Geschichte hat einen Schluss, der das Geschehen abrundet.
- ✓ Ich erzähle die Geschichte in der Ich-Perspektive.
- ✓ Die Geschichte steht hauptsächlich im Präteritum.
- ✓ Die Geschichte ist lebendig erzählt: mit anschaulichen Adjektiven, Spannungswörtern, abwechslungsreichen Satzanfängen, wörtlichen Reden …

4 Fertige nun eine überarbeitete und korrigierte Reinschrift von deiner Geschichte an.

Tipp:
Gestalte mit deiner Fantasiegeschichte ein kleines **Buch**.
Dazu brauchst du mehrere DIN-A4-Bögen festes Papier oder Tonkarton. Die Bögen werden jeweils in der Mitte gefaltet und dann mit einem Klebestreifen zu einer langen Reihe verbunden. Ein solches Buch heißt **Leporello**.
Die erste Seite (außen) ist die Titelseite.
Auf den anderen Seiten (innen) schreibst du deine Geschichte sauber auf und zeichnest etwas dazu. Bestimmt hast du auch eigene Ideen, wie du dein Buch verschönern kannst.

5 Gestaltet mit euren Leporellos eine kleine Ausstellung.

Fantasiegeschichten erzählen

 ## Gemeinsam erzählen: Erzählspiele

Spiel 1: Der Erzählstein

Setzt euch zu mehreren Kindern in einen Kreis.
Ein Kind nimmt einen Stein (den Erzählstein) in die Hand und fängt an zu erzählen. Nach ein oder zwei Sätzen gibt es den Stein an das nächste Kind, das die Geschichte weitererzählt.
Reicht euch den Stein immer weiter, bis ein Kind die Geschichte zu Ende bringt. Dann kann das Spiel von vorn beginnen …

Spiel 2: Geschichten zum Weitergeben

Dieses Spiel ist ein Schreibspiel mit folgenden Regeln.
- Setzt euch in der Tischgruppe zu viert zusammen. Die Spieldauer beträgt 20 Minuten.
- Überlegt euch gemeinsam einen ersten Satz für eine Geschichte.
- Diesen ersten Satz schreibt **jeder** auf ein DIN A4-Blatt.
- Nun muss jeder die Geschichte mit einem eigenen Satz weiterschreiben. Danach gebt ihr die Blätter an euren linken Nachbarn weiter.
- Jedes Kind muss nun den Satz von seinem Nachbarn lesen und dann selbst einen eigenen Satz hinzufügen.
- Auf diese Weise gehen die Blätter in der Gruppe rundherum, und die Geschichten wachsen Satz für Satz.
- Nach etwa 15 Minuten bekommt jeder sein eigenes Blatt zurück.
- Nun schreibt jedes Kind die Geschichte auf seinem eigenen Blatt zu Ende.
- Zum Schluss werden die Geschichten dann von allen vorgelesen.

💡 **Ein Beispiel, wie das Spiel funktioniert:**

Auf Lisas Blatt steht dieser erste Satz:

Einmal sollte Kaspar in den Keller gehen und ein Glas Honig holen.

Lisa schreibt weiter:

Er sagte seiner Mutter: „Ich gehe aber nicht gern in den Keller!"

Lisa gibt ihr Blatt an Yasemin.
Yasemin schreibt weiter:

Da sagte die Mutter: „Nun geh schon! Du hast doch wohl keine Angst."

Niklas schreibt weiter:

Kaspar sagte: „Kann Papa nicht gehen? Warum immer ich?"

Tobi schreibt weiter:

Aber Papa las gerade die Zeitung.

Jetzt ist Lisa wieder an der Reihe:

Also musste Kaspar doch in den Keller gehen.

Nun schreibt Yasemin wieder:

Als Kaspar im Keller war, ging auf einmal das Licht aus.

Niklas schreibt:

…

○○●○ Gelerntes vertiefen und selbstständig anwenden

1 Schreibt nun selbst in der Gruppe eine Weitergeb-Geschichte:
- Wenn ihr noch eine Anregung für einen **ersten Satz** braucht, dann wählt euch aus dem folgenden Angebot einen Satz aus:
  Eines Abends sollte Malte mit dem Dackel Gassi gehen …
  Elias ist eigentlich kein Angsthase, aber vor dieser Mutprobe fürchtete er sich …
  Eines Nachts wachte Sonja auf und hörte ein merkwürdiges Geräusch …
- Folgt nun den Regeln **Geschichten zum Weitergeben** auf Seite 104.

2 Schreibe die Geschichte, die auf deinem Blatt steht, nun sauber auf.
- Dabei musst du vielleicht noch Fehler berichtigen.
- Du kannst auch etwas verändern, was dir an der Geschichte noch nicht so gut gefällt. Es soll ja am Ende deine eigene Geschichte werden.

3 Lest euch eure Geschichten vor.

Spiel 3: Die Geschichte mit dem schönsten Satz

Dieses Spiel ist ein Schreibspiel und es besteht aus **zwei** Teilen.
Man spielt es in Gruppen mit jeweils **vier** Kindern.
Die Spieldauer beträgt etwa **30 Minuten**.
Den zweiten Teil des Spiels findet ihr auf Seite 106!

1. Teil:
Jeder schreibt eine Geschichte aus **fünf** Sätzen auf einen Zettel.
- Schau dir das Bild hier an. Versetze dich in das Kind hinein und schreibe in der **Ich-Form**.
- Bei diesem Spiel sollen die Sätze alle im **Präsens** stehen.
- Schreibe jeden Satz auf eine neue Zeile.
- Kein Satz soll länger als eine Schreibzeile sein.
- Schreibe leserlich.
- Lest eure Geschichten in der Gruppe vor.

Fortsetzung von Spiel 3 auf Seite 105:

2. Teil:
Jetzt werden die Zettel mit den Geschichten in die Tischmitte gelegt, sodass jeder sie lesen kann.
- Wähle aus den verschiedenen Geschichten insgesamt **sechs** Sätze aus, die dir gut gefallen. Da deine eigenen Sätze nicht ausreichen, muss mindestens ein Satz auch aus einer anderen Geschichte sein.
- Die ausgewählten Sätze dürfen nicht verändert werden.
- Das **Wichtigste** aber ist: Der **schönste** Satz, also der Satz, der dir am **allerbesten** gefällt, muss in deinem Text **dreimal** vorkommen – an welcher Stelle, das entscheidest du.
- Rechts siehst du dazu zwei Beispiele.
- Schreibe nun die Sätze in einer passenden Reihenfolge auf.

 Zwei Beispiele, wie man die Sätze anordnen kann:

Beispiel 1:

Satz 1
Satz 2
Satz 3
Satz 4
Satz 5
Schönster Satz
Schönster Satz
Schönster Satz

Beispiel 2:

Satz 1
Schönster Satz
Satz 2
Satz 3
Schönster Satz
Satz 4
Schönster Satz
Satz 5

4 Lest euch eure „Geschichten mit dem schönsten Satz" vor.
Erklärt den Zuhörern auch, wieso ihr euch gerade für diesen „schönsten Satz" entschieden habt.

5 Sprecht darüber, wie euch die „Geschichten mit dem schönsten Satz" gefallen.
Warum haben manche Texte vielleicht eine ganz besondere Wirkung?

6 Schreibe deine Geschichte mit dem schönsten Satz am PC ab.
- Dabei musst du vielleicht noch einige Fehler berichtigen.
- Experimentiere mit unterschiedlichen Schriftarten, Schriftgrößen, Schriftfarben.
Setze die Zeilen zentriert oder links- oder rechtsbündig und probiere verschiedene Zeilenabstände aus.
Ein paar Beispiele findest du gleich hier rechts.
- Wenn alles schön aussieht, speichere den Text ab und drucke ihn aus.

7 Hängt die Blätter im Klassenraum aus, damit alle eure „Geschichten mit dem schönsten Satz" sehen und lesen können.

Fantasiegeschichten erzählen

Überprüfe dein Wissen und Können

1 Welches Wort gehört in welche Lücke? Notiere: *1) erfunden, 2) …*

Ein Lückentext

Fantasiegeschichten sind teilweise oder ganz **1**. Sie können uns in eine „andere" Welt entführen. In der Fantasie ist alles **2**. Oft fängt die Geschichte ganz **3** an. Doch dann passiert etwas, das eigentlich **4** ist. Und heraus kommt etwas ganz **5**.

erfunden, möglich, Unerwartetes, unmöglich, wirklich

2 Lies die folgende Geschichte aufmerksam und schreibe eine neue Überschrift auf.

Eine Feriengeschichte

Vor drei Jahren war ich zu Besuch bei meinem Großvater in Rumänien. Er lebt auf einem ? Bauernhof am Waldrand. Dort gibt es ? Tiere: Pferde, Kühe, Hühner, Enten und einen großen ? Schäferhund namens Alaska. Der war mein ganz ? Liebling.

5 Eines Morgens sagte mein Opa: „Der Schattenwolf hat heute Nacht drei Hühner gerissen." „Der Schattenwolf?", sagte ich erstaunt. „Ja, ein unheimlicher Wolf, der hier seit Menschengedenken leben soll. Aber niemand hat ihn jemals gesehen", sagte Opa. Und dann sagte er noch: „Darum nennen ihn die Leute aus
10 dem Dorf auch den Schattenwolf."

Ich erkundete die Gegend <u>zusammen mit Alaska</u>. Er zerrte <u>plötzlich</u> an der Leine. Er riss sich <u>mit einem Ruck</u> los. Er war <u>wie ein Blitz</u> im Unterholz verschwunden. Ich entdeckte ihn <u>gleich darauf</u>, wie er aufgeregt ein paar abgebrochene Äste anbellte.

15 Aber was war das In dem Geäst hatte sich ein silbergrauer Wolf die Pfote eingeklemt. Kann das wirklich der Schattenwolf sein Er sieht so traurig aus. Vorsichtig ging ich näher und befreite ihn behutsam. Mit seinen klugen gelben augen blickte er mich lange an. Dann sprang er auf und schon war er im Schatten des Waldes
20 verschwunden.

- Wähle passende Adjektive:
*absonderlichen / abgelegenen
viele / häufige
zotteligen / schuppigen
herzlicher / besonderer*

- Setze für *sagte* ab und zu ein anderes Verb ein:
antwortete, fragte, erklärte, erzählte, fügte … hinzu

- Stelle die unterstrichenen Wörter an den Satzanfang.
Mit Wolf an der Leine erkundete …

- Hier sind zwei Wörter falsch geschrieben. Außerdem fehlen noch zwei Fragezeichen.

3 Nutze die Tipps rechts neben dem Text und schreibe die Geschichte überarbeitet auf:
l Abschnitt 1 und 2, *ll* und *lll* den ganzen Text.

lll **4** Schreibe die Geschichte noch etwas weiter.
Denke dir einen Schluss aus, der die Geschichte abrundet.

LESEN Umgang mit Texten und Medien

Probleme erkennen – Einsichten gewinnen

Till Eulenspiegel
Zwei Eulenspiegelgeschichten lesen

1 Vielleicht habt ihr ja schon einmal etwas von Till Eulenspiegel gehört oder sogar die ein oder andere Eulenspiegelgeschichte gelesen. Tauscht eure Erfahrungen und Leseerlebnisse aus.

Eulenspiegelbrunnen in Mölln

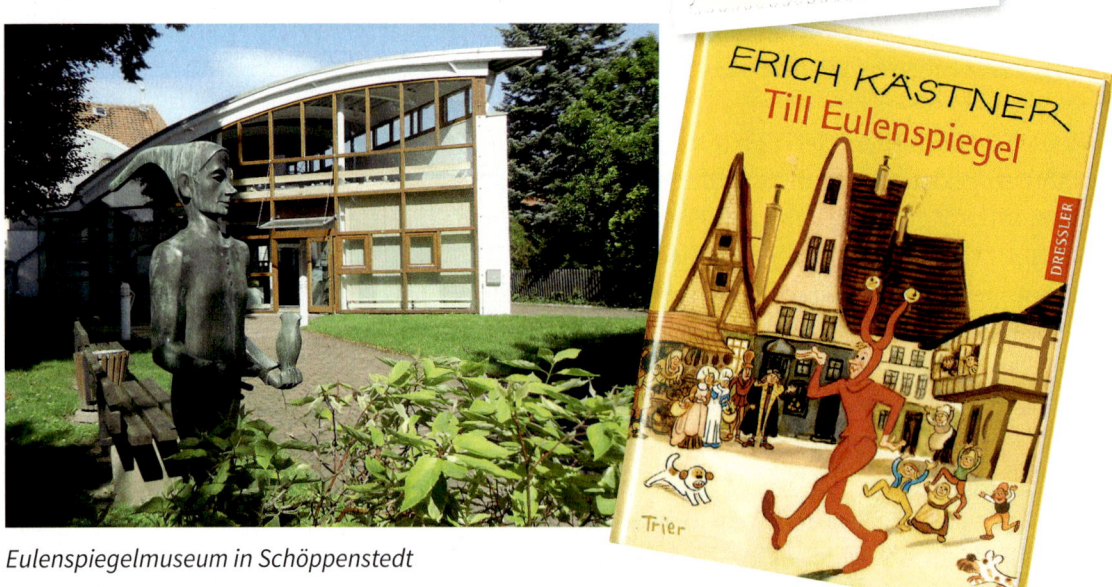

Eulenspiegelmuseum in Schöppenstedt

2 Einen Kerl wie Eulenspiegel trifft man nicht alle Tage. Die beiden folgenden Geschichten zeigen euch, was Eulenspiegel für ein Typ war und welche besonderen Fähigkeiten er hatte.

Wie Eulenspiegel auf dem Seil tanzte 🔊

Erich Kästner

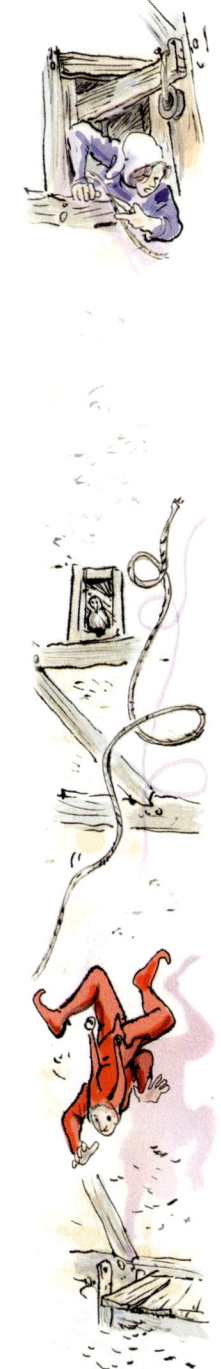

Till war schon als Kind ein richtiger Lausejunge. Er ärgerte die Kneitlinger, wo er konnte. Sie beschwerten sich jedes Mal bei den Eltern, aber meist war dem Bengel nichts nachzuweisen. Der Vater zog ihm zwar dann die Hosen straff, weil er dachte: Die Kneitlinger werden schon recht haben, und es kann ihm nicht schaden.
5 Doch warum er den Jungen versohlte, wusste er eigentlich nie.

Na, das ärgerte den kleinen Till auf jeden Fall, und dann ärgerte er die Kneitlinger wieder, und dann ärgerten sich die Kneitlinger noch mehr, und zum Schluss bekam Till wieder Hiebe. Das wurde dem Vater mit der Zeit zu anstrengend. Er wurde krank und starb.

10 Nun zog die Mutter mit dem Jungen aus Kneitlingen fort in ihr Heimatdorf an der Saale. Till war mittlerweile sechzehn Jahre alt geworden und sollte einen Beruf erlernen. Aber er dachte nicht im Traum daran. Stattdessen lernte er auf dem Wäscheseil, das auf dem Dachboden gezogen war, das Seiltanzen. Wenn ihn die Mutter dabei erwischte, kletterte er schleunigst aus dem Bodenfenster und setzte
15 sich aufs Dach. Dort wartete er dann, bis sie ihm wieder gut war. Das Bodenfenster ging auf den Fluss hinaus. Und als Till das Seiltanzen einigermaßen konnte, spannte er das Seil vom Boden aus über die Saale hinweg zu dem Bodenfenster eines Hauses, das am anderen Ufer stand.

Die Kinder, die das beobachtet hatten, und die Nachbarn, die aus den Fenstern
20 guckten, sperrten Mund und Nase auf, als Till das Seil betrat und langsam darauf balancierte, ohne herunterzufallen.

An beiden Ufern versammelten sich die Leute und blickten in die Luft. Sie waren fast so gespannt wie das Seil. Schließlich wurde auch Eulenspiegels Mutter aufmerksam. Sie kletterte, so schnell es ging, zum Boden hinauf, schaute aus dem
25 Fenster und schlug die Hände über dem Kopf zusammen. Ihr Herr Sohn stand, mitten über dem Fluss, auf ihrer Wäscheleine und machte Kunststückchen!

Kurz entschlossen nahm sie das Kartoffelschälmesser aus der Schürzentasche und schnitt – ritsch! – die Leine durch. Und Till, der nichts gemerkt hatte, fiel sozusagen aus allen Wolken. Er fiel kerzengerade in den Fluss und musste, statt auf
30 dem Seil zu tanzen, in der Saale baden.

Die Kinder und die Nachbarn und überhaupt alle, die das mit angesehen hatten, lachten sich halb tot und ärgerten Till durch schadenfrohe Zurufe. Till aber krabbelte ans Ufer und tat so, als hätte er nichts gehört. Doch im Stillen nahm er sich vor, ihnen ihre Schadenfreude heimzuzahlen. Wenn möglich, mit Zinsen.

3 Till geht mit viel Wut im Bauch nach Hause und sinnt auf Rache.
- Schreibe auf, welche Gedanken ihm nach dieser Pleite durch den Kopf gehen könnten.
- Tauscht eure Ideen anschließend aus.

4 Schon am nächsten Tag geht Till wieder aufs Seil. Aber lest selbst …

Eulenspiegel rächt sich

Erich Kästner

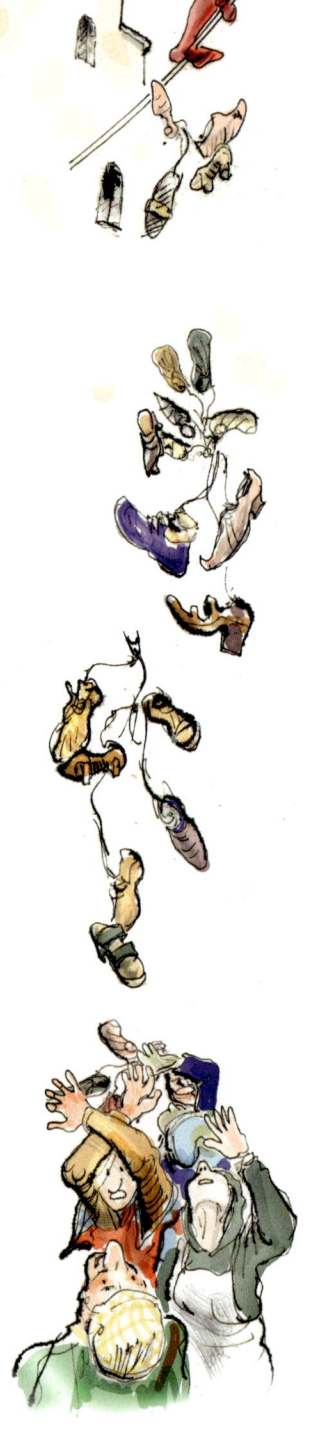

Schon am nächsten Tag spannte er also sein Seil von Neuem. Dieses Mal machte er es aber nicht am Bodenfenster seiner Mutter fest. Denn er wollte nicht schon wieder in der Saale baden. Denn, so heißt es, vom häufigen Baden wird die Haut dünn.

Nein, er spannte das Seil zwischen zwei anderen Häusern aus, hoch in der Luft, aber so, dass Frau Eulenspiegel es nicht sehen konnte. Natürlich kamen die Kinder wieder angerannt, und Bauern und Bäuerinnen kamen auch. Sie lachten und machten Witze über Till und fragten, ob er wieder vom Seil fallen wolle. Einige riefen, er müsse unbedingt herunterfallen, sonst mache ihnen die ganze Sache keinen Spaß. Eulenspiegel aber sagte: „Heute zeige ich euch etwas noch viel Schöneres, ihr müsst nur eure linken Schuhe ausziehen und sie mir aufs Seil geben, sonst kann ich das Kunststück leider nicht machen."

Erst wollten sie nicht so recht. Doch dann zog einer nach dem anderen seinen linken Stiefel aus, und schließlich hatte Till hundertundzwanzig linke Schuhe vor sich liegen. Er knüpfte sie mit den Schnürsenkeln zusammen und kletterte, mit dem Stiefelberg beladen, aufs Seil hinauf. Unter ihm standen hundertundzwanzig Zuschauer, und jeder von ihnen hatte nur noch einen Schuh an.

Eulenspiegel ging nun, vorsichtig balancierend, mit dem riesigen Schuhbündel Schritt für Schritt auf dem Seil vorwärts. Als er in der Mitte des Seils angekommen war, knüpfte er die Senkel auf und rief: „Aufgepasst!" Und dann warf er die hundertzwanzig Schuhe auf die Straße hinunter. „Da habt ihr eure Pantinen wieder!", rief er lachend. „Passt aber gut auf, dass ihr sie nicht vertauscht!"

Da lagen nun hundertzwanzig Schuhe auf der Straße, und drumherum standen hundertzwanzig Leute, von denen jeder einen Schuh zu wenig anhatte! Und dann stürzten sie wie die Verrückten über die Schuhe her. Jeder suchte den, der ihm gehörte. Und bald war die schönste Prügelei im Gange. Man schlug sich und riss sich an den Haaren und wälzte sich brüllend auf der Straße herum.

Es dauerte eine Stunde und dreiundvierzig Minuten, bis jeder seinen linken Schuh wiederhatte. Aber wie die armen Leute aussahen! Sie hatten Beulen am Kopf und Löcher in den Hosen. Sieben Zähne lagen auf der Straße. Und neunzehn Bauern und elf Kinder konnten kaum nach Hause gehen, so humpelten sie. Alle aber schworen sie, Till kurz und klein zu prügeln, wenn sie ihn erwischten.

5 Wie hättet ihr wohl reagiert, wenn ihr unter den Leuten gewesen wärt?

Till Eulenspiegel

Einen Sachtext zu Till Eulenspiegel in Gruppen erarbeiten

1 Der folgende Text enthält vielfältige Informationen zu Till Eulenspiegel.
- Lest den **ersten Abschnitt** des Textes gemeinsam.
- Beschreibt dann Eulenspiegel und seine besonderen Fähigkeiten mit euren Worten.

Der Schalk Till Eulenspiegel

Was war Eulenspiegel für ein Mensch?

Sicher wisst ihr alle, was Clowns sind: Spaßmacher in bunten Kostümen, die im Zirkus auftreten. Dort versuchen sie Zauberkunststücke, die immer schiefgehen, und machen alles Mögliche verkehrt. Für die Zuschauer sind diese Pleiten und Pannen sehr lustig anzuschauen – und sie lachen sich kringelig dabei.

Auch Eulenspiegel war solch ein Clown in einem kunterbunten Anzug, der im Mittelalter in Deutschland von einem Ort zum anderen wanderte. Ganz besonders begabt war Eulenspiegel darin, anderen Menschen Streiche zu spielen und auf dem Seil zu tanzen. Ganz gleich, wohin er auch kam: Überall stellte er Unfug an, bis seine Landsleute nicht mehr wussten, wo ihnen der Kopf stand.

Eulenspiegel war aber auch das, was man damals einen „Schalk" nannte. Er war einer, der andere bewusst hereinlegte, ein lustiger, aber auch boshafter und hinterlistiger Kerl, den man fürchten musste. Denn er wollte nicht, dass man über ihn lachte, sondern dass er über andere lachen konnte.

Eulenspiegel gehörte zu den armen Leuten, und er hat sich sein Leben lang für die Bettler und Straßenmusikanten, für die Landstreicher und Gaukler eingesetzt – gegen die reichen Handwerker und die hochmütigen Professoren und Priester. Er war bei vielen von ihnen beschäftigt, war Bäcker, Schuster, Schneider, Koch, Tischler und Fleischer. Aber wirklich gelernt hatte er keinen dieser Berufe.

2 Teilt die nächsten drei Abschnitte des Textes auf verschiedene Gruppen auf.
Tipps:
- Jede Gruppe liest nun ihren Abschnitt.
- Klärt miteinander in der Gruppe, wenn ihr etwas nicht verstanden habt.
- Notiert dann, worum es in diesem Abschnitt geht.
  Schreibt dazu Stichwörter oder ganze Sätze auf.

Warum spielte Eulenspiegel anderen Menschen gern Streiche?

Den Ärmsten der Armen ging es damals sehr schlecht. Sie hatten keinerlei Rechte und wurden oft von den Reichen ausgenutzt. Besonders manche Handwerksmeister nutzten ihre Lehrlinge und Gesellen aus und gaben ihnen außerordentlich wenig Lohn. Eulenspiegel ließ sich so etwas aber nicht gefallen und spielte manchem Handwerksmeister deshalb gern einen bösen Streich. Da war es kein Wunder, dass er bei den Reichen verhasst war.

Bei den armen Leuten aber war Eulenspiegel sehr beliebt. Und so ist es bis heute geblieben. Einen Bösen reinzulegen, das macht immer Spaß – zumindest in den Geschichten, die man darüber liest.

𝓤 Woher wissen wir von Eulenspiegel und seinen Streichen?

Man ist sich sicher, dass Eulenspiegel um das Jahr 1290 in dem kleinen Dorf Kneitlingen in der Nähe von Braunschweig geboren wurde und im Jahre 1350 in Mölln in Schleswig-Holstein starb.

Eulenspiegelmuseum im Mölln

Geschichten über Eulenspiegel und seine Streiche haben sich die Leute schon im Mittelalter überall im ganzen Land erzählt. Anfang 1500 hat dann der Stadtschreiber von Braunschweig, Hermann Bote, diese Geschichten aufgeschrieben. Er traute sich aber nicht, seinen Namen als Schriftsteller zu nennen. In vielen Geschichten spielte nämlich Eulenspiegel den Fürsten und Pfarrern ziemlich üble Streiche. Hermann Bote fürchtete, seinen Posten zu verlieren, wenn man herausbekommen würde, dass er diese Geschichten aufgeschrieben hatte.

Das Eulenspiegelbuch wurde damals sehr schnell bekannt und wurde von vielen gern gelesen. Andere aber lehnten es ab, weil es unangenehme Wahrheiten enthielt. Manche Menschen können es nun einmal nicht vertragen, wenn sie verulkt werden oder wenn man über sie lacht. Und das passierte damals tatsächlich in allen Ländern, wo Eulenspiegel den Menschen lustige oder auch böse Streiche gespielt hatte.

𝓤𝓤 Was bedeutet der Name „Eulenspiegel"?

Was der Name „Eulenspiegel" bedeutet, ist bis heute nicht ganz geklärt.

Die einen deuten den Namen so: Die Eule ist der Vogel der Weisheit. Und Eulenspiegel war ja wirklich ein ganz schlauer Kerl. Mit seiner Klugheit wollte er den Menschen den Spiegel vorhalten, damit sie sehen konnten, was für geizige und faule Menschen sie sind.

Die anderen deuten den Namen, der eigentlich „Ulenspeegel" lautete, so: Das Verb „ulen" bedeutete so viel wie „lecken". Und der „Spiegel" ist der weiße Hintern, den man heute bei Rehen noch immer so nennt. Was das bedeutet, könnt ihr euch selbst denken!

3 Nutzt eure Notizen aus Aufgabe 2 und stellt den Inhalt aus eurem Textabschnitt den anderen Gruppen vor. Unterstützt und ergänzt euch dabei gegenseitig.

4 Beantwortet nun gemeinsam in der Klasse die folgenden Fragen zum gesamten Text:
- Wann und wo ist Eulenspiegel geboren? Wann und wo ist er gestorben?
- Wer hat die Eulenspiegel-Geschichten aufgeschrieben?
- Welchen Beruf hatte Eulenspiegel?
- Was wollte Eulenspiegel erreichen: Dass die Leute über ihn lachten? Dass die Reichen über die Armen lachten? Dass die Armen über die Reichen lachten? Oder …?
- Welche Leute legte Eulenspiegel besonders gern herein?
- Was bedeutet der Name „Eulenspiegel"?
- Eulenspiegel wurde ein „Schalk" genannt. Was bedeutet das Wort?

Till Eulenspiegel

Eine Eulenspiegelgeschichte lesen und verstehen

In der folgenden Geschichte ist Till Eulenspiegel ungefähr 18 Jahre alt. Er lebt noch bei seiner Mutter zu Hause. Doch nach diesem Abenteuer hat ihn seine Mutter nie mehr gesehen. Eulenspiegel wanderte in die Welt hinaus und beging seine berühmten Streiche in vielen Städten überall im Land.

1 Lest euch die Geschichte vor.

Wie Eulenspiegel in einen Bienenkorb kroch

Wolfgang Menzel – nach Hermann Bote

Einmal ging Eulenspiegel mit seiner Mutter auf den Jahrmarkt. Er suchte sich einen Platz, wo er friedlich schlafen könnte. Da fand er hinten in einem Hof einen Haufen Bienenkörbe stehen, die leer waren. Er kroch in einen Korb hinein und schlief von Mittag bis gegen Mitternacht.

In derselben Nacht kamen zwei Diebe, die einen Bienenkorb stehlen wollten, um dann den Honig zu verkaufen. „Lass uns den schwersten Korb nehmen", sagte der eine Dieb. „Je schwerer der Korb ist, umso mehr Honig ist darin." Und dann hoben sie die Körbe der Reihe nach hoch. Als sie zu dem Korb kamen, in dem Eulenspiegel lag, nahmen sie ihn auf ihre Schultern und schleppten ihn fort.

In diesem Augenblick wachte Eulenspiegel auf. Es war schon stockfinster. Also packte Eulenspiegel aus dem Korb heraus den Vorderen bei den Haaren und riss kräftig daran. Der wurde wütend auf den Hinteren, denn er meinte, der hätte ihn an den Haaren gezogen. Er fing an, ihn zu beschimpfen. Doch der Hintere sagte: „Hast du geträumt? Wie sollte ich dich an den Haaren ziehen? Ich kann den Bienenkorb ja kaum in meinen Händen halten!" Eulenspiegel dachte: Das ist ein schönes Spiel! Er wartete, bis sie ein Stück weitergegangen waren. Dann riss er dem Hinteren so kräftig an den Haaren, dass er vor Schmerzen sein Gesicht verzog. Der schrie: „Ich schleppe, dass mir fast der Hals platzt, und du ziehst mich an den Haaren, dass mir die Geduld platzt!" Der Vordere aber sagte: „Du lügst! Wie kann ich dich an den Haaren ziehen? Ich kann doch kaum den Weg vor Augen sehen!"

So gingen sie hintereinander her und stritten miteinander. Nicht lange danach zog Eulenspiegel den Vorderen noch einmal an den Haaren, und zwar so heftig, dass ihm der Kopf gegen den Bienenkorb schlug. Der ließ den Korb fallen und schlug mit den Fäusten nach dem Hinteren. Der ließ den Korb auch fallen und packte dem Vorderen in die Haare, sodass beide übereinander auf den Boden krachten. Dann rannten sie im Dunkeln auseinander und ließen den Bienenkorb liegen. Gegen Morgen kroch Eulenspiegel heraus und folgte dem Weg, der zu einer Burg führte. Dort bewarb er sich als Hofjunge.

2 Beantwortet gemeinsam folgende Fragen. Schaut dazu auch noch einmal in den Text.
   a) Wie viele Personen werden in dieser Geschichte genannt?
   b) Warum stehlen die Diebe den Bienenkorb, in dem Eulenspiegel liegt?
   c) Zu welcher Tageszeit stehlen die Diebe den Bienenkorb?
   d) Welchen der Diebe hat Eulenspiegel zweimal an den Haaren gezogen?
   e) Warum hat der hintere Dieb den vorderen nicht an den Haaren ziehen können?

Till Eulenspiegel

Eine Eulenspiegelgeschichte aus einer anderen Perspektive erzählen

Wie Eulenspiegel einem Esel das Lesen beibrachte

Erich Kästner

Eine Zeit lang beschäftigte sich Eulenspiegel damit, dass er von Universität zu Universität zog, sich überall als Gelehrter ausgab und die Professoren und Studenten neckte. Er behauptete, alles zu wissen und zu können. Und er beantwortete tatsächlich sämtliche Fragen, die sie ihm vorlegten.

5 Bei dieser Gelegenheit kam er schließlich nach Erfurt. Die Erfurter Studenten und ihr Rektor hörten von seiner Ankunft und zerbrachen sich den Kopf, was für eine Aufgabe sie ihm stellen könnten. „Denn so wie denen in Prag", sagten sie, „soll es uns nicht ergehen. Er soll nicht uns, sondern wir wollen ihn hereinlegen."

10 Endlich fiel ihnen etwas Passendes ein. Sie kauften einen Esel, bugsierten das störrische Tier in den Gasthof „Zum Turm", wo Eulenspiegel wohnte, und fragten ihn, ob er sich zutraue, dem Esel das Lesen beizubringen.

„Selbstverständlich", antwortete Till. „Doch da so ein Esel ein dummes Tier ist, wird der Unterricht ziemlich lange dauern."

15 „Wie lange denn?", fragte der Rektor der Universität.

„Schätzungsweise zwanzig Jahre", meinte Till. Und hierbei dachte er sich: Zwanzig Jahre sind eine lange Zeit. Bis dahin stirbt vielleicht der Rektor. Dann geht die Sache gut aus. Oder ich sterbe selber. Oder der Esel stirbt, und das wäre das Beste.

20 Der Rektor war mit den zwanzig Jahren einverstanden. Eulenspiegel verlangte fünfhundert alte Groschen[1] für seinen Unterricht. Man gab ihm einen Vorschuss und ließ ihn mit seinem vierbeinigen Schüler allein. Till brachte das Tier in den Stall. In die Futterkrippe legte er ein großes altes Buch, und zwischen die ersten Seiten des Buches legte er Hafer. Das merkte sich der
25 Esel. Und um den Hafer zu fressen, blätterte er mit dem Maul die Blätter des Buches um. War kein Hafer mehr zu finden, rief der Esel laut: „I-a, i-a!" Das fand Eulenspiegel großartig, und er übte es mit dem Esel wieder und wieder.

Nach einer Woche ging Till zum Rektor und sagte: „Wollen Sie bei Gelegenheit einmal mich und meinen Schüler besuchen?"

30 „Gern", meinte der Rektor. „Hat er denn schon einiges gelernt?"

„Ein paar Buchstaben kann er bereits", erklärte Eulenspiegel stolz. „Und das ist ja für einen Esel und für eine Woche Unterricht allerhand."

Schon am Nachmittag kam der Rektor mit den Professoren und Studenten in den Gasthof, und Till führte sie in den Stall. Dann legte er ein Buch in

---

[1] Die ersten Groschen wurden am Anfang des 13. Jahrhunderts in Norditalien geprägt. Der Groschen war dort eine massive Münze aus reinem Silber.

35 die Krippe. Der Esel, der seit einem Tag kein Futter gekriegt hatte, blätterte hungrig die Seiten des Buches um. Und da Eulenspiegel diesmal überhaupt keinen Hafer ins Buch gelegt hatte, schrie das Tier unaufhörlich und so laut es konnte. „I-a, i-a, i-a!"

„I und A kann er schon, wie Sie hören", sagte Eulenspiegel. „Morgen be-
40 ginne ich damit, ihm ein O und ein U beizubringen." Da gingen die Herren wütend fort. Der Rektor ärgerte sich so sehr, dass ihn bald darauf der Schlag traf. Und Till jagte den Esel aus dem Stall. „Scher dich zu den anderen Erfurter Eseln!", rief er ihm nach. Dann schnürte er sein Bündel und verließ die Stadt noch am selben Tag.

1 Gebt den Inhalt dieser Geschichte mündlich mit eigenen Worten wieder.

2 Stell dir vor, du wärst der Sohn oder die Tochter der Gastwirtsleute.
Eines Tages nun wäre Eulenspiegel mit seinem Esel im Gasthof deiner Eltern aufgetaucht. Du hättest heimlich beobachtet, wie Eulenspiegel dem Esel „das Lesen beigebracht" hat.
Daraus könnte eine schöne Geschichte werden! Schreibe sie auf.
Anfangen könntest du so:
*Eines Tages tauchte ein komischer Mann in unserer Gastwirtschaft auf.
Er nannte sich Eulenspiegel. Der hatte einen Esel bei sich, den er bei uns
im Stall unterstellen wollte. Zu meinem Vater sagte er, er könne diesem Esel
sogar das Lesen beibringen. Und das wollte er nun auch den Professoren
von der Universität beweisen.
Ihr könnt euch denken, dass ich da misstrauisch wurde. Deshalb nahm ich
mir vor, ihn von nun an jeden Tag heimlich zu beobachten. ...*

3 Überlegt, wie ihr eure Texte den anderen in der Klasse präsentieren könnt.

Till Eulenspiegel

Zu Bildern eine Eulenspiegelgeschichte schreiben

Wie Eulenspiegel zu Erfurt einen Metzger um einen Braten betrog

Gelerntes vertiefen und selbstständig anwenden

1 Macht euch zunächst einmal klar, wie Eulenspiegel hier zu seinem Braten kommt. Achtet darauf, was der Metzger zu ihm sagt und was genau Eulenspiegel macht.

2 Warum geben die anderen Metzger Eulenspiegel eigentlich recht?

3 Schreibe nun nach diesen Bildern eine Eulenspiegelgeschichte.
Erzähle in der Vergangenheitsform. Die wörtlichen Reden darfst du übernehmen – oder auch leicht verändern.
Was die anderen Metzger sonst noch gesagt haben, kannst du dir ausdenken.

So könnte die Geschichte anfangen:
Wie Eulenspiegel zu Erfurt einen Metzger um einen Braten betrog
Eulenspiegel konnte seine Schalkheit nicht lassen. Als er einmal nach Erfurt kam, ging er zum Markt, wo die Metzger ihre Waren aufgebaut hatten. Jeder wollte im Verkaufen der Beste sein. ...

Und so sollte die Geschichte enden:
... Eulenspiegel hatte den Metzgern von Erfurt einmal zeigen wollen, ...
Er nahm seinen Braten unter die Jacke und ging damit weg.

4 Erzähle die Eulenspiegelgeschichte vom betrogenen Metzger nun in der Ich-Form: entweder **aus der Sicht von Till** oder **aus der Sicht des Metzgers**.
Wenn du möchtest, kannst du einen der beiden folgenden Anfänge als Einstieg nutzen.

Wie Eulenspiegel zu Erfurt einen Metzger um einen Braten betrog

In Erfurt war ich bald bekannt wie ein bunter Hund. Die Handwerker hatten von meinen tollen Streichen gehört und wollten mir keine Arbeit geben. Mit knurrendem Magen, ohne Geld und ohne etwas zu essen lief ich über den Wochenmarkt. So viele leckere Dinge wurden da angeboten.
Beim Anblick der Würste und Braten der Metzger lief mir so richtig das Wasser im Munde zusammen. Wie konnte ich bloß davon etwas bekommen? Da ...

Wie Eulenspiegel zu Erfurt einen Metzger um einen Braten betrog

Es war Markttag in Erfurt. Mein Geschäft lief gut – ich hatte schon viele Bratwürste und Schinkenstücke verkauft. Nur den großen Kalbsbraten, den musste ich noch unbedingt an die Kundschaft bringen.
Da kam ein seltsamer Geselle an meinem Stand vorbei und besah sich neugierig meine Auslage. Der kam mir gerade recht. Dem würde ich den Braten schon andrehen. „Tragt etwas mit nach Hause, mein Herr!", sprach ich ihn freundlich an. ...

Till Eulenspiegel

Eine Eulenspiegelgeschichte als szenisches Spiel aufführen

1 Lest das folgende Theaterstück vor. Ihr braucht **vier** Sprecher und einen Erzähler.

Wie Eulenspiegel bei Uelzen einen Bauern um ein grünes Londoner Tuch betrog

HAUPTFIGUREN Eulenspiegel, ein wohlhabender Bauer, 1. Geselle, 2. Geselle
NEBENFIGUREN Tuchhändler, Marktleute, Käufer

An einem Marktstand bei Uelzen kauft ein wohlhabender Bauer ein großes grünes Tuch. Er hängt es sich stolz über die Schulter. Eulenspiegel steht hinter ihm und bewundert das schöne Tuch. Der Bauer unterhält sich noch eine Zeit lang mit dem Händler. Eulenspiegel geht indessen umher und spricht zwei umherziehende Gesellen an. Er tuschelt mit ihnen. Die beiden nicken mit dem Kopf und gehen dann ihrer Wege. Der Bauer verabschiedet sich von dem Händler. Als er den Markt verlässt, kommt ihm Eulenspiegel entgegen.

EULENSPIEGEL Grüß Gott, edler Herr! Wohin soll es denn gehen?

BAUER *(schiebt Eulenspiegel beiseite)* Nach Hause will ich gehen. Wohin denn sonst? Geht mir aus dem Weg!

EULENSPIEGEL O Verzeihung! Aber sagt mir erst noch, wo Ihr das schöne blaue Tuch gekauft habt, das Ihr da über der Schulter tragt!

BAUER Hab ich bei dem Tuchhändler dort hinten gekauft. Teuer, kann ich Euch sagen! Sehr teuer! 20 Gulden! Aber blau ist es nicht. Es ist grün! Gefällt es Euch?

EULENSPIEGEL *(streichelt mit den Händen über das Tuch)* Und ob! Schön weich! Und schön warm! Und so wunderbar blau! So ein schönes blaues Tuch will ich mir auch kaufen.

BAUER Grün! Das Tuch ist grün! Und wenn Ihr eins haben wollt, dann kauft Euch eins, wenn Ihr Geld genug habt!

EULENSPIEGEL Geld hab ich genug. Aber lasst es Euch sagen: Euer Tuch ist blau.

BAUER Nein, grün! Seid Ihr farbenblind? Es ist grün!

EULENSPIEGEL Also, da wette ich mit Euch um 20 Gulden, dass es blau ist.

BAUER Grün ist es! Den ersten Menschen, der uns in den Weg kommt, wollen wir fragen. Der wird es bestätigen.

1. Geselle	*(kommt wie zufällig dazu)* Was ist denn hier los? Worum streiten sich denn die Herren?
Bauer	Wir streiten uns nicht. Der Herr da will mit mir wetten.
Eulenspiegel	Ja, ich will mit ihm wetten.
1. Geselle	*(zum Bauern)* Und habt Ihr die Wette schon angenommen?
Bauer	Noch nicht. Aber diese Wette nehme ich auf jeden Fall an. Da kann ich nämlich 20 Gulden gewinnen. Den Preis für das neue Tuch hier. Leichter hab ich noch keine Wette gewonnen. Da hab ich das Tuch am Ende umsonst!
1. Geselle	Dann gebt Euch die Hände. Ich will Euer Zeuge sein.
Bauer	*(reicht Eulenspiegel die Hand)* Topp, die Wette gilt!
Eulenspiegel	*(reicht dem Bauern die Hand)* Die Wette gilt!
1. Geselle	*(legt seine Hand darüber)* Die Wette gilt. Aber nun sagt mir: Worum geht es hier eigentlich? Worum habt Ihr gewettet?
Bauer	Darum, welche Farbe dieses Tuch hat, das ich vorhin gekauft habe. Und das ist so klar wie Hühnerbrühe. Eindeutig! Ich habe die Wette ja schon gewonnen!
1. Geselle	Die Farbe? Die Farbe ist tatsächlich eindeutig. Und welche soll es Eurer Meinung nach sein?
Bauer	Natürlich grün.
1. Geselle	*(zu Eulenspiegel gewandt)* Und Ihr seid da anderer Meinung?
Eulenspiegel	Ja. Ich wette, die Farbe dieses wunderbaren Tuches ist blau.
Bauer	Nein, grün! *(zum 1. Gesellen gewandt)* Ihr seid mein Zeuge.
1. Geselle	Ich weiß, ich weiß, ich bin Zeuge.
Bauer	Und? …
Eulenspiegel	Und? …
1. Geselle	Nun, wenn es nur darum geht! Das ist eine komische Wette. Die Sache ist doch klar.
Bauer	So klar wie Hühnerbrühe!

1. Geselle	So klar wie Hühnerbrühe ist die Farbe des Tuches nun nicht gerade. Aber so klar wie das Blau des Himmels!	
Bauer	*(wütend)* Blau? Seid Ihr verrückt? Das Tuch ist grün! Grün!!	
1. Geselle	*(kopfschüttelnd, lachend)* Aber mein Herr! Habt Ihr denn keine Augen im Kopf? Dieses Tuch *(er berührt es mit seinen Händen)* – dieses Tuch strahlt in schönstem Himmelblau! Das kann doch jeder deutlich erkennen.	
Bauer	*(empört)* Grün! Grün!! Ich spinne doch nicht!	
Eulenspiegel	*(lachend)* Ich hab's doch gesagt.	
1. Geselle	*(zum Bauern gewandt)* Das tut mir nun leid für Euch. Aber das Tuch ist tatsächlich blau. Und damit habt Ihr die Wette verloren. Und die 20 Gulden – oder das Tuch gehören *(auf Eulenspiegel deutend)* diesem Herrn da.	
Bauer	*(hebt drohend die Hände)* Das Tuch ist grün! Ihr beide steckt doch unter einer Decke. Ihr wollt mich reinlegen! Grün! Grün ist das Tuch! *(Er packt den 1. Gesellen am Kragen)* Das ist eine Lüge! Mein Tuch ist grün!	
2. Geselle	*(nähert sich den beiden, verkleidet als Mönch)* Um Himmels Willen! Worum streitet Ihr Euch? Friede sei mit Euch! Wie kann ich Euch nur besänftigen? *(Er hebt beschwichtigend die Hände)* Friede! Friede!	
Bauer	Hochwürden! Die beiden haben mich reingelegt. Sagt mir, wie ist die Farbe meines schönen Tuchs, das ich vorhin gekauft habe! Ich will Euch vertrauen. Ihr seid ein Mann Gottes.	
Eulenspiegel	Ja, sagt es uns! Einem Mann Gottes muss man vertrauen.	
2. Geselle	Was habe ich mit Eurem Streit zu tun? Schwarz oder weiß! Was geht mich das an? Schwarz ist es jedenfalls nicht. Und weiß ist es auch nicht.	
1. Geselle	Kommt zur Sache, Hochwürden! Dieses Tuch ist doch wohl ganz bestimmt …	
Bauer	Ja, wie ist es denn nun? Ich will Euch glauben. Ihr sagt die Wahrheit. Das Tuch ist …	
2. Geselle	*(unterbricht ihn)* Ja, Ihr habt Recht, Bruder. Ihr wolltet es doch gerade sagen. Das Tuch ist blau, wie der Mantel der Gottesmutter blau ist. Wunderbar blau!	
Bauer	*(schreit)* Nein! Grün!	

EULENSPIEGEL	Hab ich es nicht gesagt? Blau also! *(zum 2. Gesellen gewandt)* Wir haben nämlich um 20 Gulden darum gewettet.
2. GESELLE	*(scheinheilig zum Bauern)* Nun, ich bin ein Mann Gottes. Aber ich kann leider keine Wunder tun. Ich kann Euer schönes blaues Tuch nicht in ein grünes verwandeln. Die Wette scheint Ihr verloren zu haben. Gebt dem fröhlichen Herrn dort die 20 Gulden oder das Tuch. Und achtet darauf, dass Ihr Euch nicht noch einmal auf eine Wette einlasst! Denn Wetten sind Gott nicht wohlgefällig! Gehet in Frieden!

Der Bauer gibt Eulenspiegel widerstrebend das Tuch.
Die Vier gehen auseinander: der Bauer mit hängenden Schultern,
die anderen drei heimlich lachend.

2 Tauscht euch über diesen Streich von Eulenspiegel aus:
- Von Anfang an fasst Till einen raffinierten Plan, um an das Tuch des Bauern zu kommen. Wie geht er dabei vor?
- Warum hat der Bauer am Ende keine Chance, die Wette gegen Eulenspiegel zu gewinnen?

3 So könnt ihr euch auf das Spiel dieses Theaterstückes vorbereiten:
- Bevor das Stück beginnt, werden die **Hauptfiguren** vorgestellt. Ordnet diesen Figuren folgende Eigenschaften und Verhaltensweisen zu. Manche passen auch auf mehrere Figuren.

listig	*stolz*	*wütend*	*schlau*
selbstsicher	*empört*	*unhöflich*	*aufbrausend*
beschwichtigend	*schadenfroh*	*fröhlich*	*scheinheilig*

- Überlegt euch, mit welchen Gesichtsausdrücken und Bewegungen ihr diese Eigenschaften und Verhaltensweisen am besten ausdrücken könnt:
  ▸ *Eine selbstsichere und stolze Person läuft …*
  ▸ *Man wirkt unhöflich und aufbrausend, wenn man …*
  ▸ *Die schlaue und listige Figur spricht …*
  ▸ *Wenn man jemanden beschwichtigen möchte, dann spricht man …*

- Welche Eigenschaften fallen euch noch zu den Hauptfiguren ein – und wie kann man sie mit Gesicht (Mimik), Körper (Gestik) und Stimme darstellen?

4 Beim Theaterspielen ist das Sprechen ganz besonders wichtig.
Wie sollen die Hauptfiguren in eurem Stück sprechen?
  ▸ Der Bauer spricht *laut/leise.*
  ▸ Seine Stimme ist wahrscheinlich *piepsig/brummig.*
  ▸ Der Bauer betont, wie teuer das Tuch war, indem er sehr *schnell/langsam* spricht.
  ▸ Die Gesellen sprechen so, dass sie *mitwissend/unschuldig* wirken.
  ▸ Um den Bauern zu überlisten, spricht Eulenspiegel das Wort „blau" *betont/unbetont* aus.

5 Erprobt die folgenden **gestischen** und **mimischen** Ausdrucksformen zu dritt, ohne dabei zu sprechen. Gebt euch gegenseitig Tipps und korrigiert euch behutsam.

- jemandem zur Begrüßung freundlich die Hand schütteln
- sich schadenfroh die Hände reiben
- ein Stück gehen und dabei nachdenklich wirken
- dem anderen auf die Schulter klopfen
- sich umarmen
- sich nachdenklich am Kopf oder am Kinn kratzen
- sich vor Ärger die Haare raufen
- etwas bejahen

- etwas verneinen
- die Augen vor Freude aufreißen
- die Augen zusammenkneifen
- die Augen gelangweilt verdrehen
- die Augenbrauen verwundert hochziehen
- den Mund verziehen
- die Arme siegesgewiss heben
- mit den Händen beruhigend auf jemanden einwirken

6 Führt nun mit einzelnen Sätzen des Stückes auch ein **Stimm- und Sprachtraining** durch. Ihr könnt dabei ...
- leise oder laut sprechen – prusten und schnaufen – vor Wut schnauben
- ganz tief sprechen – ganz hoch sprechen – tief lachen
- hoch lachen – laut lachen – flüstern – stottern – rufen
- mit piepsiger Stimme sprechen – lachend sprechen – weinerlich sprechen
- etwas gelangweilt dahersagen – fröhlich sprechen – überrascht sein
- beruhigend auf jemanden einreden – scheinheilig sprechen (so tun, als ob)
- listig sprechen – selbstsicher sprechen – aufbrausend sprechen

7 Die schräg gedruckten Regieanweisungen im Theaterstück helfen euch dabei, die Worte mit eurer Körpersprache zu unterstützen. Sie stehen in Klammern hinter den Figuren. Ihr könnt diesen Anweisungen entnehmen, wen man beim Sprechen anschauen soll, was man mit den Händen macht und wie die Stimme sich verändert, wie man geht oder sich bewegt ...
- Wo findet ihr z. B. Hinweise auf die **Art des Sprechens**?
- Welche Hinweise auf **Gestik** (Bewegungen des Körpers) und **Mimik** (Ausdrucksformen des Gesichtes) sind dort angegeben?
- Zu welcher Regieanweisung passt *Pfeifen* am besten?
  → *wütend,* → *kommt wie zufällig dazu,* → *kopfschüttelnd* ...
- Wie verändert sich die Körperhaltung des Bauern, als er merkt, dass er die Wette verloren hat?

8 Zu Beginn des Theaterstückes bekommt ihr Informationen, die euch in die Szene einführen. Ihr wisst, **wo** die Handlung spielt und was die Figuren machen, **bevor** das Gespräch beginnt.
- Verteilt die Rollen für die Hauptfiguren. Wenn ihr die Rollen doppelt besetzt, können jeweils zwei Partner ihren Text miteinander einstudieren.
- Legt auch fest, welche Nebenfiguren auftreten sollen, damit der Schauplatz lebendig wird.
- Welche Requisiten und Kostüme braucht ihr? Ihr könnt z. B. mit Tischen und Federmäppchen einen Marktstand nachbauen und die Nebenfiguren an ihre Plätze stellen.

9 Bringt nun dieses kleine Theaterstück zur Aufführung. Viel Spaß bei eurem großen Auftritt!

Till Eulenspiegel
Überprüfe dein Wissen und Können

1 Wo ist Eulenspiegel geboren?
a) Braunschweig b) Kneitlingen c) Mölln

2 Wo ist Eulenspiegel gestorben?
a) Lübeck b) Braunschweig c) Mölln

3 Wer hat das Eulenspiegelbuch geschrieben?
a) Eulenspiegel selbst b) Hermann Bote c) Erich Kästner

4 Was bedeutet das Wort „Schalk", mit dem man Eulenspiegel bezeichnet?
a) Witzemacher
b) Gauner
c) listiger und zugleich hinterlistiger Mensch

5 Welche drei Aussagen sind richtig?
a) Eulenspiegel setzte sich für die Armen seiner Zeit ein.
b) Er verspottete die Reichen und Hochmütigen.
c) Er unterstützte die Landstreicher und Bettler.
d) Er stand auf Seiten der Diebe und Bösewichte.

6 Was tat Eulenspiegel manchmal?
Zwei Aussagen sind richtig.
a) Er spielte anderen Menschen gern Streiche.
b) Er schloss Freundschaft mit allen, die er nicht leiden konnte.
c) Er nahm Sprüche und Redensarten wörtlich.

7 Welche zwei Geschichtenanfänge könnten aus einer Eulenspiegelgeschichte stammen?
a) In Prag hatte sich Eulenspiegel als Gelehrter ausgegeben …
b) Es war einmal ein armer Bäcker, der hatte eine Tochter …
c) Ein Rabe saß auf einem Baum und hielt ein Stück Käse im Schnabel …
d) Große Schalkheit tat Eulenspiegel einer Bäuerin an …
e) Eulenspiegel hatte einmal folgenden Kriminalfall zu lösen …

8 Was muss in einer Eulenspiegelgeschichte unbedingt vorkommen?
Zwei Antworten sind richtig.
a) ein Streich
b) ein Mord
c) ein Gespenst
d) ein Reinfall

Probleme erkennen – Einsichten gewinnen

Märchen
Erfahrungen mit Märchen austauschen

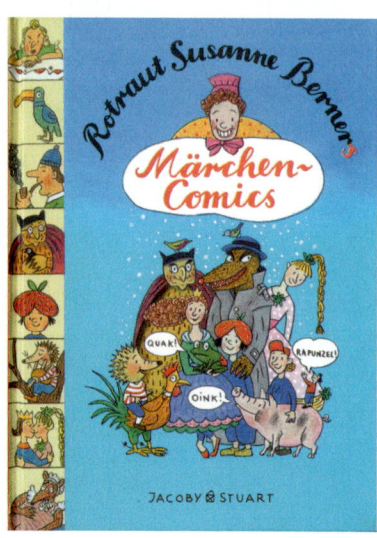

Märchen gibt es auf der ganzen Welt: bei den Indianern, den Türken, den Inuit und Chinesen genauso wie bei uns. Eines der bekanntesten von ihnen, das Märchen von Frau Holle, ist in über 900 Abwandlungen weltweit verbreitet.

Märchen gehören zu den ältesten Geschichten der Literatur aller Länder. Früher wurden sie nicht nur Kindern, sondern auch Erwachsenen erzählt und so von Mund zu Mund weitergegeben. Denn damals konnten die meisten Menschen noch nicht lesen. Heute gehören Märchenbücher zu den meistgelesenen Büchern überhaupt. Viele Märchen gibt es außerdem als Film auf DVD, als Hörbücher, als Comics und als Theaterstücke.

1 Erzählt von euren Erfahrungen mit Märchen:
- Welche Märchen kennt und mögt ihr?
- Wo und wann lest ihr Märchen besonders gern?
- Bringt Lieblingsmärchenbücher mit in die Klasse.

2 Welcher Märchentitel passt zu welchem Spruch?
Aufgepasst: Ein Märchentitel fehlt. Den müsst ihr herausfinden!

„Knusper, knusper, Knäuschen,
wer knuspert an meinem Häuschen?"

Der Wolf und die sieben Geißlein

„Spieglein, Spieglein an der Wand,
wer ist die Schönste im ganzen Land?"

„Heute back ich, morgen brau ich,
übermorgen hole ich der Königin ihr Kind;
ach, wie gut, dass niemand weiß,
dass ich … heiß!"

Hänsel und Gretel

???

„Was rumpelt und pumpelt
in meinem Bauch herum?
Ich meinte, es wären sechs Geißlein,
doch sind's lauter Wackerstein."

Rumpelstilzchen

3 Welche anderen Sprüche aus Märchen kennt ihr? Sammelt sie. Notiert auch den passenden Titel des Märchens dazu.

Jacob Grimm *Wilhelm Grimm* *Hans Christian Andersen*

Die bekanntesten Märchen, die ihr heute hören, lesen oder im Fernsehen anschauen könnt, sind die von Jacob und Wilhelm Grimm. Die beiden Brüder ließen sich damals von verschiedenen Leuten aus dem Volk Märchen erzählen. So konnten sie die Märchen sammeln und aufschreiben. 1857 erschien ihr großes Buch „Kinder- und Hausmärchen", in dem 200 Märchen vereint sind: „Froschkönig", „Hänsel und Gretel", „Das tapfere Schneiderlein", „Schneewittchen" und viele andere.

Auch der Däne Hans Christian Andersen war ein bekannter Märchenerzähler. Er lebte von 1805 bis 1875 und schrieb seine Märchen wie „Des Kaisers neue Kleider" oder „Die Schneekönigin" sowohl für Kinder als auch für Erwachsene.

4 Neben Sprüchen kommen auch bestimmte **Zahlen** häufig in Märchen vor. Findet Märchentitel heraus, in denen die Zahlen **3, 7** und **12** vorkommen. Schlagt dazu in euren Märchenbüchern nach oder forscht im Internet.

Tipp:
Plant das Vorlesen von Märchen mit ein, während ihr an diesem Kapitel arbeitet.
Wenn mehrere Kinder dasselbe Märchen mögen, könnt ihr es zu zweit
oder in kleinen Gruppen für das Vorlesen vorbereiten und euch so die Arbeit teilen.

Holzstich nach einem Gemälde von Louis Katzenstein:
Die Brüder Jakob und Wilhelm Grimm bei der Märchenerzählerin Dorothea Viehmann, 1819

Märchen
Merkmale von Märchen erkennen und identifizieren

1 Das folgende Märchen erzählt man sich in der Slowakei, einem Nachbarland von Österreich.

Der Schmied Butec

Slowakisches Volksmärchen – nacherzählt von Wolfgang Menzel

Anfangsformel

Es war einmal ein armer, kleiner Mann und seine Frau, die hatten einen merkwürdigen Sohn. Der war nämlich bärenstark, und die beiden wussten nicht, wie es dazu gekommen war. Sie nannten ihn Butec, und als er erwachsen war, ging er in die Welt hinaus, um sein Brot zu verdienen.

5 Wegen seiner großen Kraft wollte Butec Schmied[1] werden. Doch in der Schmiede schlug er so mächtig auf den Amboss[2] ein, dass der im Boden versank. Das machte seinem Meister Angst, und er wollte Butec nicht behalten. Butec nahm eine lange, schwere Eisenstange und zog weiter.

Als er durch einen Wald ging, bemerkte er einen Waldarbeiter, der die Fich-
10 ten mitsamt den Wurzeln aus dem Boden drehte. Butec und der Fichtendreher wurden sogleich Freunde und gingen miteinander weiter. Im nächsten Land trafen sie einen Müller, der riesige Mühlsteine in die Luft warf und sie wieder auffing. Auch der wurde ihr Freund. So zogen die drei starken Männer in die Welt hinaus.

Weiter Weg

15 Eines Tages führte sie der Weg zu einem alten, grauen Schloss, in dem sie Unterkunft fanden. Weil es dort Gespenster geben sollte, wollte niemand sonst darin wohnen. Butec und seine starken Freunde aber blieben dort. Sie einigten sich, dass jeden Tag ein anderer von ihnen Essen kochen sollte, während die anderen beiden hinausgingen, um für Nahrung zu sorgen.

Zauberwesen

20 Am ersten Tag kochte der Müller. Da kam auf einmal ein Waldgeist vorbei, der sich als Bettler verkleidet hatte, und bat um ein Stück Fleisch. Der Müller gab ihm auch gleich ein Stück, aber der Bettler ließ es auf den Boden fallen und jammerte: „Mein Rücken, mein Rücken! Ich kann mich nicht bücken!" Da bückte sich der Müller, um das Fleisch aufzuheben. Der Bettler aber ergriff die

Spruch

Gut und Böse

25 schwere Eisenstange von Butec, schlug damit den Müller halb tot – und verschwand. Als die anderen beiden ins Schloss zurückkamen, sahen sie ihren Freund auf dem Boden liegen und verbanden ihm die Wunden. Der erzählte ihnen, was geschehen war. Doch die beiden hielten ihn für einen Schwächling.

---

[1] Schmied: jemand, der Metall handwerklich zu Geräten verarbeitet
[2] Amboss: ein Block aus Stahl zur Unterlage beim Umformen und Bearbeiten von meist „warmen", d. h. glühenden Eisenmetallen
Ein Amboss ist ein Grundwerkzeug und zählt zum unverzichtbaren Bestandteil einer Schmiede.

Wird Butec wohl mit dem Alten fertig? Und wie könnte ihm das gelingen?

Die Zahl Drei

???

Am nächsten Tag ging Butec allein auf die Jagd, und der Fichtendreher kochte das Essen. Wieder kam der Bettler, bat um Fleisch, ließ es fallen und jammerte: „Mein Rücken, mein Rücken! Ich kann mich nicht bücken!" Der Fichtendreher wollte gerade das Fleisch aufheben, als auch er dabei halb tot geschlagen wurde. Als Butec aus dem Wald zurückkam, sah er den Fichtendreher am Boden liegen. Er verband ihm die Wunden. Er sagte aber zu ihm: „Ihr beide taugt nichts, ihr seid zu schwach! Morgen bleibe ich zu Hause, da werdet ihr sehen, wie ich mit dem Alten fertig werde."

Als Butec am dritten Tag gerade das Fleisch gekocht hatte, kam wieder der Bettler. Er bat um ein Stück Fleisch, ließ es fallen und jammerte: „Mein Rücken, mein Rücken! Ich kann mich nicht bücken!" Butec nahm seine lange, schwere Eisenstange und rief: „Mach, dass du fortkommst!" – und trieb den Waldgeist in die Flucht. Der lief entsetzt hinaus und verschwand hinter dem Schloss in einem Loch, als hätte ihn die Erde verschluckt.

Als die anderen beiden wieder auf den Beinen waren, sahen sich die drei Männer das Loch an, in dem der Alte verschwunden war, und sie blickten in einen schaurigen, schwarzen Abgrund. Da sie aber wissen wollten, was es mit dem riesigen Loch auf sich hatte, sagte Butec: „Einer von uns sollte an einem Seil hinunterklettern." Und sie knüpften das Seil an einem Felsen fest und banden eine Glocke daran. Bei Gefahr sollte die Glocke läuten, wenn der, der hinabgestiegen war, in Gefahr geriet und am Seil zog.

Wie mag es dort unten wohl aussehen? Was könnte nun geschehen?

Der Müller stieg als Erster hinunter, kam aber zitternd vor Angst bald wieder herauf. Der Fichtendreher ließ sich als Zweiter hinab, aber auch er kam bleich vor Angst wieder herauf. Da kletterte Butec hinunter. Seine lange, schwere Eisenstange nahm er mit.

Als er unten angekommen war, gelangte er an eine Tür mit einem schweren Riegel. Mit seiner Eisenstange zertrümmerte er sie – und was sah er? Hinter der Tür öffnete sich ein weites, helles Land. Drei Schlösser sah Butec, das eine aus Silber, das andere aus Gold, und das dritte war aus Diamanten und so glänzend, dass der Glanz seine Augen blendete.

???

Aufgabe

???

Butec wollte das erste Schloss betreten, aber eine riesige Schlange bewachte das Tor. Doch Butec versetzte ihr einen Schlag mit seiner Eisenstange, dass sie tot liegen blieb. Dann ging er hinein. Ein wunderschönes Mädchen kam ihm entgegen und begrüßte ihn mit den Worten: „Ich bin verwunschen, und du bist mein Retter!" Und sie erzählte ihm, dass in den anderen beiden Schlössern noch zwei verwunschene Mädchen lebten. Butec führte das Mädchen zurück zu dem Loch, durch das er gekommen war, band sie an das Seil, läutete die Glocke, und sie wurde hinaufgezogen. Dem Müller und dem Fichtendreher oben aber gefiel sie so gut, dass jeder sie gerne zur Frau gehabt hätte.

Unten machte sich Butec auf den Weg in das goldene Schloss. Ein gewaltiges Ungeheuer, das ihn verschlingen wollte, bewachte das Tor. Doch Butec versetzte ihm einen Schlag mit seiner Eisenstange, sodass es tot liegen blieb. Da kam ihm ein noch schöneres Mädchen entgegen und begrüßte ihn mit den Worten: „Ich bin verwunschen, und du bist mein Retter!" Butec führte auch dieses Mädchen zurück zu dem Loch und läutete die Glocke. Das Mädchen gab ihm ein goldenes Schwert, das es bei sich hatte, dann wurde es nach oben hinaufgezogen. Dem Müller und dem Fichtendreher oben gefiel dieses Mädchen noch besser, und sie fingen an, sich zu streiten, wer es bekommen sollte.

Unten steckte Butec das goldene Schwert in seinen Gürtel und machte sich auf den Weg zu dem dritten Schloss. Vor dem Tor lag ein riesiger Lindwurm mit drei Köpfen und versperrte ihm den Weg. Butec versetzte ihm einen mächtigen Schlag mit seiner eisernen Stange, doch diesmal richtete er damit nichts aus. Der Lindwurm stürzte sich auf ihn und wollte ihn verschlingen. Lange kämpften sie erbittert miteinander. In größter Not erinnerte sich Butec an das Schwert, das ihm das Mädchen gegeben hatte. Er zog es aus dem Gürtel und schlug dem Untier damit alle drei Köpfe auf einmal ab. Die Erde erzitterte wie bei einem gewaltigen Erdbeben, als der Lindwurm tot zu Boden sank.

Da erblickte Butec ein Mädchen, das noch viel schöner war als die ersten beiden. Ihre Schönheit war wie der Morgenstern zwischen den anderen Sternen. Sie sahen einander an, und das Mädchen sagte: „Ich bin verwunschen, und du bist mein Retter!" Da führte Butec sie zurück zu dem Loch, band sie am Seil fest, läutete die Glocke, und sie wurde hinaufgezogen. Dem Müller und dem Fichtendreher gefiel dieses dritte Mädchen noch besser als die beiden anderen, und sie begannen sich zu prügeln, denn jeder wollte es zu seiner Frau haben. Als aber Butec nun selbst in die Höhe gezogen werden wollte, ließen die beiden das Seil nicht mehr hinunter, und Butec blieb unten in dem finsteren Loch.

???

???

Kommt Butec wieder auf die Erde hinauf? Was geschieht dort mit den drei Mädchen, mit dem Müller und mit dem Fichtendreher?

Er wusste erst nicht, was er tun sollte. Dann aber ging er noch einmal der Reihe nach in die drei Schlösser. Aus dem ersten Schloss nahm er alles Silber mit, aus dem zweiten alles Gold. Als er aber in das dritte Schloss mit den strahlenden Diamanten kam, erblickte er in einem Winkel den alten Waldgeist. Der zitterte vor Angst, als er den starken Butec sah. „Sag mir", befahl Butec dem zitternden Waldgeist, „wie ich wieder hinaufkomme in die Welt!" Da zog der Alte einen Schlüssel hervor, übergab ihn Butec und beschrieb ihm den Weg. So schnell ihn seine Beine trugen, lief Butec zu einer geheimen Tür, schloss sie mit dem Schlüssel des Waldgeistes auf und gelangte zurück auf die Erde.

???

Ob Butec sich rächen wird? Wie wird es mit den drei Mädchen weitergehen?

Was aber sah er dort oben? Die drei unterirdischen Schlösser standen auf einmal eines neben dem anderen, genau dort, wo das alte, graue Schloss gestanden hatte, in dem die drei starken Männer gelebt hatten. Als er zu den Schlössern kam, liefen ihm die drei Mädchen entgegen, die er gerettet hatte, und auch der Müller und der Fichtendreher kamen ihm voller Reue entgegen.

Das erste Mädchen sagte zu Butec: „Verzeih dem Müller, dass er dich nicht hinaufzog. Ich möchte, dass er mein Mann wird." Und Butec konnte nicht anders, als ihm zu verzeihen. Das zweite Mädchen sagte zu Butec: „Verzeih dem Fichtendreher, dass er dich nicht hinaufzog. Ich möchte, dass er mein Mann wird." Und da verzieh Butec auch ihm. Das dritte und schönste Mädchen aber kam ihm entgegen und sagte: „Willst du mein Mann werden?" Da nahm Butec sie in seine Arme und sagte: „Ja!" In diesem Augenblick aber fiel die gewaltige Kraft, die er als Schmied gehabt hatte, von ihm ab, und seine plumpe Gestalt verwandelte sich in einen schönen, schlanken Prinzen.

Verwandlung

Drei Tage darauf feierten alle eine große Hochzeit, der Schmied, der nun ein Prinz war, der Müller und der Fichtendreher. Der Müller zog mit seiner Frau in das silberne Schloss, der Fichtendreher mit seiner in das goldene – und Butec, der Prinz, mit dem schönsten der Mädchen in das diamantene Schloss. Dort lebten sie ein Leben lang in Frohsinn und Frieden.

Schlussformel

2 Wie hat euch das Märchen gefallen? Begründet eure Meinung.

3 Butec muss einen langen Weg zurücklegen, bevor er sich von einem plumpen Jungen in einen strahlenden Prinzen verwandeln kann.
- Welche Aufgaben muss Butec auf diesem abenteuerlichen Weg bewältigen?
- Welche Zauberdinge helfen ihm in großer Not aus der Patsche?

4 In diesem Märchen spielt die Zahl **Drei** eine wichtige Rolle.
Nennt dafür Beispiele.
Zur Orientierung könnt ihr auch im Text nachlesen.

5 Lest nun das Märchen auch selbst einmal laut.
Verteilt die einzelnen Abschnitte des Textes auf mehrere Leser.

6 Hier siehst du die wichtigsten Figuren aufgeführt, die in diesem Märchen vorkommen.
Du findest sie in der Reihenfolge ihres Auftretens vor.

Butec, der Schmied
der Fichtendreher
der Müller
der Waldgeist – als Bettler verkleidet
1. Mädchen
2. Mädchen
3. Mädchen
der Prinz

Ordne diesen Figuren nun in einer Übersicht die Charaktereigenschaften zu, die im Märchen zum Vorschein kommen.

- Nutze dazu den **WORTSCHATZ**. Die Eigenschaften sind dort alphabetisch geordnet.
- Manchmal trifft eine Eigenschaft auch auf mehrere Figuren zu.
- Vergleicht eure Ergebnisse anschließend.

WORTSCHATZ

ängstlich – auf seinen Vorteil bedacht – außerordentlich schön – bärenstark – bittet für andere um Verzeihung – brutal – egoistisch – freundlich – gewalttätig – großmütig – hat Vorurteile Schwachen gegenüber – hinterhältig – höflich – kämpft mutig mit Ungeheuern – kann erbittert kämpfen – kann verzeihen – kennt keine Angst – lässt andere im Stich – mitleidsvoll – mutig – reuevoll – schön – schlank – setzt sich für andere ein – sieht Fehler ein – stark – unzuverlässig – verständnisvoll – wunderschön – zittert vor Angst, obwohl er selbst sehr brutal ist

7 In Märchen wird die Handlung durch verschiedene Merkmale anschaulich gestaltet.
- Schaut euch dazu die folgende Übersicht aufmerksam an.
- Nennt Märchen, in denen das eine oder andere Merkmal vorkommt.

Anfangsformel:

In vielen Märchen gibt es gleichlautende oder ähnliche Anfänge, wie z. B.:
Es war einmal …
Zwei Königskinder gingen einmal …
Ein Vater hatte zwei Söhne …
In alten Zeiten, als das Wünschen noch geholfen hat …

Sprüche / Zauberformeln:

Oft gibt es in Märchen wiederkehrende Sprüche oder Zauberformeln:
„Ach, wie gut, dass niemand weiß, dass ich Rumpelstilzchen heiß!"
„Bäumchen, rüttel dich und schüttel dich, wirf Gold und Silber über mich."

Aufgaben / Rätsel:

Oft muss die Heldenfigur im Märchen drei schwierige Aufgaben oder Rätsel lösen, die besonderen Mut, Tapferkeit und Klugheit erfordern:
▸ *In drei Tagen einen ungewöhnlichen Namen herausfinden*
▸ *Drei goldene Haare vom Haupt des Teufels holen*
▸ *Eine traurige Königstochter zum Lachen bringen*
▸ *Eine tot geglaubte Prinzessin wach küssen*

Dinge, Tiere und Wesen mit übernatürlichen Kräften:

Wundersame Dinge, Tiere und Wesen mit übernatürlichen Kräften
sind für viele Heldenfiguren oft die Rettung aus größter Not –
oder aber die größte Gefahr:
- *Zauberblume – goldener Schlüssel – Spiegel – Wasser des Lebens – Spindel – fliegender Teppich – Tarnkappe – Siebenmeilenstiefel ...*
- *Goldesel – Fische – Schwäne – Einhörner – Pferde ...*
- *Zauberer – Feen – Drachen – Hexen – Elfen – Riesen – Zwerge ...*

Wiederkehrende Zahlen:
- *Die drei Brüder – Die drei Wünsche – Die drei Schwestern ...*
- *Die sieben Raben – Der Wolf und die sieben jungen Geißlein ...*
- *Die zwölf Brüder – Die zwölf faulen Knechte – Die zwölf Jäger ...*

Gegensätze:

Die Eigenschaften der Märchenfiguren sind oft sehr gegensätzlich:
*gut – böse, klug – dumm, schön – hässlich, stark – schwach,
feige – tapfer, fleißig – faul, arm – reich ...*

Verwandlung:

In vielen Märchen müssen Figuren aus ihrer Verwandlung befreit werden:
Frosch → Prinz   Bär → Königssohn   Taube → Prinzessin

Weiter Weg:

Die Heldenfigur muss sich oft auf einen weiten Weg begeben, auf dem
sie schwierige Aufgaben lösen und gefährliche Abenteuer bestehen muss.
- *... tief hinein in einen dunklen Zauberwald*
- *... bis ans Ende der Welt über Sonne, Mond und Sterne*
- *... tief ins Innere der Erde in dunkle Höhlen*
- *... über Berg und Tal in verwunschene Paläste*

Schlussformel:

In vielen Märchen gibt es gleichlautende oder ähnliche Schlüsse:
- *Und da wurde die Hochzeit in aller Pracht gefeiert
und sie lebten vergnügt bis an ihr Ende.*
- *Und wenn sie nicht gestorben sind, so leben sie noch heute.*

8 Am Rand des Märchens „Der Schmied Butec" sind einige dieser Märchenmerkmale aufgeführt.
- Schaut auf Seite 126–129 nach und sucht das entsprechende Merkmal im Text.
- Schreibt es dann mit der Zeilenangabe auf.

9 Welche Merkmale verbergen sich beim Märchen „Der Schmied Butec"
jeweils hinter den Fragezeichen *???* ?
Notiere den Begriff und schreibe die entsprechende Textstelle auf.

Märchen

Ein Märchen lesen und verstehen

Die Bremer Stadtmusikanten

Brüder Grimm

Ein Mann hatte einmal einen Esel, der schon lange Jahre unverdrossen die Säcke in die Mühle getragen hatte. Nun aber gingen die Kräfte des Esels zu Ende, sodass er zur Arbeit nicht mehr taugte. Da wollte der Herr ihm kein Futter mehr geben. Aber der Esel merkte, dass sein Herr
5 etwas Böses im Sinne hatte, lief fort und machte sich auf den Weg nach Bremen. Dort wollte er Stadtmusikant werden.

Als er schon eine Weile gegangen war, fand er einen Jagdhund am Wege liegen, der keuchte wie einer, der sich müde gelaufen hat. „Warum schnaufst du denn so, Packan?", fragte der Esel.
10 „Ach", sagte der Hund, „weil ich alt bin, jeden Tag schwächer werde und auch nicht mehr mit auf die Jagd kann, wollte mich mein Herr totschießen. Da hab ich Reißaus[1] genommen. Aber womit soll ich nun mein Brot verdienen?"

„Weißt du was", sprach der Esel, „ich gehe nach Bremen und wer-
15 de dort Stadtmusikant. Komm mit und lass dich auch bei der Musik annehmen. Ich spiele Laute, und du schlägst die Pauke." Der Hund war einverstanden, und sie gingen zusammen weiter.

Es dauerte nicht lange, da saß eine Katze am Wege und machte ein Gesicht wie drei Tage Regenwetter.
20 „Nun, was ist dir denn in die Quere gekommen, alter Bartputzer?", fragte der Esel.

„Wer kann da lustig sein, wenn's einem an den Kragen geht", antwortete die Katze. „Weil ich nun alt bin, meine Zähne stumpf werden und ich lieber hinter dem Ofen sitze und spinne, als nach Mäusen herumzu-
25 jagen, hat mich meine Frau ersäufen wollen. Ich konnte mich zwar noch davonschleichen, aber nun ist guter Rat teuer. Wo soll ich jetzt hin?"

„Geh mit uns nach Bremen! Du verstehst dich doch auf die Nachtmusik, da kannst du Stadtmusikant werden." Die Katze hielt das für gut und ging mit.

30 Bald darauf kamen die drei an einem Hof vorbei. Da saß der Haushahn auf dem Tor und schrie aus Leibeskräften. „Du schreist einem durch Mark und Bein", sprach der Esel, „was hast du vor?"

„Die Hausfrau hat der Köchin befohlen, mir heute Abend den Kopf abzuschlagen. Morgen, am Sonntag, haben sie Gäste, da wollen sie mich
35 in der Suppe essen. Nun schreie ich aus vollem Hals, solange ich noch kann."

[1] Reißaus nehmen: die Flucht ergreifen, davonlaufen

„Ei was, du Rotkopf", sagte der Esel, „zieh mit uns fort, wir gehen nach Bremen, etwas Besseres als den Tod findest du überall. Du hast eine gute Stimme, und wenn wir zusammen musizieren, wird es herrlich klingen." Dem Hahn gefiel der Vorschlag, und sie gingen alle vier zusammen fort.

Sie konnten aber die Stadt Bremen an einem Tag nicht erreichen und kamen abends in einen Wald, wo sie übernachten wollten. Der Esel und der Hund legten sich unter einen großen Baum, die Katze kletterte auf einen Ast, und der Hahn flog bis in den Wipfel, wo es am sichersten für ihn war.

Ehe er einschlief, sah er sich noch einmal nach allen vier Windrichtungen um. Da bemerkte er einen Lichtschein. Er rief seinen Gefährten zu, dass in der Nähe ein Haus sein müsse, denn er sehe Licht. Der Esel sagte: „So wollen wir uns aufmachen und noch hingehen, denn hier ist die Herberge schlecht." Der Hund meinte, ein paar Knochen und etwas Fleisch daran täten ihm auch gut.

Also machten sie sich auf den Weg zu dem Licht. Bald sahen sie es heller schimmern, und es wurde immer größer, bis sie vor ein hell erleuchtetes Räuberhaus kamen.

Weil er der Größte war, ging der Esel zu dem Fenster und schaute hinein.

„Was siehst du, Grauschimmel?", fragte der Hahn.

„Was ich sehe?", antwortete der Esel. „Einen gedeckten Tisch mit schönem Essen und Trinken, und Räuber sitzen daran und lassen sich's gut gehen!"

„Das wäre was für uns", sprach der Hahn.

„Ja, ja, ach, wären wir da!", sagte der Esel.

Da überlegten die Tiere, wie sie es anfangen könnten, die Räuber hinauszujagen. Endlich fanden sie ein Mittel. Der Esel stellte sich mit den Vorderfüßen auf das Fenster, der Hund sprang auf des Esels Rücken, die Katze kletterte auf den Hund, und zuletzt flog der Hahn hinauf und setzte sich der Katze auf den Kopf. Als das geschehen war, fingen sie auf ein Zeichen an, ihre Musik zu machen: der Esel schrie, der Hund bellte, die Katze miaute, und der Hahn krähte. Dann stürzten sie durch das Fenster in die Stube, dass die Scheiben klirrten.

Die Räuber fuhren bei dem entsetzlichen Geschrei in die Höhe. Sie dachten, ein Gespenst käme herein, und flohen in großer Furcht in den Wald hinaus. Nun setzten sich die vier Freunde an den Tisch und nahmen sich, was übrig geblieben war. Sie aßen so viel, als müssten sie vier Wochen hungern.

Als die Musikanten fertig waren, löschten sie das Licht aus, und jeder suchte sich eine Schlafstätte nach seinem Geschmack. Der Esel legte sich auf den Mist, der Hund hinter die Tür, die Katze auf den Herd bei der warmen Asche, und der Hahn flog auf das Dach hinauf. Und weil sie müde waren von ihrem langen Weg, schliefen sie auch bald ein.

Als Mitternacht vorbei war und die Räuber von Weitem sahen, dass kein Licht mehr im Hause brannte und auch alles ruhig schien, sprach der Hauptmann: „Wir hätten uns doch nicht ins Bockshorn² jagen lassen sollen." Er schickte einen Räuber zurück, um das Haus zu untersuchen.

Der Räuber fand alles still. Er ging in die Küche und wollte ein Licht anzünden. Da sah er die feurigen Augen der Katze, und weil er dachte, es wären glühende Kohlen, hielt er ein Streichhölzchen daran, um es anzuzünden. Aber die Katze verstand keinen Spaß, sprang ihm ins Gesicht und kratzte ihn. Da erschrak er gewaltig und wollte zur Hintertür hinauslaufen. Aber der Hund, der da lag, sprang auf und biss ihn ins Bein. Und als der Räuber über den Hof am Misthaufen vorbeirannte, gab ihm der Esel noch einen tüchtigen Schlag mit dem Hinterfuß. Der Hahn aber, der von dem Lärm aus dem Schlaf geweckt worden war, rief vom Dache herunter: „Kikeriki!"

Da lief der Räuber, was er konnte, zu seinem Hauptmann zurück und sprach: „Ach, in dem Haus sitzt eine greuliche³ Hexe, die hat mich angefaucht und mir mit ihren langen Fingern das Gesicht zerkratzt. Und vor der Tür steht ein Mann mit einem Messer, der hat mich ins Bein gestochen. Und auf dem Hof liegt ein schwarzes Ungetüm, das hat mit einer Holzkeule auf mich losgeschlagen! Und oben auf dem Dache, da sitzt der Richter, der rief: ‚Bringt mir den Schelm her!' Da machte ich, dass ich fortkam."

Von nun an getrauten sich die Räuber nicht mehr in das Haus. Den vier Bremer Musikanten aber gefiel's so wohl darin, dass sie nicht wieder hinaus wollten. Und der das zuletzt erzählt hat, dem ist der Mund noch warm.

² sich nicht ins Bockshorn jagen lassen: sich nicht einschüchtern lassen
³ greulich: furchterregend, scheußlich

1 Tragt zusammen, was ihr nach dem ersten Lesen dieses Märchens behalten habt:
- Welches Tier soll verhungern, weil es keine schwere Arbeit mehr leisten kann?
- Welches Tier soll im Kochtopf landen und warum?
- Welches Tier soll ersäuft werden? Was sind die Gründe dafür?
- Welcher Tod droht dem Tier, das aus Altersgründen nicht mehr auf die Jagd gehen kann?

2 Die Tiere haben in diesem Märchen ganz besondere Namen.
- Wer ist wer?
  Rotkopf — Bartputzer — Packan — Grauschimmel
- Erklärt, warum die Tiere diese Namen tragen.

3 Der erste gemeinsame Auftritt der Bremer Stadtmusikanten ist für die vier Tiere sehr erfolgreich.
- Gebt mit euren Worten wieder, wie sie zu diesem ersten Auftritt kommen und wer im Publikum sitzt.
- Welche „Instrumente" beherrschen die Tiere jeweils? Lest noch einmal in Zeile 68–71 nach.
- Wie präsentieren sie sich ihrem Publikum?
- Welchen Erfolg erzielen sie mit diesem Konzert?

4 Der Räuber, der das Haus für sich und seine Bande ausspionieren soll, erlebt eine böse Überraschung.
- Gebt in der richtigen Reihenfolge wieder, was er alles „einstecken" muss.
- Wenn ihr unsicher seid, lest noch einmal im Text nach (Zeile 86–95).

5 Der letzte Satz lautet: „*Und der das zuletzt erzählt hat, dem ist der Mund noch warm.*"
Was möchte der Erzähler des Märchens wohl am Schluss mit diesem Satz sagen?
Besprecht das miteinander.

> Der war begeistert von den vier Tieren.

> Der freut sich, dass die vier Tiere mit ihrer Aktion so erfolgreich waren.

> Der freut sich über den Mut und den Zusammenhalt der Vierertruppe.

> Der wäre gern selbst mit dabei gewesen.

6 Das Haus der Bremer Stadtmusikanten könnte auch ein Zufluchtsort für andere vom Tod bedrohte Tiere sein. Erzähle das Märchen weiter.
- Entscheide dich für ein Tier und schreibe auf, unter welchen Umständen es mit den vier Musikanten zusammentrifft.
- Welche Gefahr droht **deinem** Tier?
- Welches „Instrument" beherrscht dein Tier?
- Schreibe die Stelle auf, an der dein Tier zum ersten Mal in das Märchen eintritt.

7 An welcher Stelle der Pyramide kannst du dein Tier einordnen, ohne dass das Orchester bei einem Auftritt aus dem Gleichgewicht kommt?
Male ein Bild dazu.

8 Stell dir vor, du wärst eines der Tiere von den Bremer Stadtmusikanten.
- Schlüpfe in die Rolle dieses Tieres hinein und erzähle das Märchen aus dieser Perspektive.
- Die folgende **Checkliste** kannst du fürs Schreiben nutzen.

CHECKLISTE
- ✓ Ich erzähle das Märchen aus meiner Sicht als Esel **oder** Hund **oder** Katze **oder** Hahn.
- ✓ Alle Figuren aus dem Märchen treten auch in meinem Märchen auf.
- ✓ Ich halte die Reihenfolge der Ereignisse ein.
- ✓ Ich denke auch an die richtigen Orte der Ereignisse.
- ✓ Die Figuren lasse ich durch wörtliche Reden miteinander sprechen.

9 Überlegt gemeinsam in der Klasse, in welcher Form ihr euch eure Texte präsentieren möchtet.

Märchen

Produktiv mit Märchen umgehen

1 Auf den folgenden Seiten 137–146 findest du verschiedene Märchen mit folgenden Aufgabenschwerpunkten:

I: Den Schluss zu einem Märchen schreiben (S. 137–138)
II: Den Mittelteil zu einem Märchen schreiben (S. 139–140)
III: Ein Märchen als szenisches Spiel aufführen (S. 141–146)

- Blättere die Seiten zunächst in Ruhe durch.
- Entscheide dann, welche Texte und Aufgaben du bearbeiten möchtest.
- Tauscht eure Ergebnisse zum Schluss gemeinsam in der Klasse aus.

Tipp:
Der dritte Schwerpunkt *Ein Märchen als szenisches Spiel aufführen* ist besonders gut für die gemeinsame **Arbeit in Gruppen** geeignet.

I: Den Schluss zu einem Märchen schreiben

Die drei Wünsche

Volksmärchen aus den Pyrenäen

Es waren einmal ein Mann und eine Frau, die waren sehr arm und beklagten sich unausgesetzt über ihr Schicksal. „Mein Gott! Mein Gott!", sagten sie. „Es gibt Leute, die sind so glücklich! Und wir laufen den ganzen Tag nach Holzkohlen umher."

5 Das hörte ein Greis, der durch den Wald ging. „Ich sehe, ihr seid mit eurem Schicksal nicht zufrieden. Nun! Ich möchte etwas für euch tun. Wünscht euch drei Dinge; sie sollen in Erfüllung gehen."

Am Abend saß der Köhler[1] mit seiner Frau am Feuer. Sie dach-
10 ten nach. „Was sollen wir uns wünschen?", fragten sie sich. Plötzlich, beim Anblick der kleinen Holzscheite, die lustig knisterten, rief die gute Frau, ohne im Geringsten daran zu denken, dass sie einen Wunsch äußerte: „Ganz gleich, eine Elle[2] Blutwurst auf dieser guten Kohlenglut, das wäre ein Wohltat!" Augenblicklich
15 fiel eine Elle Blutwurst aus dem Kamin mitten in die Kohlenglut hinein.

[1] Köhler: Ein Köhler stellt Holzkohle her. Dazu wird Holz in einem Kohlemeiler (eine Art Ofen) langsam, ohne offene Flamme verbrannt.
[2] Elle: frühere Längeneinheit (etwa 55–85 cm)

Der Mann wurde zornig. „Bist du verrückt, altes Weib? Ist das dein Wunsch? Ich möchte wahrhaftig, dass diese Elle Blutwurst sich an deine Nase hängt!" Sofort geschah, was er sagte. Die Blutwurst hängte sich an die Nasenspitze der alten Frau.

Beide, der Köhler wie seine Frau in ihrer Feuerecke, waren höchst betrübt. „Jetzt haben wir nur noch einen Wunsch." Sie überlegten lange, lange, und die Blutwurst hing immer weiter an der Nase der unglücklichen Frau. Der Mann, von Mitleid ergriffen, fasste einen weisen Entschluss.

[…]

2 Zwei Wünsche, die ganz schnell und unnütz vertan sind …
Was meint ihr?
Diskutiert, wie es zu diesen Wünschen gekommen ist.
Hier sind verschiedene Begriffe, die ihr bei euren Begründungen nutzen könnt:

Hunger   *Dummheit*   *Armut*
Wut   *Unachtsamkeit*   *Versehen*

3 Welche beiden Märchenmerkmale erkennt ihr in diesem Märchen wieder?

4 Lies den letzten Absatz dieses Märchens noch einmal aufmerksam.
- Welchen **weisen Entschluss** wird der alte Mann deiner Meinung nach am Schluss des Märchens treffen?
Von welchen Gefühlen lässt er sich dabei wohl leiten?
- Schreibe den Schluss zu diesem Märchen auf.

5 Lies nun den Originalschluss des Märchens im Anhang.
- Wie nah bist du dem Original schon mit deinem Text gekommen?
- Geht das Märchen eigentlich gut aus oder schlecht?
- Was könnten die beiden Alten denn aus ihrem törichten Verhalten gelernt haben?
Notiere dir dazu Stichwörter und tausche dich mit einem Partner oder in der Tischgruppe aus.

II: Den Mittelteil zu einem Märchen schreiben

Prinzessin Mäusehaut

Brüder Grimm

Ein König hatte drei Töchter. Eines Tages wollte er wissen, welche ihn denn am liebsten hätte. Er ließ sie zu sich kommen und fragte sie. Die älteste sprach, sie habe ihn lieber als das ganze Königreich. Die zweite sagte, sie habe ihn lieber als alle Edelsteine und Perlen auf der Welt. Die dritte aber sagte, sie habe ihn lieber als das Salz. Der König ward[1] aufgebracht, dass sie ihre Liebe zu ihm mit einer so geringen Sache verglich, übergab sie einem Diener und befahl, er solle sie in den Wald führen und töten.

Wie sie in den Wald gekommen waren, bat die Prinzessin den Diener um ihr Leben. Der Diener war ihr treu ergeben und hätte sie niemals getötet. Auch sagte er, er wolle mit ihr gehen und ihren Befehlen treu zu Diensten sein. Die Prinzessin verlangte aber nichts anderes als ein Kleid von Mäusehaut. Als er ihr das geholt hatte, wickelte sie sich hinein und ging fort.

Sie ging geradezu an den Hof eines benachbarten Königs, gab sich für einen Mann aus und bat den König, dass er sie in seine Dienste nehme. Der König sagte ihr zu, und sie solle bei ihm die Aufwartung[2] haben: Abends musste sie ihm die Stiefel ausziehen, die warf er ihr jedes Mal an den Kopf. Einmal fragte er, woher sie sei. – „Aus dem Lande, wo man den Leuten die Stiefel nicht an den Kopf wirft." Da wurde der König aufmerksam.

[...]

Zu der Hochzeit wurde auch der Vater der Mäusehaut eingeladen, der glaubte, seine Tochter sei schon längst tot. Aber er erkannte sie nicht wieder. Auf der Tafel aber waren alle Speisen, die ihm vorgesetzt wurden, ungesalzen. Da ward er ärgerlich und sagte: „Ich will lieber nicht leben, als solche Speise essen!" Nachdem er so gesprochen hatte, sprach die Königin zu ihm: „Jetzt wollt ihr nicht leben ohne Salz, und doch habt ihr mich einmal wollen töten lassen, weil ich sagte, ich hätte euch lieber als Salz!" Da erkannte er seine Tochter und küsste sie und bat sie um Verzeihung, und es war ihm lieber als sein Königreich und alle Edelsteine der Welt, dass er sie wiedergefunden.

---

[1] ward: wurde
[2] bei jemandem die Aufwartung haben: jemanden bedienen

6 Wenn ihr das Märchen gelesen habt, denkt ihr vielleicht auch, dass es doch ein ziemlich seltsames Märchen ist.
Was kommt euch darin seltsam vor? Sprecht darüber.

7 Die Sache mit der Mäusehaut müsst ihr euch so vorstellen:
Der Diener hat dem Mädchen ein Kleid gemacht,
das aus vielen Mäusefellen zusammengenäht war.
Warum aber verkleidete sich das Mädchen wohl so komisch – und noch dazu als Mann?

8 Am Ende des dritten Abschnittes heißt es: „*Da wurde der König aufmerksam.*"
Wie verstehst du diesen Satz? Was könnte den König stutzig machen?
Beachte auch, was Mäusehaut kurz vorher zu ihm sagt.

9 Verfasse den fehlenden Mittelteil zu diesem Märchen selbst.
Dazu musst du dir Folgendes überlegen:
Der König muss irgendwie erfahren haben, dass Mäusehaut kein Mann ist,
sondern ein Mädchen – und noch dazu eine Prinzessin.
- Hat er es vielleicht an irgendeinem besonderen „Zeichen" gemerkt?
- Hat Mäusehaut es ihm vielleicht sogar selbst verraten?
- Hat der König es von seinen Dienern erfahren?

 Tipp:
Beachte beim Schreiben: Dieses Märchen ist eins der kürzesten
von allen Märchen der Brüder Grimm.
Der Zwischenteil ist also auch nicht besonders lang!

WORTSCHATZ

Nomen
Diener – Gemahlin – Hochzeit – Kleid – Kleid aus Mäusefellen – König – Krone – Mäusehaut – Prinzessin – Ring

Verben
antworten – auswickeln (sich aus dem Kleid wickeln) – bringen – erzählen – finden – fragen – rufen – jemanden zu sich rufen – sagen – überbringen – jemandem etwas überbringen – verlieren – etwas verloren haben – verbergen

Adjektive
erleichtert – Freude – froh – glücklich – kostbar – schön – überglücklich – unglaublich schön – wunderschön

Wörter für Satzanfänge
da – gerade als … – in dem Augenblick – in dem Moment – kurz darauf

10 Vergleicht eure Texte miteinander.
- Welche Gemeinsamkeiten und Unterschiede könnt ihr entdecken?
- Vergleicht eure Texte dann auch mit dem Originaltext im Anhang.

III: Prinzessin Mäusehaut – Ein Märchen als szenisches Spiel aufführen

11 Hier findet ihr das Märchen von „Prinzessin Mäusehaut" in der Fassung für ein szenisches Spiel. Die Aufführung dieses Märchens eignet sich besonders gut für die gemeinsame Arbeit in Gruppen.

Prinzessin Mäusehaut – Ein szenisches Spiel

Wolfgang Menzel – nach den Brüdern Grimm

PERSONEN	Der alte König, 1. Tochter, 2. Tochter, Mäusehaut (3. Tochter), Diener, der junge König, Stallknecht, Hochzeitsgesellschaft

1. Szene: **Im Zimmer des alten Königs.**

Der König sitzt auf dem Thron, die drei Töchter sitzen zu seinen Füßen.

ALTER KÖNIG Meine lieben Töchter! Ich muss mit euch etwas Wichtiges besprechen.
Ich habe euch alle drei so lieb, so lieb.
Aber ich muss wissen, ob ihr mich auch so lieb habt wie ich euch.
Wer mich nämlich am liebsten hat, der soll mein Königreich erben.

1./2. TOCHTER *(vor sich hin sprechend)* Erben ist gut! Aber wie sollen wir dem alten Vater unsere Liebe beweisen?

ALTER KÖNIG Nun, meine Älteste, fang an! Wie lieb hast du mich eigentlich?

1. TOCHTER *(steht auf)* Oh Vater! Ich habe dich so lieb, so lieb. Lieber als das ganze Königreich.

2. TOCHTER *(vor sich hin, ironisch)* Na, das ist ja wohl originell! Echt originell!

ALTER KÖNIG Das hast du sehr schön gesagt. Lieber als das ganze Königreich!
Und du meine Zweite – wie lieb hast du mich?

2. TOCHTER *(steht auf)* Oh Vater! Ich habe dich so lieb, so lieb.
Lieber als alle Edelsteine und Perlen der ganzen Welt.

1. TOCHTER *(vor sich hin)* Na, die gibt aber an! Die kennt ja gar nicht alle Edelsteine der Welt!

ALTER KÖNIG Das hast du auch sehr schön gesagt. Lieber als alle Edelsteine der Welt.
Wow! Und du meine Dritte – wie lieb hast du mich?

1. TOCHTER *(zu ihrer Schwester)* Da bin ich jetzt aber gespannt!

2. TOCHTER *(zu ihrer Schwester)* Die hat doch von nichts eine Ahnung!

MÄUSEHAUT *(steht auf)* Oh Vater! Ich habe dich lieber als das Salz.

1. Tochter	Lieber als das Salz!!! Das ist ja eine echte Überraschung!
2. Tochter	*(vor sich hin)* Hab ich's nicht gesagt: Die hat einfach keine Ahnung!
Alter König	*(wütend)* Lieber als das Salz? Das Salz!! Bist du verrückt? Willst du mich auf den Arm nehmen? Das … das … das ist doch die Höhe! Du willst mich wohl verspotten! Da erzieht man dich ein Leben lang zu einer Königstochter – und dann das! Lieber als das Salz! Das sollst du büßen! Der Diener soll kommen! Sofort!
1. Tochter	*(zu ihrer Schwester)* Unsere Schwester hat wirklich keine Ahnung!
2. Tochter	*(vor sich hin)* Nur gut! Dann erbe ich vielleicht das Königreich. Die ist erstmal außen vor!
Alter König	Wo bleibt der Diener? *(Der Diener kommt)* Ach, da ist er ja! Du, pack meine Tochter! Bring sie in den Wald und töte sie! Ich will sie nie mehr sehen. Nie mehr! Lieber als das Salz! Das ist doch die Höhe! Nie mehr soll sie mir unter die Augen kommen. Ab mit ihr!
Diener	Tö… tö… töten? Aber Majestät! Was hat sie denn Böses getan?
Alter König	Bin ich dir Auskunft schuldig? Gehorche einfach und tu, was ich sage! Salz! Salz! Salz! Nicht zu fassen! Ab mit ihr!
1. Tochter	Wie kann man nur die Liebe zu unserem lieben Vater so aufs Spiel setzen?
2. Tochter	Wer so dumm ist, hat es nicht anders verdient.
Alter König	Salz! Salz! Lieber als das Salz! Seid ihr noch nicht draußen!?
Diener	Ich gehe ja schon, Majestät!
Alter König	Und nimm sie mit!
Mäusehaut	Auf Wiedersehen, Vater. Du hörst noch von mir!
Alter König	Hoffentlich nicht! Weder hören noch sehen! Geh mir aus den Augen!
Diener	*(fasst Mäusehaut mit der Hand an der Schulter)* Kommt, Prinzessin! Lasst uns gehen.

2. Szene   Im Wald. Der Diener schiebt Mäusehaut vor sich her.

Diener	*(bleibt stehen)* Hier ist ein schönes Plätzchen!
Mäusehaut	*(ironisch)* Ja, ein schönes Plätzchen, an dem du mich umbringen wirst!
Diener	Wer sagt denn so was? Das brächte ich niemals übers Herz!

MÄUSEHAUT	Nun, der König, mein Vater, hat es so befohlen.
DIENER	*(legt Mäusehaut beide Hände auf die Schultern)* Wie könnte ich dich töten, liebste Prinzessin?
MÄUSEHAUT	Ja, ich weiß ja, du bist mir treu ergeben. *(entfernt sich nachdenklich einige Schritte vom Diener und tritt dann wieder an ihn heran)* Deshalb habe ich auch einen ganz besonderen Wunsch, den du mir erfüllen sollst.
DIENER	*(fragt überrascht)* Einen besonderen Wunsch? Und welchen, meine liebste Prinzessin?
MÄUSEHAUT	*(entschlossen)* Suche im Wald nach Mäusen! Und fertige mir aus ihren Fellen ein Gewand aus Mäusehaut!
DIENER	*(runzelt die Stirn)* Erst Salz! Und nun Mäuse! Bist du vielleicht etwas verwirrt?
MÄUSEHAUT	*(lacht)* Nein, mein Lieber. Ich brauche ein Gewand aus Mäusehaut!
DIENER	*(nachdenklich)* So, so! Ein Kleid aus Mäusehaut! Na, ich will sehen, was ich für dich tun kann. *(vor sich hin)* Ob es hier überhaupt so viele Mäuse gibt? Na, das Nähen habe ich ja gelernt, bevor ich Diener beim König wurde.
MÄUSEHAUT	Meinst du, du schaffst das?
DIENER	Gewiss doch, meine liebste Prinzessin.
MÄUSEHAUT	*(erleichtert und entschlossen)* Nun denn, an die Arbeit! Mach dich also auf den Weg und beeile dich!

3. Szene — Im Schlafzimmer des jungen Königs, der auf dem Bett sitzt.

MÄUSEHAUT	*(kommt als Mann in Mäusehaut verkleidet mit einer Verbeugung herein)*
JUNGER KÖNIG	Wen haben wir denn da?
MÄUSEHAUT	Einen armen Mann, Majestät, der nach Anstellung bei Euch sucht.
JUNGER KÖNIG	In diesem seltsamen Gewand? Und mitten im Schlafzimmer? Du traust dich was!
MÄUSEHAUT	Ich habe kein anderes Gewand. Aber ich bin ein gelehriger Bursche. Ich bin schon seit einigen Wochen als Stallbursche bei Ihnen am Hof.
JUNGER KÖNIG	Und jetzt möchtest du …
MÄUSEHAUT	Ja, jetzt möchte ich bei Ihnen persönlich Dienste tun.
JUNGER KÖNIG	Na, da wollen wir mal sehen! Ich brauche gerade einen Hausdiener, der mich morgens ankleidet und abends wieder auskleidet. Wirst du das können?

MÄUSEHAUT	Aber natürlich, Majestät! Ich habe mich ja selbst schon öfter aus- und wieder angezogen. Wo muss ich anfangen?
JUNGER KÖNIG	Bei den Stiefeln. Ziehe mir zuerst meine Stiefel aus! Aber vorsichtig!
MÄUSEHAUT	*(zieht angestrengt an dem ersten Stiefel)*
JUNGER KÖNIG	Au! Vorsichtig habe ich gesagt!
MÄUSEHAUT	*(zieht ihm den ersten Stiefel aus und fällt dabei nach hinten)*
JUNGER KÖNIG	Au! Du tust mir weh! Vorsichtig hatte ich gesagt! *(wirft ihr den Stiefel an den Kopf)* Wo kommst du eigentlich her?
MÄUSEHAUT	*(steht wieder auf)* Aus einem Land, wo man den Leuten keine Stiefel an den Kopf wirft.
JUNGER KÖNIG	Auch noch frech werden?
STALLKNECHT	*(kommt mit einer tiefen Verbeugung herein)*
JUNGER KÖNIG	Was ist denn los? Siehst du nicht, dass ich gerade ausgekleidet werde?
STALLKNECHT	Verzeihung, Majestät! Ich habe soeben dieses Schmuckstück im Stall gefunden. *(Er überreicht dem König einen Ring.)*
JUNGER KÖNIG	*(nimmt den Ring verwundert entgegen)* Sieh an! Ein Ring. Ein kostbarer Ring! Ein äußerst kostbarer Königsring! Wer den wohl verloren hat?
MÄUSEHAUT	Ich.
JUNGER KÖNIG	Wie? Was? Du? Wie kommst du an einen solch kostbaren Ring?
MÄUSEHAUT	Ich bin die Königstochter vom Nachbarstaat.
JUNGER KÖNIG	*(sieht sich den Ring genauer an, dreht ihn hin und her)* Tatsächlich! Da steht auf dem Ring: Prinzessin Nachbarstaat!
MÄUSEHAUT	*(zieht ihr Mäusekleid aus und steht als Mädchen vor ihm)* Schaut mich nur an!
JUNGER KÖNIG	*(ihm verschlägt es die Sprache, er schaut sie kopfschüttelnd an)* Wow!!
MÄUSEHAUT	Gefalle ich Euch so besser?
JUNGER KÖNIG	Von gefallen kann gar keine Rede sein. Du bist so schön, so schön, dass ich dich am liebsten …
MÄUSEHAUT	… heiraten würde, nicht wahr?
JUNGER KÖNIG	Du sollst meine Königin werden. Nächste Woche heiraten wir! *(nimmt sie in die Arme und küsst sie)*

4. Szene   **Im Königssaal. Hochzeitstafel mit Gästen.**

König und Mäusehaut stehen nebeneinander. Die Gäste sitzen am Tisch.
Auch der Vater von Mäusehaut ist unter den Gästen sowie die beiden Schwestern.

JUNGER KÖNIG   Dies hier ist meine zukünftige Frau, die Königin.

ALLE   Hoch soll sie leben! Hoch soll sie leben! Hoch soll sie leben! Dreimal hoch!

JUNGER KÖNIG   Und nun ans Essen! Lasst es Euch schmecken.

Alle essen und trinken, plaudern und lachen durcheinander. Nur der Vater
von Mäusehaut verzieht sein Gesicht und spuckt die Speisen auf den Teller.

JUNGER KÖNIG   König Nachbar! Schmeckt es Euch etwa nicht?

MÄUSEHAUT   Schmeckt es Euch nicht, König Nachbar?

ALTER KÖNIG   Igitt! Ohne Salz! Alles ist ohne Salz! Entsetzlich!!
Habt Ihr kein Salz hier?
Ich will lieber nicht leben, als solche Speisen essen.

MÄUSEHAUT   *(zum Vater gewandt)* Jetzt wollt Ihr nicht leben ohne Salz,
und doch wolltet Ihr mich einmal töten lassen, weil ich sagte,
ich hätte Euch lieber als das Salz.

ALTER KÖNIG   *(springt auf, schlägt sich mit den Händen gegen den Kopf)*
Tochter! Meine geliebte Tochter! Ich kann es nicht glauben! Bist du es wirklich?

MÄUSEHAUT   *(geht auf den Vater zu)* Ja, ich bin es.

1./2. TOCHTER   *(stehen auf, ringen die Hände, schütteln die Köpfe)* O nein! O nein! Ich glaub es nicht!

ALTER KÖNIG   *(nimmt sie in die Arme)* O, verzeih mir! Verzeih mir! Ich habe dich wirklich lieber als
mein ganzes Königreich und alle Edelsteine der Welt! Komm in meine Arme!

JUNGER KÖNIG   *(mit erhobenen Armen)* König Nachbar! Seien Sie mein Schwiegervater!
Und achten Sie in Zukunft meine Frau Königin, die das mutigste und
klügste Mädchen in meinem Königreich ist. Prost!

HOCHZEITSGÄSTE   *(erheben ihre Gläser und prosten der Prinzessin zu)*
Hoch soll sie leben! Unsere kluge Königin – Prost!

12 Jetzt seid ihr an der Reihe.
Bereitet den Text für ein szenisches Spiel vor.
Das Stück besteht aus **vier** Szenen.
Hier könnt ihr prima in Gruppen arbeiten und euch die Arbeit teilen.

Die folgenden Schritte könnt ihr für eure Arbeit nutzen:

1. Schritt: Verteilt die Rollen auf verschiedene Sprecher.
Wenn ihr die Rollen doppelt besetzt, könnt ihr euch gegenseitig beim Einstudieren der Texte unterstützen.
  Tipp: Denkt auch an Personen, die für Requisiten, Licht und Technik zuständig sein sollen.

2. Schritt: Lest den Text für eure Szene mehrmals und macht euch so mit ihm vertraut.

3. Schritt: Überlegt gemeinsam, **wie** die Personen ihren Beitrag jeweils sprechen könnten. Macht euch dazu Notizen.
Achtet dazu auch auf die *schräg gedruckten Regieanweisungen* in den Klammern.
Erprobt verschiedene Sprechweisen.
Entscheidet, was euch am meisten überzeugt.
Denkt auch an eure Mimik und an Gesten, durch die ihr eure Darstellung wirkungsvoll unterstreichen könnt.

4. Schritt: Probt nun eure Szene zusammen mit allen Sprechern.
Gebt euch Tipps und Hinweise, wie ihr eure Beiträge noch optimieren könnt.

5. Schritt: Wenn eure Texte gut „sitzen", dann überlegt, welche Requisiten ihr für eure Szene benötigt.
Keine Angst, hier könnt ihr mit wenig Aufwand eine gute Wirkung erzielen (Stuhl, Decke, Tücher, Stiefel, Ring …).

6. Schritt: Macht nun eine gemeinsame Generalprobe, in der alle Szenen aufgeführt werden.
  • Was ist bereits prima gelungen?
  • Was könnt ihr noch verbessern (Betonung, Lautstärke, Gestik, Mimik …?)

7. Schritt: Plant die Aufführung eures Märchens „Prinzessin Mäusehaut".
  • Wer sollen eure Gäste sein?
  • Wie wollt ihr sie einladen?
  • Gestaltet eine Einladung zu eurer Aufführung.

Viel Erfolg und Spaß bei eurer Aufführung!

Märchen

Ein Märchen nach Bildern erzählen

1 Das folgende Märchen trägt den Titel „Hans im Glück".
Vermutet einmal, worum es in diesem Märchen gehen könnte.

2 Teilt den Text auf verschiedene Sprecher auf und lest das Märchen vor.

Hans im Glück

Brüder Grimm

Hans hatte sieben Jahre bei seinem Herrn gedient, da sprach er zu ihm: „Herr, meine Zeit ist herum, nun will ich gern wieder heim zu meiner Mutter. Gebt mir meinen Lohn."

Der Herr antwortete: „Du hast mir treu und ehrlich gedient, und wie der
5 Dienst war, so soll auch der Lohn sein", und gab ihm ein Stück Gold, das so groß war wie Hansens Kopf. Hans zog sein Tüchlein aus der Tasche, wickelte den Klumpen hinein, legte ihn auf die Schulter und machte sich auf den Weg nach Hause.

Wie er so dahinging und immer ein Bein vor das andere setzte, bemerkte
10 er einen Reiter, der frisch und fröhlich auf einem muntern Pferd vorbeitrabte. „Ach", sprach Hans ganz laut, „das Reiten ist doch etwas Schönes! Da sitzt man so bequem wie auf einem Stuhl, stößt sich an keinem Stein, spart die Schuhe und kommt vorwärts, ohne sich anzustrengen."

Der Reiter, der das gehört hatte, hielt an und rief: „Ei, Hans, warum läufst
15 du auch zu Fuß?"

„Ich muss ja wohl", antwortete Hans, „ich habe einen Klumpen heimzutragen. Es ist zwar Gold, aber ich kann den Kopf dabei nicht gerade halten, und außerdem drückt mich der Klumpen auf die Schulter."

„Weißt du was", sagte der Reiter, „wir wollen tauschen. Ich gebe dir mein
20 Pferd, und du gibst mir deinen Klumpen."

„Von Herzen gern", sprach Hans, „aber ich sage Euch gleich, Ihr müsst Euch damit abschleppen."

Der Reiter stieg ab, nahm das Gold, half Hans aufs Pferd, gab ihm die Zügel fest in die Hand und sprach: „Wenn es recht geschwind gehen soll,
25 so musst du mit der Zunge schnalzen und *hopp, hopp* rufen."

Hans war überglücklich, als er auf dem Pferd saß und so frank und frei dahinritt. Nach einem Weilchen dachte er, dass es noch schneller gehen könnte. Er fing an, mit der Zunge zu schnalzen und *hopp, hopp* zu rufen. Das Pferd setzte sich in flotten Trab, und ehe sich Hans versah, war er abgeworfen und
30 lag im Straßengraben. Das Pferd wäre durchgegangen, wenn es nicht ein Bauer aufgehalten hätte, der des Weges kam und eine Kuh vor sich her trieb.

Hans suchte seine Glieder zusammen und machte sich wieder auf die Beine. Er war aber verdrießlich[1] und sprach zu dem Bauern: „Das Reiten ist ein schlechter Spaß, besonders wenn man auf so eine Mähre[2] gerät wie diese, die stößt und einen abwirft, dass man sich den Hals brechen könnte! Ich setze mich mein Lebtag auf kein Pferd mehr! Da lob ich mir Eure Kuh! Hinter der kann man gemächlich einhergehen und hat obendrein jeden Tag noch Milch, Butter und Käse. Was gäbe ich darum, wenn ich so eine Kuh hätte!"

„Nun", sprach der Bauer, „wenn Euch damit ein so großer Gefallen geschieht, will ich Euch gern die Kuh für das Pferd geben."

Hans willigte mit tausend Freuden ein. Der Bauer schwang sich aufs Pferd und ritt eilig davon. Hans aber trieb seine Kuh ruhig vor sich her und dachte über den glücklichen Handel nach. „Hab ich nur ein Stück Brot, und daran wird mir's doch nicht fehlen, so kann ich, sooft ich mag, Butter und Käse dazu essen. Hab ich Durst, so melk ich meine Kuh und trinke Milch. Herz, was verlangst du mehr?"

Als er zu einem Wirtshaus kam, machte er halt, aß in seiner großen Freude alles, was er bei sich hatte, auf und ließ sich für sein letztes Geld ein halbes Glas Bier einschenken. Dann trieb er seine Kuh weiter, immer nach dem Dorf seiner Mutter zu. Die Hitze wurde drückender, je näher der Mittag kam, und Hans befand sich mitten in einer Heide und hatte wohl noch eine gute Stunde zu gehen. Da wurde ihm so heiß, dass ihm vor Durst die Zunge am Gaumen klebte. Dem ist abzuhelfen, dachte Hans, jetzt will ich meine Kuh melken und mich an der Milch laben[3].

Er band die Kuh an einen dürren Baum, und weil er keinen Eimer hatte, stellte er seine Ledermütze unter die Kuh. Aber so sehr er sich auch bemühte, es kam kein Tropfen Milch zum Vorschein. Und weil er sich ungeschickt dabei anstellte, gab ihm das ungeduldige Tier endlich mit einem der Hinterfüße einen solchen Schlag auf den Kopf, dass Hans zu Boden taumelte und sich eine Zeit lang gar nicht besinnen[4] konnte, wo er war.

Glücklicherweise kam gerade ein Metzger des Weges, der auf einem Schubkarren ein junges Schwein liegen hatte. „Was sind das für Streiche!", rief er und half dem guten Hans auf.

Hans erzählte, was vorgefallen war. Der Metzger reichte ihm seine Flasche und sprach: „Da trinkt einmal und erholt Euch. Die Kuh wird wohl keine Milch mehr geben. Das ist ein altes Tier und taugt höchstens noch zum Ziehen oder zum Schlachten."

„Ei, ei", sprach Hans und kratzte sich am Kopf, „wer hätte das gedacht! Es ist freilich gut, wenn man so ein Tier schlachten kann, denn dann hat man so viel Fleisch. Aber ich mache mir aus Kuhfleisch nicht viel, es ist mir nicht saftig genug. Ja, wer so ein junges Schwein hätte! Das schmeckt anders, von den Würstchen gar nicht zu reden!"

[1] verdrießlich: schlecht gelaunt, missmutig, ärgerlich
[2] Mähre: altes, abgemagertes Pferd, das nicht mehr gebraucht wird
[3] sich laben: sich mit Speisen oder Getränken erfrischen
[4] sich besinnen: hier: sich erinnern

„Hört, Hans", sprach da der Metzger, „Euch zuliebe will ich tauschen und Euch das Schwein für die Kuh lassen."

75 „Gott lohn Euch Eure Freundschaft", sprach Hans und übergab ihm die Kuh. Dann ließ er sich das Schweinchen vom Karren losmachen und den Strick, an den es gebunden war, in die Hand geben.

Hans zog weiter und überdachte, wie ihm doch alles nach Wunsch ginge. Kam ihm einmal etwas Unangenehmes in die Quere, so wurde das 80 doch gleich wieder gutgemacht.

Nach einer guten Weile gesellte sich ein Bursche zu ihm, der trug eine schöne weiße Gans unter dem Arm. Sie wünschten einander guten Tag, und Hans fing an, von seinem Glück zu erzählen und wie er immer so vorteilhaft getauscht hätte. Der Bursche erzählte ihm, dass er die Gans zu einem 85 Taufessen bringen müsse. „Hebt sie einmal", fuhr er fort und packte sie bei den Flügeln, „wie schwer sie ist! Sie ist aber auch acht Wochen lang genudelt[5] worden! Wer in diesen Braten beißt, muss sich das Fett von beiden Seiten abwischen."

„Ja", sprach Hans und wog sie mit der einen Hand, „die hat ihr Gewicht, 90 aber mein Schwein ist auch keine Sau."

Inzwischen sah sich der Bursche nach allen Seiten hin vorsichtig um und schüttelte bedenklich den Kopf.

„Hört", fing er dann an, „mit Eurem Schwein mag's nicht ganz richtig sein. In dem Dorf, durch das ich gekommen bin, ist eben dem Schulzen[6] eins aus 95 dem Stall gestohlen worden. Ich fürchte, ich fürchte, Ihr habt's da in der Hand! Sie haben schon Leute ausgeschickt, die den Dieb fangen sollen, und es wäre schlimm, wenn sie Euch mit dem Schwein erwischten! Das Geringste ist, dass man Euch ins finstere Loch steckt."

Dem guten Hans wurde angst und bange. „Ach Gott", sprach er, „helft mir 100 aus der Not. Ihr wisst hier herum besser Bescheid, nehmt mein Schwein und lasst mir Eure Gans!"

„Ich setze damit viel aufs Spiel", antwortete der Bursche, „aber ich will doch nicht schuld sein, dass Ihr ins Unglück geratet." Er nahm also das Seil in die Hand und trieb das Schwein schnell auf einem Seitenweg fort. Der gute 105 Hans aber ging ohne Sorgen mit der Gans unter dem Arm der Heimat zu.

„Wenn ich's recht überlege", sagte er zu sich selbst, „habe ich noch einen Vorteil bei dem Tausch: erstens den guten Braten, zweitens das viele Fett, das da herausträufeln wird. Das gibt Gänsefettbrot für ein Vierteljahr. Und schließlich auch noch die schönen weißen Federn; die lass ich mir in mein 110 Kopfkissen stopfen und werde bestimmt gut darauf einschlafen!"

Als er durch das letzte Dorf kam, stand da ein Scherenschleifer mit seinem Karren am Weg. Sein Rad schnurrte, und er sang dazu:

„Ich schleife die Schere und drehe geschwind
und hänge mein Mäntelchen nach dem Wind."

---

[5] eine Gans nudeln: dem Tier eine unnatürlich große Menge Futter zuführen (auch *stopfen* genannt), damit sich die Leber stark vergrößert und fett wird; die Leber wird dann zu Leberpastete verarbeitet
[6] Schulze: Bürgermeister

Hans blieb stehen und sah dem Schleifer zu. Endlich sagte er zu ihm: „Euch geht's gut, weil Ihr so lustig bei Eurem Schleifen seid."

„Ja", antwortete der Scherenschleifer, „das Handwerk hat einen goldenen Boden[7]. Ein rechter Schleifer ist ein Mann, der immer Geld in der Tasche findet, sooft er auch hineingreift. Aber wo habt Ihr die schöne Gans gekauft?"

„Die habe ich nicht gekauft, sondern für mein Schwein eingetauscht."

„Und das Schwein?"

„Das habe ich für eine Kuh gekriegt."

„Und die Kuh?"

„Die habe ich für ein Pferd bekommen."

„Und das Pferd?"

„Dafür hab ich einen Klumpen Gold gegeben, der so groß war wie mein Kopf."

„Und das Gold?"

„Ei, das war mein Lohn für sieben Jahre Dienst."

„Ihr habt euch jederzeit zu helfen gewusst", sprach der Schleifer, „könnt Ihr's nun noch dahin bringen, dass Ihr stets Geld in der Tasche springen hört, wenn Ihr aufsteht, so habt Ihr Euer Glück gemacht."

„Wie soll ich das anfangen?", sprach Hans.

„Ihr müsst ein Schleifer werden wie ich. Dazu gehört eigentlich nichts als ein Wetzstein[8], das andere findet sich schon von selbst. Da hab ich einen, der ist zwar ein wenig schadhaft, dafür braucht Ihr mir aber auch nichts weiter zu geben als Eure Gans. Wollt Ihr das?"

„Wie könnt Ihr noch fragen", antwortete Hans. „Ich werde ja zum glücklichsten Menschen auf Erden. Wenn ich Geld habe, sooft ich in die Tasche greife, worum brauchte ich mich da noch zu sorgen?" Damit überreichte er dem Schleifer die Gans und nahm den Wetzstein in Empfang.

„Nun", sprach der Schleifer und hob einen gewöhnlichen schweren Feldstein auf, „da habt Ihr noch einen tüchtigen Stein dazu, auf dem sich's gut schlagen lässt, wenn Ihr Eure alten Nägel gerade klopfen wollt. Nehmt ihn und hebt ihn gut auf."

Hans lud die beiden Steine auf und ging mit vergnügtem Herzen weiter. Seine Augen leuchteten vor Freude. „Ich muss in einer Glückshaut geboren sein", rief er aus. „Alles, was ich wünsche, wird mir erfüllt wie einem Sonntagskind[9]."

Weil Hans aber seit Tagesanbruch auf den Beinen war, begann er nun müde zu werden. Auch der Hunger plagte ihn, weil er alle seine Vorräte in der Freude über die erhandelte Kuh auf einmal aufgegessen hatte.

---

[7] das Handwerk hat einen goldenen Boden: Wer ein Handwerk erlernt, hat eine gute berufliche Zukunft und wird viel Geld verdienen.
[8] Wetzstein: flacher Stein zum Schleifen und Schärfen von Werkzeugen bzw. Klingen, z. B. Sensen, Sicheln oder Messer
[9] Sonntagskind: ein Glückskind, dem alles gelingt und bei dem selbst das Unglück noch zum Glück wird

Schließlich konnte er nur noch mit Mühe weitergehen und musste jeden Augenblick haltmachen. Dabei drückten ihn die Steine ganz erbärmlich. Da dachte er bei sich, wie gut es wäre, wenn er sie gerade jetzt nicht zu tragen brauchte.

Wie eine Schnecke kam er zu einem Feldbrunnen geschlichen. Da wollte er sich ausruhen und sich mit einem frischen Trunk erquicken. Damit er aber die Steine im Niedersetzen nicht beschädigte, legte er sie vorsichtig neben sich auf den Rand des Brunnens. Dann setzte er sich hin und wollte sich zum Trinken bücken. Dabei stieß er ein klein wenig an, und beide Steine plumpsten in den Brunnen hinein.

Als Hans die Steine in der Tiefe versinken sah, sprang er vor Freude auf. Dann kniete er nieder und dankte Gott mit Tränen in den Augen, dass er ihm auch diese Gnade noch erwiesen und ihn auf so gute Art, ohne dass er selbst sich einen Vorwurf zu machen brauchte, von den schweren Steinen befreit habe. „So glücklich wie ich", rief er aus, „ist doch kein zweiter Mensch unter der Sonne."

Mit leichtem Herzen und frei von aller Last sprang er nun fort, bis er daheim bei seiner Mutter war.

3 Habt ihr mit euren Vermutungen zum Inhalt richtig gelegen?
- Gibt es etwas, das euch beim Lesen überrascht hat?
- Was für eine Art von Glück lernt ihr in diesem Märchen kennen?

4 Wie viele „Tauschgeschäfte" geht Hans auf seinem Heimweg ein?
Wie kommt es, dass er am Ende doch mit „leeren Händen" dasteht?

5 Sprecht über den Schluss des Märchens.
Lest dazu den letzten Satz noch einmal laut.
- Was für ein Kerl ist dieser Hans in euren Augen?
- Sammelt Formulierungen, mit denen ihr ihn treffend beschreiben könnt, z. B.:
  *ist mit sich und der Welt zufrieden – braucht nicht viel, um glücklich zu sein –
  ist ehrlich und rechtschaffen – genießt das Leben so, wie es kommt – ...*

6 Schaut euch nun das Bild zu diesem Märchen auf Seite 152 in Ruhe an.
- Erzählt dann das Märchen „Hans im Glück" mündlich mit eigenen Worten, indem ihr dem Bild aufmerksam von oben nach unten folgt.
- Die folgende Checkliste könnt ihr für das Erzählen nutzen:

CHECKLISTE
- ✓ Ich erzähle das Märchen mit meinen Worten.
- ✓ Alle Figuren aus dem Märchen treten auch in meinem Märchen auf.
- ✓ Ich halte die Reihenfolge der Ereignisse ein.
- ✓ Ich denke auch an die richtigen Orte der Ereignisse.
- ✓ Die Figuren in meinem Märchen lasse ich durch wörtliche Rede miteinander sprechen.

Gelerntes vertiefen und selbstständig anwenden

Märchen

Überprüfe dein Wissen und Können

1 Welche drei Personen gehören zu den bekanntesten Märchenerzählern der Welt?
    a) Karl May — b) Jacob und Wilhelm Grimm — c) Joanne K. Rowling — d) Hans Christian Andersen

2 Welche drei Aussagen sind richtig? Notiere die Buchstaben.
    a) Früher wurden Märchen nur Kindern erzählt.
    b) Früher wurden Märchen nicht nur Kindern, sondern auch Erwachsenen erzählt und so von Mund zu Mund weitergegeben.
    c) Das Märchen von „Frau Holle" ist eines der bekanntesten Märchen in der ganzen Welt.
    d) Das Märchen „Des Kaisers neue Kleider" schrieb der Däne Hans Christian Andersen.

3 Welche der folgenden Merkmale sind typisch für Märchen? Drei Angaben sind falsch.

    a) Anfangsformel
    b) Gegensätze
    c) Bilder und Sprechblasen
    d) Medikamente auf Rezept
    e) Aufgaben und Rätsel
    f) Dinge und Wesen mit übernatürlichen Kräften
    g) Schlussformel
    h) Figuren, die nur Gutes tun
    i) wiederkehrende Zahlen
    j) kurze Wege

4 Welche beiden Märchenmerkmale kannst du im folgenden Auszug entdecken?

> Am anderen Tag, als das Fest von Neuem begann und die Eltern und Stiefschwestern wieder fort waren, ging das Mädchen zu dem Haselbaum und sprach wie am Tag vorher:
>   „Bäumchen, rüttel dich und schüttel dich,
>   wirf Gold und Silber über mich."
> Da warf der Vogel noch ein stolzeres Kleid herab als am vorigen Tag. Und als es mit diesem Kleid auf der Hochzeit erschien, erstaunte jedermann über seine Schönheit.

5 Welcher der folgenden drei Textanfänge könnte der Anfang eines Märchens sein?
    a) Ich war vor einigen Jahren einmal zu Besuch bei meiner Urgroßmutter …
    b) In alten Zeiten, als das Wünschen noch geholfen hat …
    c) Einmal verirrten wir uns auf einer Wanderung im Wald.

6 Welche drei Aussagen über Heldenfiguren in Märchen sind richtig?
    a) In Märchen befindet sich die Heldenfigur oftmals in einer Notlage, aus der sie sich befreien muss.
    b) Am Ende eines Märchens werden die bösen Figuren immer zu siegreichen Helden.
    c) Am Ende eines Märchens werden die Bösen bestraft und die Guten belohnt.
    d) Im Märchen gehen grundsätzlich keine Wünsche in Erfüllung.
    e) In Märchen gibt es viele Zauberwesen, die der Heldenfigur helfen oder auch schaden wollen.

Gedichtewerkstatt
Wörter und Klang in Gedichten

1 Es gibt Texte, in denen kann man fast kein einziges Wort verstehen.
Und doch kann man sich ungefähr denken, worum es geht.
Lest euch die folgenden Texte einmal in Ruhe durch.

Jean de Brunhoff

Patali dirapata
kromba kromba ripalo
pata pata
4 ko ko ko.

Boroko dipuilito
rondi rondi pepino
pata pata
8 ko ko ko.

Emana karassolio
lukra lukra ponponto
pata pata
12 ko ko ko.

Volksgut

Atte katte nuwa
atte katte nuwa,
emi, sademi, sadula misa de.

4 Hexa kola misa woate,
hexa kola misa woate.

Atte katte nuwa,
atte katte nuwa,
8 emi, sademi, sadula misa de.

Volksgut

Ose
wiesewose
wiesewalla
4 kristalla
kristose
wiesewose
wiese wiese wies wies wies.

Wolfgang Menzel

In der grummel Flotterlucht
unterm Broch – schluchzt eine Gucht.
Brungt mich forchtbar zum Erdrucken,
4 mocht mich zottern, mocht mich schrucken.
Zorgt und murkt und schluttert mich.
Uh! Wie brust das schruselich!

2 Die Wörter in diesen Gedichten haben einen besonderen Klang.
Wenn die Texte gesprochen werden, lösen sie bestimmte Gedanken und Gefühle aus.
Überlegt gemeinsam: Welche Überschrift gehört wohl zu welchem Gedicht?

Wiegenlied — Lied der Elefanten — Gespenstergedicht — Tanz der Inuit

3 Tragt die Gedichte nun möglichst so gefühlvoll vor, dass jeder merkt, worum es geht.

4 Wähle eins der beiden folgenden Gedichte aus und ergänze es.
- Wähle dazu aus den Wörtern unter dem Gedicht jeweils das richtige Wort aus.
  Tipp: Achte auf passende Reimwörter!
- Schreibe das Gedicht anschließend vollständig auf.

Der Stein

Joachim Ringelnatz

Ein kleines Steinchen rollte munter
Von einem hohen Berg ?.

Und als es durch den Schnee so rollte,
4 Ward es viel größer als es ?.

Da sprach der Stein mit stolzer Miene:
„Jetzt bin ich eine ?."

Er riss im Rollen noch ein Haus
8 Und sieben große Bäume ?.

Dann rollte er ins Meer hinein,
Und dort versank der kleine ?.

herunter
aus
Stein
Schneelawine
wollte

Der Funke

Joachim Ringelnatz

Es war einmal ein kleiner ?!
Das war ein großer ?.

Er sprang vom Herd und wie zum ?
4 Gerade in ein ?.

Das Pulverfass, das knallte ?;
Da kam sofort die ?.

Und spritzte dann mit Müh und ?
8 Das Feuer und das Fünkchen ?.

sehr
Spaß
Funke
Not
Feuerwehr
tot
Erzhalunke
Pulverfass

5 Tragt die Gedichte nun auch laut vor.

Gedichte: Äußere Form und Klang

Gedichte sind vor allem an ihrer **äußeren Form** zu erkennen.
Die Sätze werden nicht in durchgehenden Zeilen hintereinander weg geschrieben, sondern zu **Versen** angeordnet.

Die meisten Gedichte bestehen aus mehreren **Strophen**.
Aber es gibt auch Gedichte, die nur aus einer Strophe bestehen.

Am Ende der Verse stehen oft **Reimwörter**. Aber nicht jedes Gedicht ist gereimt.

Gedichtewerkstatt

Von den Reimen

1 Hier seht ihr ein kurzes Gedicht in drei verschiedenen Fassungen. Lest die Fassungen laut vor.

A Blaues Meer und weißer Sand.
Mein Blick gehört dem Regenbogen.
Wolken ziehen übers Land.
Ein Schiffchen hüpft auf Meereswogen.

C Blaues Meer und weißer Sand.
Ein Schiffchen hüpft auf Meereswogen.
Mein Blick gehört dem Regenbogen.
Wolken ziehen übers Land.

B Blaues Meer und weißer Sand.
Wolken ziehen übers Land.
Ein Schiffchen hüpft auf Meereswogen.
Mein Blick gehört dem Regenbogen.

2 Vergleicht die drei Fassungen miteinander. Beschreibt, worin sie sich unterscheiden.

3 Reimwörter können in Gedichten unterschiedlich angeordnet sein.
Untersucht mithilfe des Infokastens, welche Reimform zu welcher Fassung oben passt.

INFO

Reime

Wenn man ein Gedicht vorliest, dann bringt man dadurch die Wörter zum **Klingen**.
Dabei werden auch die **Reime** hörbar, in denen **ein** Wort **so ähnlich klingt** wie ein **zweites** Wort.

In Reimwörtern sind die **betonten Vokale** und das **Wortende** gleich oder sehr ähnlich, z. B.:
B**au**m – Tr**au**m; kr**ach**en – l**ach**en; Autom**at** – Akrob**at**; Meeresw**og**en – Regenb**og**en.

Es gibt verschiedene **Reimformen**, die in Gedichten vorkommen können:

Verse, die in Paaren miteinander reimen, nennt man **Paarreim**:	Verse, die über Kreuz miteinander reimen, nennt man **Kreuzreim**:	Verse, die einander umarmen, nennt man **umarmenden Reim**:
Inselstrand a	Inselstrand a	Inselstrand a
weißer Sand a	Meereswogen b	Meereswogen b
Meereswogen b	weißer Sand a	Regenbogen b
Regenbogen b	Regenbogen b	weißer Sand a

4 Stellt aus den folgenden Versen Gedichte mit zwei Strophen her: ein Gedicht mit **Paarreimen**, eins mit **Kreuzreimen** und eins mit **umarmenden Reimen**.
Lest eure Texte auch vor.

Ferien

Inselstrand und Kinderlachen.
Wind, der um die Nase weht.
Tausend schöne Dinge tun.
Und die Sonne sinken sehn.

Sonnencreme und Badesachen.
Ein Hund, der stolz spazieren geht.
Lesen und mal richtig ruhn.
Glücklich sich im Sand rumdrehn.

Gedichtewerkstatt

Ein Gedicht mit einem Sachtext vergleichen

1 Es gibt verschiedene Arten von Nebel.
Habt ihr schon einmal einen richtig dichten Nebel erlebt? Erzählt euch davon.

2 Hier findet ihr einen kurzen Sachtext über den Nebel im Herbst.

Herbstnebel

Nebel entsteht an klaren Herbstabenden über feuchten Wiesen und Flüssen, weil die Feuchtigkeit zu dampfen beginnt. Wie ein feiner Schleier schwebt der Nebel über dem Boden und bedeckt ihn. Wenn am Morgen die Sonne durchbricht, gelingt es ihr, den Erdboden zu erwärmen. Dann löst sich der Nebel langsam von unten her auf, und der blaue Himmel wird sichtbar.

3 Gebt mit eigenen Worten wieder, wie der Herbstnebel entsteht – und wieder verschwindet.

4 Rechts seht ihr ein Gedicht über den Herbstnebel.
Lest es euch gegenseitig vor.

5 Beschreibt einmal die Wirkung, die dieses Gedicht auf euch hat.
- Vergleicht es dazu auch mit dem Sachtext. Wirkt es so ähnlich – oder ganz anders?
- Versucht, diese Wirkung zu erklären.

6 Wie unterscheidet sich das Gedicht von dem Sachtext?
Vervollständige die folgenden Aussagen:
Der **Sachtext** … – Das **Gedicht** …
a) … erklärt, wie der Nebel entsteht.
b) … malt eine Art Bild von dem Nebel.
c) … enthält Wörter, die sich reimen.
d) … ist in nüchternen Worten verfasst.
e) … ist hintereinander weg geschrieben.
f) … spricht den Leser mit „du" an.
g) … will eine schöne Stimmung in uns erzeugen.
h) … will unser Wissen über den Nebel bereichern.

Septembermorgen

Eduard Mörike

Im Nebel ruhet noch die Welt;
Noch träumen Wald und Wiesen.
Bald siehst du, wenn der Schleier fällt,
Den blauen Himmel unverstellt,
Herbstkräftig die gedämpfte Welt
In warmem Golde fließen.

7 Welcher der beiden folgenden Sätze stammt aus einem Sachtext, welcher aus einem Gedicht? Und warum wohl?
Begründet eure Zuordnung.

a) Der Nebel kommt auf Federflügeln.
Er sitzt und schaut über Hafen und Stadt.
b) Nebel kann so dicht sein, dass die Sichtweite manchmal nur 10 Meter beträgt.

Gedichtewerkstatt

Ein Gedicht lebendig vortragen

November

Heinrich Seidel

Solchen Monat muss man loben:
Keiner kann wie dieser toben,
Keiner so verdrießlich[1] sein
4 Und so ohne Sonnenschein!
Keiner so in Wolken maulen,
Keiner so mit Sturmwind graulen!
Und wie nass er alles macht!
8 Ja, es ist 'ne wahre Pracht.

Seht das schöne Schlackerwetter!
Und die armen welken Blätter,
Wie sie tanzen in dem Wind
12 Und so ganz verloren sind!
Wie der Sturm sie jagt und zwirbelt
Und sie durcheinanderwirbelt
Und sie hetzt ohn Unterlass[2]:
16 Ja, das ist Novemberspaß.

Und die Scheiben, wie sie rinnen!
Und die Wolken, wie sie spinnen
Ihren feuchten Himmelstau
20 Ur und ewig, trüb und grau!
Auf dem Dach die Regentropfen:
Wie sie pochen, wie sie klopfen!
Schimmernd hängts an jedem Zweig,
24 Einer dicken Träne gleich.

Oh, wie ist der Mann zu loben,
Der solch unvernünftges Toben
Schon im Voraus hat bedacht
28 Und die Häuser hohl gemacht;
So dass wir im Trocknen hausen
Und mit stillvergnügtem Grausen
Und in wohlgeborgner Ruh
32 Solchem Greuel schauen zu.

[1] verdrießlich: schlecht gelaunt
[2] ohn Unterlass: ohne Unterbrechung

1 Das ist ja ein toller Kerl, dieser November! Was kann er alles?
Zählt auf, was ihr behalten habt, und beschreibt ihn mit euren Worten.

2 Der November wird in diesem Gedicht so lebendig dargestellt, als sei er ein Mensch.
Erstelle eine kleine Liste mit Wörtern, die seine besonderen Fähigkeiten deutlich machen.
So könntest du beginnen:
Dieser November kann: toben, verdrießlich sein ...

3 Lasst jetzt einmal dieses wilde November-Treiben beim Vortrag lebendig werden.
Das gelingt euch besonders gut, wenn ihr beim Sprechen die betonten Silben hervorhebt.
Schaut euch dazu das folgende Beispiel an:
Jeder Vers dieses Gedichtes besteht aus einer regelmäßigen Folge von betonten
und unbetonten Silben.
Für die erste Strophe findet ihr hier die **betonten** (−) und die **unbetonten** Silben (∪) markiert.

November

Heinrich Seidel

Solchen Monat muss man loben:
− ∪ − ∪ − ∪ − ∪

Keiner kann wie dieser toben,
− ∪ − ∪ − ∪ − ∪

Keiner so verdrießlich sein
− ∪ − ∪ − ∪ −

Und so ohne Sonnenschein!
− ∪ − ∪ − ∪ −

Keiner so in Wolken maulen,
− ∪ − ∪ − ∪ − ∪

Keiner so mit Sturmwind graulen!
− ∪ − ∪ − ∪ − ∪

Und wie nass er alles macht!
− ∪ − ∪ − ∪ −

Ja, es ist 'ne wahre Pracht.
− ∪ − ∪ − ∪ −

4 Sprecht die Verse laut. Klopft dazu den Takt auch mit der Hand.
Bei einer betonten Silbe (−) klopft ihr etwas fester mit den Fingern,
bei einer unbetonten Silbe (∪) klopft ihr nur ganz leicht.

Sol	chen	Mo	nat	muss	man	lo	ben
−	∪	−	∪	−	∪	−	∪
dám	ta	dám	ta	dám	ta	dám	ta

So könnt ihr langsam ein Gefühl dafür entwickeln, welche Silben und Wörter
ihr beim Vortrag etwas deutlicher betonen könnt.

5 Tragt zum Abschluss das ganze Gedicht „November" von Heinrich Seidel gestaltend vor.

Gedichtewerkstatt

Von Versen, Strophen und Reimen

1 Lest das folgende Gedicht laut.

Das Wasser

James Krüss

Vom Himmel fällt der Regen
Und macht die Erde nass,
Die Steine auf den Wegen,
4 Die Blumen und das Gras.

Die Sonne macht die Runde
In altgewohntem Lauf
Und saugt mit ihrem Munde
8 Das Wasser wieder auf!

Das Wasser steigt zum Himmel
Und wallt dort hin und her.
Da gibt es ein Gewimmel
12 Von Wolken, grau und schwer.

Die Wolken werden nasser
Und brechen auseinand',
Und wieder fällt das Wasser
16 Als Regen auf das Land.

Der Regen fällt ins Freie,
Und wieder saugt das Licht,
Die Wolke wächst aufs Neue,
20 Bis dass sie wieder bricht.

So geht des Wassers Weise:
Es fällt, es steigt, es sinkt
In ewig-gleichem Kreise,
24 Und alles, alles trinkt.

2 Worum geht es in diesem Gedicht? Erzählt davon mit euren Worten.

3 Was ist euch beim Zuhören an der Sprache des Gedichtes aufgefallen?
- Welche Wörter kennt ihr noch nicht?
- Welche Wörter gebraucht ihr nicht so oft?
- Welche Reimwörter habt ihr entdeckt? Nennt Beispiele.

4 Wer sorgt in diesem Gedicht dafür, dass das Wasser
immer wieder aufs Neue aufgesogen wird?
Lest noch einmal in der zweiten und fünften Strophe nach.

5 Schaut euch das Gedicht noch einmal aufmerksam an.
- Aus wie vielen Strophen besteht das Gedicht?
- Wie viele Verse hat jede Strophe?
- Welche Reimform könnt ihr ermitteln?

6 Erprobt einmal in Partnerarbeit, welche Silben und Wörter ihr
bei einem Vortrag etwas deutlicher betonen möchtet.
Tragt das Gedicht anschließend vor.

Gedichtewerkstatt
Die besondere Sprache in Gedichten untersuchen

Ich male mir den Winter

Josef Guggenmos

Ich male ein Bild,
ein schönes Bild,
ich male mir den Winter.
4 Weiß ist das Land,
schwarz ist der Baum,
grau ist der Himmel dahinter.

Sonst ist da nichts,
8 da ist nirgends was,
da ist weit und breit nichts zu sehen.
Nur auf dem Baum,
auf dem schwarzen Baum
12 hocken zwei schwarze Krähen.

Aber die Krähen,
was tun die zwei,
was tun die zwei auf den Zweigen?
16 Sie sitzen dort
und fliegen nicht fort.
Sie frieren nur und schweigen.

Wer mein Bild besieht,
20 wie's da Winter ist,
wird den Winter durch
und durch spüren.
Der zieht einen dicken Pullover an
24 vor lauter Zittern und Frieren.

1 Beschreibt das Bild, das beim Lesen in euren Köpfen entsteht, mit euren Worten.

2 Arbeitet mit einem Partner oder in Gruppen:
Erforscht einmal die Sprache, mit der dieses Bild „gemalt" wird.
- Welche Farben kommen in dem Bild vor? Und wie viele sind es?
- Was genau ist auf dem Bild zu sehen?
  Ordnet den Dingen die entsprechenden Farben zu: *Land = weiß ...*
- Manche Wörter werden wiederholt. Welche Wörter sind das?
  Und wie oft kommen sie insgesamt vor? Schreibt es auf.
- Wie wirken diese Wiederholungen auf euch?
  Welches Bild entsteht dabei in euren Köpfen?
  Und was hat das mit dem Winter zu tun?
- Erklärt, was mit dem passiert, der das Bild betrachtet.

3 In diesem Gedicht erzählt jemand und spricht von sich selbst als „Ich".
- Wer könnte das Ich denn hier wohl sein?
- Wo könnte sich das Ich befinden?

4 Bereitet das Gedicht für einen gestaltenden Vortrag vor.

Das lyrische Ich in Gedichten

Ein „Ich", das in Gedichten etwas erzählt, beobachtet, erlebt oder empfindet, nennt man **lyrisches Ich**. Der Dichter hat dieses Ich als ein selbstständiges Wesen zum Leben erweckt.

Das **lyrische Ich** kann jemand ganz anderes sein als der Dichter: ein Kind, ein Junge, ein Mädchen, ein Mann oder eine Frau, ein Baum, ein Tier, eine Blume, ein Gegenstand ...

5 Dieses Bild hat ein Schüler einer 5. Klasse zum Gedicht von Josef Guggenmos gemalt. Schaut es euch in Ruhe an und erklärt, wie es gemacht ist.

6 Male du nun **dein Bild** zum Gedicht von Josef Guggenmos.
- Arbeite mit einer vergrößerten Kopie des Textes.
- Kreise die Wörter ein, die **dir wichtig** sind. Die anderen Wörter kannst du übermalen.
- Was soll auf **deinem** Bild zu sehen sein?

7 Präsentiert eure Bilder in einer kleinen Ausstellung.

Gedichtewerkstatt

Aus Wörtern werden Gedichte

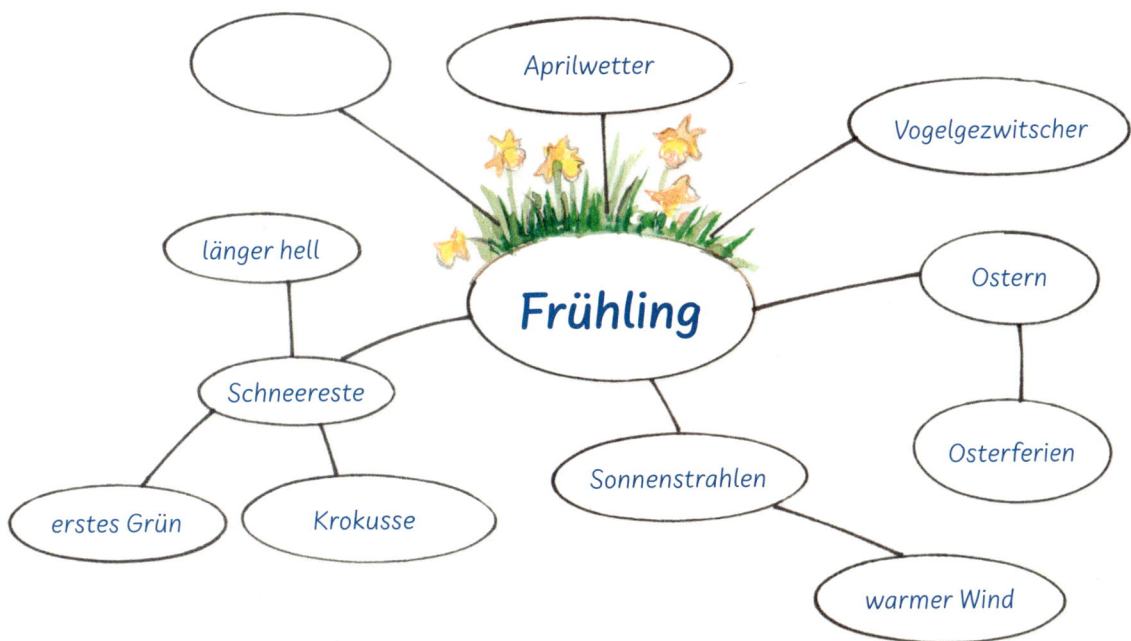

1. Was fällt euch zum Thema **Frühling** ein?
Sammelt eure Gedanken rund um den Frühling in einem Gedankenschwarm (Cluster).
So kann jeder von euch seinen ganz persönlichen Gedankenschwarm auf einem Blatt oder Plakat gestalten.

2. Wenn der Frühling bei euch gerade unmittelbar vor der Tür steht:
Wie erlebt ihr den Frühling jetzt? Welche Beobachtungen macht ihr?
Was könnt ihr sehen, hören, riechen und fühlen?
Nehmt euch Bleistift und Notizblock und ab geht's in die Natur.
Haltet eure Eindrücke, Wahrnehmungen und Empfindungen
in Form von Stichwörtern fest.
   - Wie **sieht** der Frühling **aus**?
   - Wie **riecht** er?
   - Wie **schmeckt** er?
   - Wie **klingt** er?
   - Wie **fühlt** er sich **an**?

3. Ihr könnt aus einzelnen Wörtern aus eurem Cluster auch ein kleines **Akrostichon** gestalten.
Ein Akrostichon ist ein Gedicht, bei dem die Buchstaben eines Wortes senkrecht untereinander geschrieben werden, z. B. **Aprilwetter**. Jeder Buchstabe wird dann waagerecht mit einem neuen Wort gefüllt. So entsteht dann schon ein kleiner Text, den ihr noch mit Bildern oder Farben gestalten könnt.

APRIL! APRIL!
PLÖTZLICH
REGEN UND
WIND
LICHT
WÄRME
FERIEN
TULPEN
SONNENS**T**RAHLEN
ERSTES EIS
OSTE**R**N

4 Aus euren Notizen können aber auch **Elfchen** entstehen. Die Bauform von Elfchen sieht so aus:

> 1. Vers: ein Wort   Regen
> 2. Vers: zwei Wörter   kalter Wind
> 3. Vers: drei Wörter   Blitz und Donner
> 4. Vers: vier Wörter   Und plötzlich die Sonne.
> 5. Vers: ein Wort   Aprilwetter!

5 Versucht selbst einmal, Elfchen zu schreiben.
- Konzentriert euch auf wenige Wörter, die ihr zu einer kleinen Geschichte verdichtet.
- Stellt eure Ergebnisse anschließend vor.
- Wer mag, kann sich von dieser Wörtersammlung anregen lassen:

April   letzter Schnee   Wärme   Sonne   bald   Schmetterling   hoffentlich   Blüten   weiße Wolken   blau der Himmel   scheint warm   purzeln herunter   Wiese   hat sich verkrümelt   Hagelkörner   warmer Stein   hell   Löwenzahn   flattert weiter

6 Feste Spielregeln gibt es auch für das Schreiben von **Haiku.**
Haiku sind kleine japanische Jahreszeiten-Gedichte aus insgesamt siebzehn Silben:

> **Die erste Zeile besteht aus fünf Silben.**
> **Die zweite Zeile besteht aus sieben Silben.**
> **Die dritte Zeile besteht aus fünf Silben.**

In Haiku werden Eindrücke aus der Natur festgehalten. Die Wahrnehmungen zum Wetter, zur Naturerscheinungen, zu Pflanzen, zu Tieren … lassen eine ganz bestimmte Stimmung anklingen, die der Jahreszeit entspricht. Schaut euch dazu zwei Beispiele an:

> Der Schnee geschmolzen.   Wie der Himmel stürmt!
> Unser Dorf läuft über vom   Hagelkörner schlagen wild
> Tosenden Wasser.   einen Purzelbaum.

7 Probiert es jetzt einmal selbst.
- Fürs Schreiben kann es eine Hilfe sein, wenn ihr eure Notizen zunächst in drei, vier Sätzen ausformuliert.
- Speckt dann eure Notizen ab, bis ihr das Wichtigste in einem Haiku zusammenfügt, z. B. so:

> Bald ist Ostern. Dann suchen wir im Garten nach bunten Eiern und Osterhasen. Die Eier bemalen wir selbst. Es macht Spaß, mit den Farben zu klecksen. Hasen aus Schokolade mag ich besonders.

→

> Ostereier im
> Garten versteckt. Mein Hase
> bald ohne Ohren.

Gedichtewerkstatt

Reime durch Einfügungen und Umstellungen herstellen

1. Schaut euch die Seiten 165 und 166 mit den Gedichten und Aufgaben an.
   - Entscheidet dann, welche Materialien ihr bearbeiten möchtet.
   - Verschiedene Aufgaben könnt ihr in Partner- oder in Gruppenarbeit lösen.
   - Zum Schluss tragen alle Gruppen ihre Gedichte vor.

2. Fügt in das Gedicht „Eislauf" die passenden Reimwörter ein. Ihr findet die Wörter verwürfelt unter dem Gedicht.

Eislauf

Adolf Holst

Heute Kinder, wolln wir's wagen!
Heute wird das Eis wohl ?,
Darum los, wer laufen kann!
4 Mütze auf und Schlittschuh ?!

Ach, so wohlig sich zu wiegen,
Schwalben gleich dahinzu ?,
Auf und ab im Sonnenstrahl,
8 Blank das Eis und blank der ?!

Müllers Max und Schneiders Fritze
Mit der braunen ?,
Wie sie schwenken und sich drehn!
12 Habt ihr so was schon ??

Hoch das Bein und kühn im Bogen
Kommen sie ?,
Eins – zwei – drei und wie der Blitz –
16 Bums! Da liegt der Schneider ?!

Stahl — tragen — an — fliegen — Fritz — Pudelmütze — gesehn — herangeflogen

3. Schreibt das Gedicht nun vollständig auf. Vergleicht eure Fassungen miteinander.

Der Walfisch

Peter Hacks

4. Stellt im Gedicht „Der Walfisch" in den *schräg* gedruckten Versen einige Wörter um und rückt sie an andere Stellen. Dann wird ein richtiges Gedicht daraus.

Der Walfisch ist kein Schoßtier,
Er ist ein viel zu groß Tier.
Er mißt zweihundert Ellen[1]
4 *Und Wellen macht gewaltige.*
Er redet nicht, er bellt mehr,
Er stirbt von keinem Schuß.
Durch das Weltmeer er rudert
8 Als Flossenomnibus.

Ein Zaun sind seine Zähne,
'ne Fontäne die Nase,
Der Schwanz sogar ein Plättbrett,
12 aus seinem Leib man Fett brät.
Das Wasser kräuselt bläulich
Sich um den schwarzen Kloß.
Abscheulich ist der Walfisch
16 Groß.

5. Schreibt eure Fassungen auf und vergleicht.

[1] Die Elle ist ein altes Längenmaß.

6 Lies dir das folgende Gedicht zunächst einmal aufmerksam durch.

Der gereimte Löwe

James Krüss

Ein Löwe, groß und fürchterlich,
Begann vor Wut zu weinen:
Er suchte einen Reim auf ? ,
4   Doch leider fand er ? .

Er lief durchs ganze Afrika,
Am Tag oft zwanzig Stunden.
Und fraß so manchen Dichter ? ,
8   Der keinen Reim ? .

Am Kap der guten Hoffnung, ach,
War Afrika zu Ende.
Allein er dachte weiter ? ,
12   Wie er ein Reimwort ? .

Er saß betrübt am Meeresstrand,
Wo wilde Wellen schäumen,
Bedenkend, dass sich rings im ?
16   Fast alle Tiere ? .

Es reimt sich, sprach er, Kuh auf Gnu
Und Stiere auf Vampire.
Auch Marabu und ?
20   Sind reimverwandte ? .

Warum reimt sich der Löwe nicht?
Soll er stets reimlos bleiben?
Wird niemals jemand ein ?
24   Mit Löwenreimen ? ?

Der arme Löwe saß und sann,
Im Ufersande schabend.
Da kam ein weißer Vogel ?
28   Und sagte: Guten ? !

Lass mich allein! Entferne dich!
Erwiderte der Löwe.
Ich suche einen Reim auf ? !
32   Da sprach der Vogel: ? !

Zwar reimt sich, sprach sie, Hunz auf Kunz
Und andre dumme Sachen!
Jedoch auch wir zwei reimen ? .
36   Und sie fing an zu ? .

Der Löwe lachte ebenfalls
Und raste vor Entzücken.
Er fiel der Möwe um den ? ,
40   Als wollt' er sie ? .

Er rief: Ich habe einen Reim!
Hoch lebe jede Möwe!
Jetzt kehre ich beruhigt ?
44   Als der gereimte ? .

Seitdem sagt jedes ?
Zu jeder Möwe ? ,
Weil sie doch jetzt Verwandte sind –
48   Zumindest Reimverwandte!

7 Bearbeitet diese Aufgabe mit einem **Partner** oder in **Gruppen**. Jeweils zwei oder vier Schülerinnen und Schüler schreiben drei Strophen auf und ergänzen dabei die fehlenden Reimwörter. Ihr findet sie hier nach dem Alphabet geordnet. Aber in welchen Vers sie hineingehören, das müsst ihr selbst herausfinden.

Abend	Känguru	nach
an	keinen	reimen
da	lachen	schreiben
erdrücken	Land	sich
fände	Löwe	Tante
Gedicht	Löwenkind	Tiere
gefunden	mich	heim
Hals	Möwe	uns

8 Welche Reimform hat dieses Gedicht?

Gedichtewerkstatt
Gedichte schreiben, gestalten und zusammenstellen

1 Schaut euch die Seiten 167, 168 und 169 mit den Gedichten und Aufgaben an.
- Entscheidet dann, welche Materialien ihr bearbeiten möchtet.
- Ihr könnt die Aufgaben auch in Partner- oder in Gruppenarbeit bearbeiten.

Gewitterlied

James Krüss

Schwarz sind die Wolken.
Ein erster Blitz.
Die Hähne krähen
4 so schrill und spitz.
Die Vögel zittern
und sind so stumm.
Da rollt der Donner:
8 rummbumm, rummbumm!
Mit Blitz und Regen
und Wolken schwer
braust das Gewitter
12 von Westen her.

2 Durch lautes Lesen könnt ihr das Gewitter in diesem Gedicht **hörbar** machen. Probiert es aus.

3 Dieses Gedicht könnt ihr abschreiben und dabei die Wörter mit verschiedenen Schriften mal **dick** oder dünn, mal **schwarz** oder **rot** oder … als Bild gestalten.

4 Aus diesem Gedicht kannst du auch ein **Elfchen** herstellen.
- Schreibe das Gedicht auf ein Blatt.
- Markiere alle Wörter, die dir ganz besonders wichtig sind.
- Verdichte deine Wörtersammlung zu einem Elfchen.

> **Spielregeln für Elfchen:**
> 1. Vers: ein Wort
> 2. Vers: zwei Wörter
> 3. Vers: drei Wörter
> 4. Vers: vier Wörter
> 5. Vers: ein Wort

5 Tauscht eure Ergebnisse aus.
Wie möchtet ihr sie präsentieren, sodass alle sie sehen und lesen können?

6 Lest euch den folgenden Text zunächst einmal in Ruhe durch. Lest ihn anschließend dann auch laut.

Regenschirme

Vera Ferra-Mikura

Wenn die ersten Tropfen fallen, lustig auf das Pflaster knallen, blühen sie wie Blumen auf. Bunt gestreifte, bunt gefleckte, bunt getupfte, bunt gescheckte nehmen fröhlich ihren Lauf. Seit die ersten Tropfen fielen, schweben sie auf dünnen Stielen, leuchtend, schimmernd, rund und glatt. Bunt gestreifte, bunt gefleckte, bunt getupfte, bunt gescheckte Schirme blühen in der Stadt.

7 Der Text ist hier wie eine kleine Geschichte aufgeschrieben.
Ein Satz reiht sich an den nächsten.
In Wirklichkeit aber ist der Text ein Gedicht mit Versen und Strophen.
Untersucht den Text:
- Welche Merkmale von Gedichten könnt ihr entdecken?
- Lest dazu den Text laut.

8 Schreibe den Text nun als Gedicht auf.
- Die einzelnen Verse kannst du an den Reimwörtern erkennen.
- In wie vielen Strophen du das Gedicht aufschreiben möchtest, das sollst du selbst entscheiden.
- Zum Schluss kannst du auch ein Bild zu deinem Gedicht malen.

(155–156)

9 Stellt euch eure Ergebnisse vor und begründet die Anzahl eurer Strophen.

10 Vergleicht eure Texte auch mit der Originalfassung.
Nennt Gemeinsamkeiten und Unterschiede.

(320)

11 Das folgende Gedicht von *Christian Morgenstern* sollst du selbst zusammenstellen.
Verschaffe dir zunächst einmal einen Überblick.

Der Frühling kommt bald

Christian Morgenstern

Herr Winter,
Geh hinter[1],
?
4 ?
Die Blümlein sind kommen
?

?
8 ?
?
Die Vögelein alle
?
12 Verkünden den Mai.

[1] Geh hinter: Hau ab! Geh weg!

Der Frühling kommt bald!

Mit jubelndem Schalle,

Herr Winter,

Und grün wird der Wald.

Geh hinter,

Das Eis ist geschwommen,

Dein Reich ist vorbei.

12 Für die Bearbeitung dieser Aufgabe bekommt ihr folgende Hinweise:
- Das Gedicht hat zwei Strophen.
- Jede Strophe hat sechs Verse.
- Das Gedicht hat folgende Reimform:
  a – a – b – c – c – b.

156

13 Tauscht eure Ergebnisse anschließend aus.
Vergleicht sie auch mit dem Original.

320

Gedichtewerkstatt

Gedichte untersuchen, deuten und vortragen

1 Schaut euch die Seiten 170, 171, 172 und 173 mit den Gedichten und Aufgaben an.
- Entscheidet dann, welche Materialien ihr bearbeiten möchtet.
- Ihr könnt die Aufgaben auch in Partner- oder in Gruppenarbeit bearbeiten.

Die drei Spatzen

Christian Morgenstern

In einem leeren Haselstrauch
da sitzen drei Spatzen, Bauch an Bauch.

Der Erich rechts und links der Franz
4 und mitten drin der freche Hans.

Sie haben die Augen zu, ganz zu,
und oben drüber, da schneit es – hu!

Sie rücken zusammen, dicht an dicht.
8 So warm wie der Hans hat's niemand nicht.

Sie hör'n alle drei ihrer Herzlein Gepoch.
Und wenn sie nicht weg sind, so ? .

2 Diese drei kleinen Kerlchen haben das richtige Rezept
gegen die Kälte gefunden.
In welchem Vers findet ihr die Antwort?

3 Welcher Spatz hat den besten Sitzplatz ergattert?
Begründet das und lest den entsprechenden Vers vor.

4 Ergänze den letzten Vers mit einem passenden Reim.
Vergleicht eure Ergebnisse.

5 Tragt das Gedicht nun gestaltend in der Klasse vor
und lasst seine besondere Stimmung dabei lebendig werden.

Der Schneemann auf der Straße

Robert Reinick

Der Schneemann auf der Straße
trägt einen weißen Rock,
hat eine rote Nase
4 und einen dicken Stock.

Er rührt sich nicht vom Flecke,
auch wenn es stürmt und schneit.
Stumm steht er an der Ecke
8 zur kalten Winterszeit.

Doch tropft es von den Dächern
im ersten Sonnenschein,
da fängt er an zu laufen,
12 und niemand holt ihn ein.

6 Lest das Gedicht „Der Schneemann auf der Straße" laut.
Tauscht euch anschließend darüber aus,
wovon das Gedicht erzählt.

7 Beantwortet folgende Fragen:
- Aus wie vielen Strophen besteht das Gedicht?
- Wie viele Verse hat jede Strophe?
- Welche Reimform könnt ihr ermitteln?

8 Lest die dritte Strophe noch einmal.
Erklärt mit euren Worten, wie das Weglaufen hier gemeint ist.

9 Bereitet das Gedicht für einen gestaltenden Vortrag in der Klasse vor.

10 Lies dir das folgende Gedicht zunächst einmal in Ruhe durch.

Schneemanns-Los

James Krüss

Den weißen Schneemann Fridolin
Verlockte ein Plakat,
Zum Faschingsfest davonzuziehn
4 In ein Hotel der Stadt.

Den weißen Schneemann Fridolin
Betrachtete man gern,
Und alle Welt begrüßte ihn
8 Wie einen richtgen Herrn.

Die Maske ist ganz meisterlich!
So hieß es rings im Kreis.
Man gab dem Schneemann öffentlich
12 Den ersten Maskenpreis.

Den weißen Schneemann Fridolin
Erstaunte der Applaus.
Er sagte: Wie ich heute bin,
16 So seh ich immer aus!

Da sagte man dem Fridolin
Ganz offen ins Gesicht:
Dass du ein echter Schneemann bist,
20 Das glauben wir dir nicht!

Doch plötzlich – wie erstaunte man –
Macht's leise tropf, tropf, tropf,
Es fing der Bauch zu schmelzen an,
24 Der Rücken und der Kopf.

Man fasste ihn, man stützte ihn,
Der Schneemann wurde schlapp.
Der arme Schneemann Fridolin
28 Nahm unaufhörlich ab.

Er stammelte mit müdem Blick:
Bringt mich ins Hospital!
Jedoch es stand zu seinem Glück
32 Ein Eisschrank links im Saal.

Hinein mit dir! Hinein mit dir!
So brüllte man im Chor.
Er ging hinein. Er kam heraus,
36 Da war er wie zuvor.

Man schrie: Hurra. Er dankte fein.
Dann sagte er: Adieu!
Und ließ den Fasching Fasching sein
40 Und stapfte in den Schnee.

○○●○ Gelerntes vertiefen und selbstständig anwenden 173

11 Gib den Inhalt des Gedichtes schriftlich mit deinen Worten wieder.
Lass dich dabei von diesen Fragen leiten:
a) Zu welchem Fest geht der Schneemann?
b) Wofür bekommt er Applaus und einen Preis?
c) Worüber wundert sich der Schneemann?
d) Was bezweifeln die anderen Gäste?
e) Wodurch gerät der Schneemann in Gefahr?
f) Was rettet den Schneemann am Ende?

12 Welche Figur tritt in diesem Gedicht wie ein Mensch auf?
Schreibe es auf und begründe es.

13 Welche Lehre zieht der Schneemann wohl aus diesem riskanten Abenteuer?
Beachte auch die Überschrift und begründe deine Meinung.

14 Ermittle, welche Reimform diesem Gedicht zugrunde liegt.
Achtung: In zwei Strophen wird diese Reimform **nicht** eingehalten.

15 Stelle deine Ergebnisse aus den Aufgaben 11, 12, 13 und 14 nun
den anderen Mitschülerinnen und Mitschülern in der Klasse vor.

16 Lies dir das folgende Gedicht von Fredrik Vahle in
Ruhe durch und mach dich damit vertraut.
Bereite es anschließend für einen gestaltenden
Vortrag in der Klasse vor.

Viel Himmel zwischen den Ohren

Fredrik Vahle

Tief im Süden wollte ich hoch hinaus
und stieg in die Berge hinein
einen mühsamen steilen und staubigen Weg.
4 Ich rastete und schlief ein.

Mit blutigem Rachen und schnappendem Maul
erschien ein gefräßiges Tier.
Ich hörte es schnaufen und schrie vor Angst,
8 und da ließ es ab von mir.

Ich wurde wach und blinzelte
noch schläfrig und traumverloren,
und da stand ein Esel, der guckte nur so –
12 mit viel Himmel zwischen den Ohren.

Gedichtewerkstatt

Ein Gedicht gestaltend vortragen

Goldene Welt

Georg Britting

Im September ist alles aus Gold:
Die Sonne, die durch das Blau hinrollt,
Das Stoppelfeld,
4 Die Sonnenblume, schläfrig am Zaun,
Das Kreuz auf der Kirche,
Der Apfel am Baum.

Ob er hält? Ob er fällt?
8 Da wirft ihn geschwind
Der Wind in die goldene Welt.

Schritt 1: Schreibe das Gedicht auf einem Blatt auf:
Beim Abschreiben wirst du auf bestimmte Wörter aufmerksamer, als wenn du sie nur mit den Augen liest.
Achte darauf, dass deine Verse dort enden und neu beginnen, wie es im Original der Fall ist.

Schritt 2: Setze Pausenzeichen ein: kleine Pause (|) größere Pause (| |).
Es ist besser, du machst eher zu viele Pausenzeichen als zu wenige, damit du nicht zu hastig sprichst.

Schritt 3: Unterstreiche Sinnwörter, die du beim Vortrag besonders hervorheben möchtest.

Schritt 4: Mach deinen Vortrag durch Gebärden lebendig, die du mit deinen Armen und Händen ausführst. So kannst du eine besondere Stimmung, besondere Ereignisse oder Gegebenheiten unterstützend betonen. Dazu kannst du Hinweise neben den Versen notieren.

Schritt 5: Probiere durch lautes Sprechen aus, **wie** etwas am besten klingt.
Unternimm ruhig mehrere Versuche – und setze erst **danach** die Zeichen in den Text ein.
Für die erste Strophe findest du es hier einmal vorgemacht:

Georg Britting: **Goldene Welt**
Im September ist alles aus Gold: |
Die Sonne, | die durch das Blau hinrollt, | mit dem Zeigefinger auf eine gedachte Sonne hinweisen
Das Stoppelfeld, |
Die Sonnenblume, | schläfrig am Zaun, | Hand gegen die Wange lehnen, um Müdigkeit anzudeuten
Das Kreuz auf der Kirche, |
Der Apfel am Baum.| |

Gedichtewerkstatt

Überprüfe dein Wissen und Können

1 Hier lest ihr verschiedene Sätze über Gedichte und Sachtexte.
- Welche Sätze passen zu einem Gedicht? Welche passen zu einem Sachtext?
- Ordne die Buchstaben richtig zu.

Zu einem Gedicht passen die Sätze …
Zu einem Sachtext passen die Sätze …

a) Ein … reimt sich oft.
b) Ein … reimt sich niemals.
c) In einem … sind die Zeilen immer nach Versen geordnet.
d) In einem … werden die Sätze hintereinander weg geschrieben.
e) Ein … ist in sachlicher Sprache verfasst.
f) Ein … möchte eine schöne Stimmung in uns erzeugen.
g) Beim Vortragen von … werden die Wörter zum Klingen gebracht.
h) Ein … will uns in erster Linie informieren.
i) Ein … besteht aus einer regelmäßigen Folge von betonten und unbetonten Silben.
j) Die Wörter in … haben einen besonderen Klang.
k) In einem … können Dinge und Naturerscheinungen wie Menschen handeln.
l) Viele … haben eine Form, die man mit eigenen Ideen nachgestalten kann.

2 Wovon erzählt das folgende Gedicht?
Schreibe es mit deinen Worten auf.

Herbst

Joseph von Eichendorff

Es ist nun der Herbst gekommen,
hat das schöne Sommerkleid
von den Feldern weggenommen
4 und die Blätter ausgestreut,

vor dem bösen Winterwinde
deckt er warm und sachte[1] zu
mit dem bunten Laub die Gründe[2],
8 die schon müde gehn zur Ruh.

[1] sachte: vorsichtig, behutsam
[2] Gründe: *hier:* Erde, Erdreich, Erdboden

3 Erarbeite den Aufbau dieses Gedichtes:
- Aus wie vielen Strophen besteht es?
- Wie viele Verse hat jede Strophe?

4 Ermittle die Reimform in diesem Gedicht und notiere sie.

5 Schreibe einen Vers aus diesem Gedicht auf, in dem der Herbst wie ein Mensch handelt.

6 Wie tritt der Herbst in diesem Gedicht auf:
- Ist es eher ein rauer und ruppiger Kerl? Oder handelt er eher vorsichtig und behutsam?
- Notiere einen Vers, der deine Meinung belegt.

Probleme erkennen – Einsichten gewinnen

Textwerkstatt
Sich in die literarischen Figuren einer Erzählung einfühlen

1 Lasst euch den folgenden Text vorlesen.
Wenn ihr dabei das Buch aufgeschlagen habt und mit den Augen mitlest,
dann lernt ihr die Geschichte noch besser kennen.

Arktisches Abenteuer

H. B. Cave

Am dritten Tage des Hungers dachte Noni an den Hund. Auf der schimmernden Eisinsel mit ihrer Lagune gab es nichts Lebendes außer ihnen beiden.

Als das Wetter so plötzlich umschlug, hatte Noni seinen Schlitten, seine Lebensmittel, seinen Pelz und sogar sein Messer verloren. Nur Nimuk hatte er gerettet, einen großen, ihm treu ergebenen Polarhund. Und nun beobachteten sich die beiden auf dieser Eisinsel Gestrandeten mit wachsamen Augen aus sicherer Entfernung.

Nonis Liebe für Nimuk war echt, sehr echt sogar – so echt wie Hunger, kalte Nächte und der bohrende Schmerz in seinem verletzten Bein, das notdürftig mit der selbst verfertigten Schiene eingebunden war. Aber die Männer seines Dorfes töteten zumeist ihre Hunde, wenn das Futter knapp wurde.

Oder nicht? Ja, ohne auch nur ein zweites Mal daran zu denken. Auch Nimuk, das musste er sich selber sagen, würde sich Nahrung suchen, wenn er einmal hungrig war.

Einer von uns beiden wird bald den andern auffressen, dachte Noni. Daher ...

Er konnte den Hund nicht mit bloßen Händen töten. Nimuk war stark und noch frischer als er. Eine Waffe war daher unerlässlich.

Er zog seine Fellhandschuhe aus und band die Schiene vom Bein los. Als er sich vor wenigen Wochen das Bein verletzt hatte, da hatte er die Schiene aus Teilen eines Zuggeschirrs und zwei dünnen Eisenstäben verfertigt. Einen davon steckte er in eine Eisspalte und begann, den andern mit festen, langsamen Zügen dagegenzureiben.

Nimuk beobachtete ihn mit gespannter Aufmerksamkeit, und es schien Noni, als glühten die Augen des Hundes stärker, nun, da sich die Nacht herabsenkte. Er fuhr fort zu schleifen und versuchte, nicht daran zu denken, warum er dies tat. Der Stab hatte nun schon eine Kante. Langsam begann er, Form anzunehmen. Bei Tagesanbruch hatte er die Arbeit vollendet.

Noni zog das fertige Messer aus der Eisspalte und befühlte mit dem Daumen seine Schärfe. Der Glanz der Sonne, die davon zurückgeworfen wurde, blendete ihn.

Noni gab sich einen Ruck. „Hierher, Nimuk!", rief er weich.

Der Hund beobachtete ihn misstrauisch.

„Komm her!", rief Noni.

Nimuk kam näher.

Noni sah die Furcht im Blick des Tieres. Er spürte Hunger und Mitleid in dem mühsamen Atmen des Hundes und seinem ungeschickten, schleppenden Ducken. Sein Herz schrie. Er hasste sich selbst und kämpfte dagegen.

Nimuk kam näher und beobachtete seinen Herrn argwöhnisch.

Noni fühlte einen Druck in der Kehle. Er sah die Augen des Hundes: Sie waren Abgründe tiefer Qual.

Jetzt! Das war der Augenblick zuzustoßen!

Ein tiefer Seufzer erschütterte Nonis am Bo-

den knienden Körper. Er verfluchte das Messer, schwankte wie blind und warf die Waffe hinter sich. Mit leeren, ausgestreckten Händen stolperte er hin zu dem Hund und fiel nieder.

Das Tier jaulte jämmerlich, als es den Körper des Jungen vorsichtig umkreiste. Und nun fürchtete sich Noni zu Tode. Durch das Wegwerfen des Messers war er waffenlos geworden. Er war zu schwach, um danach zu kriechen. Er war Nimuks Gnade ausgeliefert. Und Nimuk war schrecklich hungrig.

Der Hund hatte jetzt Noni umkreist und schlich ihn von hinten an. Noni hörte das wilde Röcheln in der Kehle. Er schloss die Augen und betete inständig, der Angriff möge rasch vorbeigehen. Er fühlte die Füße des Hundes an seinem Bein und die heiße Wärme von Nimuks Atem an seinem Nacken. In der Kehle des Jungen bildete sich ein Schrei.

Dann fühlte er die Zunge des Hundes sein Gesicht liebkosen. Noni öffnete die Augen und starrte ungläubig um sich. Dann schluchzte er leise auf, legte seinen Arm um den Hals des Hundes und zog dessen Kopf ganz nahe zu sich heran.

Das Flugzeug erschien eine Stunde später aus dem Süden. Sein Pilot, ein junger Mann der Küstenpatrouille, schaute hinunter und erblickte das große, schwimmende Eisfeld mit dem Eisberg in der Mitte.

Dann sah er etwas flimmern.

Es war die Sonne, die auf einen glitzernden Gegenstand schien, der sich bewegte. Die Neugierde des Piloten war geweckt. Er wendete mit dem Flugzeug, stieß tiefer hinab und landete in einer Lagune offenen Wassers.

Er fand zwei Lebewesen – einen Jungen und einen Hund.

Der Junge war bewusstlos, lebte aber noch. Der Hund winselte kläglich, war aber zu schwach, um sich bewegen zu können. Der glitzernde Gegenstand, der die Aufmerksamkeit des Piloten erregt hatte, war ein grob geformtes Messer, das mit der Spitze voran nur wenig entfernt im Eis steckte und sich leicht im Winde bewegte.

2 Wie hat euch diese Geschichte gefallen? Tauscht euch aus:
- Was hat euch besonders beeindruckt?
- Vielleicht gibt es auch etwas, das ihr noch nicht verstanden habt. Klärt eure Fragen.

3 Verschafft euch nun gemeinsam einen Überblick über die **Figuren** und die **Handlung** in diesem Abenteuer.
Dazu könnt ihr die folgenden Aufgaben in Gruppen bearbeiten.
- Schaut auch noch einmal in den Text und lest in einzelnen Abschnitten nach.
- Notiert dann die Antworten auf die einzelnen Fragen in Stichwörtern.

I Gruppe 1

Zeile 1–12:
a) Wie heißen der Junge und sein Hund?
b) In welcher Situation befinden sich die beiden? Wie ist es dazu gekommen?

Zeile 13–25:
c) Der Junge ist davon überzeugt, den Hund töten zu müssen.
    Weshalb fasst er diesen Entschluss?

II Gruppe 2

Zeile 26–61:
a) Welche Vorbereitungen trifft Noni, um Nimuk töten zu können?
b) Und wie verhält sich der Hund während dieser Zeit?

Zeile 62–70:
c) Aus welchem Grund kann Noni den Hund dann doch nicht töten?
    Wozu entschließt sich Noni in diesem Moment?

II III Gruppe 3

Zeile 71–91:
a) Noni hat Angst, dass der Hund ihn töten wird.
    Was denkt und fühlt er in dieser Situation?
b) Wie löst sich diese lebensbedrohliche Situation für Noni auf?

III Gruppe 4

Zeile 92–112:
a) Wer rettet Noni und seinen Hund?
b) Wodurch wurde der Retter überhaupt auf die beiden aufmerksam?

4 Stellt den anderen Gruppen die Ergebnisse eurer Arbeit vor.

5 Erzählt, wie ihr euch das zukünftige Zusammenleben der beiden Freunde vorstellt.

Textwerkstatt

Meinungen zu einem literarischen Text austauschen

Lieber Weihnachtsmann

Achim Bröger

Nimm bitte meinen Bruder,
verpacke ihn ganz schön
und verschenke ihn an andere.
Mir könntest du dafür dann
5 ein Meerschweinchen schenken.
Am liebsten wäre mir
ein Angorameerschweinchen.
Das ist viel besser als ein Bruder.
Kannst du glauben. Erstens futtert es
10 einem nicht alles weg, wie das
mein verfressener (Entschuldigung, aber es stimmt!)
Bruder tut.
Zweitens will es nicht immer
recht haben wie mein Bruder.
15 Drittens wird es garantiert
nicht dauernd auf das zweite Programm umstellen,
wenn ich das erste sehen möchte.
Viertens haut und zankt es nicht.
Fünftens und überhaupt ist es bestimmt
20 insgesamt viel netter als mein Bruder.
Es gibt sicher noch zehn andere Gründe,
ihn gegen ein Meerschweinchen zu tauschen.
Aber die ersten fünf reichen schon.
Falls du keinen kennst,
25 der meinen Bruder geschenkt will,
rufe mich bitte an, lieber Weihnachtsmann.
In meiner Klasse gibt es nämlich eine,
die einen Bruder möchte. Das liegt daran,
dass sie noch nie einen gehabt hat.
30 Wenn du nicht genug Geschenkpapier
auftreiben kannst, besorge ich es.
Hauptsache, alles klappt.

Deine Miriam

1 Manche von euch würden solch einen Wunschzettel bestimmt unterschreiben. Andere Kinder haben keine Geschwister. Und einige würden den kleinen Bruder vielleicht gern geschenkt bekommen … Welche Erfahrungen mit Geschwistern habt **ihr** gemacht?

Ich bin mit meinem Bruder nicht zufrieden. Wenn ich Comics lese oder am Computer spiele, stört er mich immer. Dann werde ich richtig sauer und wir haben Streit. Aber manchmal ist es auch schön, mit Moritz zu spielen.
Elias

Meine Schwester ist sieben Jahre alt. Manchmal ist sie ganz nett, doch das kommt nicht sehr häufig vor. Meistens ist sie doof! Immer wenn ich zum Essen mit ungewaschenen Händen erscheine oder abends keine Lust habe, mir die Zähne zu putzen, petzt sie. Dann muss ich immer losgehen und das noch machen. Sie denkt sich vielleicht nichts beim Petzen, aber ich finde es gemein!
Joshua

Ich möchte so gern Geschwister haben! Dann wäre ich nicht mehr so allein. Wenn ich einen großen Bruder hätte, das wäre schön. Dann könnte ich mit ihm am Computer spielen und herumtoben.
Arife

Ich habe keine Geschwister. Aber ich hätte total gern welche. Es wäre mir egal, ob eine Schwester oder einen Bruder. Dann wäre immer was los und wir könnten toll miteinander spielen. Ich hätte endlich jemanden, mit dem ich Geheimnisse haben könnte.
Djamila

Ich habe einen großen Bruder. Er ist fünf Jahre älter als ich. Max ist total cool. Er spielt Fußball im Verein und hat mit vier Freunden eine Band gegründet. Er spielt Schlagzeug. Das kann er super – wie ein Wirbelwind. Wenn ich älter bin, möchte ich auch gern in seine Band. Ich würde meinen Bruder niemals hergeben.
Emre

Meine Schwester ist zwei Jahre jünger als ich. Manchmal habe ich mir auch schon eine ältere Schwester gewünscht, so eine richtig große Schwester. Aber Glenn mag ich auch gern. Sie petzt nicht, und abends im Bett erzählen wir uns Gruselgeschichten oder albern rum. Und auf Bäume klettern kann man mit ihr auch.
Lynn

Drei Geschwister habe ich schon, einen jüngeren Bruder und zwei ältere Schwestern. Von mir aus könnten es noch mehr sein, denn bei uns ist immer was los. Besonders viel Spaß haben wir, wenn wir im Sommer alle zum Schwimmen ins Freibad fahren. Das ist wirklich toll!
Anna

Ich habe keine Geschwister, aber ich bin trotzdem zufrieden. In unserer Nachbarschaft gibt es ja auch noch andere Kinder, mit denen ich mich gut verstehe. Wir fahren zusammen mit den Inlinern oder spielen Fußball. Und im Sommer machen wir zusammen Radtouren. Wir besuchen uns auch zu Hause und spielen dort zusammen. Also einsam bin ich nicht.
Leon

2 Diese Kinder haben ganz unterschiedliche Erfahrungen mit Geschwistern gemacht. Welche Erfahrungen der Kinder könnt ihr gut nachvollziehen, welche nicht?

3 Ihr alle habt selbst Erfahrungen mit Geschwistern gemacht oder Geschwister im Umgang miteinander bei Freunden erlebt.
- Schreibe deine Eindrücke, Erfahrungen und Wünsche in einem kleinen Text auf.
- Wer mag, liest seinen Text vor oder hängt ihn in der Klasse auf.

Textwerkstatt
Sich in die literarische Figur einer Erzählung einfühlen

Axel und die Freude

Renate Welsh

Axel rannte nach Hause.
Marie hatte auf dem Schulhof mit ihm geredet. Jan hatte ihn in seine Mannschaft gewählt. Beim Lesen hatte er nicht ein einziges Mal den Faden verloren und die Lehrerin hatte sein Piratenbild in der Klasse aufgehängt.
Axel läutete Sturm.
Die Mutter öffnete die Tür mit dem Ellbogen. Ihre Finger waren schmutzig vom Kartoffelschälen.
„Mama, ich muss dir was erzählen!"
„Moment", sagte sie, „ich muss erst noch die Kartoffeln zu Ende schälen. Und dann muss ich das Fleisch noch braten, sonst wird das Mittagessen nicht fertig."
Axel riss die Tür zum Zimmer seiner Schwester auf.
„Hanna, ich muss dir was erzählen!"
Hanna hatte die Kopfhörer auf, wippte mit den Beinen und schnippte mit den Fingern. Sie scheuchte Axel weg, ohne die Kopfhörer abzunehmen. Axel ging in das Zimmer, das er mit seinem großen Bruder David teilte. David war nicht da. Axel ging ihn suchen. Er fand ihn im Wohnzimmer, den Telefonhörer in der Hand. David deutete nur stumm auf die Tür.
Axel spürte, wie seine Freude immer weniger wurde. Dann war sie gar nicht mehr da. Als die Mutter eine halbe Stunde später in sein Zimmer kam, hatte Axel nichts mehr zu erzählen.
Der nächste Tag war einer von diesen ganz gewöhnlichen, wo überhaupt nichts passiert, ein Tag, der einfach vor sich hin trottet und nirgends ankommt.
Aber am Donnerstag schaffte es Axel, an den langen, glatten Stangen hochzuklettern, fast bis unter die Turnsaaldecke. Bisher war er immer nach dem zweiten Klimmzug runtergerutscht und Marie und Jan hatten ihn ausgelacht. Axel freute sich und diesmal würde er seine Freude nicht weniger werden lassen. Diesmal würde er gut aufpassen auf sie.
Er trug sie vorsichtig nach Hause. Dort legte er sich mir ihr auf sein Bett und stopfte die Decke um sie beide, seine Freude und sich.
„Axel!", rief die Mutter. Er stand auf. Am Abend, dachte er, werde ich mich wieder an meine Freude ankuscheln und das wird sehr schön sein. Ich erzähl' niemand von ihr, ich behalt' sie ganz für mich allein. Er breitete die Decke über sie und machte die Zimmertür fest zu. Den ganzen Nachmittag lang freute er sich auf seine Freude. Aber als er abends ins Bett stieg, war sie nicht mehr da, einfach weg, wie gestorben.
Eine Woche verging. Wenn Axel eine kleine Freude spürte, zog er schnell die Mundwinkel herunter. Er hatte Angst vor der Freude. Er wollte nicht wieder erleben, wie sie immer weniger wurde. Es war eine langweilige Woche.
Dann kam der Tag, an dem Marie Axel geheimnisvoll einen Brief zusteckte und sagte: „Erst nach der Schule lesen." In der letzten Stunde flog ein kleiner blauer Schmetterling ins Klassenzimmer, flatterte vor der Tafel hin und her, tanzte über den Köpfen der Kinder, die ganz still saßen, landete auf dem Wiesenblumenstrauß und ließ sich dann von einem Luftzug wieder aus dem Fenster tragen. Axel guckte ihm nach und spürte ein Kribbeln im Bauch.
Nach der Schule ging er bis zur Kreuzung mit den anderen und Heiner rempelte ihn kein einziges Mal an und stieß ihn auch nicht von der Gehsteigkante. Als die anderen um die Ecke verschwunden waren, lehnte sich Axel an eine Hausmauer und zog den Brief aus der Tasche.
„Für meinen Freund Axel" stand auf dem Briefumschlag. Axel riss ihn auf und drinnen war eine weiße Karte mit einem Clown drauf-

gemalt. „Ich lade dich zu meinem Geburtstagsfest ein", hatte Marie geschrieben. „Komm bestimmt."

Das Freudekribbeln in Axel wurde stärker und stärker, das ließ sich genauso wenig zurückhalten wie ein heftiges Niesen. An Mundwinkelherunterziehen war nicht mehr zu denken.

Axel sprang auf, hüpfte die Straße hinunter und als ihm eine alte Frau entgegenkam, lachte er sie an. Die alte Frau freute sich und ihre Freude und Axels Freude schlugen Purzelbäume miteinander. Als Nächster bekam ein streng blickender Mann ein Stück Freude, dann ein kleines Mädchen, dann ein eiliger Briefträger, ein humpelnder Mann, ein weinender Junge, schließlich sogar ein schimpfender Autofahrer. Und dabei wuchs Axels Freude ständig.

Als seine Mutter die Tür öffnete, war er so zum Platzen voll mit Freude, dass er von einem Fuß auf den andern hüpfen musste. „Wenn du aufs Klo musst, dann geh doch", sagte sie.

An jedem anderen Tag wäre Axels Freude jetzt kleiner geworden. Aber heute schlang er der Mutter die Arme um den Hals und gab ihr einen dicken Kuss und ein großes Stück von seiner Freude dazu. Axels Freude erreichte sogar Hanna unter ihren Kopfhörern. Mit David am Telefon hatte sie Schwierigkeiten, da musste sie warten, bis er einmal kurz den Hörer weglegte. Als der Vater nach Hause kam, überfiel ihn Axel mit seiner Freude und steckte ihn an.

Ziemlich spät am Abend schlüpfte Axel unter seine Decke. Da war die Freude, warm und weich. Er kuschelte sich hinein und überlegte: Was schenk ich Marie zum Geburtstag?

Und seine Freude wuchs immer noch.

1 Beschreibt, ob es euch schon einmal ähnlich ergangen ist wie Axel.

2 Erzählt, welche Erfahrungen Axel mit dem Gefühl der Freude macht:
- Wodurch kommt seine erste große Freude zustande? (Zeile 1–6)
  Warum wird die Freude dann aber immer kleiner, bis sie sogar ganz weg ist? (Zeile 8–30)
- Wodurch wird die nächste Freude bei Axel ausgelöst? (Zeile 35–42)
  Wie geht Axel dieses Mal mit seiner Freude um, damit sie nicht verschwindet?
- Was wird aus seinem Versuch, diese Freude bis zum Abend festzuhalten?
- Warum hat Axel nach einer Woche schließlich sogar Angst vor der Freude? (Zeile 55–59)
  Woran genau kann man seine Angst erkennen?

3 Und dann kommt der Tag, an dem Axels Freude doch wieder zurückkommt.
Lest noch einmal die Zeilen 60–85. Beschreibt mit euren Worten, was hier passiert.

4 Es gibt mehrere Stellen im Text, da hat man den Eindruck, man könnte die Freude von Axel leibhaftig sehen und sogar anfassen.
- Lest solche Stellen vor, z. B. in den Zeilen 43–54. Wie wirken diese Sätze auf euch?
- Findet noch ein anderes Beispiel für Axels leibhaftige Freude.

5 Am Ende der Geschichte ist Axel nicht mehr derselbe Junge wie zu Beginn.
Dieses Mal lässt er sich seine Freude **nicht** mehr nehmen.
- Was hat sich im Verlauf der Geschichte bei Axel verändert?
- Wie ist es Axel sogar gelungen, auch andere mit seiner Freude anzustecken?
- Was könnt **ihr** aus dem Handeln von Axel lernen?

Textwerkstatt
Einen literarischen Text inhaltlich erschließen

1 Jungen und Mädchen, die gern vorlesen, können die folgende Geschichte auf drei oder vier Leser aufteilen und für das Vorlesen in der Klasse vorbereiten.

Falsch verbunden

Paul Maar

Das Telefon klingelt.
Paula ruft: „Papa, Telefon!"
Aber Papa hört nicht. Er schläft wohl noch. Es ist ja auch Samstagmorgen, und Papa muss nicht ins Büro.
5 Paula nimmt den Hörer ab und sagt: „Hallo!"
Eine Männerstimme fragt: „Mit wem spreche ich?"
„Mit Paula", sagt Paula.
„Mit welcher Paula?", fragt der Mann.
„Welche?", fragt Paula. „Gibt's denn noch eine?"
10 Der Mann am Telefon lacht. „Nein. Ich meine: Wie heißt du mit Nachnamen?"
„Paula Gutbrod", sagt Paula.
„Entschuldigung. Dann bin ich falsch verbunden", sagt der Mann.
„Wieso bist du verbunden?", fragt Paula. „Bist du hingefallen?"
15 „Hingefallen?" Der Mann lacht wieder. „Du meinst, dass ich einen Verband habe?"
„Hast du doch gesagt", wundert sich Paula. „Du bist falsch verbunden."
„Wie stellst du dir das vor?"
Paula überlegt. „Vielleicht bist du aufs rechte Knie gefallen und sie haben
20 dir das linke verbunden."
Der Mann sagt: „Eine witzige Idee. Wie alt bist du überhaupt?"
„Ich bin schon zehn", sagt Paula.
„Man sagt ‚falsch verbunden', wenn man eigentlich mit einem anderen sprechen wollte", erklärt ihr der Mann.
25 „Mit wem wolltest du denn sprechen?", fragt Paula.
„Mit Familie Hagemann."
„Haben die Kinder?", fragt sie.
„Ja."
„Und du?", fragt Paula weiter. „Hast du auch ein Kind?"
30 Der Mann zögert ein wenig mit seiner Antwort. Dann sagt er: „Ja und nein."
„Ja und nein geht nicht", stellt Paula fest.
„Ich habe einen Sohn, der ist ein Jahr älter als du …" fängt der Mann an.
Paula unterbricht. „Dann hast du also doch ein Kind!"

„Aber Manuel wohnt nicht bei mir", sagt der Mann. „Manuel, das ist mein Sohn."

„Hab ich mir schon gedacht", sagt Paula. „Wo wohnt er denn?"

„Weit weg. In Osnabrück. Bei seiner Mutter. Wir sind geschieden. Meine Frau und ich", erzählt der Mann.

„Dann siehst du deinen Manuel gar nicht mehr?", fragt Paula.

„Leider haben wir uns im Streit getrennt. Meine Frau und ich. Und nun will sie nicht, dass ich mich mit Manuel treffe. Nicht einmal telefonieren soll ich mit ihm."

„Ich würde trotzdem mit ihm telefonieren", sagt Paula. „Er freut sich doch, wenn er seinen Papa hört."

„Du meinst, er freut sich?", fragt der Mann.

„Klar", sagt Paula. „Mein Papa freut sich, wenn ich mit ihm telefoniere. Ich meine, wenn er unterwegs ist. Und dein Manuel freut sich bestimmt auch."

„Aber seine Mutter erzählt ihm vielleicht, dass sein Papa ein böser Mann ist."

„Du bist doch kein böser Mann. Das hört man doch", sagt Paula. „Und dein Manuel findet dich auch lieb, wenn er dich hört. Du musst ihn anrufen und mit ihm sprechen."

„Es ist nicht so einfach", sagt der Mann. „Wenn man sich lange nicht gesehen hat, weiß man erst gar nicht, was man sprechen soll."

„Du sprichst doch auch mit mir", sagt Paula. „Und wir haben uns sogar überhaupt noch nicht gesehen."

„Stimmt", sagt der Mann. „Es gibt aber noch eine Schwierigkeit dabei."

„Welche?", fragt Paula.

„Weil seine Mutter nicht will, dass ich mit Manuel spreche, legt sie den Hörer auf, wenn sie mitkriegt, dass ich am Telefon bin."

„Du musst ihn eben anrufen, wenn sie nicht da ist", sagt Paula.

„Wie soll ich denn wissen, ob sie zu Hause ist oder nicht? Wo sie doch in Osnabrück wohnt", sagt der Mann.

„Da weiß ich was", sagt Paula.

„So? Was denn?"

„Am Sonntagmorgen schlafen Papa und Mama immer ganz lang, weil sie doch frei haben. Aber ich wache immer schon um acht Uhr auf …", erzählt Paula.

„Ja und?", fragt der Mann.

„Dann geh ich ins Wohnzimmer und schau ganz heimlich Fernsehen. Am Sonntagmorgen laufen doch immer Kinderfilme. Ich muss nur den Ton leise stellen, sonst hört man es oben."

„Warum erzählst du mir das?", fragt der Mann.

„Weil dein Manuel bestimmt auch Fernsehen guckt. Alle Kinder bei mir in der Schule machen das so. Du musst also am Sonntag mal schon um acht aufstehen und in Osnabrück anrufen. Dann geht dein Manuel ans Telefon und du sprichst mit ihm. Das ist doch eine gute Idee, oder?"

„Eine sehr gute Idee", sagt der Mann. „Paula, du bist wirklich ein kluges Mädchen. Ich bin froh, dass ich mit dir gesprochen habe."
80 „Ehrlich?", fragt Paula.
„Ganz ehrlich!", sagt der Mann.
In diesem Moment kommt Papa die Treppe herunter.
Paula sagt schnell „Tschüss" und legt auf.
„Mit wem hast du denn gerade telefoniert? Du machst so einen
85 fröhlichen Eindruck", sagt Papa. „Mit deiner Freundin Klara?"
„Nein", sagt Paula und lacht.
„Mit der Oma?", fragt Papa weiter.
„Auch nicht", sagt Paula.
„Jetzt sag schon: Wer hat angerufen?"
90 Paula sagt: „Ich weiß auch nicht, wer das war. Ein Mann halt."
„Ein Mann?", fragt Papa. Es klingt ein wenig besorgt.
„Kennst du ihn?"
„Nein", sagt Paula.
„Was hat er denn gesagt?", will Papa wissen.
95 „Falsch verbunden!"

2 Das ist ja ein außergewöhnliches Mädchen, das ihr hier kennenlernt …
Was meint ihr?
Gibt es etwas, das euch besonders an Paula beeindruckt?

3 Zu Beginn dieses Telefonates gibt es zwischen Paula und dem Mann
ein kleines Missverständnis.
- Worin besteht dieses Missverständnis?
  Lest in den Zeilen 10–24 nach.
  Beachtet dabei auch die Überschrift.
- Beschreibt, wie sich dieses Missverständnis dann aufklärt.

4 Findet im gemeinsamen Unterrichtsgespräch Antworten
auf die folgenden Fragen:
- Mit wem hatte der Mann eigentlich sprechen wollen?
- Welchen Kummer hat der Mann?
  Und worüber macht er sich Gedanken?
- Welche verschiedenen Ratschläge gibt Paula dem Mann?
- Welches ist der wichtigste Tipp, den der Mann von Paula bekommt?
  Und wieso ist diese Idee so überzeugend?

5 Erklärt, warum sich der Mann am Ende des Telefonates bei Paula
für das Gespräch und für ihre klugen Ratschläge bedankt.

Textwerkstatt

Die Handlungsweise und Gefühle einer literarischen Figur verstehen

Wie der Vogel gestorben ist

Tilde Michels

Neulich habe ich einen kranken Vogel gefunden. Er konnte nicht mehr fliegen. Einer seiner Flügel hing schlaff herunter und blutete. Der Goribauer[1] meinte, er hätte ihn sich am elektrischen Draht abgerissen, und da sei nichts mehr zu machen.

Das wollte ich aber nicht glauben. Es war so ein schöner Vogel mit braunen, weißgetüpfelten Federn und einem ganz langen Schnabel. So einen hab ich nie zuvor gesehen. Der Goribauer sagte: Das ist eine Schnepfe.

Ich habe bei meiner Mutter darum gebettelt, dass wir mit dem Vogel zum Tierarzt gehen, aber sie wollte nicht, weil der Goribauer gesagt hat, das hätte keinen Zweck. Den Flügel kann man nicht mehr annähen. Er ist im Gelenk abgerissen. Meine Mutter sagte zu mir: Sei doch vernünftig.

Wieso eigentlich vernünftig? Der Vogel schaute mich doch so an mit seinen runden schwarzen Augen, und er zitterte. Wenn ich ihn in der Hand hielt, hörte ich sein Herz rasend schnell schlagen.

Als die großen sich nicht mehr darum kümmerten, nahm ich den Vogel ins Zimmer und setzte ihn in eine Schachtel, die ich mit Blättern ausgelegt hatte. Ich brachte ihm zu fressen. Alles Mögliche brachte ich ihm, aber er fraß nicht. Er legte seinen Kopf immer so müde auf seinen Rücken.

Am Abend entdeckte ihn meine Mutter. Er wird dir in der Schachtel sterben, sagte sie. Geh, setz ihn wieder aus, wo du ihn gefunden hast.

Ich hatte Angst, dass er über Nacht in der Schachtel sterben könnte, deshalb brachte ich ihn hinunter. An einem Gebüsch machte ich ihm ein Nest aus Moos und setzte ihn hinein. Bis ich ins Bett gehen musste, lief ich immer wieder hin und schaute nach ihm.

Zuerst konnte ich nicht einschlafen, weil ich an den Vogel denken musste, aber dann schlief ich doch. Am anderen Morgen bin ich dann gleich hinuntergelaufen zur Wiese, aber das Nest war leer. Ich habe überall herumgesucht, und da fand ich den Vogel. Er hatte sich ein Stück weiter ins Gebüsch verkrochen. Die Augen waren geschlossen, und sein Körper schwankte ein bisschen.

[1] Goribauer: Milchbauer

Ich nahm ihn vorsichtig in beide Hände und redete leise mit ihm. Da schlug er seine Augen auf und schaute mich an. Ich freute mich, dass er lebte, und ich versprach ihm, dass ich ihn heimlich zum Tierarzt bringen würde. Du wirst wieder gesund, Vogel, hab ich zu ihm gesagt.

40 Plötzlich ist ein Zittern über sein Gefieder gelaufen. Er hat die Augen wieder zugemacht, und sein Kopf ist zur Seite gesunken. Ganz still hat er in meinen Händen gelegen, und da wusste ich, dass er tot war. Später hat meine Mutter gesagt: Was ist wohl aus dem Vogel geworden?

Da musste ich weinen. Aber ich habe nicht erzählt, dass ich dabei war, wie
45 er gestorben ist.

1 Welche Gedanken gehen euch nach dem ersten Kennenlernen der Geschichte durch den Kopf? Und welche Fragen beschäftigen euch im Moment?
Tauscht euch darüber aus.

2 Das Kind geht sehr behutsam mit dem verletzten Vogel um.
- Beschreibt, was das Mädchen alles für das Tier tut.
- Lest auch passende Textstellen vor, z. B.: Zeile 13–14, 15–18, 21–25, 36–39.

3 Für diesen behutsamen Umgang des Kindes mit dem Vogel findest du hier noch einige andere passende Adjektive.
- Suche dir drei Wörter aus, die dir besonders gut gefallen.
achtsam – fürsorglich – mitfühlend – sachte – sanft – sorgsam – umsorgend – vorsichtig – zart
- Teilt euch eure Wörter mit und begründet eure Wahl.

4 Stellt die letzte Begegnung zwischen dem Kind und dem Vogel in einem **Standbild** dar.
- Schaut noch einmal in den Text (Zeile 36–43). Überlegt, welche **Gestik** (Körpersprache) und **Mimik** (Gesichtsausdruck) für diesen Moment besonders bedeutsam sind.
- In die Rolle des Kindes können nacheinander verschiedene Kinder aus eurer Klasse schlüpfen. Die anderen könnten sich jeweils wie eine Schutzmauer um das Kind herum aufstellen.
- Baut nun euer Standbild und verharrt jeweils für eine kleine Weile in den verabredeten Positionen.
- Gebt euch gegenseitig Rückmeldung, ob euer Standbild die ausgewählte Situation gut darstellt.

5 Welche Erfahrungen habt ihr selbst schon einmal mit einem toten Tier gemacht?
Teilt euch eure Erfahrungen in einer kleinen Erzählrunde mit.

Ein Standbild bauen

Ein Standbild ist wie ein Foto, das einen ganz besonderen Moment einfängt und festhält.

Für eine kleine Weile halten die beteiligten Personen bewegungslos in bestimmten Körperhaltungen und Positionen inne.

In einem Standbild kann man besondere Situationen aus literarischen Texten sehr anschaulich darstellen.

Textwerkstatt
Über die Handlungsmotive literarischer Figuren nachdenken

Wie Ole seinen Hund bekam

Astrid Lindgren

Ole hat keine Geschwister. Aber er hat einen Hund. […] Der Hund heißt Swipp.
Jetzt will ich erzählen, wie es zuging, dass Ole Swipp bekam, genau so, wie er es uns erzählt hat.
Mitten zwischen Bullerbü und Storbü wohnt ein Schuhmacher, der heißt
5 Nett. Er *heißt* Nett, aber er *ist* nicht nett, wirklich kein bisschen. Nie hat er unsere Schuhe fertig, wenn wir kommen und sie abholen wollen, auch wenn er ganz fest versprochen hat, dass sie fertig sein sollten. Das kommt davon, weil er so viel trinkt, sagte Agda.
Ihm hat Swipp früher gehört. Er war nie nett zu Swipp, und Swipp war
10 der schlimmste Hund, den es im ganzen Kirchspiel gab. Immer war er an der Hundehütte angebunden, und wenn man mit den Schuhen zu Nett wollte, kam Swipp aus der Hundehütte herausgestürzt und bellte. Wir hatten Angst vor ihm und wagten uns nicht in seine Nähe. Wir hatten auch vor dem Schuhmacher Angst, denn er sagte immer: „Kinder sind ein Pack, sie müssten jeden
15 Tag Prügel kriegen."
Swipp bekam auch sehr oft Prügel, obwohl er ein Hund war und kein Kind. Nett fand vielleicht, Hunde müssten auch jeden Tag Prügel kriegen. Und wenn Nett betrunken war, vergaß er, Swipp etwas zu fressen zu geben.
Zu der Zeit, als Swipp noch bei dem Schuhmacher war, fand ich immer, er
20 wäre ein hässlicher und bösartiger Hund. Er war so schmutzig und zerzaust und knurrte und bellte in einem fort. Jetzt finde ich, er ist ein freundlicher und hübscher Hund. Ole hat ihn so nett gemacht. Ole ist auch selber immer so freundlich.
Als Ole einmal mit seinen Schuhen zum Schuhmacher wollte, kam Swipp
25 wie gewöhnlich aus der Hundehütte gestürzt und kläffte und sah aus, als ob er beißen wollte. Ole blieb stehen und sprach mit ihm und sagte, er wäre ein braver Hund und er sollte nicht so bellen. Er stand natürlich etwas entfernt, sodass Swipp nicht an ihn herankonnte. Swipp war genauso boshaft wie immer und benahm sich überhaupt nicht wie ein braver Hund.
30 Als Ole kam, um seine Schuhe abzuholen, brachte er für Swipp einen Knochen mit. Swipp knurrte und bellte, aber er war so hungrig, dass er sich sofort auf den Knochen stürzte und ihn zerbiss. Während er fraß, stand Ole die ganze Zeit ein kleines Stück entfernt und sagte immer wieder zu Swipp, er sei ein braver Hund. Ole musste ja öfter hin, um nach diesen Schuhen zu fragen.
35 Denn sie waren natürlich nicht fertig. Und jedes Mal brachte er Swipp etwas Gutes mit. Und eines schönen Tages, stell dir vor, knurrte Swipp ihn nicht mehr an, sondern bellte nur, wie Hunde bellen, wenn sie einen Menschen

sehen, den sie mögen. Da ging Ole zu Swipp und streichelte ihn, und Swipp leckte ihm die Hand.

40 Eines Tages fiel der Schuhmacher hin und verstauchte sich den Fuß. Er kümmerte sich nicht darum, ob Swipp etwas zu fressen bekam. Ole tat es leid um Swipp. Deshalb ging er zu Nett und fragte, ob er für Swipp sorgen dürfe, solange Nett den schlimmen Fuß hätte. Dass er sich traute! Aber Nett sagte nur:

45 „Das möchte ich mal sehen! Der fährt dir an die Kehle, wenn du nur in seine Nähe kommst."

Aber Ole ging zu Swipp hinaus und streichelte ihn, während der Schuhmacher am Fenster stand und zusah. Da sagte er, Ole dürfe für Swipp sorgen, solange er selber es nicht könne.

50 Ole machte die Hundehütte sauber, legte frisches Heu hinein, wusch Swipps Trinknapf aus, füllte ihn mit frischem, sauberem Wasser und gab Swipp ordentlich zu fressen. Hinterher nahm er ihn mit auf einen langen Spaziergang bis zu uns nach Bullerbü, und Swipp hüpfte und sprang und bellte vor Freude, denn er war so lange angebunden gewesen, dass es ihm schrecklich über war.

55 Die ganze Zeit, während Nett den kranken Fuß hatte, holte Ole Swipp jeden Tag ab und ging mit ihm spazieren. Wir gingen auch mit ihm spazieren, aber Swipp mochte Ole am liebsten leiden, und kein anderer durfte seine Leine halten, denn dann knurrte Swipp.

Als Netts Fuß wieder in Ordnung war, sagte er zu Ole:

60 „Jetzt aber Schluss damit! Der Hund ist ein Wachhund. Er muss wieder an die Kette."

Swipp dachte, er dürfte wie gewöhnlich mit Ole spazieren gehen, und er hüpfte und jaulte. Aber als Ole fortging, ohne ihn mitzunehmen, heulte Swipp und war schrecklich traurig, sagte Ole.

65 Und Ole war auch viele Tage lang traurig. Schließlich konnte sein Papa es nicht länger mit ansehen, wie traurig er war, und da ging Oles Papa zu Nett und kaufte Swipp für Ole. […]

1 Wie hat euch die Geschichte von Ole und seinem Hund gefallen?
- Was hat euch besonders gefreut?
- Gibt es auch etwas, über das ihr euch aufregen könnt?

2 Astrid Lindgren hat dem Schuhmacher in dieser Geschichte den Namen „Nett" gegeben.
Welche Namen würdet **ihr** dem Schumacher geben?
Begründet eure Entscheidung.

3 Diese Aufgabe könnt ihr gut zu zweit oder in Gruppen lösen.
Beantwortet folgende Fragen zum Text und macht euch dazu Notizen:
- Was erfährst du über Swipps Verhalten und über sein Äußeres, **bevor** der Hund Ole begegnet? (z. B. Zeile 9–12, 21–22, 24–27) Notiert entsprechende Beispiele.
- Wie erklärt ihr euch die „Verwandlung" von Swipp? Lest dazu noch einmal in den Zeilen 30–36 nach und begründet.
- Tauscht eure Ergebnisse anschließend aus.

4 Ole gibt sich außerordentlich viel Mühe mit Swipp.
- Was tut er alles für das Tier? Wie sorgt er für den Hund? Geh im Text auf Spurensuche und schreibe einige der Tätigkeiten auf. (Zeile 26–36, 38–43, 50–56).
- Vergleiche deine Ergebnisse anschließend mit einem Partner.

5 In Zeile 53–54 steht der folgende Satz:
„[…] *Swipp hüpfte und sprang und bellte vor Freude, denn er war so lange angebunden gewesen, dass es ihm schrecklich über war.*"
Sprecht darüber, wie ihr euch diese Freudensprünge von Swipp erklärt.

6 Als der Schuhmacher wieder gesund ist, sagt er zu Ole:
„Jetzt aber Schluss damit! Der Hund ist ein Wachhund. Er muss wieder an die Kette."
- Wie reagieren Ole und Swipp in dieser Situation?
- Wer hilft den beiden dabei, eine Lösung zu finden?

7 Schreibe einmal auf, wie du dir nun den Alltag von Ole und Swipp vorstellst.
So könntest du beginnen:
Also, wenn ich Ole wäre, dann würde ich mich jeden Morgen von Swipp wecken lassen. Er dürfte zu mir ins Zimmer kommen und mich freundlich begrüßen. Anschließend würden wir dann …

8 Stellt euch vor, ihr würdet dem Schuhmacher einmal persönlich begegnen.
- Was würdet ihr ihn gern fragen?
- Gibt es auch etwas, das ihr ihm sagen möchtet?

Macht euch Notizen und sprecht anschließend darüber.

Textwerkstatt
Produktiv mit literarischen Texten umgehen

1 Lest die beiden folgenden Texte.

Kennst du das auch?

Susanne Kilian

Du kommst abends durchgeschwitzt vom Turnen und Judo nach Hause. Bist ganz kaputt und müde, weil du morgens sechs Stunden Schule hattest und einen Berg an
5 Hausaufgaben. Diese Woche steht noch eine Grammatikarbeit in Englisch an, und du kannst heute Abend nicht das Buch zu Ende lesen, das du angefangen hattest, sondern musst dich mit langweiligen unregelmäßigen
10 Verben abquälen.
Und dann ... dann kommst du nach Hause.

Da ist Badewasser für dich eingelassen. Vielleicht ausnahmsweise mit einer Unmenge blütenweißem Schaum drauf. Du reißt dir
15 richtig die Kleider vom Leib und steigst in die Wanne. Da wird dir so warm und wohlig. Du spielst mit der Seife rum, und aus der Küche ruft die Mutter: „Weißt du, was es heute Abend gibt? Riechst du das nicht? Es gibt
20 Eierpfannkuchen!"
Dein Leibgericht!
Dann vergisst du, dass du müde bist, dass du kaputt bist. Die Grammatikarbeit rückt in weite Ferne.
25 Und alles ist gut.

Oder das, kennst du das?

Susanne Kilian

Es regnet. Und du rennst in der Stadt rum auf der Suche nach einem DIN-A4-Heft, das den Rand nicht nur an einer Seite hat, sondern an beiden. Rechenkaro soll es auch noch haben,
5 Wunsch des Physiklehrers! Dir ist so feucht und klamm und kalt, und nirgends gibt es das blöde Ding. Du läufst von Pontius zu Pilatus[1], es ist nicht aufzutreiben, die ganzen Kaufhäuser und Schreibwarenläden scheinen
10 sich gegen dich verschworen zu haben! Und dann fährt dir der Bus gerade vor der Nase weg. Du stehst da, dir wird immer klammer und feuchter und kälter; es regnet und regnet ohne Pause.
15 Und dann ... dann kommst du nach Hause.

Da ist deiner Mutter eingefallen, heute einen altmodischen Kakao zu kochen. Ganz heiß wird er getrunken, und mit einer Sahnehaube obendrauf dampft er in deiner Tasse.
20 Da schaust du raus in den Regen, und dir wird so wohlig und warm. Deine Schwester sagt verwundert: „Was, nach so einem Heft rennst du rum? Ich hab doch noch eins und kann's gar nicht brauchen."
25 Dann vergisst du deinen Ärger. Und auch, dass dir klamm und kalt war.
Und alles ist gut.

[1] von Pontius zu Pilatus laufen: erfolglos zwischen mehreren Stellen hin- und herlaufen

2 Erklärt, was diese beiden Geschichten gemeinsam haben.

3 Vielleicht habt ihr schon einmal ähnliche Erfahrungen gemacht. Erzählt davon.

4 Jede dieser beiden Geschichten besteht aus zwei Abschnitten.
- Worum geht es jeweils im ersten Abschnitt?
- Und was passiert dann jeweils im zweiten Abschnitt?

5 Nennt Beispiele aus eurem Alltag, die ihr diesen zwei Abschnitten zuordnen könnt: Nutze dazu das folgende Muster:

Erster Teil:
Der Tag verläuft nicht ganz einfach:
Du hast Kummer …
Du hast Pech …
Es ist etwas schiefgelaufen …
Und dann … dann kommst du nach Hause.

Zweiter Teil:
Du wirst mit einer Freude überrascht …
Und alles ist gut.

6 Schreibe nach diesem Muster nun selbst eine oder auch zwei Geschichten auf.
𝓵 Du kannst den folgenden Text als Starthilfe nutzen.

Kennst du das auch?

Du wirst auf dem Heimweg vom Fußballtraining total nass.
Es regnet und stürmt so stark, dass …
Außerdem musst du für den nächsten Tag noch … besorgen.
Aber du weißt noch gar nicht so genau, wo du …
Und dann … dann kommst du nach Hause.

Du riechst es schon im Flur. Es gibt dein Leibgericht: …
Der Tisch ist gedeckt und auch … ist schon zu Hause.
Da ziehst du schnell das nasse Zeug aus und schlüpfst in deinen …
… rubbelt dir die Haare trocken und dann geht's an den Tisch …
Den Sturm und den Regen hast du da schon lange vergessen.
Und alles ist gut.

Kennst du das auch? Oder das, kennst du das?

7 Überlegt gemeinsam, wie ihr eure Geschichten präsentieren möchtet. Was haltet ihr zum Beispiel von einem kleinen Sammelordner? Diesen Ordner könnt ihr immer weiter mit euren Erlebnissen und Erfahrungen aus eurem Alltag „füttern".

Zum Verhalten literarischer Figuren Stellung nehmen

1 Lasst euch den folgenden Text vorlesen.
Wenn ihr dabei das Buch aufgeschlagen habt und mit den Augen mitlest,
dann lernt ihr die Geschichte noch besser kennen.

Uli und ich

Irmela Wendt

Quer durch meine Schrift ging ein Strich, und deswegen bekam ich keine Zwei. Zu Hause haben sie gesagt, ich brauchte es mir nicht gefallen zu lassen.

5 „Ich will nicht mehr neben Uli sitzen", habe ich zu meiner Lehrerin gesagt. „Wo willst du denn sitzen, Petra?", hat sie gefragt. „Neben Lasse", habe ich gesagt.

Ich habe meine Sachen vom Tisch genom-
10 men und bin einfach gegangen und habe kein Wort zu Uli gesagt. Und Uli hat auch nichts gesagt. Er ist dagestanden und hat geguckt und hat ganz nasse Augen gehabt.

Dann hat Rolf sich zu Uli gesetzt und
15 ich habe mir gedacht, wie lange das wohl gut geht. Gleich am nächsten Tag hat Rolf gepetzt, dass Uli mit dem Stuhl wackelt, dass Uli an den Füller stößt, dass Uli das Radiergummi nimmt, dass Uli abguckt. Für jede
20 Kleinigkeit hat Rolf aufgezeigt, und es hat mich ganz nervös gemacht.

Jörg ist wieder da; er war lange krank. Er hat sonst neben Lasse gesessen, und es ist selbstverständlich, dass er seinen Platz
25 wieder nimmt. In unserer Klasse sind vierzig Plätze, acht Plätze bleiben immer frei, weil wir nur zweiunddreißig sind. Ich gucke mich um. Ich sehe, der Platz neben Uli ist auch frei; Rolf fehlt. Ich weiß selbst nicht, weshalb
30 ich mich wieder an meinen alten Platz setze.

Ich will meine Sachen auspacken, da sagt Uli: „Ich finde, man kann nicht einfach wiederkommen, wenn man einmal weggegangen ist."

35 Ich habe nicht erwartet, dass Uli so was sagt. Ich weiß nicht, was ich tun soll. Ich denke daran, dass er geweint hat, als ich weggegangen bin. Da fragt meine Lehrerin: „Was sagst denn du dazu, Petra?" Ich bringe kein
40 Wort heraus. Da fragt sie mich noch einmal. Ich sage: „Uli hat recht." – „Ja und?", fragt die Lehrerin. „Heute bleibe ich hier sitzen. Morgen kann ich mich ja woanders hinsetzen", sage ich.

45 Keiner hat weiter ein Wort gesagt. Auch nicht am nächsten Tag. Und nicht an den anderen Tagen. Ich weiß nicht, wie lange ich schon wieder neben Uli sitze. Manchmal stößt er mich an, und verschrieben habe ich
50 mich seinetwegen auch. Aber man kann sich auch was gefallen lassen, finde ich. Und so unruhig wie früher ist er gar nicht mehr.

2 Welche Gedanken oder auch Fragen gehen euch nach dem ersten Hören der Geschichte durch den Kopf?
- Führt darüber ein Gespräch.
- Schaut auch in den Text und lest dort nach, um die ein oder andere Frage zu beantworten.

3 Verschafft euch einen Überblick über die folgenden Figuren und darüber, was sie in der Geschichte so alles tun oder sagen.
Schaut euch dazu die Kärtchen an und sprecht über das Verhalten der Figuren.

Lehrerin
- gibt Petra keine Zwei in der Arbeit, weil ein Strich durch ihre Schrift geht
- erlaubt Petra, dass sie sich neben Lasse setzt
- will von Petra wissen, wie sie zu Ulis Äußerung steht und wo sie denn nun sitzen möchte

Zu Hause/Eltern
- geben Petra den Rat, dass sie sich nicht alles gefallen lassen muss

Rolf
- setzt sich neben Uli
- verpetzt Uli ständig bei der Lehrerin

Petra
- will nicht mehr neben Uli sitzen; setzt sich zu Lasse
- Rolfs Petzerei über Ulis Verhalten macht Petra nervös
- als Rolf fehlt und Jörg (der lange krank war) wieder neben Lasse sitzt, setzt sich Petra wieder zurück zu Uli
- Petra versteht Ulis Beschwerde und gibt ihm recht; sie bleibt nun neben Uli sitzen
- Petra hat gelernt, dass man sich auch mal was gefallen lassen kann

Uli
- Als er neben Petra sitzt: ???
- ...
- Als er neben Rolf sitzt: ???
- ...
- Als er wieder neben Petra sitzt: ???

4 Legt das Kärtchen für Uli selbst an. Ordnet dazu die folgenden Angaben richtig zu.
Achtet auch auf die zeitliche Abfolge.

*ärgert Petra — wackelt mit dem Stuhl — stößt an Rolfs Füller —
ist traurig und weint, als sich Petra von ihm wegsetzt —
sagt nichts, als Petra geht — nimmt das Radiergummi weg —
ist ruhiger geworden — guckt ab —
Als Petra einfach so wiederkommt, sagt Uli: „Ich finde, man kann nicht einfach wiederkommen, wenn man einmal weggegangen ist."*

5 Welche Veränderung könnt ihr bei Uli beobachten? Wie bewertet ihr diese Veränderung?

6 Auch Petras Verhalten ändert sich im Verlauf der Geschichte.
- Seht euch dazu die beiden gelb markierten Sätze im Text an.
- Diskutiert diese Veränderung bei Petra und bewertet sie auch.

Textwerkstatt
Über die Anziehungskraft von literarischen Texten nachdenken

Alle Geschichten in diesem Kapitel erzählen von ganz verschiedenen Begegnungen, Erlebnissen, Erfahrungen und Gefühlen von Kindern.
Jede Geschichte ist neu und jede ist anders als die nächste.
Aber all diese Geschichten haben auch etwas, was ähnlich ist.

1 Überlegt zunächst einmal ganz spontan aus eurer Erinnerung heraus:
- Welche Geschichten gehen gut aus?
- Welche Geschichten gehen traurig aus?
- In welchen Geschichten kommen Kinder vor?
- In welchen Geschichten kommen Kinder und Erwachsene vor?
- In welchen Geschichten kommen Kinder und Tiere und Erwachsene vor?
- In welchen Geschichten kann man bei Figuren eine Veränderung feststellen?
- Welche Geschichten werden von einem **Ich** erzählt?
- Welche Geschichten erzählen etwas über einen **Er** oder eine **Sie**?
- In welchen Geschichten kommen Dialoge vor?

2 Schaut euch nun auch noch einmal die **Überschriften** der Geschichten an.
- Welche Überschriften findet ihr spannend? Warum?
- Und welche Überschriften haben besonders euer Interesse geweckt?

> Arktisches Abenteuer
> Axel und die Freude
> Lieber Weihnachtsmann
> Falsch verbunden
> Wie Ole seinen Hund bekam
> Wie der Vogel gestorben ist
> Uli und ich
> Kennst du das auch?
> Oder das, kennst du das?

3 Und nun schaut noch einmal auf den **Beginn der Geschichten**.
- Achtet einmal genau auf die **ersten Sätze**.
- Welche Geschichten springen gleich mit dem ersten Satz mitten in das Geschehen hinein?

4 Schreibe einmal alle ersten Sätze aus den Geschichten untereinander auf.
- Lest sie anschließend in der Klasse vor.
- Wie wirken diese Einstiegssätze auf euch?

5 Welche Geschichte hat dir von allen am besten gefallen?
Suche dir deine Lieblingsgeschichte aus.
Begründe im Austausch mit den anderen Kindern, warum das so ist.

Textwerkstatt
Überprüfe dein Wissen und Können

1 Lies dir die folgende Geschichte zusammen mit einem Partner durch. Sprecht über eure Fragen, wenn ihr etwas nicht verstanden habt.

2 Lies dir die folgende Geschichte durch.

Die Stute erwartet ihr Fohlen

Gret Ziswiler

Auf einer Wiese beim Bauern Mayer weidet Stella, unsere Stute. Ihr runder Bauch zeigt an, dass Stella bald ein Junges bekommen wird. Auf der Stirn hat sie einen weißen Fleck, daher hat sie ihren Namen, denn Stella heißt Stern. Nicht weit davon entfernt weidet in einem anderen Gehege der Hengst, der
5 Vater des zukünftigen Fohlens. Wenn er die Stute sieht, wiehert er aufgeregt.

Eines Abends führt der Bauer Stella von der Weide nicht an ihren gewohnten Platz im Stall, sondern in ein besonderes Abteil, das mit Stroh weich ausgepolstert ist. Die Stute ist unruhig und frisst nichts vom vorgelegten Futter. Der Bauer reicht ihr ein paar Rüben und klopft sie auf den Hals.
10 „Bald kommt dein Junges, ich lass dich nicht allein", sagt er freundlich, und obgleich die Nacht hereinbricht, bleibt er im Stall.

Die Stute findet keine Ruhe. Ängstlich tritt sie hin und her und legt sich ein paarmal nieder, steht aber jedes Mal gleich wieder auf. Der Bauer hat sich in eine Stallecke gelehnt und beobachtet die Stute geduldig. Sie hat sich wie-
15 der hingelegt, und diesmal erhebt sie sich nicht mehr, aber sie schwitzt und ist sehr aufgeregt. Plötzlich sieht er, wie aus einer Öffnung unterhalb des Schweifes die Vorderbeine eines Fohlens herausgleiten. Gleich darauf folgt der Kopf, und langsam rutscht der übrige Körper mit den Hinterbeinen und dem Schweif nach.

20 Da liegt es nun, das junge Pferdchen, ein dunkles feuchtes Häufchen aus Fell. Die Mutter leckt es liebevoll, bis es trocken ist. Plötzlich hebt das Fohlen seinen Kopf und öffnet die Augen. Groß und dunkel sind sie, und dazwischen glänzt ein weißer Stern wie bei der Mutter. Kaum hat das Pferdchen die Augen aufgemacht, streckt es die Beine und will aufstehen. Ein paarmal
25 fällt es ins weiche Stroh zurück, aber dann hilft ihm die Mutter, und da steht es auch schon auf seinen wackeligen Beinen.

Von den Anstrengungen der Geburt und des Aufstehens ist das Fohlen hungrig geworden. Es weiß, dass es bei seiner Mutter zu trinken bekommt, und schon bald findet es das Euter zwischen den Hinterbeinen und fängt an zu
30 saugen. Aber es ist noch ungeschickt, und ganze Milchbäche fließen über sein Maul. Nach einer Weile knicken seine schwachen Beine ein. Auch Stella ist müde, und so strecken sich beide nahe beieinander im weichen Strohbett aus.

○○○● Gelerntes überprüfen

Der Bauer aber kehrt zufrieden in sein Haus zurück. Alles ist gut gegangen, und das neue Fohlen ist gesund und kräftig. Er weiß auch schon einen
35 Namen für das Pferdchen: Schwälbchen soll es heißen. Schon am nächsten Morgen darf Schwälbchen die Mutter auf die Weide begleiten.

3 Die Geschichte ist ganz ruhig und sachlich erzählt.
Und trotzdem wird man ganz neugierig beim Lesen.
• An welcher Stelle willst du unbedingt wissen, wie es weitergeht?
• Schreibe die Zeilenzahl auf und begründe es.

4 Welchen besonderen Namen hat die Stute? Und was bedeutet dieser Name?
Lies noch einmal in den Zeilen 1–3 nach und notiere es.

5 Kurz vor der Geburt des Fohlens ist die Stute sehr aufgeregt.
Woran kannst du das erkennen? Nenne drei Beispiele.

6 Der Bauer gibt Stella zu verstehen, dass er sie nicht allein lassen wird.
• Mit welcher **Geste** zeigt er der Stute, dass sie nicht allein ist?
• Mit welchen **Worten** beruhigt er das Tier?
Schreibe diesen Satz wörtlich auf.

7 Was macht das junge Fohlen als Erstes nach der Geburt? Von wem wird es dabei unterstützt?

8 Wie heißt das neugeborene Fohlen?
Und an welchem Tag seines Lebens darf es mit der Mutter auf die Weide?

9 Erzähle mit deinen Worten, warum der Bauer am Ende der Geschichte
ganz zufrieden in sein Haus geht.

10 Wer könnte es sein, der die Geschichte erzählt?
Lies dazu auch noch einmal den ersten Satz.

Probleme erkennen – Einsichten gewinnen

Ein Lesetagebuch anlegen und führen
Erstbegegnung mit einem Kinderroman

1 Welche Erwartungen oder Fragen habt ihr, wenn ihr euch den Umschlag des Buches „Rennschwein Rudi Rüssel" von Uwe Timm anschaut? Tauscht euch darüber aus, wovon das Buch handeln könnte, z. B.:
- Wird die Handlung eher lustig oder eher traurig sein?
- Wie kann ein Schwein überhaupt ein Rennschwein werden?
- Warum ist das Mädchen wohl so vertraut mit dem Schwein?

2 Damit ihr euch selbst einen ersten Eindruck von diesem Buch machen könnt, lest hier zunächst einmal den Anfang.

1. Kapitel

Wir haben zu Hause ein Schwein. Ich meine damit nicht meine kleine Schwester, sondern ein richtiges Schwein, das auf den Namen Rudi Rüssel hört. Wie wir zu dem Schwein gekommen sind? Das ist eine lange Geschichte.

Zwei Jahre ist das her, da fuhren wir an einem Sonntag aufs Land. Wir, das sind meine Mutter, mein Vater, meine Schwester Betti, die nur ein Jahr jünger ist als ich, und Zuppi, meine kleine Schwester. [...]

[...]

Endlich kamen wir nach Hörpel, einem kleinen Dorf. In einem Gasthof wurde gerade ein Fest gefeiert. Die Dorffeuerwehr hatte ihr 50-jähriges Jubiläum. Unter den Kastanienbäumen saßen die Leute an langen Holztischen, tranken Bier und aßen Bratwürstchen. Auf einem Podium spielte eine Blaskapelle. Wir konnten uns endlich hinsetzen und bekamen unsere Limo.

Irgendwann hörte die Kapelle auf zu spielen und ein Mann in Feuerwehruniform ging zum Mikrofon und sagte: „Jetzt beginnt unsere Tombola. Jeder, der ein Los kauft, hilft damit, dass wir uns einen neuen Hochdruckschlauch kaufen können. Es gibt viele kleine und einen sehr nahrhaften Hauptpreis."

Dann kam ein Mann an unseren Tisch mit einem kleinen Eimer in der Hand und darin waren die Lose. Jeder von uns durfte sich eins kaufen. Mein Los war eine Niete. Betti bekam einen Trostpreis, einen Fahrradwimpel mit der Aufschrift: Freiwillige Feuerwehr Hörpel.

Zuppi zog eine rote Nummer. Als die Lose verkauft waren, rannte sie damit nach vorn, zum Podium.

Der Feuerwehrmann ließ sich das Los zeigen und rief: „Die Nummer 33! Hier ist die Gewinnerin des Hauptpreises! Wie alt bist du?"

„Sechs."

„Gehst du schon zur Schule?"

„Nein. Ich bin erst vor zwei Wochen sechs geworden."

„Weißt du, was du gewonnen hast?"

„Nein."

„Du hast Schwein. Du hast nämlich ein kleines Schwein gewonnen."

Und dann hob der Mann ein Ferkel aus einer Kiste und drückte es Zuppi in die Arme. Die Leute klatschten und lachten. Zuppi schleppte breit grinsend das Ferkel zu unserem Tisch und setzte es Mutter auf den Schoß. Es war ein sauberes rosiges Tier, mit einer dicken Schnauze, kleinen flinken Äuglein und großen Schlappohren.

(Seite 6–8)

3 Und jetzt? Malt euch diese Situation einmal aus und erzählt.

4 Einige von euch werden auch ein Haustier haben, aber sicherlich kein Schwein.
- Vermutet einmal:
Wie geht die Geschichte mit dem Schwein als Haustier weiter?
- Wie stellt ihr euch denn den Alltag mit einem Schwein in einer Stadtwohnung vor?

5 Lest, wie die Eltern auf diesen unerwarteten Tombolapreis reagieren.

Es sah wirklich niedlich aus, trotzdem machte Vater ein finsteres Gesicht. Als ein Bauer, der an unserem Tisch saß, uns zu dem Ferkel gratulierte, lächelte Vater gequält. Man muss wissen, Vater mag keine Haustiere. Tiere gehören nicht ins Haus, sagt er immer. Und jetzt hatte Mutter dieses Ferkel auf dem Schoß und kraulte ihm das eine Schlappohr.

„Niedlich, nicht", sagte Zuppi begeistert. „Guck mal, dieser kleine Ringelschwanz."

Vater nahm die Pfeife aus dem Mund. „Ganz nett", sagte er, „aber wenn wir gehen, dann gibst du das Tier zurück!"

„Nein", rief Zuppi, „ich hab das gewonnen. Das gehört mir."

„Wir können das Tier doch nicht mitnehmen."

Da begann Zuppi zu weinen, und wenn sie weint, dann tut sie das ziemlich laut. Von den anderen Tischen sahen sie herüber. Warum weinte das kleine Mädchen, das doch eben ein Glücksschwein gewonnen hatte?

Vater, der schon die Hand ausgestreckt hatte, um das Ferkel auf den Boden zu setzen, zog die Hand wieder zurück. Die Leute am Nachbartisch sahen ihn finster an. Es hatte aber auch so ausgesehen, als habe er dem Ferkel einen Klaps geben wollen.

„Gut, gut", sagte Vater, „dann behalt das Vieh erst mal."

Vater zahlte und wir gingen zum Auto zurück. Wir mussten ziemlich lange laufen, obwohl wir den kürzesten Weg nahmen. Das Ferkel mussten wir tragen. Denn wenn wir es laufen ließen, wollte es uns einfach nicht folgen, sondern rannte mal hierhin und mal dahin. Es ist erstaunlich, wie schwer Ferkel sind, viel schwerer als gleich große Hunde.

[...]

Wir waren noch nicht weit gefahren, da schrie Mutter auf. Das Ferkel hatte ihr auf das Kleid gepinkelt.

„Jetzt reicht's", sagte Vater. Beim nächsten Bauernhof hielt er an.

„So", sagte er, „jetzt schenken wir das Ferkel einem Bauern. Schweine gehören aufs Land und nicht in eine Stadtwohnung."

Zuppi begann zu schreien. Sie kann so laut schreien, dass man sich die Ohren zuhalten muss.

„Ruhe", brüllte Vater. „Schweine werden traurig, wenn sie nur Häuser und keine Felder und Wiesen sehen."

Zuppi schrie weiter.

„Lass ihr wenigstens ein paar Tage das Ferkel", sagte Mutter, „sie hat es nun mal gewonnen. Wir können es ja immer noch weggeben."

„Also gut, drei Tage darfst du es behalten, dann muss es weg. Was sollen die Leute im Haus denken."

(Seite 8–11)

6 Welche von euren Erwartungen haben sich bereits jetzt bestätigt?

Ein Lesetagebuch anlegen und führen

Ein Lesetagebuch anlegen

Vielleicht seid ihr ja neugierig geworden und möchtet das Buch nun auch ganz lesen. Dann werdet ihr erfahren, ob das „Rennschwein Rudi Rüssel" ein zusätzliches Familienmitglied wird und welche Abenteuer es erlebt.

Wenn ihr das Buch zu Hause lest, dann könnt ihr euch dazu ein **Lesetagebuch** anlegen und führen.
Ein Lesetagebuch bietet euch die Möglichkeit,
- euch als Leser in den Text einzumischen,
- euch eine eigene Meinung zu bilden, z. B. über das Verhalten einzelner Figuren,
- euch später genauer an die Handlung und die Figuren zu erinnern
- und insgesamt einen besseren Überblick über das Buch zu gewinnen.

So wie ihr in einem Tagebuch eure persönlichen Gedanken, Eindrücke und Gefühle aufschreibt, so macht ihr es auch beim Lesetagebuch.
Während jedoch die Eintragungen in ein persönliches Tagebuch nur für euch selbst bestimmt sind, könnt ihr euch eure Lesetagebücher gegenseitig vorstellen.

Damit du dich in deinem Lesetagebuch schnell zurechtfindest, benutze dafür einen DIN-A4-Hefter. Nummeriere alle deine Seiten und hefte sie darin ab.
Gut sieht es aus, wenn du für dein Tagebuch ein persönliches Deckblatt gestaltest.

Was ihr in ein Lesetagebuch aufnehmen könnt, erfahrt ihr auf den folgenden Seiten.

zu
Uwe Timm

RENNSCHWEIN RUDI RÜSSEL

....

KLASSE 5

NOVEMBER 201...

Rudi Rüssel wird nachts zunächst im Badezimmer untergebracht.

2. Kapitel

[...]

Am nächsten Morgen, als Mutter als Erste ins Bad ging, prallte sie regelrecht zurück. Am Boden lag die Dose mit ihrer Gesichtscreme, die sie gestern in der Aufregung nicht zugeschraubt hatte. Die Dose war leer.

5 „Ich glaub, er hat meine Gesichtscreme gefressen."

Tatsächlich roch Rudi nach Rosen. Er war sonst aber ganz munter und rannte wieder durch die Wohnung. Zuppi wollte ihn zu einem Tierarzt bringen, aber Vater sagte: „Das fehlte gerade noch. Was meinst du, was das kostet?"

10 „Wir haben doch eine Krankenversicherung", sagte ich.

„Aber nicht für ein Schwein. Außerdem sind Schweine Allesfresser, die vertragen auch die Schönheitscreme." (Seite 12–13)

> *Zu einem Ereignis, das dir besonders gefällt, ein **Bild** malen und aus der Sicht von Rudi Rüssel eine **eigene Geschichte** schreiben*

1 Schreibe aus der Sicht von Rudi eine kleine Geschichte, wie er die erste Nacht verbringt.
Wenn du möchtest, kannst du den folgenden Anfang für deine Geschichte nutzen:

Rudi Rüssel, der Gesichtscremefresser
Das Bad ist ja langweilig. Wo soll ich denn schlafen.
Vielleicht in der Badewanne?
Ja, was steht denn da? Hm, das riecht so gut.
Schmeckt das wohl auch so gut? …

[...]

Zuppi wollte jedenfalls an diesem Mittwochmorgen nicht in den Kin-
15 dergarten, sie behauptete, sie habe Bauchweh. Tatsächlich hatte sie wohl nur Angst, dass Vater Rudi Rüssel morgens wegbringen könnte. Bei uns ist nämlich Vater Hausmann. Vater ist arbeitslos. Er hat einen sehr seltenen Beruf mit einem komplizierten Namen, einem richtigen Zungenbrecher, er ist Ägyptologe. Ägyptologen sind Leute, die sich mit den al-
20 ten Ägyptern beschäftigen, die so seltsame Dinge wie die Pyramiden, die Mumien und die Hyroglyphen hinterlassen haben. Diese Hyroglyphen sind Schriftzeichen, die aus kleinen Figuren, Vögeln, Balken und Schlangen bestehen. Diese Hyroglyphen entziffert mein Vater, wenn er nicht gerade kocht oder Staub wischt. [...] (Seite 13–14)

> *Zu wichtigen Figuren Steckbriefe anlegen, die du beim Lesen weiter vervollständigen kannst*

2 Ergänze den Steckbrief zum Vater.

> Vater
> • Ägyptologe
> • zurzeit arbeitslos
> • …

Die Kinder bauen für Rudi Rüssel im Garten eine Hütte. Rudi kommt in den Garten gerannt, wälzt sich in einer Pfütze und rennt ins Haus zurück.

3. Kapitel

[...]

[...] Rudi war schon in Vaters Arbeitszimmer gelaufen, über das Sofa gesprungen, hatte die Tischlampe umgerissen, hatte sich auf dem hellgrauen Teppich, den wir Kinder nur mit Socken betreten durften, gewälzt und war dann unter das Sofa gekrochen.

Deutlich sah man die dreckigen Abdrücke seiner Pfoten auf dem Teppich. Vater lag am Boden vor dem Sofa und versuchte, mit einem langen Lineal Rudi unter dem Sofa hervorzutreiben. „Dieses kleine Dreckschwein", schrie er.

Da schoss Rudi, als er Zuppi sah, unter dem Sofa hervor. Vater bekam einen Schreck, stieß sich an der Sofakante den Kopf, wollte das Ferkel greifen, griff daneben, denn Rudi machte einen kleinen Satz zur Seite, streifte dabei die weiße Wand und hinterließ darauf einen langen Schmutzstreifen, rannte über das auf dem Boden ausgebreitete Pergamentpapier, mit dem Vater einige Hyroglyphen von einem Stein abgepaust hatte, raste in Mutters Zimmer, warf einen Kasten mit Zetteln um, auf denen Mutter sich die Noten ihrer Schüler notiert hatte, galoppierte ins Kinderzimmer und von da wieder raus in den Garten, wo er sich abermals im Schlamm suhlte. Wir machten schnell die Verandatür zu, damit er nicht wieder in die Wohnung laufen konnte.

Sonderbarer Weise war es in Vaters Zimmer ganz still.

„Vielleicht ist er in Ohnmacht gefallen", sagte Betti. Leise gingen wir in Vaters Zimmer. [...]

Aber Vater stand und schwieg, als sei er plötzlich taub geworden, und starrte auf seine Hyroglyphen mit Rudis Abdrücken. (Seite 15–17)

*Aufschreiben, was du beim Lesen **gedacht** und **gefühlt** hast*

*Deine **Meinung** dazu aufschreiben, was eine Figur in einer bestimmten Situation tut*

3 Jetzt seid ihr dran: Erzählt, was Rudi so alles anstellt.

4 Lest den Auszug nun einmal so vor, dass das „wilde" Treiben von Rudi deutlich wird.

5 Ein Schüler einer 5. Klasse hat sich zu diesem Auszug folgende Gedanken gemacht:

Dass Rudi so etwas anstellt, ist irgendwie normal. Schweine wälzen sich eben gern in Pfützen. Trotzdem musste ich beim Lesen oft auch lachen, wie Rudi in der Wohnung herumgewütet ist und was er alles schmutzig gemacht und umgerissen hat. Am meisten musste ich lachen, als Rudi über den Teppich gefegt ist, auf dem man nicht in Schuhen laufen darf. Wenn das bei uns zu Hause passiert wäre, ich glaube, meine Mutter wäre ausgerastet. Aber wenn es so im Buch aufgeschrieben ist, ist es doch sehr lustig, weil ich mir alles haargenau vorstellen kann.

6 Sprecht darüber, ob euch beim Lesen ähnliche Gedanken durch den Kopf gegangen sind.

7 Stell dir vor, du wärst der Vater. Was tätest du nun an seiner Stelle? Schreibe deine Gedanken auf.

8 Eines Nachts passiert etwas Aufregendes. Lest dazu den folgenden Auszug.

5. Kapitel

[…]

Wir lagen im Kinderzimmer in unseren Betten. […] Da kam plötzlich Rudi ins Zimmer gelaufen. Er quiekte aufgeregt, lief hin und her, und dann wieder hinaus, so als wollte er uns auf etwas aufmerksam machen.
5 Sein Quieken wurde fast zu einem Dauerton, wie ein Pfeifen.

„Ich glaub, mein Schwein pfeift", sagte Zuppi.

Schließlich standen wir auf und folgten Rudi zur Wohnungstür. Er blieb vor der Wohnungstür stehen.

„Was hat er denn?", fragte Betti.

10 „Keine Ahnung."

Aber dann hörten wir ein Kratzen an der Tür. So als würde jemand an dem Türschloss bohren oder schrauben. Da – in dem Moment – gab es einen Ruck an der Tür und sie sprang auf, aber nur einen Spalt, denn wir hatten die Türkette vorgelegt. Jemand stemmte sich von draußen gegen
15 die Tür. Aber die Kette hielt. Eine Hand erschien und tastete nach der Kette. Wir standen stumm vor Schreck und ich spürte, wie mir eisig eine Gänsehaut über den Rücken zum Nacken hochstieg. Auch Rudi stand ganz still vor der Tür und sah hinauf zu der Hand, wie sie langsam die Kette abtastete, bis zu der Stelle, wo sie an der Tür festgeschraubt war. Die
20 Hand verschwand. Kurz darauf erschien die Hand wieder mit einem sehr kurzen Schraubenzieher, den sie an den Schrauben ansetzte, um die Kette abzuschrauben. In diesem Augenblick stellte sich Rudi blitzschnell auf die Hinterbeine und biss in die Hand. Der Schrei des Einbrechers hallte durch das Haus. Schweine haben, das muss man wissen, spitze Zähne.
25 Rudi ließ nicht los, stand da, stützte sich mit den Vorderpfoten an der Tür ab. Der Einbrecher schrie nochmals und zerrte an der Hand, und erst da, weil Rudi ja auch sehr unbequem, nämlich auf den Spitzen seiner Hinterklauen stand, ließ er los. (Seite 28–30)

> *Eine spannende Textstelle mit eigenen Worten* **erzählen**

> *Über ein spannendes Ereignis einen* **Zeitungsartikel** *schreiben*

9 Erzähle die spannende Textstelle von dem gescheiterten Einbruch mit deinen Worten und schreibe deine Geschichte auf. So könntest du beginnen:
Eines Abends kam Rudi quiekend in das Kinderschlafzimmer und wollte die Kinder auf etwas Ungewöhnliches aufmerksam machen. …

10 Stell dir vor: Der Vater erzählt am nächsten Morgen einem Polizisten, wie Rudi den Einbrecher in die Flucht geschlagen hat.
Schlüpfe in die Haut des Vaters und schreibe auf, was er erzählen würde.

11 Stellt euch eure Ergebnisse in der Tischgruppe oder in der Klasse vor.

Ein Lesetagebuch anlegen und führen

Ein Lesetagebuch selbstständig führen

Der Hausbesitzer Buselmeier hat Rudi Rüssel entdeckt und mit der Kündigung der Wohnung gedroht. Deshalb kümmern sich die Kinder nun um eine Genehmigung vom Bezirksamt, dass Rudi ein Haustier ist.

1 Lies den folgenden Textauszug. Wähle dann einen der drei Vorschläge für die Umsetzung in deinem Lesetagebuch aus.

7. Kapitel

Am nächsten Tag, gleich nach Schulschluss, gingen wir, Zuppi, Betti und ich, mit Rudi zum Bezirksamt[1]. Die Leute blieben auf der Straße stehen. Einige lachten und riefen: „Ein Schwein, ein kleines Schwein!" Andere sahen uns finster an und schüttelten die Köpfe, so als sei es etwas Unan-
5 ständiges, mit einem Schwein durch die Straßen zu gehen. Dabei hatten wir Rudi, wie jeden Tag, geduscht, Zuppi hatte ihm die paar Borsten sogar mit Haarshampoo gewaschen und danach mit Mutters Gesichtscreme eingerieben, die nach Rosen duftete. Auf dem Weg zur Bushaltestelle mussten wir immer wieder die Bienen verscheuchen, die sich auf den ro-
10 sig leuchtenden und nach Rosen duftenden Rudi stürzten. Sie glaubten wohl, er sei ein dicker, auf vier Beinen gehender Rosenbusch.

Als wir vier in den Bus einsteigen wollten, sagte der Busfahrer: „Schweine kommen hier nicht rein!"

„Und warum nicht?"

15 „Das wäre ja noch schöner. Schweine stinken."

„Unser Schwein nicht."

„Schweine sind dreckig."

„Haben Sie heute schon geduscht?", fragte Betti.

„Was hast du gesagt?", fragte der Busfahrer und stieg aus dem Bus. Er
20 ging auf Betti zu und hob die Hand, da machte Rudi einen kleinen Sprung, stellte sich vor den Mann und zeigte die Zähne. Obwohl er ja noch klein war, sah er doch recht gefährlich aus. Der Busfahrer blieb stehen, drehte sich um, stieg in den Bus und fuhr weg.

Wir sind dann den ganzen Weg zum Bezirksamt gelaufen. Als wir dort
25 ankamen, wollte uns der Pförtner nicht hineinlassen. Wir haben ihn dann aber an Rudi riechen lassen, ein Schwein, das nach Rosen duftet, da staunte er und nannte uns eine Zimmernummer. Dort könnten wir uns eine Genehmigung für die Haltung von Schweinen holen.

In dem Büro saß eine junge Frau, die natürlich ziemlich baff war, als
30 wir mit Rudi hereinkamen. Wir sagten, wir bräuchten eine Genehmigung, um Rudi bei uns als Hausschwein zu halten. Sie fragte, ob wir in einem Einzelhaus wohnten.

„Nein, in einem Mietshaus."

Zu dieser Situation könntest du ein Bild malen und einen kleinen Text dazu schreiben.

Hier könntest du deine Meinung zum Verhalten des Busfahrers aufschreiben.

Hier könntest du aufschreiben, welche Gedanken Rudi Rüssel zu der ganzen Situation durch den Kopf gehen könnten.

[1] Verwaltungsbehörde einer Stadt

„Habt ihr denn einen Garten?"

„Ja"

„Wie groß?"

„Naja, so acht mal fünf Meter."

„Der ist ja winzig. Ist der Hausbesitzer damit einverstanden, wenn ihr das Schwein im Garten haltet?"

„Das ist es ja gerade, er will es nicht. Er hat uns auch verboten, das Schwein im Haus zu halten."

„Tja, dann kann ich auch nichts für euch tun."

„Aber kann man in diesem Fall nicht eine Ausnahme machen? Ich meine, Rudi ist ein wirklich sauberes Schwein."

„Nein, leider nicht. In der Verordnung steht, dass Bewohner von Mietwohnungen keine Schweine halten dürfen. Ihr müsst das Schwein aus dem Haus bringen, sonst wird es zwangsentfernt."

Zwangsentfernt, was für ein grässliches Wort. […] Traurig gingen wir den ganzen langen Weg zu Fuß zurück. Auch Rudi ließ seine Schlappohren hängen. (Seite 38–40)

2 Mithilfe der folgenden Vorschläge könnt ihr eure Lesetagebücher zum Kinderroman „Rennschwein Rudi Rüssel" selbstständig fortführen und ausgestalten. Viel Spaß dabei!

- Zu einer Textstelle ein Bild malen und dazu eine eigene Geschichte schreiben (z. B. aus der Sicht von Rudi Rüssel)

- Die eigene Meinung zum Verhalten einer Figur in einer bestimten Situation aufschreiben (z. B. vom Hausbesitzer Buselmeier)

- Zu Hauptfiguren Steckbriefe anlegen (z. B. zum Vater, zur Mutter, zu Zuppi oder zu Betti)

- Einen Brief an eine Figur schreiben und dabei die Figur zu etwas ermuntern oder auch kritisieren (z. B. ein Brief an den Vater)

- Zu spannenden Ereignissen eine Bildergeschichte mit Sprechblasen gestalten (z. B. Rudi beißt den Einbrecher)

- Eine spannende Textstelle mit eigenen Worten erzählen (z. B. Rudi beißt Linienrichter)

- Selbst ein Ereignis erfinden und aufschreiben (z. B. Rudi darf mit Betti in die Schule gehen)

- Zu einer spannenden Textstelle einen Zeitungsartikel schreiben (z. B. über die Rennen der Schweine)

- Als Reporter ein Gespräch mit Figuren führen (z. B. mit Zuppi oder auch mit Rudi über den Gewinn des Blauen Bandes)

- Gedanken und Gefühle, die beim Lesen entstehen, aufschreiben (z. B. ob ein Schwein in einer Stadtwohnung leben sollte)

Recht-schreibung und Zeichensetzung

Arbeit mit dem Wörterbuch

Ⓜ Nachschlagen im Wörterbuch

Ein Wort in einem Wörterbuch möglichst schnell finden zu können, das gehört zu den ganz wichtigen Arbeitstechniken, die du lernen musst. Dafür ist dreierlei wichtig:

1. Du musst dich so gut **im Alphabet auskennen**, dass du ein Wort rasch findest.
2. Du musst **wissen, welches Wort** du nachschlagen möchtest.
3. Du musst auch **nachschlagen wollen**.

Mit einigen Tipps für das Üben soll dir das Nachschlagen erleichtert werden.

 1. Tipp: Im Wörterbuch blättern

Du musst dich mit deinem Wörterbuch vertraut machen.
Blättere darin herum. Lies einmal hier, einmal dort, was du darin findest.
Vielleicht interessiert dich ja ein Wort besonders, z. B. *Papagei*. Dann lies, was dazu im Wörterbuch steht. Du musst nicht alle Abkürzungen gleich verstehen.
Wichtiger ist, dass du dich erst einmal etwas besser auskennst.

1 Nimm dir dein Heft und schreibe die Wörter auf, die du beim Blättern gefunden hast. Schreibe die Zahl der Seite dahinter.

2 Suche ...
- ein Wort, das du besonders gern magst.
- ein Wort für ein Tier.
- 𝓊 𝓊𝓊 ein Wort, das besonders lang ist.
- 𝓊𝓊𝓊 ein Wort, in dem in der Mitte ein **ä** vorkommt.
- 𝓊𝓊𝓊 ein Wort, in dem ein **tz** vorkommt.

 2. Tipp: Sich auf einer Wörterbuchseite zurechtfinden

Auf einer einzelnen Wörterbuchseite findest du schon eine ganze Menge Wörter.
Manche sind **fett** gedruckt, manche dünn.
Die fett gedruckten sind die wichtigsten „Stichwörter".
Die anderen sind Erklärungen dazu.

3 Stell dir vor, du hättest die Seite 206–207 in einem Wörterbuch aufgeschlagen.
- Notiere die Antworten in deinem Heft. Vergleiche sie anschließend mit einem Partner.
- Was bedeutet das Wort **petzen**?
- Welche beiden Bedeutungen hat das Wort **Pflaster**?
- 𝓊 𝓊𝓊 Was bedeutet „*geh dahin, wo der Pfeffer wächst*"?
- 𝓊 𝓊𝓊 Wie wird das Wort **pf ? nden** geschrieben: mit **e** oder mit **ä**?
- 𝓊 𝓊𝓊 Wie wird das Wort **Pfingsten** in Silben getrennt?
- 𝓊𝓊𝓊 Was ist eigentlich ein **Pfifferling**?
- 𝓊𝓊𝓊 Und was ist der Plural (die Mehrzahl) von **Pfifferling**?

●●○○○ Einsichten gewinnen – An Beispielen üben

(Wörterbuchauszüge: Perspektive – Pfeiler / Pferd – Pfund)

💡 3. Tipp: Wörter nach dem Alphabet suchen:
Der erste Buchstabe eines Wortes

Die Wörter im gesamten Wörterbuch stehen in der Reihenfolge des Alphabets.
So stehen die Wörter mit **A** ganz vorn und die mit **Z** ganz hinten.
Das ist leicht!
Aber mit allen Wörtern, die dazwischen stehen, hat man es manchmal
gar nicht so leicht!

4 Schreibe die folgenden Wörter auf und notiere die Seitenzahl dahinter.
Suche …
- das erste Wort mit einem kleinen **b**.
- das erste Wort mit einem großen **P**.
- das erste Wort mit **J**.
- das erste Wort mit **W**.
- 𝓊 𝓊𝓊 das letzte Wort mit einem großen **Z**.
- 𝓊 𝓊𝓊 das letzte Wort mit einem kleinen **r**.
- 𝓊𝓊 das letzte Wort mit **B**.
- 𝓊𝓊 das letzte Wort mit **J**.

5 Suche die folgenden Wörter **nach der Reihenfolge des Alphabets** im Wörterbuch
und schreibe sie mit der Seitenzahl auf.

*Stiefel – leicht – Zacke – Zebra – Durst –
Ente – watscheln – Reim – Koloss – Flechte*

Du kannst die Reihenfolge selbst kontrollieren.
Die Seitenzahl muss immer höher werden.

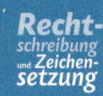

Einsichten gewinnen – An Beispielen üben

 4. Tipp: Nach dem Alphabet suchen:
  Der zweite und dritte Buchstabe eines Wortes

Mit **P** zum Beispiel gibt es viele Wörter.
Sie alle sind untereinander auch noch einmal nach dem Abc geordnet:
vorn die mit **Pa** und ganz hinten die mit **Py**.
Die Wörter unter **P** sind also nach dem zweiten oder sogar
nach dem dritten Buchstaben in eine Reihenfolge gebracht.
Und auch die Wörter auf den einzelnen Seiten sind nach
der Reihenfolge des zweiten und dritten Buchstabens geordnet.

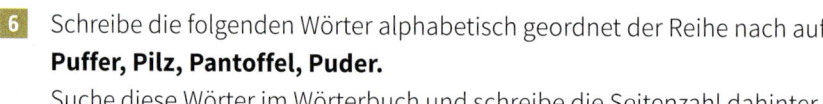

6 Schreibe die folgenden Wörter alphabetisch geordnet der Reihe nach auf:
  Puffer, Pilz, Pantoffel, Puder.
  Suche diese Wörter im Wörterbuch und schreibe die Seitenzahl dahinter.

7 Schreibe auch diese Wörter alphabetisch geordnet der Reihe nach auf:
  Pflaume, Pfusch, Pferd, Pfannkuchen.
  Suche diese Wörter im Wörterbuch und schreibe die Seitenzahl dahinter.

8 Mit dem Buchstaben **S** gibt es ganz viele Wörter.
  Suche die Wörter **Saurier, Schreck, Stier** und
  schreibe die Seiten auf, auf denen du sie gefunden hast.

 5. Tipp: „Kopfwörter" oder „Kopfzeichen" helfen dir beim Suchen

In allen Wörterbüchern stehen oben auf der Seite links und rechts
Wörter oder Zeichen. Man nennt sie „Kopfwörter" oder „Kopfzeichen".
Auf unserem Wörterbuchauszug (Seite 207) heißen diese Wörter:
Perspektive – Pfeiler – Pferd – Pfund.
Diese „Kopfwörter" wollen dir zeigen, welche Wörter du auf dieser Seite
des Wörterbuches erwarten kannst.

Hier sind einige Kopfwörter oder Kopfzeichen: **Und hier sind fünf Wörter:**

Steg	?	*Step*	*Station*
Spor	?	*sprü*	*Schwan*
Schar	?	*Schau*	*Stelze*
Star	?	*steck*	*Spray*
Schus	?	*schwarz*	*Schaschlik*

9 Schreibe die Kopfzeichen ab und setze die passenden Wörter aus der rechten Spalte
  dazwischen ein:
  Steg … Stelze … Step

10 Suche in deinem Wörterbuch die Wörter **Kran, Floh, Rucksack**.
  Schreibe auf, zwischen welchen Kopfwörtern oder Kopfzeichen du sie gefunden hast.

6. Tipp: Ein Wort möglichst schnell finden

Wer für die Suche nach einem Wort zu lange Zeit braucht,
der gibt bald wieder auf.
Das rasche Auffinden von Wörtern muss also geübt werden.

11 Spielt gemeinsam das „Wörtersuchspiel". Es geht so:
- Schreibt die sechs Wörter rechts auf einen Zettel.
- Sucht sie in eurem Wörterbuch.
- Schreibt die Seite dahinter, auf der ihr die Wörter gefunden habt.

Gewonnen hat, wer als Erster alle Wörter gefunden
und die richtige Zahl dazu aufgeschrieben hat.

Kiosk
Shorts
Meerschweinchen
Gespenst
Spaghetti
Brombeere

12 Ihr könnt das Spiel auch etwas anders spielen:
- Zwei Partnerinnen oder Partner suchen sich im Wörterbuch jeder sechs Wörter heraus und schreiben sie auf einen Zettel.
- Auf die Rückseite schreiben sie zur Kontrolle die Seiten, auf denen sie die Wörter gefunden haben.
- Jetzt werden die Zettel ausgetauscht.
- Der andere muss hinter die Wörter die Seitenzahl schreiben.
- Wer zuerst damit fertig ist, hat gewonnen.

Wenn ihr solche Spiele immer wieder einmal spielt,
dann werdet ihr sicher bald Profis im Nachschlagen!

7. Tipp: Wenn du unsicher bist, wie ein Wort geschrieben wird …

Alles Üben hilft im Ernstfall nichts, wenn du keinen Zweifel an der Schreibung hast.
Nur wer unsicher ist, wie ein Wort geschrieben wird, der schlägt auch nach.
Also: **Hab Mut zur Unsicherheit!**
Etwas von diesem Mut kannst du durch solche Aufgaben bekommen:

13 Die folgenden Wörter sind hier so abgedruckt, wie du sie ausspricht:

Rulade   *Majonese*   *Wanille*

Kornfleeks   *Tschips*   *Rabarber*

- Schlage nach, wie diese Wörter geschrieben werden.
  Achtung: Bei Unsicherheit musst du manchmal
  an zwei verschiedenen Stellen im Wörterbuch nachschlagen,
  z. B. unter **K** und unter **C** oder unter **W** und unter **V**!
- Schreibe die Wörter dann richtig auf.

14 Wie werden diese Wörter geschrieben, mit **e** oder mit **ä**?

H*rbst   *M*rz*   **rgern*   *Gel*nder*   *Z*lt*   *G*ld*   *pl*rren*

Rechtschreibung und Zeichensetzung

8. Tipp: Wenn du die Rechtschreibung üben willst …

Das Wörterbuch kann dir natürlich auch helfen, die Rechtschreibung zu üben – zum Beispiel, wenn du Wortfamilien zusammenstellen sollst.

15 Schreibe aus dem Wörterbuch fünf weitere Wörter auf, die mit **fahr-** oder **Fahr-** anfangen:
fahren, Fahrrad, Fahrstuhl …

16 Schreibe acht Wörter auf, die mit **Schlag-** zusammengesetzt sind.
Schlagzeug, Schlagabtausch, Schlager …

17 Stelle eine Wortfamilie zu dem Wort **schließen** zusammen.
Schau auch unter **Schluss** und **Schloss** nach.
schließen, Schließfach, Schließzeit …

18 Ordne die folgenden Wörter nach Wortfamilien. Es sind insgesamt sechs Wortfamilien.

Essen	*geschafft*	*der Schaffner*
sehen	*gesehen*	*schaffen*
schaffte	*lässig*	*der Fernseher*
das Wettrennen	*gestanden*	*isst*
aß	*rennen*	*steht*
sah	*gelassen*	*sieht*
lässt	*stand*	*das Mittagessen*
lassen	*rennst*	*rannte*
stehen	*gegessen*	
ließ	*schaffst*	

19 Ergänze mithilfe des Wörterbuches weitere Wörter zu diesen Wortfamilien.

20 Jeweils zwei der folgenden Wörter sind eng miteinander verwandt.
• Schreibe die zwei zusammengehörigen Wörter auf eine Zeile.
• Schlage das Wort mit **a / au** im Wörterbuch nach und schreibe noch zwei weitere verwandte Wörter auf.

Gelächter	*Schlange*	*wässrig*	*schlängeln*	*Schnabel*
Wasser	*Schnauze*	*lachen*	*schnäuzen*	*bemängeln*
schnäbeln	*schläfrig*	*Mangel*	*schlafen*	

21 Wie werden diese Wörter geschrieben, mit **äu** oder mit **eu**?

Sch**ne	Sch**sal	T**fel	S**re
Dickh**ter	Geb**de	Ger**sch	H**ptling
entt**schen	B**te	L**chtschrift	L**schen
Schl**der	Fr**de	Leckerm**lchen	M**schen

● ○ ○ ○   Einsichten gewinnen – An Beispielen üben

9. Tipp: Wenn du wissen willst, was ein Wort bedeutet …

Manchmal liest du ein Wort und weißt nicht, was es bedeutet –
oder du weißt es nicht ganz genau.
Dann kannst du die Bedeutung dieses Wortes im Wörterbuch nachschlagen.
Bei den meisten seltenen Wörtern steht nämlich eine Erklärung dabei.

1) In der Geschichte war ein **Alb** die Hauptfigur.
2) Er war der einzige **Amateur** in seiner Mannschaft.
3) Sie musste wegen einer **Angina** im Bett bleiben.
4) Er war im Unterricht ganz **apathisch**.
5) Alexander ist ein **Ass** in Mathematik und Deutsch.
6) Svenja bekam von ihrem Lieblingsstar ein **Autogramm**.
7) Die Lehrerin war über die Antwort von Leon **baff**.
8) Sven konnte wegen einer **Bronchitis** nicht mitspielen.
9) Im Badezimmer herrschte ein einziges **Chaos**.
10) Das neue Auto hatte schon nach einer Woche einen **Defekt**.
11) Die Brüder liegen schon wieder im **Clinch** miteinander.
12) Für die Party wurde der Garten mit Papierschlangen **dekoriert**.
13) Zum **Dessert** gab es Erdbeereis mit Sahne.
14) Dem Wanderer war beim Anblick der hohen Berge **beklommen** zumute.
15) Die Zuschauer bedankten sich bei den Spielern für das **interessante** Spiel.
16) Er war der **Favorit** für den Weltmeisterschaftstitel.
17) Die Klasse führte im Unterricht eine spannende **Diskussion**.
18) Die Nationalmannschaft erlitt eine **katastrophale** Niederlage.
19) Der **Magier** zauberte ein Kaninchen aus dem Hut.
20) Nach dem Gitarrenunterricht gehen die Kinder **direkt** nach Hause.
21) Aus meinem Urlaub in Tirol habe ich mir ein schönes **Souvenir** mitgebracht.
22) Das **Team**, in dem ich Fußball spiele, ist sehr nett.
23) Der Freund meiner Schwester ist mir sehr **sympathisch**.
24) Die Hälfte der Spieler war heute viel zu **passiv**.
25) Der Zoo liegt im **Zentrum** der Stadt.

22 Schlage die **fett** gedruckten Wörter im Wörterbuch nach:
I Wörter 1)–10),   *II* Wörter 1)–20),   *III* alle Wörter.

23 Schreibe dir dann das Wort zusammen mit seiner Erklärung auf.

24 Schreibe außerdem in Klammern die Seite auf, auf der du
das gesuchte Wort gefunden hast.
Alb: gespenstisches Wesen (Seite …)
Amateur: …

III **25** Stelle zu folgenden Fremdwörtern jeweils eine kleine Wortfamilie zusammen:
Diskussion – Interesse – Dekoration – Konkurrenz – Respekt – fair
Diskussion: Diskussionsteilnehmer …

Rechtschreibung und Zeichensetzung

Aufbau und Schreibung der Wörter
Vokale und Konsonanten unterscheiden

1 Schreibe das ganze Alphabet auf. Schreibe dabei die Vokale *rot* und die Konsonanten *schwarz*. Beachte dabei: Das **h** gilt als Konsonant, das **y** gilt als Vokal.

INFO

Vokale und Konsonanten

Das Alphabet besteht aus **Vokalen** und **Konsonanten**.

Konsonanten heißen auch **Mitlaute**. Sie werden **mit** den Lippen, der Zunge, der Nase und an den Zähnen gebildet.
Das sind die **Konsonanten**: *b, c, d, f, g, h, j, k, l, m, n, p, q, r, s, t, v, w, x, z*.

Vokale heißen **Selbstlaute**, weil sie im Mundraum wie von **selbst** klingen.
- Das sind die **Vokale**: *a, e, i, o, u, y*.
- Das sind die **Umlaute**: *ä, ö, ü*.
- Das sind **Zwielaute**: *ei, ai, au, eu, äu*.

2 Zu welcher Art von Buchstaben zählt man:
m, ai, ö, o, t, g, u, r, eu, ü, z?
Schreibe so in dein Heft:
Konsonanten sind: …; Vokale sind: …

3 Sprecht die folgenden Wörter so aus, wie sie da stehen. Könnt ihr sagen, wie sie heißen?
G*b*rtst*gst*rt*   K*nd*rz*mm*r
G*mm*st**f*l   M*rm*l*d*nbr*tch*n
F*ßb*lll*nd*rsp**l   Pfl**m*nk*ch*n

4 Schreibe die Wörter aus Aufgabe 3 richtig auf.

5 Sprecht die folgenden Wortpaare deutlich aus. Worin unterscheiden sich die Vokale darin?
KRAN – KRANZ
SCHWAN – SCHWANZ
ROT – ROST
WEN – WENN
HER – HERZ

INFO

Wann spricht man einen Vokal kurz, wann spricht man ihn lang?

Jedes einsilbige Wort enthält einen **Vokal** bzw. einen **Umlaut**: *a, ä, e, i, o, ö, u, ü*.
Jeder dieser Vokale kann **lang** oder **kurz** gesprochen werden.

Wenn ein einsilbiges Wort mit nur einem **einzigen** Konsonanten endet, so spricht man den Vokal in der Regel **lang** aus: *Kran, Mut …*

Wenn ein einsilbiges Wort mit mehreren Konsonanten endet, so spricht man den Vokal in der Regel **kurz** aus: *Kranz, Mund …*

6 Ordne die folgenden Wörter:
**Wald – Wal, Schlaf – schlaff, stark – Star,
Maß – Mast, Kamm – kam**

Wörter mit langem Vokal:
Wörter mit kurzem Vokal:

Aufbau und Schreibung der Wörter

Offene und geschlossene Silben unterscheiden

So sprichst du: Das **a** in der ersten Silbe wird lang und deutlich gesprochen.
Der Mund bleibt mit dem **a** für einen Augenblick lang offen.
Die erste Silbe endet mit dem **a**, die zweite Silbe beginnt mit dem **m**:

offene Silbe   Silben**grenze**
↓

So sprichst du: N A   M E N

So schreibst du: N a - **men**

So sprichst du: Das **a** in der ersten Silbe wird kurz und knapp ausgesprochen.
Der Mund geht nur kurz auf und schließt sich mit dem **m** sofort wieder.
Die erste Silbe endet mit dem **m**, die zweite Silbe beginnt mit demselben **m**,
wie die erste geendet hat.

geschlossene Silbe   Silben**gelenk**
↓

So sprichst du: F L A M E N

So schreibst du: **Flam - men**

Das **m** verbindet hier die beiden Silben wie ein Gelenk.
Weil man beim Schreiben einen Buchstaben aber nicht
in zwei Hälften teilen kann, wird er zweimal geschrieben –
also zu **mm** verdoppelt.
Der Silbenstrich steht zwischen den beiden Buchstaben: **m – m**.

kamen   kramen   stammen   Damen
rammen   zusammen   schrammen   Samen

1 Welche Wörter reimen sich auf **Flammen**, welche reimen sich auf **Namen**?
Auf Flammen reimt sich: …
Auf Namen reimt sich: …

Rechtschreibung und Zeichensetzung

Aufbau und Schreibung der Wörter

Langvokale und Kurzvokale unterscheiden

Bär Stift Spatz Tür Schaf Hund
Weg Tat Klaps Bild Wal Kind

1 Sprecht diese Wörter deutlich aus.

2 Verlängere die Wörter. Schreibe sie mit Silbenstrichen auf.
Ordne sie:
Wörter mit langem Vokal und offener Silbe: Bär – Bä-ren ...
Wörter mit kurzem Vokal und geschlossener Silbe: Stift – Stif-te ...

Im Zweifelsfall eine längere Wortform bilden

Wenn man nicht genau **heraushört**, ob der Vokal in einem Wort **lang** oder **kurz** ist, dann muss man von dem Wort eine **längere Form** bilden.
Endet die erste Silbe mit einem **Vokal**, dann ist dieser Vokal **lang**.
Endet die erste Silbe mit einem **Konsonanten**, dann ist der Vokal **kurz**.

Schiff schief Dorf Wall lahm Lamm Kamm kam Tor Wal

3 Schreibe diese Wörter auf und ordne sie. Bilde eine verlängerte Form.
Wörter mit langem Vokal: Wal – Wa-le ...
Wörter mit kurzem Vokal: ...

Tag Witz Tor Herz Lied Pilz Prinz Tür

4 Schreibe diese Wörter im Plural (Mehrzahl) auf:
Wörter mit langem Vokal: Ta-ge ...
Wörter mit kurzem Vokal: ...

Schlume – Schlumpe   Mölke – Möle
Krüne – Krünte   Tromte – Trome

5 Sprich diese Fantasiewörter deutlich aus.
Schreibe sie mit Silbenstrichen geordnet auf:
Wörter mit langem Vokal: Schlu-me ...
Wörter mit kurzem Vokal: ...

6 Sprecht die folgenden Wörter deutlich aus.
Wie klingt der Vokal darin?
Mond Obst Keks Schwert Bart Pferd

7 Schau dir noch einmal den Infokasten auf Seite 212 unten an.
Schreibe auf, warum die Wörter aus Aufgabe 6 Ausnahmen von der Regel sind:
Diese Wörter sind Ausnahmen, weil ...

Aufbau und Schreibung der Wörter

Wörter nach Silben gliedern

Im Zoo

Zoo
Giraffenplatz
Schlangen
Krokodilanlage
Eisbärgehege
Gnu

Elefant
Affen
Gorillakäfig
Raubtierhaus
Löwengehege

1 Sprich diese Wörter deutlich aus.
Schreibe sie dann mit Silbenstrichen auf:
Wörter mit einer Silbe: …
Wörter mit zwei Silben: …
Wörter mit drei Silben: …
Wörter mit vier Silben: …
Wörter mit fünf Silben: …
Welches Wort hat die meisten Silben?

Silben

Die Wörter unserer Sprache bestehen aus **Silben**.
Manche Wörter haben nur **eine** Silbe: *ich, du, wir, uns, Bus, Gnu …*
Die meisten Wörter haben **zwei** Silben: *lau-fen, heu-te, Vo-gel …*
Aber es gibt auch Wörter mit drei und noch mehr Silben:
Erd-beer-eis, Ei-er-ku-chen, Kar-tof-fel-puf-fer …

INFO

2 So etwas sieht nicht gerade gut aus!
Wenn die Zeile zu Ende ist, solltest du besser die Wörter mit einem Silbenstrich abtrennen und auf der nächsten Zeile weiterschreiben.
- Schreibe den Text so in dein Heft, dass sich deine Leser nicht darüber ärgern müssen.
- Wie würdest du die Wörter am Zeilenende trennen?

> Dort schwamm in Krokodilbecken ein riesiges Krokodil herum.
> In der großen Unterwasseranlage konnten wir Fische beobachten, die wir noch nie gesehen hatten.

Silbentrennung

Im Allgemeinen trennt man Wörter so, wie es sich beim langsamen Sprechen eines Wortes ergibt, also nach **Sprechsilben**. Bei den meisten Wörtern fängt die **zweite** (und auch die dritte und vierte) Silbe immer mit einem **Konsonanten** an:
*Ap-**f**el, Äs-**t**e, Kat-**z**e, Freun-**d**in, Wer-**b**ung, Frei-**h**eit, Af-**f**en-**k**ä-**f**ig …*

Wörter mit **ck** werden so getrennt: *Ja-cke, dre-ckig, tro-cken …*

Einzelne Vokale dürfen **nicht** abgetrennt werden:
Wörter wie *oben, neue, eckig …* darf man also **nicht** trennen.

INFO

Birne Pfirsich Banane Erdbeere Säue Sauerampfer Kirsche Brennnessel Igel

3 Schreibe diese Wörter mit Silbenstrichen auf.
Aber Achtung: Zwei Wörter darf man nicht trennen!

Aufbau und Schreibung der Wörter

Das *h*, mit dem man Silben trennt

1 So sähe es aus, wenn wir das **silbentrennende h** nicht hätten. Lies die Verse vor und schreibe sie dann richtig auf.

Verse ohne h

In manchen Flüssen kann man steen
und im Wasser Fische seen.

Im Walde laufen manchmal Ree.
Verheiratete Paare führen eine Ee.

Das *h*, mit dem man Silben trennt

In einigen Wörtern beginnt die zweite Silbe mit einem Vokal (wie bei *se-en*).
In solchen Fällen wird zwischen der ersten und der zweiten Silbe ein **h** eingefügt.
Dieses **h** nennt man **silbentrennendes h**: *se-h-en, ste-h-en …*
Bei der Silbentrennung gehört dieses **h** zur zweiten Silbe: *se – hen, ste – hen …*
Dieses **h** bleibt auch in Formen dieser Wörter erhalten, die nur eine Silbe haben:
sieht, steht …
Wörter mit **au**, **äu** und **eu** haben **niemals** ein silbentrennendes h:
sau-er, rau-er, säu-er-lich, scheu-en …

2 Schreibe diese Verse richtig auf. In die markierten Wörter musst du ein silbentrennendes **h** einfügen.

Heiße Füße

Heute sind wir den Menschen entfloen,
auf die Berge geklettert, die steilen und hoen.
Nun glüen mir beinae meine Zeen.
Und ich kann kaum noch steen und geen.
Ee sie brennen, ziee ich lieber in Rue
von meinen heißen Füßen die Schue
und lass mir den Wind um die Zeen ween.

drohen	stehen	Ruhe	Mühe	ruhig	Zehen
blühen	glühen	sehen	wehen	krähen	Reihe
gehen	fliehen	Schuhe	beinahe	verleihen	verzeihen
ziehen	Flöhe	Höhe	früher	Kühe	

3 So kannst du mit diesen Wörtern üben:
- Schreibe sie mit Silbentrennungsstrich ab: *dro-hen …*
- Bilde mit einigen Wörtern Reimpaare: *blü-hen – glü-hen …*
- *ℳ ℳ* Bilde mit einigen Wörtern die Er-, Sie- oder Es-Form: *er droht …*
- *ℳ* Stelle zu einigen Wörtern Wortfamilien zusammen: *früh, früher, Frühling …*

schlauer   genauer   sich freuen   früher   ruhig   anziehen

ℳ **4** Schreibe diese Wörter in Sätzen auf: *Er ist ein schlauer Fuchs. …*

Aufbau und Schreibung der Wörter

Wörter mit Dehnungs-h schreiben

WORTSCHATZ

Bahn	Ohr
rühren	Sahne
fahren	sehr
fehlen	Sohn
Fohlen	stehlen
führen	Uhr
ohne	wehren
kahl	wohl
ihn	wohnen
ihr	Zahl
Kahn	zahlen
kühl	zählen
lahm	zahm
mehr	zehn
Mohn	nehmen

1 Manche Wörter enthalten ein h, das nicht vor einem Vokal steht wie das silbentrennende **h**, sondern vor bestimmten Konsonanten.
- Schaut euch die Wörter im **WORTSCHATZ** ganz genau an.
- Erklärt, vor welchen Konsonanten hier das Dehnungs-**h** steht.

2 Schreibe die Wörter aus dem **WORTSCHATZ** geordnet auf:
h vor l: fehlen …   *h vor m: ihm …*
h vor n: Bahn …   *h vor r: fahren …*

3 Ergänze den folgenden Vers. Nutze dazu den Infokasten.

Merkvers

Nach langem *, *, *, *, **a**
steht manches Mal ein Dehungs-h.
Doch schreibe es nicht gar zu schnell!
Es steht nur vor *, *, *, **l**:
bei *Lehm* und *Ohren*, *Mohn* und *sehr*,
bei *Zahl* und *wohnen* und noch *mehr*.

4 So kannst du mit dem **WORTSCHATZ** üben:
- In der Liste gibt es einige **Reimpaare**.
  Schreibe sie auf: *Bahn — …*
- Bilde mit **acht Wörtern** neue Wörter: *Eisenbahn, zähmen …*
- 𝓊 𝓊𝓊 Schreibe vier **Sätze** auf, in denen immer drei der Wörter mit Dehnungs-**h** vorkommen: *Das Fohlen ist sehr zahm. …*
- 𝓊𝓊𝓊 Schreibe zu einem der Verben eine **Wortfamilie** auf:
  fahren: fährt, fuhr, Fahrzeug …
  führen: geführt, Anführer …

Das Dehnungs-h

INFO

In manchen Wörtern steht ein **Dehnungs-h**. Es macht darauf aufmerksam, dass der **Vokal gedehnt** (lang) ausgesprochen wird. So kann man die Wörter *in* und *ihn* gut unterscheiden.
Bei der Silbentrennung steht dieses **h** immer nach dem Vokal: *f**eh**-len, S**ah**-ne, …*
Ein solches Dehnungs-h steht **nur** vor den Konsonanten **l, m, n, r**.

5 Füge die folgenden Wörter beim Abschreiben an den passenden Stellen in die Geschichte ein: 𝓁 1–6,   𝓊 1–8,   𝓊𝓊 1–12.
berühmtesten — wohnhaft — Jahr — Befehl — ohne — Ohr — ihm — sehr — Ohren — belohnt — wohl — Ruhm

Grimassen-Künstler

Einer der **1** Grimassen-Künstler, **2** in London, ist Mike Plumm.
Er hat es dadurch zu **3** großem **4** gebracht, dass er mit seinen **5** wackeln kann wie **6** kein anderer. Im letzten **7** wurde er für sein Training auf der Grimassen-Olympiade **8**. Dort gelang **9**, was noch kein anderer geschafft hatte. Er wackelte abwechselnd auf **10** mit dem rechten oder dem linken **11** einzeln, **12** dabei sein Gesicht zu verziehen.

Aufbau und Schreibung der Wörter

Vorsilben (Präfixe) vorn an Wörter anfügen

𝓊 𝓊𝓊

ver-	-raten	-rückt	er-	-reichen	–richten
ab-	-brechen	-biegen	weg-	-gehen	-geben
zer-	-reißen	-reiben	un-	-nötig	-nachgiebig
ab-	-beißen	-brennen	an-	-nehmen	–nähen

1 Setzt diese Wörter mündlich zusammen und sprecht sie deutlich aus.
Ihr werdet sicher merken, dass man bei einem Wort wie **verraten**
beim Sprechen nur **ein r** hört. So ist es auch bei den anderen Wörtern.
Man spricht nicht zwei **n**, **g** oder **b**, sondern nur eins.
Deswegen passieren beim Schreiben manchmal Fehler.

2 Schreibe jetzt die Wörter mit den Vorsilben auf. Beachte, dass die Vorsilben
beim Schreiben mit denselben Konsonanten enden, mit denen
die Verben anfangen! Damit du das nicht vergisst, trenne die Vorsilben
immer mit einem Silbenstrich ab: ver-raten ...

INFO

Vorsilben (Präfixe)

Es gibt einfache Verben wie *gehen*. Vor viele solcher Verben kann man
Vorsilben (Präfixe) setzen. Dann bekommen die Verben eine andere Bedeutung:
gehen → **weg**gehen, **zer**gehen, **auf**gehen, **unter**gehen ...

3 Setzt die folgenden Wörter mit der Vorsilbe **Ent- / ent-** zusammen
und sprecht sie deutlich aus.
- Achtet darauf, dass sie immer auf der zweiten Silbe betont werden.
- Die Vorsilbe **ent-** ist niemals betont: *entkómmen, entgégen* ...

Die Vorsilbe Ent-/ent-

-kommen	-gegen	-fernung	-setzlich	-gegen
-scheidung	-laufen	-führen	-lang	-deckung
-täuschung	-spannen	-schuldigung	-zwei	-laden

4 Schreibe Wörter aus Aufgabe 3 auf:
𝓵 acht Wörter, 𝓊𝓊 zehn Wörter, 𝓊𝓊𝓊 alle Wörter.
Achte auf die Großschreibung der Nomen!

𝓊𝓊𝓊 5 Schreibe einige Sätze auf, in denen Wörter aus dem **WORTSCHATZ**
vorkommen:
Ich habe etwas Neues entdeckt.

WORTSCHATZ

Ent- / ent-
entdecken
Entfernung
entführen
entgegen
entkommen
entladen
entlang
entlassen
entlaufen
Entscheidung
Entschuldigung
entsetzlich
entspannen
entstehen
enttäuscht
entweder ... oder
entwischen
Entwurf
entziffern
entzwei

Einsichten gewinnen – An Beispielen üben

Aufbau und Schreibung der Wörter

Die Nachsilben (Suffixe) -lich, -ig an Wörter anfügen

1 Bilde aus den Wörtern rechts Adjektive, indem du die Nachsilben anfügst: *Berg: bergig; Eis: ...*

-ig: Berg, Eis, Matsch, Mut, Durst, Lust, Zeit
-lich: Ärger, Feind, Kind, Absicht, Freund, Brüder, Schrift

2 Schreibe dieselben Wörter noch ein zweites Mal auf, jetzt aber mit Silbenstrichen: *ber-gig ...*

3 Manchmal bist du unsicher, ob ein Wort am Ende mit **-ig** oder mit **-lich** geschrieben wird. **Merke dir:** Wenn du ein **l** hörst, werden die Wörter meistens mit **-lich** geschrieben. Bilde aus den Nomen Adjektive mit **-lich**.
Mund — Tag — Name — Natur — Punkt — Gefahr — Person
Dabei wird hier aus **a, o, u** immer **ä, ö, ü**:
Mund → mündlich ...

Die Nachsilben (Suffixe) -ig und -lich

Aus manchen **Nomen** kann man **Adjektive** bilden. Das geschieht mit Nachsilben (Suffixen) wie **-lich**, **-ig**:
*Schrift → schrift**lich**   Mut → mut**ig***

Dabei ist das Suffix **-lich** eine echte abtrennbare Silbe, da sie mit einem Konsonanten beginnt: *schrift-lich*.

Das Suffix **-ig** ist aber keine echte Silbe, denn der Anfang der zweiten Silbe muss mit einem Konsonanten beginnen. Man trennt sie also so: *mu-tig, lus-tig ...*

INFO

4 Lest den folgenden Text vor und achtet darauf, ob ihr ein **l** hört.

Timmi ist ziem** lust**.
Er ist ehr**, anständ** und höf**.
Doch manchmal ist er ein bisschen ungeduld**.
Er kann sogar unglaub** empfind** sein,
wenn ihn jemand ärgert.
Doch meistens ist er fried** und oft sogar richt** witz**.

5 Schreibe den Text auf und ergänze **-lich** und **-ig**.

6 Die folgenden Wörter haben eine Besonderheit. Sie enden nämlich alle auf **l**.
*Nebel   Kitzel   Kringel
Stachel   Krümel   Schwindel*
Wenn du ein Adjektiv daraus machst, hörst du zwar auch ein **l**, doch dieses **l** gehört zum Nomen und nicht zur Nachsilbe:
Nebel — nebelig ...
Bilde aus den Wörtern Adjektive und schreibe sie auf.

WORTSCHATZ

-ig	-lich
anständig	absichtlich
bissig	ärgerlich
durstig	brüderlich
eisig	deutlich
fleißig	ehrlich
giftig	empfindlich
kitz(e)lig	feindlich
krümelig	freundlich
lässig	friedlich
lustig	fröhlich
matschig	gefährlich
mutig	glücklich
neb(e)lig	hässlich
niedrig	heimlich
richtig	höflich
schwind(e)lig	kindlich
sonnig	mündlich
ungeduldig	schädlich
wenig	schriftlich
winzig	täglich
witzig	unglaublich
zeitig	wahrscheinlich
zornig	ziemlich

Einfacher Konsonant oder Doppelkonsonant?

Aufbau und Schreibung der Wörter

be-ten   Qua-len   Ha-sen   Hü-te   Scho-ten   ra-ten   Scha-len   Scha-ren

1 Hier stehen acht Wörter. Bei allen Wörtern ist der erste betonte Vokal lang.
- Lest euch die Wörter gegenseitig vor.
- Sprecht dabei den Vokal in der ersten Silbe besonders deutlich.

Bet-ten   Qual-len   Hüt-te   Rat-ten   has-sen   Schot-ten   schar-ren   schal-len

2 Stellt jetzt aus beiden Sammlungen mündlich Wortpaare zusammen, in denen einmal der Vokal **lang** und einmal **kurz** ist.
Sprecht die Wortpaare aus den beiden Reihen deutlich aus.
be-ten – Bet-ten, Qua-len …

3 Schreibe die Wortpaare aus Aufgabe 2 auf.

INFO: Konsonantenverdoppelung

Ein Wort wie *knabbern* besteht aus zwei Silben.
Zwischen den Vokalen der beiden Silben hört man den Konsonanten **b**.
Ist der Vokal der ersten Silbe **kurz**, so wird der Konsonant beim Schreiben **verdoppelt**: *knab-b*ern.
Ausgesprochen wird er aber nicht zweimal, sondern **nur einmal**!

Schafe   Scharen   Ofen   kämen   scharren   Schalen   schaffe!   offen   kämmen   schallen

tt ttt   *Nase   Krume   Polen   Schotten   krumme   flügge   Flüge   Pollen   nasse   Schoten*

4 Schreibe die Wörter in Paaren auf: eines mit einem langen Vokal und eines mit einem kurzen Vokal und Doppelkonsonanten.
Schafe – schaffe! …

5 Ordne die Wörter mit Doppelkonsonanten aus Aufgabe 4 nach dem Alphabet und schreibe sie so auf:
flüg-ge, käm-men …

6 Suche jeweils das Gegenteil. Alle Lösungswörter haben Doppelkonsonanten.

tt ttt	*tt ttt*	*ttt*
leer – v…	gerade – k…	Flut – E…
dunkel – h…	dick – d…	Liebe – H…
mager – f…	trocken – n…	langsam – sch…
schlau – d…	außen – i…	verlieren – ge…
teuer – b…	geschlossen – o…	danken – b…

● ○ ○ ○ Einsichten gewinnen – An Beispielen üben

7 Mithilfe der folgenden Übungen kannst du die Schreibung der Wörter mit Doppelkonsonanten trainieren.
- Nimm dir für das Üben nicht zu viel vor!
- Wechsle in den Übungen ab. Und: Halte durch!
- Nutze die beiden **WORTSCHÄTZE** unten für dein Training.

a) Schreibe zwölf Verben in Silbentrennung auf:
be-gin-nen …

b) Ordne die Verben nach den Doppelkonsonanten:
*Wörter mit **ff**: schaffen …*
*Wörter mit **ll**: bellen …*
*Wörter mit **mm**: …*
*Wörter mit **nn**: …*
*Wörter mit **tt**: …*

c) Ordne die Adjektive nach den Doppelkonsonanten.

d) Schreibe die Verben in der Er-, Sie- oder Es-Form auf:
sie beginnt, er bekommt …

e) Steigere die Adjektive:
bitter, bitterer, am bittersten …

f) Suche zu einigen Verben und Adjektiven Reimpaare:
brummen – summen …
satt – glatt …

g) Vermische die Verben und Adjektive und schreibe sie nach dem Abc geordnet auf:
beginnen, bekommen, bellen, bitten, bitter, brummen, dumm …

h) Bilde mit einigen Wörtern Sätze oder Witzsätze, in denen immer zwei Wörter aus den **WORTSCHÄTZEN** vorkommen:
Der Löwe brummt und kämmt sich. …

i) Stelle zu einigen Wörtern Wortfamilien zusammen:
brummen, brummt, Brummer, Gebrumm …

ı **8** Suche dir drei Übungen aus. Die Übung **b)** sollte dabei sein.

ıı **9** Suche dir vier Übungen aus. Die Übung **b)** sollte dabei sein.

ııı **10** Suche dir fünf Übungen aus. Die Übung **g)** sollte dabei sein.

WORTSCHATZ

Häufige Verben mit ff, ll, mm, nn, rr, tt

beginnen	gewinnen	schaffen
bekommen	irren	schwimmen
bellen	kämmen	schwirren
bitten	knallen	sollen
brummen	können	spinnen
fallen	rennen	summen
flennen	retten	treffen
gaffen	rollen	wetten

WORTSCHATZ

Häufige Adjektive mit ff, ll, mm, nn, rr, tt

bitter	kaputt	schlapp
dumm	krumm	schlimm
dünn	nett	schnell
fett	offen	spannend
glatt	platt	still
hell	satt	toll
irre	schlaff	voll

Aufbau und Schreibung der Wörter

Wörter mit *tz* und *ck* richtig schreiben

patzen   packen   gaffen   starren   rasseln   klappen

1 Sprecht diese Wörter deutlich aus. Findet heraus, was in ihnen gleich klingt.

Die Konsonanten tz und ck

Eigentlich sind **tz** und **ck** Doppelkonsonanten, genau wie *pp, ll, mm* usw.
Es gibt Fremdwörter, in denen sie tatsächlich auch mit *zz* und *kk*
geschrieben werden: *Pizza, Skizze, Akku, Akkordeon.*
In deutschen Wörtern werden sie aber mit zwei verschiedenen
Buchstaben geschrieben: *Mü**tz**e, Si**tz**e, Mü**ck**e, Ba**ck**e.*

Getrennt werden die Wörter mit **tz** so: *Müt-ze, Sit-ze …*
Bei Wörtern mit **ck** bleibt das *ck* beim Trennen zusammen: *Mü-cke, Ba-cke …*

WORTSCHATZ

Die häufigsten Wörter mit tz und ck

Wecker	blicken	backen	Plätze	Bäcker	Sätze	petzen
Brücke	dreckig	packen	Decke	setzen	frühstücken	Katze
Glück	gucken	Tatze	meckern	Jacke	platzen	Rücken
Mütze	schmecken	erschrecken	Blitze	hetzen	kleckern	Stück
verletzen	trocken	schwitzen	verstecken	wecken	Socken	schmatzen
Stöcke	lecker	sitzen	Ecken	verrückt		

2 So kannst du mit diesem **WORTSCHATZ** üben:
  a) Bilde mit einigen Wörtern Reimpaare: *Sätze – Plätze …*
  b) *l* Ordne die Wörter: *Wörter mit **tz**: Plätze …*
                                *Wörter mit **ck**: Wecker …*
  c) *l* Ordne die Wörter einer Spalte nach dem Abc. Dabei werden Umlaute wie **ä**
     wie einfache Vokale behandelt: *backen, Bäcker …*
  d) *ll* Ordne die Wörter von zwei Spalten nach dem Abc: *backen, Bäcker …*
  e) *ll lll* Suche zu sechs Wörtern verwandte Wörter: *backen, Bäcker …*
  f) *lll* Schreibe die Verben in der Er-, Sie- oder Es-Form auf: *er blickt …*
  g) *lll* Bilde Sätze, in denen mehrere der Wörter vorkommen:
     Der Bäcker schwitzt in den Socken.

3 Schreibe die folgenden Wörter auf, und suche zu jedem Wort ein anderes Wort.
  Dieses zweite Wort soll aber kein **ck**, sondern ein **tz** enthalten:
  Mücke – blicken – wecken – spicken – Glocke – Schmuck
  Mücke – Mütze, blicken – …

Aufbau und Schreibung der Wörter

Wörter mit ß und ss unterscheiden

Schlöße   Schlösse   Straße   Klasse
Krüße   Krüsse   Füße   Flüsse
Broße   Brosse   Maße   Masse

1 Sprecht die Fantasiewörter und die anderen Wörter deutlich nacheinander aus.
Könnt ihr heraushören, wann man **ss** schreibt und wann **ß**? Und woran könnt ihr es merken?

2 Ergänze diese beiden Merksätze.

> Wenn ich vor dem s-Laut einen ? Vokal höre, dann schreibt man **ß**.
> Wenn ich aber vor dem s-Laut einen ? Vokal höre, dann schreibt man **ss**.

3 Sprich die Wörter deutlich aus. Achte darauf, ob der vorausgehende Vokal lang oder kurz ist.

Schü*e   Grü*e   Ta*e   Spro*e   Fü*e
Stö*e   Nü*e   Klö*e   Flo*e   Ka*e

4 Stelle die Wörter aus Aufgabe 3 zu Reimpaaren zusammen: *Schüsse – Nüsse …*

5 Wenn du bei den folgenden Wörtern nicht sicher bist, ob sie mit **ß** oder mit **ss** geschrieben werden, dann sprich sie deutlich aus. Achte auf den langen und den kurzen Vokal vor den s-Lauten. Schreibe die Wörter auf.

> ### Das stimmlose ß und ss in zweisilbigen Wörtern
>
> Die Schreibung von **ss** und **ß** richtet sich nach dem **vorausgehenden Vokal**.
> Ist der Vokal **lang**, schreibt man **ß**: Grü̱-ße …
> Ist der Vokal **kurz**, schreibt man **ss**: Küs-se …
> Auch **ei, ie, au, äu, eu** gehören zu den langen Vokalen.
> Nach ihnen steht **niemals** ein **ss**, sondern immer ein **ß**:
> *beißen, fließen, draußen, äußerlich, scheußlich …*

INFO

ɩ
fre*en – fra* – gefre*en
schlie*en – schlo* – geschlo*en
la*en – lie* – gela*en
bei*en – bi* – gebi*en

ɩɩ ɩɩɩ
schie*en – scho* – gescho*en
flie*en – flo* – geflo*en
gie*en – go* – gego*en
schmei*en – schmi* – geschmi*en

6 Schreibe die falsch zusammengesetzten Wörter richtig auf.
Fußball …

Seltsame Wörter

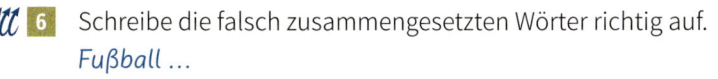

Fußvogel   Reißwasser   Gießbahn   Grießstadt
Spaßball   Süßverschluss   Straßenkanne   Großbrei

Rechtschreibung und Zeichensetzung

7 So kannst du mit den Wörtern aus dem **WORTSCHATZ** üben:
a) Stelle einige Reime zusammen: *groß – bloß ...*
b) Diktiert euch die Wörter gegenseitig.
c) 𝓤 𝓤𝓤 Ordne die Wörter nach dem Abc: *aß, außerdem ...*
d) 𝓤 𝓤𝓤 Schreibe zu den Nomen den Plural auf: *Gruß – Grüße ...*
e) 𝓤𝓤 Bilde mit einigen Wörtern Sätze.

8 Immer vier der folgenden Wörter sind miteinander verwandt.
Schreibe die Wörter nach Wortfamilien geordnet auf:
Gruß, Grüße ...

Gruß	*groß*	*zuckersüß*	*verschließen*
Grüße	*Schließfach*	*vergrößern*	*versüßen*
gegrüßt	*schließt*	*begrüßen*	*Größe*
süßlich	*größer*	*gesüßt*	*schließlich*

9 Ergänze die folgenden Reime.
Schreibe die Reimwörter auf: *fließen, begrüßen ...*

Reime

Flüsse müssen fließen,
Gäste muss man begr ? .

Türen soll man schl ? ,
Fehler muss man manchmal b ? .

Blumen muss man g ? ,
Tee kann man vers ? .

Ferien kannst du gen ? ,
und manchmal muss man etwas beschl ? .

10 Schreibe die Verse aus Aufgabe 9 ab und ergänze die Reimwörter.

11 Berichtige die fünf Fehler im folgenden Text:

Gestern mußte ich die Blumen gießen.
Das macht mir eigentlich meistens Spass.
Doch letzte Woche hatte jemand vergeßen,
den Blumen Wasser zu geben.
Sie sahen schrecklich aus.
Fast alle Blätter waren schon ein bißchen trocken.
Ich habe die Blumen ordentlich gewäßert.
Vielleicht erholen sie sich wieder!

WORTSCHATZ

Wörter mit ß

aß
außerdem
begrüßen
beschließen
bloß
büßen
draußen
fließen
fraß
Fuß
Fußball
genießen
gießen
groß
größer
Gruß
grüßt
heiß
hieß
ließ
schließen
schließlich
Spaß
Spieß
stieß
stoßen
stößt
Straße
vergaß
versüßen
weiß

Aufbau und Schreibung der Wörter

Strategie: Kurzform bilden – Wörter mit *ä* und *äu*

Nehmen wir an, du weißt nicht, wie man dieses Wort schreibt –
mit **äu**: *Kräuter* – oder mit **eu**: *Kreuter*.
Da hilft dir eine kürzere Form des Wortes.
Gibt es eine solche Kurzform, die mit **au** geschrieben wird,
dann schreibt man die längere Form mit **äu**: *Kräuter – Kraut*.

*jährlich mächtig zählen Verkäuferin läuten zähmen länglich kämmen
laut lang Jahr Kamm kaufen Zahl Macht zahm*

1 Stelle die Langform und die Kurzform dieser Wörter nebeneinander:
jährlich – Jahr …

2 Suche zu einigen weiteren Wörtern mit **ä** (Aufgabe 1) eine Kurzform mit **a**: *zählen, Zahl …*

3 Hier sind fünf Wortfamilien vermischt. Schreibe sie geordnet auf:
Angst, ängstlich, angstvoll …   *lang, länger …*

Angst	*länger*	*ängstlich*	*angstvoll*	*alt*
arm	*zählen*	*am längsten*	*Alter*	*verlängern*
lang	*ärmer*	*am ärmsten*	*verarmt*	*gezählt*
Zahl	*älter*	*am ältesten*	*ärmlich*	*länglich*
Ängste	*bezahlen*	*erzählen*	*beängstigend*	*veraltet*

Der Umlaut *ä* – Der Zwielaut *äu*

Die meisten Wörter mit **ä** oder **äu** stammen von Wörtern ab, die in ihrer
Kurzform (in ihrem Wortstamm) mit **a** oder **au** geschrieben werden:
läuten von *laut* — *säuerlich* von *sauer* — *länglich* von *lang* …

Wenn man nicht sicher ist, ob ein Wort mit **ä** oder **äu** geschrieben wird,
sucht man in der **Wortfamilie** nach einem Wort mit **a** oder **au**.

INFO

4 Suche zu den folgenden Wörtern andere Wörter mit **a** oder **au**.
Achtung: Zu jeweils zwei Wörtern gibt es kein verwandtes Wort mit **a** oder **au**.
Sie werden daher mit **e** beziehungsweise mit **eu** geschrieben.

ä?
Schl*fer, gef*hrlich, l*cherlich, s*lten, w*hlerisch, F*lder, n*chtlich, erkl*ren

äu?
aufr*umen, einz*unen, l*uten, vorl*ufig, d*utlich, Geb*ude, B*ute, Tr*ume

5 Ergänze die Buchstaben und Wörter:
- *ℓ* in der linken Spalte: *Fläche, Schwäche – schwach …*
- *u* in der rechten Spalte: *Räder – Rad, Bäder – …*
- *ııı* in beiden Spalten.

Die Fl*che kommt von flach,
die Schw*che kommt von … .

R*der kommt von …,
B*der kommt von … .

Das Wort F*cher kommt von Fach,
das Wort D*cher kommt von … .

Ich w*hle kommt von …,
ich z*hle kommt von … .

Das L*cheln kommt von lacht,
und m*chtig kommt von … .

Das Wort N*hte kommt von …,
das Wort Dr*hte kommt von … .

Das Wort B*lle kommt von Ball,
das Wort St*lle kommt von … .

Das Wort Kr**ter kommt von …,
das Wort H**te kommt von … .

Str**cher kommt von Strauch,
und B**che kommt von …,

Das M**schen kommt von …,
das H**schen kommt von … .

aufr**men kommt von Raum,
und tr**men kommt von … .

Das Wort Br**te kommt von …,
doch viele L**te kommen **nicht** von laut!

verd*chtig – erkl*ren – F*nster – sich r*chen – das Gew*chs – das Geb*ck – die W*rme

ııı **6** Manchmal ist es nicht ganz einfach, zu einem Wort mit **ä**
eine verwandte Form mit **a** zu finden.
Suche zu diesen Wörtern eine andere Form: *verdächtig – Verdacht.*
Zu einem Wort gibt es keine verwandte Form. Dieses Wort schreibt man mit **e**!

7 Lest euch den Text rechts
so vor, wie er da steht.
Dann lest ihn noch einmal
richtig vor.

8 Schreibe jetzt den Text richtig auf:
- *ℓ* den 1. Absatz,
- *u ııı* den ganzen Text.

Der erkältete Tiger

Der erkaltete Tiger

Die Mause sahen einen altlichen Tiger schlafrig vor seiner Höhle liegen. Angstlich versteckten sie sich hinter den Strauchern und kamen nicht mehr naher. Als sie ihn jedoch eine Weile beobachtet hatten, sahen sie, dass er gar
5 keine Zahne mehr im Maul hatte. Das sah ziemlich behammert aus.

Der Armste fraß nur noch sauerliche und weiche Apfel und schnauzte sich standig die Nase, da er furchtbaren Schnupfen hatte. Erstaunt sahen sie, wie er immer wieder
10 ein großes Taschentuch hervorzog und mit lautem Gerausch hineinschnauzte. Da lachelten sie erleichtert über diesen ungefahrlichen Tiger und versteckten sich nicht langer. Sie kletterten nun auf die Apfelbaume und versorgten den kranklichen Tiger mit frischen Apfeln, weil
15 Vitamine sehr gut bei Erkaltung sind.

Probleme erkennen – Einsichten gewinnen

Aufbau und Schreibung der Wörter

Strategie: Langform bilden – Wörter mit **b, d, g** am Ende

1 Lest euch die folgenden Verse vor. Sprecht die Wörter vollständig aus:
Aus Rad mach ich Räder, aus Bad …

1
Aus Ra* mach ich Räder,
aus Ba* mach ich Bäder.

Aus trä*t mach ich tragen,
aus fra*t mach ich fragen.

Aus krie*t mach ich kriegen,
aus sie*t mach ich siegen.

Aus ja*t mach ich jagen,
aus schlä*t mach ich schlagen.

2
Aus wil* mach ich wilder,
aus Bil* mach ich Bilder.

Aus lie*t mach ich Liebe,
aus Die* mach ich … .

Aus tra*t mach ich traben,
aus geha*t mach ich haben.

Aus Gedul* mach ich geduldig,
aus Schul* mach ich … .

3
Aus Zu* mach ich …,
aus lü*t mach ich Lüge.

Aus blin* mach ich Blinde,
aus Win* mach ich … .

Aus Lo* mach ich loben,
aus to*t mach ich … .

Aus Gel* mach ich Gelder,
aus Fel* mach ich … .

2 Schreibe die Verse aus Aufgabe 1 richtig auf:
- die Wörter der 1. Spalte,
- 𝓊 𝓾 die Wörter der 2. Spalte,
- 𝓾 die Wörter der 3. Spalte.

klebt stand rund piept links quiekt
schweigt wund kriegt tobt

3 Bildet zu diesen Wörtern mündlich Langformen, an denen ihr hören könnt, ob sie mit **b, d, g** oder mit **p, t, k** geschrieben werden.

4 Schreibe die Wörter aus Aufgabe 3 in einer Langform auf:
klebt: kleben; stand: …

5 Ergänze beim Abschreiben dieses Textes die unvollständigen Wörter. Du musst immer die Buchstaben **b, d** oder **g** einsetzen. Wenn du nicht sicher bist, wie ein Wort geschrieben wird, suche eine **Langform** dazu.
Achtung: Ein Wort wird mit **t** geschrieben! Du bekommst es mit der Verlängerungsprobe heraus.

Strategie: Langform bilden

In manchen Wörtern hört man ein **p**, ein **t** oder ein **k**, obwohl sie mit **b, d, g** geschrieben werden: kle**b**t, Schul**d**, lü**g**t.

Wenn man **Langformen** von Wörtern bildet, dann hört man, ob sie mit **b, d, g** oder mit **p, t, k** geschrieben werden:
- klebt: kle-**b**en; Schuld: Schul-**d**en; lügt: lü-**g**en.
- piept: pie-**p**en; bunt: bun-**t**e; sinkt: sin-**k**en.

INFO

Bockspringen

Den Weltrekor* im Bocksprun*, bei dem sich einer bückt und der andere über ihn sprin*t, halten elf Schüler einer Schule aus Köni*stein. Die Schüler le*ten die Strecke von Köni*stein bis Frankfurt bockspringend an einem einzigen Ta* zurück. Jeder musste auf der Strecke, die run* 25 km lan* ist, an die 3 000 Sprünge vollführen. Ein Notar hat dann bestäti*t, dass bei diesem Wettbewer* alles richti* zuging. Bis zu diesem Zeitpunkt hatten andere nur eine hal* so lange Strecke geschafft. Sie kamen viel zu spä* ins Ziel.

Aufbau und Schreibung der Wörter

Wörter berichtigen

Nehmen wir einmal an, du hast im Aufsatz Fehler gemacht. Du willst diese Wörter nun berichtigen, damit du sie nicht noch einmal falsch schreibst. Schließlich möchtest du ja aus diesen Fehlern etwas lernen.

Hier siehst du vier Sätze. In jedem der Sätze steckt ein Fehler:

Wir sind an eine alte Buhde gekommen.
Da kriekten wir einen Schreck.
Wir waren alle etwas engstlich.
Das war kein gutes Erlebniß.

Zuerst musst du natürlich wissen, wie diese Wörter
richtig geschrieben werden.
Vielleicht hat sie dir deine Lehrerin oder dein Lehrer schon berichtigt.
Wenn nicht, musst du sie im Wörterbuch nachschlagen.
Und dann bekommst du heraus, dass sie so aussehen:
Bude   kriegten   ängstlich   Erlebnis

Und jetzt sollst du aus deinen Fehlern etwas lernen.
Das könnte so gehen:

1. Tipp: Abschreiben, Fehlerstelle unterstreichen, korrigieren
Schreibe die Wörter ab und unterstreiche die Stelle, die du falsch geschrieben hast.
Dann schreibst du das Wort noch einmal richtig auf:
Buhde – Bude …

2. Tipp: Wörter in Sätzen verwenden
Alle Wörter, auch die falschen, verwendest du ja in einem sinnvollen Satz.
Deshalb solltest du sie beim Üben auch noch einmal im ganzen Satz schreiben.
Bilde also mit jedem Wort einen kurzen Satz, am besten einen anderen als im Diktat!
Dieser Hund war sehr ängstlich.

3. Tipp: Wortfamilien zusammenstellen
Besonders gut übt man Wörter dadurch, dass man verschiedene Formen
von einem Wort bildet. Das geht zwar nicht bei jedem Wort,
doch bei vielen ist es möglich.
Dabei siehst du, dass die Wörter einer Wortfamilie oft ähnlich aussehen.
In dieser Wortfamilie gibt es zum Beispiel Wörter mit **ä** und mit **a**:
ängstlich, Angst, beängstigend, angstvoll.

4. Tipp: Eine Regel angeben

Bei manchen Wörtern kannst du auch eine Regel oder Strategie angeben. Schreibe die Strategie auf, die du schon gelernt hast.
Zu dem Wort ängstlich gibt es ein kürzeres Wort: Angst.
Also schreibt man ängstlich mit ä.

5. Tipp: Wörter mit gleichen Vor- oder Nachsilben suchen

Manchmal musst du auf die Vorsilben oder Nachsilben von Wörtern achten. Da kann es hilfreich sein, wenn du mehrere Wörter mit solchen Wortbausteinen sammelst, die genau gleich sind. Unterstreiche die gleichen Wortbausteine:
ängst<u>lich</u>, freund<u>lich</u>, glück<u>lich</u> …

Und so könnte am Ende die Berichtigung eines falsch geschriebenen Wortes aussehen:

- Das Fehlerwort richtig aufschreiben:
  zählten
- Einen Satz mit dem Fehlerwort schreiben:
  Die Frau zählte ihr Geld.
- Einige Wörter der Wortfamilie zusammenstellen:
  zählen, zählt, Zahl, bezahlen
- Wenn du eine Regel kennst, schreibe sie auf:
  Das <u>ä</u> in zählen kommt von dem <u>a</u> in Zahl.

1 Berichtige die anderen Wörter von Seite 228 auf gleiche Weise. Wenn du dich nicht mehr an die Regeln erinnerst, dann sieh noch einmal in die Kapitel zur Rechtschreibung: bei **Bude** (Seite 217), bei **kriegt** (Seite 227).

2 Einen Text, den du selbst geschrieben hast, musst du immer noch einmal auf Rechtschreibfehler durchsehen. Das Wichtigste ist: Du musst die Fehler finden!
Jeder Satz des folgenden Textes enthält ein falsch geschriebenes Wort. Berichtige die Fehler nach den **Tipps 1–5**:
l Sätze 1)–3), *ll* Sätze 1)–6), *lll* alle Sätze.

1) Vorige Woche waren wir auf Klasenfahrt.
2) Drei Tage lang wohnten wir in einem alten Walthaus.
3) Das nechste Dorf war fünf Kilometer davon entfernt.
4) Deshalb hatten wir eine Mänge Verpflegung mitgenommen.
5) Wir haben dort auch selpst gekocht.
6) Das Mittagessen war trotzdem immer pünktlich vertig.
7) Mir viel ein Glas vom Tisch herunter.
8) Es ging in Schärben.
9) Ich habe es keinem veraten.

Aufbau und Schreibung der Wörter

Überprüfe dein Wissen und Können

1 Vokale und Konsonanten

a) ℓ Ordne die acht Buchstaben nach Vokalen und Konsonanten: *r, w, e, i, t, a, f, u*

b) ℓℓ Ordne die zehn Buchstaben nach Vokalen, Umlauten und Konsonanten: *l, o, ü, m, k, u, r, v, a, h*

c) ℓℓℓ Ordne die zwölf Buchstaben nach Vokalen, Umlauten und Konsonanten:
ä, w, b, k, y, o, a, z, u, ü, t, e

2 Lange und kurze Vokale

a) ℓ Schreibe die drei Wörter mit langem Vokal auf:
Wald   Berg   Tal   Fluss   Pol   Spuk

b) ℓℓ Schreibe die vier Wörter mit kurzem Vokal auf:
Geld   Obst   Mond   Mund   Sand   Feld   Tor   Krug

c) ℓℓℓ Schreibe drei einsilbige Wörter auf:
mit kurzem Vokal: …   mit langem Vokal: …

3 Silbentrennendes h – Dehnungs-h

a) ℓ Schreibe sechs Wörter auf, in denen ein **h** enthalten ist. Aber kein Wort mit **ch** oder **sch**.

b) ℓℓ Schreibe sechs Wörter auf: drei mit silbentrennendem h: …, drei mit Dehnungs-h: …

c) ℓℓℓ Ordne die folgenden Wörter, indem du eine längere Form von ihnen bildest:
blüht   zählt   fährt   steht   droht   führt
Wörter mit Dehnungs-h: *nehmt – neh-men …*
Wörter mit silbentrennendem h: *geht – ge-hen …*

4 Wörter mit Doppelkonsonanten

a) ℓ Schreibe die folgenden Wörter in der Er- oder Sie-Form auf:
gaffen   knallen   kämmen   rennen

b) ℓℓ Schreibe die folgenden Wörter in der Er- oder Sie-Form auf:
treffen   essen   kommen   spinnen   trennen

c) ℓℓℓ Schreibe die folgenden Wörter in der Er- oder Sie-Form auf:
bitten   bellen   können   wetten   wollen   lassen

5 Wörter mit *z/tz* und *k/ck*

a) ℓ Schreibe die Wörter mit **tz** und mit **ck** auf: *Fe*en   Plä*e — Da*el   De*el*

b) ℓℓ Schreibe die Wörter mit **tz** und **z** auf: *Kran*   Pla*   Prin*   Bli*   Pflan*e   Ta*e*

c) ℓℓℓ Schreibe die Wörter mit **z/tz** und **k/ck** auf:
Bre*el   Scha*   Wi*   Kreu* — Rabau*e   Kle*s   Ke*s   Kna*s

6 Wörter mit ss und ß

a) ℓ Schreibe vier Wörter mit **ss** und vier Wörter mit **ß** auf.

b) ℓℓ Ergänze in den folgenden Wörtern **ss** und **ß**:
er bei*t, sie i*t, es gie*t, es pa*t, sie wu*te, er wei*

c) ℓℓℓ Ergänze in den folgenden Wörtern **ss** und **ß**:
Grima*e   Gequa*el   Mei*el   So*e   Rei*verschlu*

7 Vorsilben (Präfixe)

a) ℓ Schreibe die vier Wörter mit **ent-** richtig auf: -setzlich -spannen -zwei -kommen

b) ℓℓ Schreibe die sechs Wörter mit **Ent-/ent-** richtig auf:

-scheidung -fernung -wicklung -schuldigung -ziffern -laufen

c) ℓℓℓ Schreibe die acht Wörter mit **Ent-/ent-** richtig auf:

-decken -setzen -weder … oder -lang -wurf -stehen -täuscht -gegen

8 Nachsilben (Suffixe)

a) ℓ Bilde aus den folgenden Wörtern Adjektive mit **-lich** und **-ig**:

Durst Matsch Ärger Absicht Lust Schrift Eis

z. B. Durst – durstig …

b) ℓℓ Bilde aus den folgenden Wörtern Adjektive mit **-lich** und **-ig**:

Freund Mut Schrift Zeit Berg Feind Brüder Zeit

c) ℓℓℓ Bilde aus den folgenden Wörtern Adjektive mit **-lich** und **-ig**:

Mund Frieden Berg Matsch Nebel Punkt Schwindel Feind

9 Der Umlaut ä — Der Zwielaut äu

a) ℓ Schreibe vier Wörter mit **ä** und vier Wörter mit **äu** auf.

b) ℓℓ Schreibe die Wörter mit **ä** oder **äu** richtig auf, indem du eine kürzere Form mit **a** oder **au** zu ihnen findest, z. B. fängt – fangen …

Tr*me aufr*men gef*hrlich erkl*ren s*erlich *rmlich

c) ℓℓℓ Schreibe die Wörter mit **ä** oder **äu** richtig auf, indem du eine kürzere Form mit **a** oder **au** zu ihnen findest.

verl*ngern kr*chzen aufr*men *hrlich bl*lich sich kr*zen

Achtung: Ein Wort wird mit **e** geschrieben und ein anderes mit **eu**!

10 Wörter mit b, d, g am Ende

a) ℓ Schreibe die Wörter richtig auf, indem du eine verlängerte Form mit ihnen bildest,

z. B. siegt – siegen …

to*t trä*t wil* der Die* das Gel* das Ra*

b) ℓℓ Schreibe die Wörter richtig auf, indem du eine verlängerte Form mit ihnen bildest,

z. B. siegt – siegen …

das Fel* der Die* das Lo* der Win* es tra*t es trä*t gesun*

c) ℓℓℓ Schreibe die Wörter richtig auf, indem du eine verlängerte Form mit ihnen bildest,

z. B. siegt – siegen …

das Fel* es pie*t der Die* bun* das Lo* der Win* es quie*t es tra*t es trä*t gesun*

Aber Achtung: drei Wörter werden mit **p, t, k** geschrieben!

11 Wörter in einem Text berichtigen

Berichtige die falsch geschriebenen Wörter im folgenden Text.

Die Mannschaft der 5b hatte mit 3:0 gesiekt. So etwas gelinkt den Kindern nicht immer. Die Gegner waren nämlich durchaus gefehrlich. Doch in der Entrunde konnten sie dann nicht mehr mithalten. Die Stürmer der 5b haben in den lezten Minuten ihre Tore geschossen. Und damit haben sie entlich einmal die Schulmeisterschaft gewonen.

Die Großschreibung
Wann werden Wörter großgeschrieben?

1 SABINE KATER BAUM KALT HAUS ELTERN

2 ZEUGNIS FREUNDSCHAFT WINZIG FEIGHEIT HEISERKEIT HEIZUNG

3 WUT LANGEWEILE FREUDE GERN GLÜCK FASS

4 Wenn brummer neben brummern brummen, dann brummen brummer ein gebrumm.
Wenn fliegen hinter fliegen fliegen, dann fliegen fliegen hinter fliegen her.

5 Es flöten flöten im Faschingszug.
Es pfeifen pfeifen, und dann
trommeln auch noch trommeln dazu.

6 Ihr neuer pulli leuchtet in schönem rot.
Ihre verwaschenen hosen strotzen vor staubigem schmutz.
Die müden kinder sitzen auf den weichen sitzen hinten im neuen auto.

7 Die äffchen fressen gern feigen.
Wer keinen mut hat, ist feige.
Es macht nicht immer spaß zu üben, denn das üben ist anstrengend.

8 Der fuchs lief in eile davon.
Der ziegenbock aber dachte nur
an seinen durst.
Er beugte sich über den brunnen
und fiel in die tiefe hinunter.

9 Mit der angel fingen wir barben.
Die hundeschiedsrichter kören die rüden.
Auf der weide grasen färsen.

Einsichten gewinnen – An Beispielen üben

1 Was wisst ihr eigentlich schon alles über die Groß- und Kleinschreibung von Wörtern?
Sprecht miteinander darüber.

2 Löst die folgenden Aufgaben und sprecht über eure Lösungen.

a) Schreibt die Wörter der **Gruppe 1** in normaler Schreibweise auf.
Überprüft gemeinsam, ob ihr alle dieselben Wörter großgeschrieben habt.
Begründet eure Schreibungen.

b) Schreibt die Wörter der **Gruppe 2** in normaler Schreibweise auf.
Überprüft gemeinsam, ob ihr alle dieselben Wörter großgeschrieben habt.
Sprecht darüber, woran ihr die Groß- und Kleinschreibung erkannt habt.

c) Schreibt die Wörter der **Gruppe 3** in normaler Schreibweise auf.
Überprüft euch gegenseitig, ob ihr alle dieselben Wörter großgeschrieben habt.
Sprecht darüber.

d) Schreibt die beiden Sätze aus **Text 4** in normaler Schreibweise auf.
Das ist gar nicht so einfach!
Vergleicht eure Lösungen miteinander.

e) Schreibt die Sätze aus **Text 5** auf.
Probiert aus, vor welches Wort sich der Artikel *die* einsetzen lässt.
Danach schreibt man groß.
Vergleicht eure Lösungen miteinander.

f) Schreibt die Sätze aus **Text 6** auf. Beachtet dabei die Großschreibung.
Vergleicht eure Ergebnisse.

g) *𝓊* Schreibt die Sätze aus **Text 7** auf. Beachtet dabei die Großschreibung.
Vergleicht eure Ergebnisse.

h) *𝓊𝓊* Schreibt die Sätze aus **Text 8** auf. Beachtet dabei die Großschreibung.
Vergleicht eure Ergebnisse.

i) *𝓊𝓊𝓊* Schreibt die Sätze aus **Text 9** auf.
Kontrolliert euch anschließend gegenseitig.
- Sprecht darüber, welche Wörter ihr großgeschrieben habt.
Begründet eure Entscheidung jeweils.
- Schaut unter „Lösungen" nach, was die unbekannten Wörter bedeuten.

3 Bei manchen Wörtern seid ihr wahrscheinlich ziemlich sicher gewesen,
dass ihr sie großschreiben müsst.
Bei anderen Wörtern aber hattet ihr bestimmt auch Zweifel.
Sprecht darüber, bei welchen Aufgaben ihr unsicher wart.

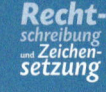

Die Großschreibung

Die Großschreibung an Signalen erkennen: Artikel

Artikel als Signale für die Großschreibung von Nomen

Die Grundregel lautet: **Nomen** werden **großgeschrieben**.
Welches Wort ein Nomen ist, kann man aber oft nur im **Satzzusammenhang** erkennen.
Dann steht es meistens mit einem **Artikel**. Er ist ein deutliches **Signal** für die Großschreibung:
der Tag, **die F**erien, **das W**eihnachtsfest, **ein G**ruß, **eine G**eburtstagskarte.

1 In den folgenden Sätzen kommt ein und dasselbe Wort zweimal vor.
Einmal wird es großgeschrieben und einmal klein.
Am Artikel kannst du erkennen, welches Wort großgeschrieben wird.
- Schreibe die Sätze ab. Schreibe die Nomen groß.
- Unterstreiche jeweils die Artikel das, den, die, eine ...

Ihre Haare sind ROT, und sie ist stolz auf das ROT ihrer Haare.
Er hat zuletzt in DREI Arbeiten eine DREI geschrieben.
Das TRAINIEREN macht allen Spaß, weil sie alle gern TRAINIEREN.
𝓤 Die Pferde WEIDEN auf den WEIDEN und GRASEN das GRAS ab.
𝓤𝓤 Die WOGEN sind große Wellen; sie WOGEN über das Meer heran.
𝓤𝓤 Wenn die FLUTEN an den Strand FLUTEN, sind die WOGEN besonders hoch.

2 Auch wenn ihr manche Wörter nicht kennt, könnt ihr am Artikel erkennen,
dass die Wörter großgeschrieben werden. Sprecht zuerst einmal darüber,
welche der markierten Wörter in den folgenden Sätzen großgeschrieben werden –
und was diese Wörter bedeuten.

Ein NACHEN ist ein kleiner Kahn.
Die ERLEN sind Bäume, die am Bach stehen.
Wenn Kinder etwas nicht mögen, dann RÜMPFEN sie die Nase.
Die LUNTEN sind die Schwänze von Füchsen.
Die Jäger PIRSCHEN sich an die Wildschweine heran.

3 Schreibe nun die Sätze aus Aufgabe 2 ab. Schreibe die Nomen groß. Unterstreiche die Artikel.

4 Selbst Fantasiewörter könnt ihr in einem
Text als Nomen erkennen – wenn sie
mit einem Artikel versehen sind.
Unterstreiche beim Abschreiben
die Artikel und schreibe die Nomen groß.

Im Herbst FALLEN die WICHELN von den Bäumen.
Wir STUMMELN sie in den KÖRBEN.
Dann BRÖMMEN wir sie in den Zoo.
Dort FÄSSEN sie die MÜHREN besonders gern.

5 Sprecht darüber, was die Fantasiewörter bedeuten könnten.

6 Im folgenden Text sind die Nomen kleingeschrieben.
Vor jedem Nomen steht aber ein Artikel, an dem du das Nomen erkennen kannst.
Schreibe den Text richtig auf:
I Sätze a)–c), *II* Sätze a)–f), *III* alle Sätze.

Hungrige Flugobjekte

a) Kaum ist die torte auf dem tisch, summen die gäste über die terrasse.
b) Sie sind zwar nicht gerade willkommen, doch das stört die tierchen nicht.
c) Der obstkuchen hat die wespen angelockt.
d) Schnell noch eine runde gedreht, und ein sturzflug beginnt.
e) Mit einem gesumm tastet sich das insekt immer näher an das süße heran.
f) Wenig später verschwindet es mit einem brocken aus der frucht.
g) Das ziel ist das nest, in dem sich die königin befindet.
h) Dort werden die larven, die aus den eiern der königin geschlüpft sind, beinahe rund um die uhr gefüttert.

II III **7** Auch im zweiten Teil des Textes sind die Nomen kleingeschrieben.
Hier fehlen aber auch alle Artikel.
- Ersetze beim Abschreiben die Fragezeichen durch passende Artikel:
  der, die, das, des, den, dem, eine ...
- Schreibe die Nomen groß.

Wenn ? sonne scheint, isst man ? obstkuchen besonders gern draußen auf ? terrasse. Kommt dann ? wespe angesurrt, dann schlagen manche mit ? armen wild um sich, um ? insekt zu vertreiben. Das ist aber nicht nötig, denn ? wespen lassen sich auf ? suche nach ? speise nur von ? geruch leiten und haben es nicht auf ? körper ? menschen abgesehen. Also: Bewahre ? ruhe!

8 Schreibe den folgenden Text richtig auf. Achte auf die Großschreibung der Nomen.
I den ersten Absatz, *II* die ersten beiden Absätze, *III* den ganzen Text.

Der bienenhonig war bei den menschen schon immer begehrt.
Der honig war zu allen zeiten nicht nur ein lebensmittel,
er diente auch der schönheitspflege und der heilung.

Mit ihm konnte man im mittelalter sogar die schulden bezahlen.
Wer in jener zeit einen baum fällte, welcher von einem bienenschwarm bewohnt war, wurde bestraft. Die strafe war oft sehr hart.

Heute können die menschen froh sein,
dass in einem geschäft die regale gefüllt sind
und sie sich die honigsorte aussuchen können.

Die Großschreibung

Die Großschreibung an Signalen erkennen: Adjektive

Adjektive als Signale für die Großschreibung von Nomen

Ein **Adjektiv** ist das sicherste **Signal** dafür, dass das **folgende** Wort **großgeschrieben** wird. Allerdings muss das Adjektiv eine **Endung** haben: **tolle** Spiele, **viele** Lose, **großes** Glück …

Oft steht vor dem Adjektiv noch der **Artikel**, der zum Nomen gehört. Dann schreibt man natürlich **nicht das Adjektiv** groß, sondern das **Nomen**: **die** tollen Spiele, **die** vielen Lose, **das** große Glück …

268–272

der Bissige hund	die Vielen leute	das gute Essen	der Spannende film
die Besten grüße	die Große wut	die Tolle party	das schöne Wetter

1 **Aufgepasst:** Hier siehst du einen der häufigsten Fehler:
Das Adjektiv ist nach dem Artikel großgeschrieben, aber das Nomen klein.
Schreibe die Wortgruppen richtig auf.
Aber Achtung: Zweimal musst du **nichts** verbessern!

2 Setze zwischen Artikel und Nomen passende Adjektive ein:
das spannende Abenteuer …
Du kannst auch witzige Kombinationen bilden:
das niedliche Abenteuer …

                                                𝓤   𝓤𝓤

DAS ABENTEUER	DER NACHBAR	DAS HEIMWEH	DIE SONNE
DIE WUT	DER HUND	DER KRACH	DER WITZ
FREUNDLICH	SCHRECKLICH	GROSS	LUSTIG
SPANNEND	NIEDLICH	FURCHTBAR	LEUCHTEND

3 In diesem Text sollen vor den Nomen Adjektive stehen. Setze die Adjektive beim Abschreiben ein und schreibe das nachfolgende Nomen groß: *Josefa hat ein tolles Geschenk bekommen, …*

Üben auf dem Laptop

Josefa hat ein ? geschenk bekommen,	*tolles*
und zwar einen ? laptop.	*neuen*
Das war eine ? freude für sie.	*große*
Nach einigem ? üben hatte sie schon ? erfolge.	*fleißigen, erste*
Nach einer ? zeit konnte sie bald richtig schreiben.	*kurzen*
Sie hatte ? spaß daran.	*großen*
𝓤 𝓤𝓤 Von ihrer ? schwester bekam sie ? hilfe dabei.	*älteren, gute*
𝓤𝓤 Ehe sie aber zu ? sicherheit gelangt,	*richtiger*
wird sie wohl noch ? fehler machen.	*viele*

Die Großschreibung

Die Großschreibung an Signalen erkennen: Pronomen

Pronomen als Signale für die Großschreibung von Nomen

Pronomen können **Signale** für **Nomen** sein:
mein **F**ahrrad, eure **F**ahrräder – seine **A**ngst, keine **A**ngst.
Die wichtigsten Pronomen sind:
mein, dein, sein, unser, euer, ihr, keine, manche, einige, solche, diese …

INFO

Der Zaunkönig

Sein Königreich ist klein und sein Körper ist winzig.
Doch die Töne, die aus seiner Kehle kommen, sind beeindruckend.
Dieser Zwerg schafft es, 19 seiner Töne in einer Sekunde zu zwitschern.
Der Winzling kann sein Revier in einem Park oder in eurem Garten haben.
Zu seinem Schutz bevorzugt er die Gebüsche in diesen Gegenden.

1 Schreibe den Text ab. Unterstreiche die neun Pronomen, die vor Nomen stehen:
Sein Königreich ist klein und …

2 Schreibe den folgenden Text ab. Setze für die Fragezeichen die folgenden Pronomen ein:
sein, seiner, seine, seinen, dieses, ihre …
Schreibe die Nomen danach groß: *Mit seiner Stimme …*

Mit ? stimme markiert er ? königreich und vertreibt ? konkurrenten.
Für ? partnerin baut er ein Nest.
? nest ist einer kleinen Kugel ähnlich.
Die Zweige und Blätter dafür sucht er in ? umgebung.
Nach der Brautschau verschönert der Zaunkönig ? palast,
wobei ihm auch ? weibchen hilft.
Dort sollen es ? kinder einmal weich und mollig haben.

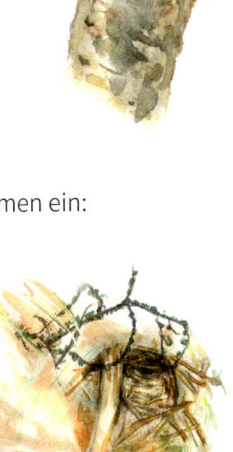

3 Im folgenden Text eines Schülers sind viele Nomen kleingeschrieben.
Schreibe den Text richtig auf. Unterstreiche die Pronomen und schreibe die Nomen groß.

Ich habe mal einen Zaunkönig in unserem garten beobachtet.
Der kam aus dem Busch herausgeflogen, der vor unserer haustür wächst.
Dann sang dieser winzling mit seiner stimme ein lautes Lied.
Er ließ sich von meiner gestalt überhaupt nicht stören.
Erst als ich ihn mit meiner stimme nachmachen wollte, flog er weg.
Er dachte wohl, dass ich einer seiner konkurrenten bin.

Die Großschreibung

Die Großschreibung an Signalen erkennen: „versteckte Artikel"

Präposition mit „verstecktem" Artikel

In einigen kleinen Wörtern (den Präpositionen) „**verstecken**" sich oftmals **Artikel**:
beim (= bei dem), **zum** (= zu dem), **im** (= in dem), **vom** (= von dem), **ins** (= in das).

Die darauf **folgenden** Wörter sind in der Regel **Nomen** und werden **großgeschrieben**:
beim Baden, **zum T**urnen, **im R**echnen, **vom S**chwitzen, **ins D**unkle …

1 Setze die Wörter rechts in die Sätze ein. Alle vier Wörter sind Verben, die aber nach der Präposition mit verstecktem Artikel großgeschrieben werden müssen: *Im Rechnen bin ich …*

Im ? bin ich ein Meister.	*rechnen*
Beim ? schlafe ich manchmal ein.	*fernsehen*
Zum ? fehlt mir oft die Geduld.	*lesen*
Vom ? bin ich müde geworden.	*trainieren*

2 Bilde mit den Kombinationen aus den drei Spalten Sätze.
Achte auf die Großschreibung: *Im schnellen Rechnen bin ich …*

Im ? ? bin ich ein Meister.	*schnellen*	*rechnen*
Beim ? ? schlafe ich manchmal ein.	*langweiligen*	*fernsehen*
Zum ? ? fehlt mir oft die Geduld.	*aufmerksamen*	*lesen*
Vom ? ? bin ich müde geworden.	*anstrengenden*	*trainieren*

3 Denke dir selbst vier Sätze aus und schreibe sie auf.
Sie sollen immer eine Kombination mit *im, beim, zum, vom* enthalten.
Im Schwimmen bin ich ein richtiger Profi. …

4 Schreibe die folgenden Sätze richtig auf. Denke an die Großschreibung nach den Signalen.
𝓁 Sätze a)–d), 𝓁𝓁 Sätze a)–f), 𝓁𝓁𝓁 alle Sätze.

a) Gestern fand der jährliche schwimmwettkampf statt.
b) Ich hatte großes pech beim brustschwimmen.
c) Erst verpasste ich meinen absprung.
d) Dann war meine wende auch noch schlecht.
e) Meine mannschaft erreichte durch meine patzer nur den vierten platz.
f) Das war eine schreckliche blamage für mich!
g) Zum glück hat mich niemand ausgelacht.
h) Aber ich habe mich vor lauter ärger ganz schnell verkrümelt.

Die Großschreibung

Die Großschreibung an Signalen erkennen: Nachsilben (Suffixe)

Nachsilben (Suffixe) als Signale für die Großschreibung von Nomen

Manche Wörter, die großgeschrieben werden, erkennt man an den **Signalen** ihrer **Nachsilben** (Suffixe). Die meisten dieser Wörter stammen von Verben oder Adjektiven ab. Doch wenn sie bestimmte **Nachsilben** erhalten, werden sie zu Nomen.
Solche Nachsilben sind **-heit, -keit, -nis, -ung, -schaft**:
schön → **S**chön**heit**, flüssig → **F**lüssig**keit**, erleben → **E**rleb**nis**, zeichnen → **Z**eichn**ung**, eigen → **E**igen**schaft**.

dunkel	sauber	erzählen	erleben	eigen	-heit
schüchtern	fröhlich	kleiden	hindern	gemein	-keit
krank	flüssig	beleidigen	verzeichnen	schön	-nis
frech	tapfer	entschuldigen	geheim	wittern	-ung
					-schaft

1 Bildet aus diesem Wortmaterial zunächst einmal mündlich Nomen.

2 Schreibe die Nomen aus Aufgabe 1 mit ihrem Artikel auf: *die Dunkelheit …*

3 Sammelt gemeinsam noch weitere Nomen mit **-heit, -keit, -nis, -ung, -schaft**.

4 Suche dir Nomen aus und bilde kurze Sätze mit ihnen.
l vier Sätze, *ll* sechs Sätze, *lll* acht Sätze: *Wir verliefen uns in der Dunkelheit. …*

5 Lest euch diesen Text vor. Bildet beim Vorlesen aus den markierten Wörtern Nomen.

Rettung in letzter Minute

Seit einigen Stunden wurde das Segelschiff durch die dunkel getrieben.
Es war, als dauerte der Sturm schon eine ewig.
Einige Matrosen hatten kaum noch die hoffen, an Land zu gelangen.
Aber die erfahren der Mannschaft hatte schon manchem Unwetter getrotzt.

l **6** Bilde aus den markierten Wörtern Nomen und schreibe sie auf: *die Dunkelheit …*

Einige kletterten trotz des starken Sturmes mit großer tapfer in die Masten.
Andere zurrten immer wieder die laden fest.
So konnten sie die zerstören des Schiffes verhindern.
Dem Kapitän gelang es, sein Schiff durch die finster zu steuern.
Er und seine Mannschaft fuhren ihrer retten entgegen.

lll **7** Schreibe den Text ab und bilde dabei aus den Wörtern Nomen.

lll **8** Füge diese Sätze deinem Text aus Aufgabe 7 hinzu.
Achtung: Hier sind alle Nomen kleingeschrieben!

Es war eine insel, an der sie ihr schiff zu lande brachten.
Die witterung war nach wie vor stürmisch.
Die bergung der ladung gelang der mannschaft deswegen erst, nachdem der sturm nachgelassen hatte.

Die Großschreibung

Überprüfe dein Wissen und Können

1 Schreibe den folgenden Satz auf.
Unterstreiche das Adjektiv, schreibe das Nomen groß:

SIE SITZEN AUF BEQUEMEN SITZEN.

2 Schreibe den folgenden Satz auf.
Unterstreiche die Adjektive, schreibe die Nomen groß:

DIE KLEINE KATZE SITZT AUF EINEM WEICHEN SITZ UND
SONNT SICH IN DER WARMEN SONNE.

3 Wie wird in den beiden Sätzen das Wort ÜBEN geschrieben? Schreibe die Sätze auf.

a) Es ist wichtig, etwas zu ÜBEN.
b) Doch zum ÜBEN braucht man Geduld.

ı ıı ııı **4** Wie wird das Wort BLAU geschrieben? Schreibe den Satz auf:

Ihr T-Shirt leuchtet in strahlendem BLAU.

ııı **5** Schreibe auf, wie du deine Entscheidung begründest.

6 In den folgenden Sätzen sind Fehler in der Großschreibung enthalten.
Schreibe die Fehlerwörter richtig auf:
ı Sätze a)–c), *ıı* Sätze a)–e), *ııı* alle Sätze.

a) Ich habe keine lust dazu.
b) Manchmal komme ich vor langeweile fast um.
c) Die Spatzen füttern ihre jungen mit maden.
d) Der Frosch sprang mit einem sprung ins wasser.
e) Manchmal könnte ich vor wut ins kissen beißen.
f) Ich kann es nicht vertragen, wenn jemand lügen über mich verbreitet.
g) Ich esse am liebsten obst und gemüse.

7 Schreibe deine korrigierten Wörter aus Aufgabe 6 auf,
indem du ihnen immer ein Adjektiv hinzufügst: *keine ??? Lust ...*

ııı **8** Welche Wörter in diesem Fantasiesatz musst du großschreiben?
Schreibe den Satz auf.

Tönige schreuben lagen auf facklichen rusen und haben gemeucht.

Zeichensetzung
Aussagesätze – Punkte setzen

1 Lest euch den Text „Meine Tiere" vor. Macht nach jeder Zeile eine kleine Pause. Dann klingt er wie ein Unsinnstext.

2 Lest den Text jetzt so vor, dass er sinnvoll wird.

3 Schreibe den Text „Meine Tiere" ab.
- Setze nach jedem sinnvollen Satz einen Punkt.
- Schreibe die Satzanfänge groß.

4 Beim Schreiben denkt ihr vor allem daran, was ihr schreiben wollt. Oft denkt ihr dabei nicht an die Punkte, die ihr am Ende eines Satzes setzen müsst. Ein Text ohne Punkte liest sich aber sehr schwer.
- Lest den Text „Tauchgang" zunächst leise.
- Lest den Text anschließend so vor, dass die Zuhörer ihn inhaltlich gut verstehen können.

5 Schreibe nun den Text „Tauchgang" ab.
- Setze nach jedem Satz einen Punkt.
- Schreibe die Satzanfänge groß.

Meine Tiere

Ich habe sieben Tiere in einem Glas
schwimmen die Goldfische in ihrem Stall
schlafen die Meerschweinchen im Vogelkäfig
singen die Kanarienvögel auf ihrer Decke
liegt die Katze und putzt ihre Tatze.

Tauchgang

Gestern war ich beim Training im Becken haben wir Tieftauchen geübt wir mussten einen Stein aus drei Meter Tiefe holen das fand ich ziemlich schwer ich habe nämlich etwas Angst beim Tauchen immer wieder habe ich es versucht beim fünften Mal ist es mir aber gelungen der Stein war oben.

Der Punkt am Ende eines Satzes

An der Stelle, wo ein **Satz zu Ende** ist und ein **neuer Gedanke** beginnt, setzt man einen **Punkt**. Das **erste Wort** in einem Satz schreibt man **groß**.
Punkte und Großschreibung des ersten Wortes sind **Hilfen für das Lesen** eines Textes.

6 Schreibe die folgenden Sätze richtig auf.
l Satz a) und b), *ll* Satz a) bis c), *lll* alle fünf Sätze.
- Setze Punkte am Ende der Sätze.
- Schreibe die Satzanfänge groß.

a) Ich bin 10 Jahre alt ich wohne in Wolfsburg meine Straße heißt Käferstraße
b) Meine Lieblingsfarbe ist rot braun mag ich nicht so gern schwarz kann ich nicht ausstehen
c) Ich habe eine große Schwester sie ist ganz nett sie schimpft aber auch manchmal mit mir
d) Mein Lieblingsfach ist Mathe in Sport bin ich nicht gut Rechtschreibung mag ich gar nicht
e) Ich esse gern Currywurst ich hasse Spinat am liebsten mag ich Himbeereis

Zeichensetzung
Aufforderungssätze – Ausrufezeichen setzen

Lass mich in Ruhe!   *Hilf mir doch bitte einmal!*

WORTSCHATZ:

Imperative
brich
erschrick
friss
gib
hilf
iss
lies
nimm
sieh
sprich
tritt
vergiss

1 Das sind Sätze, mit denen wir jemanden um etwas bitten oder zu etwas auffordern. Formt auch die folgenden Sätze mündlich in diese Aufforderungsform um: *Lies dir das einmal durch!* …

lesen	dir das einmal durch	**sprechen**	bitte etwas deutlicher
geben	mir bitte mal dein Lineal	**sehen**	dir das an
treten	nicht in die Pfütze	**vergessen**	dein Schulbrot nicht
essen	das bitte auf	**nehmen**	dein Käppi mit

2 Schreibe die Sätze mit einem Ausrufezeichen auf:
Lies dir das einmal durch! …

3 Schreibe drei weitere Sätze auf, mit denen du jemanden zu etwas aufforderst oder um etwas bittest.

INFO

Imperative

Es gibt Sätze, mit denen wir jemanden zu etwas **auffordern** oder um etwas **bitten**.
Bei solchen Sätzen steht in der Regel das **Verb** am **Satzanfang**:
Hilf mir doch mal! Lass mich in Ruhe! Gib mir bitte mal dein Lineal!

Es gibt Wörter und Sätze, die wir laut **ausrufen**:
Hilfe! Aua! Ich kann das nicht mehr hören! Du sollst das lassen!

Nach Sätzen, die als **Aufforderung** und **Ausruf** gemeint sind, steht ein **Ausrufezeichen**.

4 Lest den kleinen Text vor. Macht dabei mit eurer Stimme deutlich, welche Sätze als Ausrufe und welche als Fragen gemeint sind.

Was für ein Mut!

Ich habe gestern etwas Lustiges erlebt / Hört zu / Ein dicker Kater schlich auf eine Hecke zu / Da kam auf einmal eine Amsel hervorgeschossen / Ihr glaubt es nicht / Die flog hinter dem Kater her / Und was tat sie / Sie pickte ihm in den Kopf / Was für ein Mut / Wahrscheinlich wollte sie ihm damit sagen: Lass meine Jungen in Ruhe / Und was tat der Kater / Er lief weg / Was für ein Feigling /

5 Schreibe den Text ab. Setze hinter die fünf Ausrufesätze ein Ausrufezeichen, hinter die beiden Fragesätze ein Fragezeichen und hinter die anderen Sätze einen Punkt.

Zeichensetzung

Fragesätze – Fragezeichen setzen

Was hast du denn gestern gemacht? → Ich habe mein Skateboard ausprobiert.
Macht dir das denn Spaß? → Ja.

Wo warst du denn gestern Nachmittag? → Ich war im Kino.
Fandest du den Film gut? → Ja.

Machst du endlich deine Hausaufgaben? → Nein.
Warum machst du sie nicht? → Wir haben keine Hausaufgaben auf.

Kommst du mich mal besuchen? → Ja.
Wann kommst du? → Ich komme am Sonntag.

1 Lest diese Fragen und Antworten mit verteilten Rollen vor.

2 Es gibt Antworten, die aus einem ganzen Satz bestehen.
- Wie muss man fragen, wenn man solche Antworten bekommen möchte?
- Welche Wörter stehen am Anfang solcher Fragen? Nennt die vier Wörter.

3 Es gibt Antworten, die nur aus *ja* oder *nein* bestehen.
- Wie fragt man, wenn man solche Antworten bekommen möchte?
- Welche Wörter stehen am Anfang solcher Fragen?
Und aus welcher Wortart bestehen sie?

4 Wie würdest du auf die beiden folgenden Fragen antworten?
- Schreibe die Fragen **mit einem Fragezeichen** auf.
- <u>Unterstreiche</u> das erste Wort dieser Fragen.
- Schreibe die Antworten dahinter.

Wann musst du morgens aufstehen? – Ich …
Fällt dir das frühe Aufstehen schwer? – …

> **Zwei Arten von Fragen:**
>
> **1. Entscheidungsfragen**, die man mit *ja* oder *nein* beantwortet.
> Bei diesen Fragen steht das Verb am Anfang des Satzes:
> <u>Kommst</u> du morgen**?** – Ja.
>
> **2. Ergänzungsfragen**, die man mit einem Satz beantwortet.
> Bei diesen Fragen steht ein Fragewort mit *W* am Anfang:
> <u>Wann</u> kommst du ungefähr**?** – Ich komme so gegen vier Uhr.
> Hinter jedem **Fragesatz** steht ein **Fragezeichen**.

INFO

5 Welche der folgenden Fragen sind Ergänzungsfragen?
- Informiere dich im Infokasten.
- Schreibe die Ergänzungsfragen auf.
- Notiere deine Antwort in einem Satz dahinter.

a) Isst du gern Milchreis?
b) Was isst du am liebsten?
c) Warum magst du das besonders gern?
d) Magst du gern Vanilleeis?

Zeichensetzung

Satzschlusszeichen setzen

1 Lest euch dieses kleine Gespräch zuerst einmal vor.

Paul		**Paula**
Liest du gerade	→	Ja
Was liest du denn	→	Ich lese Witze
Lies doch mal einen vor	→	Was ist der Unterschied zwischen einem Klavier und einem Streichholz
Das weiß ich nicht	→	Das Klavier brennt länger
Mann, das ist doch kein Witz	→	Er steht aber in meinem Witzbuch

2 Schreibe mit deinem Partner oder mit deiner Partnerin die Sätze auf.
- Einer schreibt die von Paul auf, der andere die von Paula.
- Setzt hinter die Sätze ein Fragezeichen, ein Ausrufezeichen oder einen Punkt.

3 Vergleicht:
- Hinter welche Sätze habt ihr ein Fragezeichen, ein Ausrufezeichen, einen Punkt gesetzt?
- Lest diese Sätze vor. Sprecht dabei die Satzschlusszeichen mit.

Satzschlusszeichen

Beim **Sprechen** hört man meistens, ob jemand etwas **sagt, fragt** oder **ausruft**.
Beim **Schreiben** macht man das mit den **Satzschlusszeichen** deutlich.

- Wenn ein Satz als **Aussage** oder **Feststellung** gemeint ist, setzt man einen **Punkt**:
  Paula liest einen Witz vor.

- Wenn ein Satz als **Frage** gemeint ist, setzt man ein **Fragezeichen**:
  Liest du mir einmal einen Witz vor?

- Wenn ein Satz als **Ausruf** oder als **Aufforderung** gemeint ist, setzt man ein **Ausrufezeichen**:
  Lies mir einmal einen Witz vor!

4 Schreibe die folgenden Sätze mit Fragezeichen oder Ausrufezeichen oder Punkt ab.
a) *Paula erzählt einen Witz*
b) *Soll das ein Witz sein*
c) *Behalte deine blöden Witze für dich*

5 Forme den folgenden Satz in einen Frage- und in einen Aufforderungssatz um.
Du hilfst mir mal beim Tragen.

6 Setze beim Abschreiben des folgenden Textes die passenden Satzschlusszeichen ein.

Herr Doktor, helfen Sie mir	→	Was hat denn dein Hund
Er jagt immer Kleinwagen hinterher	→	Mach dir keine Sorgen Das tun Hunde nun mal
Aber bei meinem ist es anders	→	So, was ist denn anders
Er fängt sie ein und verbuddelt sie im Garten		

7 Lest euch den Text rechts zunächst einmal vor und schreibt ihn dann erst ab. Setze beim Abschreiben die Satzschlusszeichen ein: fünf Punkte, drei Fragezeichen, drei Ausrufezeichen.

Gestern habe ich meinen Haustürschlüssel nicht mehr gefunden / O Mann, wie habe ich mich da geärgert / Wo konnte ich ihn nur verloren haben / Ich habe überall gesucht / Er war aber nirgends zu finden / Hatte ich ihn vielleicht in der Turnhalle verloren / Jedenfalls stand ich vor verschlossener Tür / Ich dachte: Such doch noch einmal alles genau durch / Und was finde ich da / Der Schlüssel steckte ganz unten in meinem Rucksack / Was für ein Glück

8 Lest euch den Text rechts zunächst einmal vor und schreibt ihn dann erst ab.
- Setze beim Abschreiben die Satzschlusszeichen ein: sechs Punkte, drei Fragezeichen, drei Ausrufezeichen.
- Schreibe die Satzanfänge groß.

Gestern ist mir etwas Dummes passiert ich habe meinen Haustürschlüssel nicht mehr gefunden Mann, wie habe ich mich da geärgert wo konnte ich ihn nur verloren haben ich habe überall gesucht er war aber nirgends zu finden hatte ich ihn vielleicht in der Turnhalle verloren jedenfalls stand ich vor verschlossener Tür ich dachte: Such doch noch einmal alles genau durch und was finde ich da der Schlüssel steckte ganz unten in meinem Rucksack was für ein Glück

9 Lest euch den Text rechts zunächst einmal vor und schreibt ihn dann erst ab.
- Setze die Satzschlusszeichen ein: Punkte, Fragezeichen, Ausrufezeichen.
- Schreibe die Satzanfänge groß.

Gestern ist mir etwas Dummes passiert hört zu ich stehe vor der Haustür was muss ich da feststellen der Haustürschlüssel ist weg er steckt nicht in meiner Hosentasche er steckt nicht in meiner Jackentasche wo kann ich ihn nur verloren haben vielleicht habe ich ihn in der Turnhalle liegen lassen jedenfalls kann ich nicht in das Haus hinein dann sagt mir so eine innere Stimme: Such doch alles noch einmal genau durch ich schütte meinen Rucksack aus was sehe ich da auf einmal kommt der Schlüssel zum Vorschein was für ein Glück

Zeichensetzung

Zeichen der wörtlichen Rede setzen

Niklas
Der Vokabeltest war ziemlich schwer.

Laura
Nun übertreib mal nicht!

Carlo
Wie viele Vokabeln hast du denn gewusst?

Wenn man aufschreiben will, was Niklas gesagt hat, dann sieht es so aus:
Niklas sagt: „Der Vokabeltest war ziemlich schwer."

1 Schreibe auch die Sätze von Laura und Carlo auf.

2 Schreibe jetzt auch die drei folgenden Sätze auf:
Laura schimpft: …   Niklas sagt: …   Carlo fragt: …

Laura
Lass mich bloß mit dem Test zufrieden!

Niklas
Ich habe zehn Wörter gewusst.

Carlo
Das sollen viele sein?

INFO: Zeichen der wörtlichen Rede 1

Begleitsatz	Redesatz
Lara meint:	„Die Mathearbeit war ziemlich schwer."
Lucas fragt:	„Was kam denn in der zweiten Aufgabe raus?"
Paul ruft:	„Hört bloß auf damit!"

Wer etwas sagt, steht im **Begleitsatz**. Nach dem Begleitsatz steht ein **Doppelpunkt**.
Was einer sagt, steht im **Redesatz**. Der Redesatz steht in **Anführungszeichen**.
Punkt, Fragezeichen und **Ausrufezeichen** gehören zum Redesatz.

3 Schreibe das Gespräch zwischen Vater und Sohn mit allen Redezeichen auf.
Verwende die Verben *fragen, antworten, rufen, sagen*: Vater fragt: „Was …"

Vater	Was wünschst du dir zum Geburtstag
Tommy	Mein größter Wunsch ist eine Trompete
Vater	Mann, bei diesem Krach kann ich nicht arbeiten
Tommy	Ach, ich spiele nur nachts, wenn du schläfst

4 Schreibe auch diesen Witz mit allen Redezeichen auf.

Vater	Wenn du in der Schule eine Eins schreibst, bekommst du fünf Euro
Sohn	Können wir nicht klein anfangen, Papa
Vater	Wie meinst du das
Sohn	Wenn ich eine Fünf schreibe, dann gibst du mir einen Euro

● ○ ○ ○ Einsichten gewinnen – An Beispielen üben **247**

Zeichen der wörtlichen Rede 2

Redesatz
„Die Mathearbeit war ziemlich schwer",
„Was kam denn in der zweiten Aufgabe raus?",
„Hört bloß auf damit!",

Begleitsatz
sagt Lara.
fragt Lucas.
ruft Paul.

Häufig steht der Begleitsatz **nach** dem **Redesatz**. Dann steht zwischen Redesatz und Begleitsatz **immer** ein **Komma**. **Fragezeichen** und **Ausrufezeichen** gehören zum Redesatz dazu.
Der **Punkt vor dem Begleitsatz entfällt**.

INFO

5 Schreibe das Gespräch jetzt mit nachgestellten Begleitsätzen auf.
Setze die Anführungszeichen und die Kommas ein.

Was wünschst du dir zum Geburtstag?   fragt Vater.
Mein größter Wunsch ist eine Trompete   antwortet Tommy.
Mann, bei diesem Krach kann ich nicht arbeiten!   ruft Vater.
Ach, ich spiele nur nachts, wenn du schläfst   sagt Tommy.

u 6 Schreibe den folgenden Witz auf. Setze alle Zeichen ein: *Doppelpunkte, Anführungszeichen, Punkte, Kommas, Frage- und Ausrufezeichen.*

Eine Schnecke kriecht auf einen Kirschbaum hoch.
Ein Vogel fragt Was willst du denn auf dem Kirschbaum
Na, Kirschen essen antwortet die Schnecke
Aber die sind doch noch gar nicht reif ruft der Vogel
Da schnauft die Schnecke Wenn ich oben bin, schon

uu 7 Schreibe das Gespräch zwischen Katze und Kater auf – mit vorangestellten und nachgestellten Begleitsätzen. Verwende die Verben *sagen, fragen, antworten, rufen*:
Der Kater fragt die Katze: „Wovon ...
              „Wie meinst du das?",   fragt die Katze.

Kater	Wovon ernährst du dich denn	
	Wie meinst du das	**Katze**
Kater	Na, was frisst du denn so	
Katze	Ich bekomme täglich eine Dose Katzenfutter	
	Ach, das ist doch was für Schmusekatzen	**Kater**
	Sei bloß nicht neidisch	**Katze**
	Ich kann diesen Labberkram nicht ausstehen	**Kater**
Katze	Und was frisst du	
Kater	Na, was ein anständiger Kater so frisst	
Katze	Und was ist das	
	Ich fange mir lieber jeden Tag eine leckere Maus	**Kater**
	Igitt, was für ein tierischer Fraß	**Katze**
	Für einen Kater ist das eine Delikatesse	**Kater**

Rechtschreibung und Zeichensetzung

Kommasetzung
Bei der Aufzählung von Wörtern Kommas setzen

Ich esse gern Apfelkuchen, Mohnkuchen, Erdbeertorte.
Ich esse gern Apfelkuchen und Mohnkuchen oder Erdbeertorte.

1 An diesen beiden Sätzen wird euch gezeigt, wann man beim Aufzählen von einzelnen Wörtern Kommas setzt – und wann nicht. Besprecht das miteinander.

2 Schreibe die folgenden beiden Sätze auf und setze die Kommas genauso wie oben.

Ich mag auch gern Vanilleeis Erdbeereis Zitroneneis.
Ich mag auch gern Vanilleeis und Erdbeereis oder Zitroneneis.

INFO

Das Komma bei Aufzählungen

Ein **Komma** wird zwischen **Wörtern** gesetzt, die man nacheinander aufzählt:
Spinat, Spargel, Sauerkraut, Tomaten mag ich nicht gern.

Aber man setzt **kein** Komma, wenn zwischen den aufgezählten Wörtern **und, oder** stehen:
*Spinat, Spargel, Sauerkraut **und/oder** Tomaten mag ich nicht gern.*

3 Schreibe den folgenden Text ab und setze die fehlenden Kommas ein. Orientiere dich dabei an den drei Beispielsätzen im Kasten.

Sportarten

Meine Freundin Maria reitet segelt wandert und schwimmt gern. Sebastian guckt im Fernsehen am liebsten Boxen Rugby Ringen Tennis und Tischtennis. Carl ist sehr sportlich und spielt gern Volleyball Basketball Völkerball Handball oder Fußball.

4 Lass im folgenden Text an einigen Stellen die Wörter *und, oder* weg, damit die Sätze besser klingen. Schreibe die Sätze auf. Achte beim Schreiben auf die Kommasetzung:
Zum Hockeytraining gehe ich montags, mittwochs ...

Viel beschäftigt

Zum Hockeytraining gehe ich montags und mittwochs und freitags. Zum Reiten fahre ich dienstags und donnerstags oder manchmal sonntags. Jeden dritten Dienstag und jeden Sonnabend und jeden Feiertag besuche ich meine Oma. Sie bietet mir Kakao oder Apfelsaft und Apfelkuchen und Himbeereis an.

5 Schreibe diesen Text ab und setze die fehlenden Kommas ein. Es sind neun.

Schulfest

Auf dem Schulfest gab es leckere Sachen zu essen: Zitronentörtchen Schokoküsse Pfannkuchen und Waffeln.
Natürlich fand auch das Gegrillte reißenden Absatz: Bratwürste Steaks oder Fisch. Selbst der Gemüse- und Obststand war immer dicht umlagert. Im Angebot waren Gurken Tomaten Radieschen Äpfel Birnen oder Pflaumen.
Die 5. Klassen hatten einen Getränkestand eingerichtet. Der große Renner war ein selbst gemixtes Getränk aus Apfelsaft Orangensaft Möhrensaft und Zitronensaft.

6 Im nächsten Text fehlen 12 Kommas.
- Lest den Text zuerst durch.
  Überlegt, an welche Stellen die zwölf Kommas hingehören.
- Lest euch nun in Gruppen die Sätze gegenseitig vor.
  Sprecht beim Vorlesen die Kommas mit:
  *Brauchst du nun einen roten **Komma** grünen **Komma** gelben oder blauen Farbstift?*

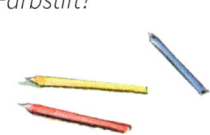

Kommas ansagen

1) Brauchst du nun einen roten grünen gelben oder blauen Farbstift?
2) Heute dürft ihr euch aussuchen, was ihr essen wollt: Spaghetti Pizza Kartoffelpuffer oder Rührei?
3) Das Wetter soll morgen regnerisch kalt und windig werden.
4) In dieser Straße dürfen nur Mopeds Motorräder und PKW parken.
5) Trotzdem stehen hier manchmal LKW oder Busse.
6) Maximilian und Sofie Johann und Paul gehen täglich zusammen in die Schule.
7) Die Fußballfans tobten schrien und jubelten bei jedem Tor ihrer Mannschaft.
8) Wenn ihr Masken herstellen wollt, braucht ihr dafür Papier Stoff Holz und Pappe.
9) Solche deutschen Vornamen wie Gertrude Heidrun Gottlieb und Ruprecht sind heute selten geworden.

7 Schreibe die folgenden Sätze richtig auf. Jeder Satz enthält einen Kommafehler.

Im Zoo

1) Im Zoo können die Besucher die lebenden Tiere sehen, hören, und riechen.
2) Dieses Erlebnis kann ihnen durch Filme Fernsehsendungen oder Reportagen nicht vermittelt werden.
3) Sie können Tiere wie Flachlandgorillas und Lippenbären, Tannenzapfenechsen, Seepferdchen, oder Tomatenfrösche „in echt" erleben.
4) Tannenzapfenechsen laben sich an Blüten Kräutern und Beeren.
5) Insekten, Schnecken, oder Eier werden von den Tannenzapfenechsen aber auch nicht verschmäht.
6) In manchen Zoos kann man die Lebensweise der Zootiere besonders genau beobachten beschreiben, fotografieren oder zeichnen.

Kommasetzung

Die Kommasetzung an Signalwörtern erkennen

Was Kinder gern tun

a) Ich gehe gern auf den Sportplatz, sobald ich Zeit habe.
b) Ich höre am liebsten Hörbücher, weil ich zum Lesen keine Lust habe.
c) Ich koche manchmal gern, wenn mich meine Mutter lässt.
d) Ich spiele schon ganz gut Querflöte, seit ich in die Musikschule gehe.

1 Lest jeden Satz laut vor.
- Wo macht ihr im Satz eine kleine Pause? Nennt jeweils die Stelle.
- Notiert die Wörter, vor denen das Komma steht: *Satz a): sobald, Satz b) ...*

Signalwörter für die Kommasetzung

Folgende Wörter sind **Signale** für die **Kommasetzung**:
als, bis, damit, dass, nachdem, ob, obwohl, seit, sodass, weil, wenn.
Vor diesen Wörtern steht ein **Komma**: *Ich gehe gern auf den Sportplatz, sobald ich Zeit habe.*
Beim **Sprechen** wird an der Kommastelle meistens eine kleine **Pause** gemacht.

2 Lest die sechs Sätze laut vor. Achtet darauf, wo ihr eine Pause macht.

Unfall

a) Ich kann heute nicht in die Schule gehen weil ich verletzt bin.
b) Ich bin gestern mit dem rechten Fuß umgeknickt als ich die Straße überquerte.
c) Mutter sagte: „Das kommt davon wenn man nicht aufpasst."
d) Ich aber bin der Meinung dass es nur Pech war.
e) Beim Arzt musste ich lange warten bis ich an der Reihe war.
f) Jetzt muss ich meinen Knöchel kühlen damit die Schwellung zurückgeht.

3 Schreibe die Sätze aus Aufgabe 2 ab.
- Unterstreiche das jeweilige Signalwort. Setze anschließend die Kommas.
- Vergleicht eure Lösungen miteinander.

4 Lest in Gruppen die folgenden Sätze vor und setzt die Kommas ein, indem ihr sie mitsprecht.

Bus verpasst

a) Elias hätte den Bus noch gekriegt wenn er nicht verschlafen hätte.
b) So musste er mit dem Rad fahren weil der Bus schon weg war.
c) Er kam aber nicht rechtzeitig zum Unterricht obwohl er sehr schnell gefahren war.
d) Nächstes Mal wird er früher ins Bett gehen damit er den Bus nicht verpasst.
e) Lieber will er dann ein paar Minuten warten bis der Bus kommt.

5 Schreibe die Sätze aus Aufgabe 4 auf: *l* a) und b), *ll* c) und d), *lll* alle Sätze.

6 Fügt die Sätze links mündlich mit einem passenden Satz rechts zusammen.
Sprecht beim Lesen das Wort **Komma** mit:
a) Anna muss ihren Schlüssel wiederfinden Komma weil …

Der verlorene Schlüssel

a) Anna muss ihren Schlüssel wiederfinden   dass sie ihn endlich wiedergefunden hat.
b) Er ist ihr aus der Tasche gefallen   weil sie sonst nicht in die Wohnung kann.
c) Leider hat Anna das erst gemerkt   als sie schon auf dem Nachhauseweg war.
d) Am Ende freut sie sich   als sie sich für den Sportunterricht umgezogen hat.

7 Schreibe die Sätze aus Aufgabe 6 auf.

8 Kombiniere jeweils die folgenden beiden Sätze miteinander und schreibe sie auf:
𝓲 Sätze a) und b), 𝓲𝓲 Sätze a)–d), 𝓲𝓲𝓲 alle Sätze.
- Verwende beim Schreiben das angegebene Signalwort und füge das Komma davor ein.
- Achte darauf, dass in den Sätzen mit dem Signalwort das Prädikat am Ende steht.

a) Das Fußballspiel musste ausfallen, weil es zu stark regnete.

Zwei Sätze kombinieren

a) Das Fußballspiel musste ausfallen. Es regnete zu stark.   **weil**
b) Max bekam den Bus nicht mehr. Er hatte verschlafen.   **da**
c) Wir haben es gestern erfahren. Tabea musste ins Krankenhaus. **dass**
d) Wir wussten es heute früh noch nicht. Wir schreiben eine Mathearbeit. **ob**
e) Im Haus hörte ihn niemand. Er klingelte viermal.   **obwohl**
f) Jakob bummelte auf dem Weg zur Schule. Er kam zu spät.   **sodass**

9 Dreht beim Vorlesen der folgenden Beispiele die beiden Sätze immer so um, dass das Signalwort am Anfang steht:
*a) **Als** ich in den Bus stieg, stolperte ich.*
Sprecht darüber, wo genau in diesen Sätzen das Komma stehen muss.

> ### Das Signalwort am Anfang des Satzes
> Häufig steht das **Signalwort** für die Kommasetzung **am Anfang** des Satzes. Das **Komma** steht dann dort, wo **zwei Verben „aneinanderstoßen"**.
> **Wenn** ich wieder zu Hause **bin, rufe** ich dich sofort an.
> In diesem Fall steht das Komma immer **zwischen den beiden Verben**.

Sätze mit Signalwörtern am Anfang

a) Ich stolperte,   **als** ich in den Bus stieg.
b) Wir trainieren jeden Tag,   **damit** wir das Spiel gewinnen.
c) Er ging auf die andere Straßenseite, **als** er mich sah.
d) Ich bin ihm nicht böse,   **obwohl** mich Sascha geärgert hat.
e) Max ärgert sich,   **weil** er nicht Rad fahren durfte.
f) Ich gehe mit dir ins Kino,   **wenn** ich mit den Hausaufgaben fertig bin.

10 Schreibe die Sätze ab. Setze die Kommas ein.
Unterstreiche die beiden Verben, die aneinanderstoßen: *Als ich in den Bus stieg, stolperte ich.*

11 Schreibe die folgenden Sätze ab. Unterstreiche die Signalwörter. Setze die Kommas ein.

Kommas setzen

a) Das Kaufhaus bleibt geschlossen weil es umgebaut wird.
b) Nachdem wir zwei Stunden gefahren waren hielten wir an.
c) Marie wollte den Aufsatz mitschreiben obwohl es ihr nicht gut ging.
d) Die Passanten hielten den Dieb fest bis die Polizei kam.
e) Er drückte ihm so fest die Hand dass ihm seine Finger weh taten.

12 Setze beim Abschreiben die passenden Signalwörter ein.

Signalwörter einsetzen

a) Es ist schon merkwürdig, ? Meisterschaften im Eier-Weitwurf-Fangen durchgeführt werden. — *sodass*
b) Es gab sogar einen Weltrekord, ? die letzten Meisterschaften stattfanden. — *wenn*
c) Der „Sportler" legte alle Kraft in den Wurf, ? ein Ei über 100 m weit flog. — *bis*
d) Der Rekord ist aber nur gültig, ? das Ei vom Fänger gefangen wird. — *als*
e) Jedes Mal gehen sehr viele Eier kaputt, ? solch ein Versuch gelingt. — *dass*

13 Kombiniere die Sätze so miteinander, dass sie inhaltlich zusammenpassen. Achte beim Abschreiben auf die Kommasetzung.

Sätze kombinieren

a) Die Zuschauer klatschten Beifall — weil es zu heiß war.
b) Opa lachte so sehr — bis er oben angekommen war.
c) Die Schüler bekamen hitzefrei — als das Tor gefallen war.
d) Carl kletterte hoch auf den Baum — weil er sich freute.
e) Der Hund wackelte mit dem Schwanz — dass die Zoobesucher erschraken.
f) Paul hört immer Radio — dass ihm der Bauch wackelte.
g) Der Affe schlug sich so kräftig auf den Bauch — wenn er die Hausaufgaben macht.

14 Setzt im folgenden Text mündlich die passenden Signalwörter ein.

Sätze ergänzen und umstellen

a) Unser Sportfest war ein großer Erfolg, ? alles so gut geklappt hat. — *obwohl*
b) Viele Zuschauer waren da, ? es regnete. — *weil*
c) Die Stimmung war besonders gut, ? der Stelzenlauf begann. — *wie*
d) Komisch war schon, ? einige auf ihren Stelzen humpelten. — *dass*
e) Besonders lustig war, ? einige dabei umkippten. — *als*
f) Alle fanden lustig, ? einer in eine Pfütze fiel. — *obwohl*
g) Robert hätte gewinnen können, ? er nicht vor dem Ziel gestürzt wäre. — *dass*
h) Er freute sich trotzdem, ? er nicht gewonnen hat. — *wenn*

15 Setze zuerst in Gedanken die passenden Signalwörter ein.
Stelle dann die Sätze mit den Signalwörtern nach vorn.
Achte beim Schreiben auf die Kommasetzung an der richtigen Stelle.

Zeichensetzung – Kommasetzung

Überprüfe dein Wissen und Können

1 Schreibe die Sätze ab und setze die Satzschlusszeichen dahinter.
a) Wo warst du denn gestern
b) Ich war im Schwimmbad
c) Hat es dir dort gefallen
d) Natürlich, was für eine dumme Frage

2 Schreibe den Witz ab und setze die Doppelpunkte und Anführungszeichen ein.

Joe sagt In der Wüste sprang einmal ein Löwe auf mich zu.
Und was hast du da gemacht?, fragt Jonny.
Joe sagt Ich sprang auf einen Baum und kletterte hinauf.
Da sagt Jonny Aber in der Wüste gibt es doch gar keine Bäume.
Da ruft Joe Das war mir in diesem Augenblick ganz egal!

3 Schreibe den Witz ab. Setze alle fehlenden Satzzeichen ein.

Erzähl doch mal was von deiner Reise durch die Wüste sagt Jonny.
Joe erzählt Einmal sprang ein Löwe auf mich zu, und ich konnte mich gerade noch retten.
Das ist ja Wahnsinn rief Jonny. Und was hast du da gemacht
Joe sagt Ich sprang auf einen Baum und kletterte hinauf
Aber in der Wüste gibt es doch gar keine Bäume sagt Jonny.
Da ruft Joe Das war mir in diesem Augenblick ganz egal

4 Schreibe die folgenden drei Sätze ab und setze die Kommas ein.
a) Der Bäcker backt Brot Brötchen Kuchen und Torten.
b) Puppen und Spielzeugautos Kinderbücher und Spiele findet man im Spielzeugladen.
c) Im Fischgeschäft kann man Muscheln Fisch Heringssalat oder Krabben kaufen.

5 Füge in den folgenden Satz das Komma ein:
Das Fußballspiel haben wir verloren weil wir schlecht gespielt haben.

6 Verschiebe den **weil**-Satz aus Aufgabe 5 an den Anfang. Setze das Komma.

7 Ergänze das Signalwort und das Komma im folgenden Satz:
Unser Sportfest war ein Erfolg ? alle gut mitgemacht haben.

8 Ergänze das Signalwort und das Komma im folgenden Satz:
? wir gerade grillen wollten fing es an zu regnen.

9 Verschiebe den zweiten Teil des folgenden Satzes nach vorn. Setze ein passendes Signalwort ein und setze das Komma:
Das Fest hätte uns noch mehr Spaß gemacht ? das Wetter besser gewesen wäre.

10 Bilde selbst einen Satz, in dem das Wort **wenn** vorkommt. Vergiss das Komma nicht.

11 Bilde einen Satz, in dem das Signalwort **Als** am Satzanfang steht.

12 Bilde einen Satz, in dem das Signalwort **Obwohl** am Satzanfang steht.

Sprache und Sprachgebrauch

Mündliche Sprache – schriftliche Sprache
Worin unterscheiden sich mündliche und schriftliche Texte

1 Lest euch diese beiden Texte erst einmal nacheinander laut vor.

Text 1
Der Lieblingsspielplatz von Glenn

Mein Papa hat mir – das is bei uns im Garten – da hat mir mein Papa ein richtiges Haus gebaut – so richtig aus Holz – und mit Dach drauf und mit Tür drin und mit Fenster – das
5 is ziemlich hoch – hoch oben im Baum – da muss man raufklettern – mit ner Strickleiter muss man das – die kann man hochziehen.

Da spiel ich oft mit Luisa und Lukas – die von nebenan – da spielen wir Piraten – mit Holz-
10 stöcken und Schwert und Kopftuch und so.

Dann hängen wir das Fenster zu – mit ner Decke – und dann ziehn wir die Decke son bisschen zur Seite – und dann gucken wir aus dem Schlitz – und dann beobachten wir
15 die Autos auf der Straße – das sind dann die anderen Schiffe – und die wolln wir – wie sagt man – die wolln wir entern – mit unsern Schwertern.

Manchmal gucken die zu uns hoch – die Leute
20 unten – weil die erschrecken sich – und dann – dann ziehn wir den Vorhang zu – und keiner kann uns sehen.

Text 2
Der Lieblingsspielplatz von Glenn

Mein Papa hat mir bei uns im Garten ein Holzhaus oben im Baum gebaut. Das hat ein Dach, eine Tür und ein Fenster. Da klettere ich manchmal an einer Strickleiter rauf. Die
5 Strickleiter kann man dann hochziehen, damit keiner hinterherklettern kann.

Dort oben spiele ich mit Luisa und Lukas von nebenan Piraten. Wir verkleiden uns dann mit Kopftuch und Augenbinde und haben
10 Stöcke und Holzschwerter.

Wir hängen das Fenster mit einer Decke zu und beobachten von unserem Ausguck aus andere Schiffe. Das sind natürlich keine echten, sondern die Autos auf der Straße. Und
15 dann pfeifen und schreien wir und schlagen mit unseren Schwertern herum, weil wir die Schiffe entern wollen.

Manchmal erschrecken sich die Leute unten auf der Straße. Wir ziehen dann schnell den
20 Vorhang zu, damit uns keiner sehen kann.

2 Glenn erzählt von ihrem Lieblingsspielplatz – einmal so und einmal anders. Was fällt euch an den beiden Texten auf? Worin besteht wohl der Unterschied? Tauscht euch darüber aus.

3 Schaut euch die beiden Texte noch einmal an:
- Bei welchem Text fiel euch das Vorlesen leichter?
- In welchem Text werden manche Wörter immer wieder einmal wiederholt?
- In welchem Text stehen vollständige Sätze – in welchem manchmal unvollständige?
- Welcher Text ist mündlich erzählt und welchen Text hat Glenn wohl aufgeschrieben? Und woran merkt man das?

4 Der nächste Lieblingsspielplatz ist der von Felix.
Lest euch den Text vor.

Text 3
Der Lieblingsspielplatz von Felix

Mein Lieblingsspielplatz – also – am liebsten hab ich – bin ich – oben auf'm Dach
von unser Garage – die is hinterm Haus.
Da klettere ich manchmal rauf – da is son Zaun – und dann is da 'n Baum –
und da kann ich hochklettern – und dann bin ich oben – in Nullkommanix!
5 Hier sieht mich niemand so schnell – so leicht, mein ich – aber ich – ich seh ziemlich alles –
so von oben runter – die Kinder unten – und auch die Großen.
Da kann ich dann – von hier aus – kann ich dann die Leute mit meiner Wasserpistole –
kann ich in die Luft schießen – und die denken, es regnet.
Das macht Spaß – und – hihi – ich lache – da muss ich mich mannichmal schieflachen –
10 natürlich leise – weil – die wissen nich, wo das herkommt – und dass ich hier oben bin.
Aber auch sonst is es da oben gemütlich – weil – da nehme ich mannichmal was mit –
so zum Knabbern – und machs mir gemütlich.

5 Wie erzählt Felix von seinem Lieblingsplatz? So wie Glenn in Text 1 oder wie in Text 2?
Und woran merkt man das? Sprecht miteinander darüber.

6 Der Text von Felix ist ein mündlich erzählter Text.
Weist auf einige Stellen hin,
- an denen die Wörter unvollständig sind,
- an denen sich Felix wiederholt,
- an denen er sich verbessert,
- an denen er die Umgangssprache benutzt,
- an denen er sogar Fehler macht.

7 Schreibe den Text von Felix so auf, dass ein schriftsprachlicher Text daraus wird:
mit vollständigen Wörtern, ohne Wiederholungen, ohne Umgangssprache und ohne Fehler.
𝓵 𝓾 Zeile 1–8, 𝓾𝓾 den ganzen Text.
Mein Lieblingsspielplatz ist oben auf dem Dach von unserer Garage. ...

8 Lest euch eure Texte gegenseitig vor. Achtet dabei darauf, wie es die anderen Schüler gemacht haben.

9 Lest euch den folgenden Text vor.

Der Lieblingsspielplatz von Lena und Miro

Wir haben einen echt tollen Lieblingsspielplatz – der Miro und ich. Da is an der Weser son altes Steinhaus – sone Ruine – und drumrum ist ein – is ein Gelände – so mit Büschen und Gras und Bäumen. Das Tollste ist, dass uns da niemand belästigt – niemand sagt uns,
5 dass wir die Pflanzen nicht umtreten dürfen – da kannste ruhig alles umtrampeln – und keiner meckert.
Da spielen wir oft Stockkampf – wir stellen uns vor, dass wir jemanden bekämpfen – unsere Feinde – das sind die Brennnesseln – die können wir dann mit unsern Stöcken niedermetzeln.
10 Und die Bäume – das ist der Urwald – da kämpfen wir uns durch – alles, was im Wege steht, das haun wir um – weil – wir müssen uns Wege anlegen – damit wir schnell flüchten können – ich meine – wenn uns der Feind angreifen tut – das macht richtig Spaß – so in der Wildnis. Wir sind türlich die Helden – die Guten – und wollen die Menschen
15 vor den Bösen schützen – aber das sind türlich trockne Blumen – und die Erzfeinde der Menschen, die Brennnesseln.

10 Dieser Text ist von Lena mündlich erzählt. Erzählt ihn einmal nach und hört euch dabei gegenseitig gut zu: Wie erzählen die einzelnen Kinder?

Mündliche Sprache – schriftliche Sprache

Wenn man etwas **mündlich** erzählt, dann redet man meistens, wie einem der Schnabel gewachsen ist. Man **spricht** und **gleichzeitig überlegt** man, wie es weitergehen soll. Dabei **wiederholt** man sich manchmal. Man **verbessert** sich. Man benutzt die **Umgangssprache** und macht auch manchen **Fehler**. Vor allem aber **spricht** man zu **jemandem**, der **dabei** ist und **zuhört**.

Beim **Schreiben** dagegen hat man **Zeit** zum Formulieren. Man **überlegt** sich, was man schreiben soll. Man schreibt **genauer**. Man bildet **vollständige** Sätze. Man benutzt die Standardsprache (Hochsprache). Vor allem aber **schreibt** man für **jemanden**, der **nicht anwesend** ist, sondern später vielleicht das Geschriebene **liest**.

11 Untersucht genauer, woran man die mündliche Sprache bei Lena erkennen kann. Sucht Stellen heraus,
 a) an denen in Wörtern Buchstaben fehlen,
 b) an denen Wörter wiederholt werden,
 c) an denen Wörter vorkommen, die man beim Schreiben weglassen würde,
 d) 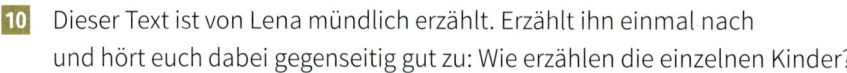 an denen sich Lena verbessert,
 e) an denen Wörter vorkommen, die man anders schreiben würde,
 f) in denen Wörter aus der Umgangssprache vorkommen – und welche?

12 Erzählt euch gegenseitig von euren eigenen Lieblingsspielplätzen.

Einsichten gewinnen – An Beispielen üben

13 Ergänze den Text von Lena in schriftlicher Sprache:

Miro und ich, wir haben einen herrlichen Spielplatz. An der Weser gibt es ein Gelände aus Büschen, Gras und Bäumen mit ... Dort können wir spielen, und niemand ... Am liebsten spielen wir Stockkampf. Wir stellen uns vor, ... Unsere Feinde sind die Brennnesseln. Die können wir ... Die Bäume sind ... Wir müssen uns nämlich Wege anlegen ... Natürlich sind wir die Helden und wollen ... Die Menschen sind aber eigentlich nur ... Vor allem aber sind es ...

14 Schreibe den Text von Lena in schriftlicher Sprache auf.
Dabei solltest du Folgendes tun:
- „Übersetze" die umgangssprachlichen Ausdrücke in die Schriftsprache:
  echt toll → wunderbar, herrlich, sehr schön ...
  drumrum → darum herum
  meckert → schimpft ...
  angreifen tut → angreift
- Ergänze die im Mündlichen weggelassenen Buchstaben:
  is → ist,
  kannste → kannst du,
  haun wir um → hauen wir um,
  türlich → natürlich ...

15 Schreibe den Text von Lena in schriftlicher Sprache auf.

16 Lest euch eure geschriebenen Texte gegenseitig vor.
Achtet darauf, welche Formulierungen ihr gewählt habt.

17 Der folgende Text ist von einem Kind aufgeschrieben worden.
Er enthält aber noch einige Ausdrücke und Wiederholungen,
die aus der mündlichen Sprache stammen.
Überarbeite den Text und schreibe ihn verbessert auf.

Unser Lieblingsspielplatz ist unten am Bach. Da liegen viele Steine drin, da können wir drauf balancieren. Das ist total glitschig dort, da muss man höllisch aufpassen. Manchmal rutscht einer von uns schon mal aus und fliegt ins Wasser. Aber egal, das macht nix, denn der Bach ist nicht
5 *tief. Wenn unsere Hosen nass geworden sind, ziehen wir sie halt aus und trocknen sie am Ufer in der Sonne. Das geht ruckzuck. Dann ziehn wir sie wieder an und spielen wieder weiter. Oder wir beobachten die Fische, die im Bach so rumschwimmen. Einmal wollte ich sonen Winzling fangen, aber er ist mir aus den Händen gewitscht – und weg war er.*

18 Sprecht über eure Texte. Was habt ihr verändert?
Was habt ihr beibehalten, damit der Text so richtig lebendig bleibt?

Probleme erkennen – Einsichten gewinnen

Wortarten

Nomen erkennen – Wozu wir Nomen gebrauchen

1 Eine Schülerin oder ein Schüler liest den folgenden Text vor, die anderen hören zu. Die Zahlen sollen allerdings **nicht** mitgelesen werden!

Rund ums Niesen

Wenn man eine **1** hat, läuft die **2** und der **3** tut weh. Oft hat man einen starken **4** und im **5** kratzt es. Manchmal hat man sogar auch **6** und muss im **7** liegen. Viele Menschen trinken dann gern ein Glas heiße **8** mit **9**.
Bei jedem Niesen werden sehr viele kleine **10** bis zu fünf Meter weit in den Raum geschleudert. In jedem von ihnen versteckt sich eine große Zahl ansteckender **11**. Deshalb sollte man ein **12** benutzen, wenn man niesen muss.

2 In diesem Text fehlen viele Nomen.
Ohne diese Nomen könnt ihr den Text kaum verstehen.
- Arbeitet in Gruppen. Setzt die alphabetisch geordneten Nomen so in den Text ein, dass ihn jeder verstehen kann.
- Schreibt die Nomen mit der entsprechenden Ziffer auf: *1) Erkältung, 2) ...*

| Bakterien | Bett | Erkältung | Hals | Honig | Husten |
| Kopf | Milch | Nase | Schnupfen | Taschentuch | Tröpfchen |

3 Lest euch dann die Texte mit den eingesetzten Wörtern vor.

4 Schreibe den Text „Rund ums Niesen" vollständig auf.
Denke an die Großschreibung der Nomen.

Die Nomen

Die **Nomen** sind die **wichtigsten Wörter** unserer Sprache.
Ohne sie kann man einen Text kaum verstehen, denn meistens wird erst durch die Nomen die **Bedeutung** eines Textes klar.

Damit man die Nomen beim Lesen auch sofort erkennen kann, werden sie **großgeschrieben**.

5 Schreibe mithilfe dieser Nomen eine kleine Geschichte.

Montag – Sportstunde – Weitsprung – Mirko – Anlauf – Absprung – Balken – Verletzung – Knöchel – Schwellung – Schmerzen – Kühlung – Anruf – Notarzt – Krankenwagen – Krankenhaus – Untersuchung – Bänderriss – eine Woche – Kinderstation

Wortarten

Das Geschlecht von Nomen kennenlernen

Die Artikel

Ausländische Schülerinnen und Schüler haben manchmal Schwierigkeiten im Gebrauch der Artikel *der, die, das, ein, eine*. Das kann daran liegen, dass es in ihrer Sprache überhaupt keinen Artikel gibt. Das ist im Türkischen, im Russischen und in vielen anderen Sprachen der Fall. Es kann aber auch daran liegen, dass es, wie im Englischen, nur einen einzigen Artikel gibt: *the spoon, the fork, the knife.* Im Deutschen aber haben wir drei Artikel: *der Löffel, die Gabel, das Messer*. Zu jedem Nomen muss im Deutschen der Artikel gelernt werden.

1 Die Nomen rechts bezeichnen Dinge, von denen ihr vielleicht nicht alle kennt.
Also kennt ihr wahrscheinlich auch nicht alle Artikel dazu.
Nennt die Artikel zu diesen Dingen: *der Hagel, die Harke …*
Sprecht in der Gruppe darüber.
Im Zweifelsfall schlagt ihr im Wörterbuch nach.

Hagel Harke Hefe Leder
Leim Pfanne Müsli Tümpel
Spange Schal Säule Delle
Erker Hantel Lametta Marmor
Schatulle Etui Dunst Furche

2 Manche Nomen kann man mit zwei verschiedenen Artikeln gebrauchen. Wie sagt ihr: *der Bonbon* oder *das Bonbon*?
Sprecht über die Wörter rechts und über ihre Bedeutung.

3 Schreibe die Wörter aus Aufgabe 2 mit Artikel auf.
Schlage im Wörterbuch nach, wenn du unsicher bist.

Bonbon Cartoon Drops Filter
Gelee Gong Gulasch Puder
Joghurt Keks Ketchup Lasso
Liter Laptop Meter Schnipsel
Teil Zubehör Kaugummi

Das Geschlecht (Genus) der Nomen

Alle **Nomen** haben ein **Geschlecht** (Genus):
- **männlich (Maskulinum):**
  der Löffel, *der* Hammer, *der* Hund …
- **weiblich (Femininum):**
  die Gabel, *die* Zange, *die* Katze …
- **sächlich (Neutrum):**
  das Messer, *das* Beil, *das* Zebra …

Bei allen Nomen ist der **Plural** (Mehrzahl) **die**:
die Löffel, *die* Gabeln, *die* Messer …
Das Geschlecht sagt nur bei wenigen Nomen etwas darüber aus, ob das Geschlecht **natürlich** ist: *der Mann, die Frau, der Freund, die Freundin …*
Bei den meisten Nomen handelt es sich um ein rein **grammatisches** Geschlecht. Es muss also zu jedem Nomen **gelernt** werden.

INFO

4 Schreibe die Sätze auf und setze dabei die Artikel ein.
Aber Achtung:
Die Artikel können auch im Akkusativ *(den)* und im Dativ *(dem)* stehen!

Leider hat ? Schüler ? Schulbus verpasst.
Also holt er ? Fahrrad und tritt in ? Pedale.
Er fährt ? Straße hinunter an ? Kiosk vorbei.
Dann kommt er an ? Apotheke und biegt zu ? Schule ab.
𝓊 𝓊𝓊 Dort stellt er ? Drahtesel in ? Fahrradstand.
𝓊 𝓊𝓊 Er schließt ? Schloss ab und steckt ? Schlüssel ein.
𝓊 𝓊𝓊 Dann geht er durch ? Pforte auf ? Schulhof.

Wortarten

Den Singular und Plural von Nomen bilden

Im Vergleich zu anderen Sprachen wie Englisch gibt es im Deutschen weitaus mehr Endungen, die den Plural (die Mehrzahl) von Nomen anzeigen. Für die meisten Kinder ist die Bildung des Plurals kein Problem, weil man sich die Pluralformen von klein auf einprägt. Bei jedem neuen Nomen muss man aber den Plural neu dazulernen.

Wie heißt es eigentlich: die Munde oder die Münde?

Ich glaube, es heißt: die Münder!

Bist du da sicher?

1 Bildet von folgenden Nomen zunächst einmal mündlich den Plural.

Anker – Auto – Bild – Geist – Hund – Jahr – Kamera – Lippe – Löwe – Märchen – Mund – Mutter – Nase – Ohr – Pony – Rind – Schild – Rüssel – Schatten – Sieb – Tochter – Vater – Zebra – Zwerg

2 Lest die Informationen zur Pluralbildung aufmerksam und sprecht darüber.

INFO

Pluralendungen

Endung -e: *das Jahr – die Jahre …*
Endung -er: *das Bild – die Bilder …*
Plural mit Umlaut: *der Mund – die Münder …*

Endung -(e)n: *die Gabel – die Gabeln …*
Endung -s: *der Clown – die Clowns …*
Plural wie Singular: *der Fehler – die Fehler …*

3 Lege dir eine Tabelle für die sechs Pluralformen an. Trage dann jedes Nomen aus Aufgabe 1 im Singular und Plural in diese Tabelle ein. Für jede Pluralendung gibt es vier Nomen.

4 Ergänze zu jeder Pluralendung in deiner Tabelle noch drei weitere Nomen.

5 Ordne die Pluralwörter des ersten Absatzes aus dem nächsten Text in deine Tabelle aus Aufgabe 3 ein.
Ordne auch die Pluralwörter des zweiten Absatzes in deine Tabelle ein. Wenn du unsicher bist, wie der Singular heißt, schlage im Wörterbuch nach.

Wozu brauchen Kamele ihre Höcker?

Kinder wollen immer alles ganz genau wissen. So interessiert sie z. B. die Frage, wozu **Kamele** ihre Höcker brauchen. Oft hören sie dann, dass diese imposanten „**Buckel**" als Wasserspeicher
5 für die **Tiere** dienen. Das stimmt aber nicht. In den Höckern wird kein Wasser, sondern Fett gespeichert. Anstrengende **Märsche** durch die Wüste bewältigen die Tiere mithilfe von **Fettdepots** so lange, bis die irgendwann leer sind.
10 Das erkennt man daran, dass die Höcker in sich zusammenfallen.

Darüber hinaus schützen diese Höcker die Tiere vor der Hitze, indem sie die Strahlen der Sonne abfangen. Zusätzlich sorgen die sehr
15 langen Beine der Kamele für einen größeren Abstand zum Wüstenboden, sodass Kopf und Rumpf kühl bleiben. Überhaupt gelten Kamele als die Überlebenskünstler in den Wüsten. Mehrere Tage kommen sie ohne
20 Flüssigkeit aus. Aber wenn sie eine der vielen Oasen erreichen, dann können sie innerhalb weniger Minuten 250 Liter trinken!

Singular und Plural

Der **Singular** (die Einzahl) von Nomen zeigt an, dass nur **ein** Exemplar gemeint ist: *der Tisch – ein Tisch …*

Der **Plural** (die Mehrzahl) von Nomen zeigt an, dass **mehrere** Exemplare davon gemeint sind. Er ist immer am Artikel **die** erkennbar: *die Tische …*

Der Plural wird bei den meisten Wörtern durch **Endungen** oder durch **Umlaute** angezeigt: *die Tisch**e**, die Kind**er**, die Auto**s**, die Gabel**n**, die **Ä**pfel …*
Oft aber ist der Plural **nur** am **Artikel *die*** erkennbar: *die Esel, die Löffel …*

Manche Wörter haben **keinen Plural**: *der Schnee, das Laub …*
Manche Wörter haben **keinen Singular**: *die Eltern, die Masern …*

6 Welche der folgenden Sätze sind richtig?
In vier Blöcken ist es ein Satz. In einem Block sind es zwei Sätze. Sprecht darüber.
Schaut im Zweifelsfall im Wörterbuch nach.

a) Meine Onkels und Tantens kommen zu meinem Geburtstag.
b) Meine Onkel und Tanten kommen zu meinem Geburtstag.
c) Meine Onkeln und Tanten kommen zu meinem Geburtstag.

d) Manchmal kämpfen wir im Wald gegen zwei Räuberbänder vom Nachbardorf.
e) Manchmal kämpfen wir im Wald gegen zwei Räuberbands vom Nachbardorf.
f) Manchmal kämpfen wir im Wald gegen zwei Räuberbanden vom Nachbardorf.

g) Ich habe meinen Zwillingsschwestern zwei Blumensträuße geschenkt.
h) Ich habe meinen Zwillingsschwestern zwei Blumenstrauße geschenkt.
i) Ich habe meinen Zwillingsschwestern zwei Blumensträußer geschenkt.

j) Meine Mutter hat uns zwei Zeichenblöcker mitgebracht.
k) Meine Mutter hat uns zwei Zeichenblöcke mitgebracht.
l) Meine Mutter hat uns zwei Zeichenblocks mitgebracht.

m) Im Park stehen viele Bänke zum Ausruhen.
n) Im Park stehen viele Bänks zum Ausruhen.
o) Im Park stehen viele Banken zum Ausruhen.

7 Welche der Nomen können
- im Singular **und** Plural stehen,
- **nur** im Singular stehen,
- **nur** im Plural stehen?

*Brot – Getreide – Idee – Masern – Bruder
Quatsch – Polizei – Ferien – Duft – Alpen
Milch – Geschwister – Eltern – Land – Wut*

Ordne die Nomen in die drei Gruppen ein. In jede Gruppe gehören jeweils fünf.
Schlage im Wörterbuch nach, wenn du dir unsicher bist.

Sprache und Sprachgebrauch

Wortarten

Den Plural im Deutschen und Englischen unterscheiden

1 In der englischen Sprache sieht der Plural anders aus als in der deutschen.
Was ist daran grundsätzlich anders? Sprecht darüber.

the boy – the boys   the brother – the brothers   the friend – the friends
der Junge – die Jungen   der Bruder – die Brüder   der Freund – die Freunde

2 Wir haben viele Nomen als Fremdwörter aus dem Englischen übernommen:

Clown   Baby   Foul   T-Shirt   Pullover   Shop
Chip   Star   City   Inlineskate   Swimmingpool   Comic   Cowboy

- Wie lautet im Englischen die Mehrzahl dieser Wörter?
- Mit welchem Artikel stehen diese Wörter im Englischen?
- Und wie sieht es im Deutschen aus? Schreibe auf:

Plural im Englischen	Plural im Deutschen
the clown – the clowns	der Clown – die Clowns
the baby – …	das Baby – …
…	…

3 Schreibe auch die Einzahl und Mehrzahl der folgenden Wörter
in deutscher und englischer Sprache in deine Tabelle aus Aufgabe 2.
- Unterstreiche dabei die Artikel und die Buchstaben,
  an denen du den Plural erkennst.
- Tausche dich mit einem Partner über deine Ergebnisse aus.

shoe (Schuh), pocket (Tasche), skirt (Rock), jacket (Jacke),
uncle (Onkel), aunt (Tante), phone (Telefon), book (Buch),
tree (Baum), house (Haus), bike (Fahrrad), fox (Fuchs)

4 Ein Kind in England kann sich leicht merken,
wie der Singular und Plural gebildet wird.
Nur wenige Wörter haben einen besonderen Plural:
the child (das Kind) – the children,
the foot (der Fuß) – the feet,
the tooth (der Zahn) – the teeth

Warum haben es Lernende in der deutschen Sprache
mit den Artikeln und den Pluralendungen so viel schwerer?
Sprecht darüber – und begründet es.

Einsichten gewinnen – An Beispielen üben

263

Wortarten

Bestimmte und unbestimmte Artikel in Texten anwenden

1 Neben dem bestimmten Artikel *der, die, das* gibt es auch den unbestimmten Artikel: *ein, eine*. Lest die folgenden Sätze vor. Entscheidet, an welchen Stellen ihr den bestimmten Artikel und an welchen Stellen ihr den unbestimmten Artikel gebrauchen würdet.

Eis mit Wespe

Ich schleckte gerade ? Eis. ? Eis war sehr lecker.
Plötzlich hörte ich ? Gesumm. ? Gesumm wurde immer lauter.
Es kam von ? Wespe. ? Wespe setzte sich direkt auf ? Eis.
Ich kriegte ? Schreck. Und ? Schreck war so groß, dass ich ? Eis fallen ließ.

2 Im Text „Eis mit Wespe" wird im ersten Satz jeder Zeile immer der unbestimmte Artikel *ein, eine* – und im zweiten Satz jeder Zeile immer der bestimmte Artikel *der, die, das* gebraucht. Lest im Infokasten unten nach und versucht, es euch gegenseitig zu erklären.

3 Bildet zwei Gruppen. Eine Gruppe ermittelt, wie viele Menschen Elias im **Text A** beobachtet. Die andere Gruppe ermittelt, wie viele Menschen Elias in **Text B** beobachtet.

Text A: Im Schulbus

Elias beobachtet im Schulbus die Leute. Er sieht eine Frau mit einem Kind. Am Fenster hockt ein alter Mann. Eine Schülerin sitzt vor ihm. Ein Mann liest die Zeitung. Eine Frau hat
5 eine große Tasche auf ihrem Schoß. Eine Schülerin kaut Kaugummi. Ein Kind fängt plötzlich an zu schreien. Es ist immer was los!

Text B: Im Schulbus

Elias beobachtet im Schulbus die Leute. Er sieht eine Frau mit einem Kind. Am Fenster hockt ein alter Mann. Eine Schülerin sitzt vor ihm. Der Mann liest die Zeitung. Die Frau
5 hat eine große Tasche auf ihrem Schoß. Die Schülerin kaut Kaugummi. Das Kind fängt plötzlich an zu schreien. Es ist immer was los!

4 Vergleicht die Zahl der Leute, die Elias jeweils beobachtet hat. Woran liegt es, dass im **Text B** nur halb so viele Leute vorkommen wie im **Text A**? Ein einziges Wort ist dafür verantwortlich!

Unbestimmter Artikel – bestimmter Artikel

In einem Text steht der **unbestimmte Artikel** in der Regel dann, wenn ein Nomen zum **ersten Mal** genannt wird, wenn also etwas oder jemand noch **unbekannt** ist.

Der **bestimmte Artikel** steht dagegen dann, wenn dasselbe Nomen **ein zweites Mal** im Text vorkommt, wenn also etwas oder jemand bereits **bekannt** ist.

INFO

5 Schreibe die Sätze mit bestimmtem und unbestimmtem Artikel auf:
Corinna hatte Joe ? Buch geliehen. Sie bekam ? Buch erst nach drei Wochen zurück.
Mein Vater hatte ? Taxi bestellt. Nach zehn Minuten war ? Taxi da.
ttt ttt Wir haben gestern ? Ausflug gemacht. Auf ? Ausflug haben wir allerlei erlebt.
ttt Im Zoo habe ich ? Schimpansen beobachtet. Wie hat mich ? Schimpanse angeguckt!

6 Setze beim Abschreiben der Fabel vor die Nomen den bestimmten oder den unbestimmten Artikel.

Löwe und Maus

? Löwe saß unter ? Baum und schlief. Da kroch ? Maus auf seinen Rücken. Davon erwachte ? Löwe und packte ? Maus. „Wenn du mich wieder freilässt", sagte ? Maus, „dann werde ich dir auch einmal helfen." ? Löwe lachte ? Maus aus: „Du willst mir helfen?" Doch da er gute Laune hatte, ließ er sie frei.

ıı ııı Wenige Tage später spannte ? Jäger ? Netz unter ? Baum aus. ? Löwe wollte sich wieder unter ? Baum legen, doch da verfing er sich in ? Netz – und war gefangen. Da kam auf einmal ? Maus und knabberte mit ihren spitzen Zähnen ? Netz durch. So befreite sie ? Löwen.

7 Lest euch eure Lösungen gegenseitig vor. Begründet, warum ihr den bestimmten bzw. den unbestimmten Artikel eingesetzt habt.

8 Schreibe die folgenden Sätze mit bestimmtem und unbestimmtem Artikel auf.

a) Hast du mal ? Bleistift für mich?
Ich gebe dir ? Stift auch gleich wieder.

b) Zu ihrem Geburtstag bekam Anna ? Fahrrad geschenkt.
Jetzt kann sie mit ? Rad zur Schule fahren.

ıı ııı c) Es ist mein Ziel, mindestens ? Zwei in der nächsten Mathearbeit zu schreiben.
Über ? Zwei bei der letzten Arbeit habe ich mich sehr gefreut.

ııı d) Tabea musste zum Zahnarzt und sich ? Zahn reparieren lassen.
? Zahn hatte ihr schon tagelang Schmerzen bereitet.

9 Schreibe folgenden Text auf. Setze *ein, einem, das, der* oder *dem* ein.
- *ıı* Es sollen zwei Mädchen und zwei Jungen vorkommen.
- *ııı* Es sollen nur ein Mädchen und ein Junge vorkommen.

Auf dem Schulhof steht ? Mädchen an der Mauer und trinkt Milch.
? Junge klettert an dem Klettergerüst hoch.
Dann sehe ich noch, wie ? Junge zu ? Mädchen hingeht und es anrempelt.
? Mädchen fängt an, laut zu schreien, und ? Junge lacht laut.

Wortarten

Pronomen in Texten anwenden

Warum weinst du denn, Mia?

Mia hat Mamas Tasche puttemacht! Mama böse? Mia tann nichs dafür!

1 So sprechen kleine Kinder. Was können sie noch nicht? Sprecht die Sätze einmal so, wie ihr sie formulieren würdet.

2 Lest den folgenden Text einmal laut vor. Was fällt euch auf?

Robinson Crusoe

Als Robinson erwachte, war heller Tag. Robinson stellte fest, dass sich der Sturm gelegt hatte. Robinson bemerkte auch, dass das Schiffswrack fast bis an die Insel herangetrieben worden war.
5 Das Schiffswrack zu erreichen, war für Robinson nicht schwer. Das Schiffswrack lag nämlich nur etwa eine Meile von Robinson entfernt. Robinson wollte dorthin schwimmen, um einige Vorräte von Bord zu holen. Aber damit
10 Robinson die Vorräte an Land bringen konnte, musste Robinson sich ein Floß bauen. Als Robinson am Schiffswrack ankam, machte sich Robinson gleich an die Arbeit. Die Arbeit ging Robinson gut von der Hand. Robinson stieg an
15 der Schiffswand herunter und band vier Balken an beiden Enden fest, sodass ein Floß entstand. Robinson bemerkte aber, dass das Floß zu leicht war, um schwerere Lasten transportieren zu können. Robinson musste das Floß also mit ei-
20 ner weiteren Stange vergrößern. Als Robinson fertig war, konnte Robinson endlich die Vorräte an Land bringen.

3 Lest den Text jetzt noch einmal. Versucht dabei, an manchen Stellen die ständig wiederholten Nomen durch die Personalpronomen *er, sie, es, ihn, ihm* zu ersetzen.

4 Überlegt beim lauten Lesen des folgenden Textes, ob ihr an den nummerierten Stellen das Nomen wiederholen wollt – oder ob ihr es durch *er, sie, es, ihn* ersetzen wollt.

Robinson rief nach den Kameraden, so laut Robinson **(1)** konnte. Von nirgendwo kam aber eine Antwort. Robinson **(2)** war verzweifelt und hatte große Furcht. Dann aber erwachte sein Lebenswille. Außerdem hatte Robinson **(3)** großen Hunger. Wie konnte Robinson **(4)** den Hunger **(5)** stillen? Die Nacht brach herein. Wo und wie sollte Robinson **(6)** die Nacht **(7)** verbringen? Er kletterte in eine Baumkrone. Sehr bequem war die Baumkrone **(8)** nicht. Doch die Baumkrone **(9)** bot Schutz vor wilden Tieren. Inzwischen war ein Sturm aufgekommen. Aber der Sturm **(10)** konnte Robinson **(11)** nicht abhalten, sofort einzuschlafen.

5 Begründet eure Entscheidungen zu Aufgabe 4.

Personalpronomen

Wörter wie *er, sie, es* (im Singular) und *sie* (im Plural) sind **Stellvertreter** für Nomen oder Namen, die im Text bereits genannt worden sind. Wörter wie ***ich, du, er, sie, es, wir, ihr, ihn, ihm, ihr*** … nennt man **Personalpronomen**.
Sie machen es möglich, dass die Nomen nicht ständig wiederholt werden müssen.

6 Welche Personalpronomen passen zu welchen Ziffern?
Setze die passenden Personalpronomen beim Abschreiben ein.

I Das Länderspiel

Sag mal, Luca, hast **(1)** gestern Abend das Länderspiel gesehen?
(2) fand **(3)** jedenfalls sehr spannend!
Was, **(4)** hast keine Zeit gehabt?
Oder hat es **(5)** vielleicht gar nicht interessiert?
Na, nächstes Mal sehen **(6)** es **(7)** gemeinsam an!

du
ich es
du
dich
wir uns

II Das Länderspiel

Luca, was hast **(1)** denn gestern gemacht?
Hast **(2) (3)** auch das Länderspiel angeguckt?
Was, so etwas interessiert **(4)** nicht?
Na, **(5)** interessiert das schon!
Und **(6)** fand **(7)** auch sehr spannend.
Vielleicht sehen **(8) (9)** einmal zusammen ein Spiel an!
(10) wirst schon sehen, so etwas wird **(11)** auch gefallen!

III Das Länderspiel

Schön, dass **(1) (2)** treffe, Luca!
Was hast **(3)** denn gestern gemacht?
Hast **(4)** auch das Länderspiel gesehen?
Ach, **(5)** hattest keine Zeit!
Oder interessiert **(6)** so etwas nicht?
Jedenfalls fand **(7) (8)** sehr spannend.
Na, nächstes Mal sehen **(9) (10) (11)** gemeinsam an!
(12) wirst schon sehen, dass **(13)** so etwas auch gefällt!

INFO

Überblick über die Personalpronomen

Die Personalpronomen geben an
in der **1. Person**, wer spricht: ***Ich*** habe ein Fahrrad.
in der **2. Person**, wer angeredet wird: ***Du*** willst das Rad ausleihen?
in der **3. Person**, von wem oder was die Rede ist: Ich gebe ***es*** dir.

Die Personalpronomen kommen im **Singular** und **Plural** vor.
Sie können in allen **vier Fällen** stehen: im Nominativ, im Akkusativ, im Dativ und im Genitiv.

	Singular			Plural		
	1. Person	2. Person	3. Person	1. Person	2. Person	3. Person
Nominativ	ich	du	er, sie, es	wir	ihr	sie
Akkusativ	mich	dich	ihn, sie, es	uns	euch	sie
Dativ	mir	dir	ihm, ihr	uns	euch	ihnen
Genitiv	meiner	deiner	seiner, ihrer	unser	euer	ihrer

Wortarten

Die Anredepronomen richtig schreiben

1 Wie redet ihr eigentlich eure Schulkameraden an – oder die Lehrerin, den Hausmeister, einen Fremden auf der Straße, euren Nachbarn? – Mit *Du* oder mit *Sie*? Sprecht in der Klasse darüber.

Frau Müller, kannst du mir mal helfen?

Oma, kannst du mal eben kommen?

Herr Meier, können Sie nicht Ihren Hund festhalten?

2 Auch in Briefen oder E-Mails sprecht ihr die Personen an. Das müsst ihr mit dem Namen und mit Pronomen machen. An wen könnten wohl die folgenden Mails gerichtet sein? Denkt euch Namen aus, mit denen die drei Briefe anfangen.

Liebe …,
ich wollte **Sie** gestern noch fragen, ob ich von **Ihnen** einmal **Ihre** CD ausleihen kann. Doch ich habe **Sie** nicht mehr getroffen. Deswegen …

Hallo …,
ich wollte **euch** gestern noch fragen, ob ich von **euch** einmal **eure** CD ausleihen kann. Doch ich habe **euch** nicht mehr getroffen. Deswegen …

Hi …,
ich wollte **dich** gestern noch fragen, ob ich von **dir** einmal **deine** CD ausleihen kann. Doch ich habe **dich** nicht mehr getroffen. Deswegen …

Anredepronomen

In **Briefen** und **E-Mails** werden Personen angesprochen.
Das tut man mit **Anredepronomen**: *Ich grüße* **Sie** *und* **Ihre** *Kinder.*
Das Anredepronomen **Sie** und die dazugehörigen Formen **Ihnen, Ihr, Ihre** … werden **großgeschrieben**.
Das Anredepronomen **du** und die dazugehörigen Formen **dir, dich, euch** … werden **kleingeschrieben**.
In Briefen und E-Mails können sie auch großgeschrieben werden: *Ich grüße* **dich / Dich** *herzlich.*

INFO

3 Schreibe die folgenden Sätze mit den richtig geschriebenen Anredepronomen auf.
Achtung: Eines der Wörter ist kein Anredepronomen!
Liebe Frau Meier, ich gratuliere IHNEN zu IHREM Geburtstag.
Hi Jana, ich kann DIR leider DEINEN Wunsch nicht erfüllen.
Hallo ihr beiden, ich möchte EUCH mitteilen, dass ich EURE Mail erhalten habe.
Lieber Herr Kunze, grüßen SIE IHRE Tochter von mir, SIE ist immer so nett zu mir.

4 Schreibe den Brief ab und setze dabei die Anredepronomen in die Lücken ein.

Sehr geehrte Frau Kluge,
ich habe gestern mit ? telefoniert und ? darüber informiert, dass unsere Klasse im nächsten Monat ? Spielzeugmuseum besuchen möchte. Auf ? Rat hin möchte ich ? heute den genauen Termin unseres Besuches schriftlich mitteilen. Wir möchten also am 12. Juni zu ? kommen. Ich hoffe sehr, dass ? dieser Termin passt.
Mit freundlichen Grüßen
? Uta Zeisig

Wortarten

Wozu gebrauchen wir Adjektive?

1 Suche dir einen Hund aus.
- Setze in den folgenden Text Adjektive ein, die zu deinem Hund passen.
- Du kannst dazu den **WORTSCHATZ** nutzen

Mein Hund

Mein Hund hat einen ? Körperbau.
Er besitzt eine ? Schnauze, ? Ohren und einen ? Schwanz.
Er steht auf ? Beinen und trägt ein ? Fell mit ? Haaren in ? Farbe.
Er ist ein ? Tier.

WORTSCHATZ

Was man an einem Hund beschreiben kann:

Kopf:	schmal, rund, groß, klein …
Schnauze:	rundlich, spitz, breit, schmal …
Ohren:	spitz, aufrecht, herabhängend, lang, kurz …
Haare und Fell:	kurz, lang, wuschelig, glatt, lockig, rau, zottelig …
Körperbau:	schlank, gedrungen, groß, klein, schmal …
Schwanz:	lang, kurz, herabhängend, wuschelig, geringelt …
Beine:	kurz, lang, krumm, gerade, dünn …
Farben:	braun, schwarz, weiß, gefleckt, gesprenkelt, hell, dunkel …
Wie der Hund ist:	sanft, freundlich, lieb, ruhig, temperamentvoll …

2 Lest euch eure Hundebeschreibungen gegenseitig vor und lasst von anderen Kindern erraten, welches Tier gemeint ist. Und wenn sie es nicht herausbekommen? Dann musst du es wohl noch etwas genauer beschreiben!

Adjektive

Mit **Adjektiven** können wir Lebewesen, Dinge und Sachverhalte **genauer bezeichnen**: *winzig, spitz, weiß* …

Alle Adjektive können **zwischen Artikel und Nomen** stehen:
*ein **winziger** Hund, die **spitzen** Ohren, das **weiße** Fell* …

Adjektive können aber auch **an anderen Stellen** des Satzes stehen:
*Der Hund ist **winzig**. Die Ohren sind **spitz**. Sein Fell leuchtet **weiß**.*

Wortarten
Woran erkennen wir Adjektive?

1 Hier ist eine Reihe von Wörtern. Welche von ihnen sind wohl Adjektive?
- Sprecht in Gruppen darüber.
- Nennt diejenigen Wörter, von denen ihr annehmt, dass es Adjektive sind.

rot	*oft*	*komisch*	*immer*	*dort*	*lustig*
sieben	*leer*	*viele*	*genug*	*lieb*	*verrückt*
lila	*toll*	*witzig*	*eckig*	*hier*	*manchmal*
rund	*nett*	*jetzt*	*kaputt*	*klein*	*komisch*

2 Es gibt eine Methode, mit deren Hilfe ihr Adjektive immer erkennen könnt:
Es ist die **Ergänzungsprobe**.
Jedes Wort, das ihr in folgenden Satz einfügen könnt, ist ein Adjektiv:

Die ? *Plingplongs liegen auf dem Tisch.*

Wendet diese Probe bei den Wörtern aus Aufgabe 1 an:
*Die **roten** Plingplongs liegen auf dem Tisch.* → Das Wort **rot** ist also ein Adjektiv.
*Die **often** Plingplongs liegen auf dem Tisch.* → Das Wort passt nicht. Das Wort ist kein Adjektiv.

Wenn ihr diese Probe durchführt, bekommt ihr 17 Adjektive heraus.

3 Sucht in Gruppen weitere Wörter. Macht die **Ergänzungsprobe**.
Prüft, ob die Wörter in den Plingplong-Satz hineinpassen.

4 In diesem Text sind neun Wörter hervorgehoben.
Überprüfe mithilfe der **Ergänzungsprobe**, welche Wörter davon Adjektive sind.
Schreibe die Adjektive auf.

Rettungsschwimmerin

Anja geht **gern** zum Schwimmen.
Sie trägt einen **roten** Badeanzug.
An den Wochenenden trainiert sie **fleißig**.
Sie möchte einmal eine **richtige** Rettungsschwimmerin werden,
5 die **andere** Menschen vor dem Ertrinken rettet.
Dafür kann man mit dem Training nicht **früh** genug beginnen,
obwohl sie noch sehr **jung** ist.
Sie ist sich aber noch nicht ganz **sicher**,
ob sie das **überhaupt** schafft.

5 Vergleicht eure Ergebnisse. In diesem Text kommen sieben Adjektive vor.

Wortarten

Wie wir mit Adjektiven vergleichen können

1 Vergleiche die Höhe dieser drei Gebäude miteinander: *hoch, höher, am höchsten*.
Der Kölner Dom ist ..., der Fernsehturm ist ..., der Burj Khalifa ist am ...

2 Vergleiche die folgenden Flüsse, Berge usw. miteinander.

a) *lang:* Die Donau ist 2 888 km, die Elbe 1 091 km und der Rhein 1 320 km ...
b) *hoch:* Der Fichtelberg ist 1 215 m, der Kleine Burgberg 436 m und die Zugspitze 2 962 m ...
c) *schnell:* Der Wanderfalke kann beim Jagen 322 km/h erreichen, der Fächerfisch beim Schwimmen 109,7 km/h und die Kakerlake beim Laufen 5 km/h.
d) *schwer:* Der Blauwal wiegt 160 000 kg, der Strauß 160 kg und der Polarbär 997 kg.

Schreibe so auf:
a) Die Elbe ist lang, der Rhein ist länger, und am ... ist die Donau.   b) ...

Die Steigerung von Adjektiven

Die meisten Adjektive lassen sich steigern.
Beim Steigern unterscheidet man drei Stufen:

Grundstufe (Positiv):	*groß, hoch ...*	Bei einem Vergleich verwendet man die Vergleichswörter **wie** und **als**:
Steigerungsstufe (Komparativ):	*größer, höher ...*	*Er ist **genauso groß wie** ich.*
Höchststufe (Superlativ):	*am größten, am höchsten ...*	*Er ist **größer als** ich.*

3 Lege dir eine Tabelle an. Trage die Adjektive in die Tabelle ein:
schwer, wichtig, hart, reich, alt, schön, lieb

Grundstufe (Positiv)	Steigerungsstufe (Komparativ)	Höchststufe (Superlativ)
genauso schwer wie	schwerer als	am schwersten
genauso wichtig ...	wichtiger als	am ...
...	...	...

4 Suche dir drei weitere Adjektive aus und trage sie in die Tabelle ein.

Wortarten
Einen Text durch Adjektive anschaulich machen

1 Der folgende Text ist zu dem Bild von Magritte geschrieben worden. Lies ihn erst einmal durch.

2 Setze beim Abschreiben in den Text die Adjektive ein, die am Rand stehen. Dann wird der Text anschaulicher und spannender.

Ein fantastisches Bild

Ich schaue aus dem großen Fenster eines Hauses in eine ? Berglandschaft. Es ist ? Abend. Die ? Mondsichel steht schon am ? Himmel. Träume ich? Auf dem Fensterbrett liegt ein ? Vogelnest mit zwei ? Eiern
5 darin. Ich blicke auf die ? Berge gegenüber. Die eine Bergspitze sieht wie der Kopf eines ? Vogels mit ? Schnabel aus. Die anderen Berge sind wie ? Flügel. Hat dieser ? Adler die Eier vielleicht in das Nest gelegt? Will er sie mit seinem ? Gefieder beschützen? Wird
10 er sich mit seinen ? Krallen auf jeden ? Menschen stürzen, der sich diesen Eiern nähert? Mich packt ein ? Grausen. Was ist, wenn der ? Vogel plötzlich herabgeflogen kommt?

seltsame
später
silberne
bläulichen
graues
schneeweißen
steilen
riesigen
spitzem
ausgebreitete
bedrohliche
gespenstischen
scharfen
unvorsichtigen
furchtbares
geisterhafte

3 Setze beim Abschreiben in den folgenden Text passende Adjektive ein. Dann wird der Text anschaulicher und spannender. Hier findest du eine Auswahl:

*bedrohlich   bläulich   fantastisch   fest   furchtbar   geisterhaft
merkwürdig   plötzlich   riesig   rund   scharf   schneeweiß
schwarz   silbern   spät   spitz   steil   tot   wolkenlos ...*

Ein fantastisches Bild

Ich schaue aus dem ? Fenster eines Hauses in eine ? Berglandschaft. Es ist ? Abend. Die ? Mondsichel steht schon am ? Himmel. Träume ich? Auf dem Fensterbrett liegt ein ? Vogelnest mit zwei ? Eiern darin. Ich blicke auf die ? Berge gegenüber. Es sind ? Felsen mit ? Flecken darin. Auf einmal kommt mir etwas ? vor: Die eine Bergspit-
5 ze sieht wie der Kopf eines ? Vogels mit ? Schnabel aus. Ja, und die anderen Berge sind wie ? Flügel. Was für ein ? Anblick! Hat dieser ? Adler vielleicht die Eier in das Nest gelegt? Will er sie mit seinem ? Gefieder beschützen? Wird er sich mit seinen ? Krallen auf jeden ? Menschen stürzen, der sich diesen Eiern nähert? Mich packt ein ? Grausen. Was ist, wenn der ? Vogel ? herabgeflogen kommt?

4 Seht euch die Auswahl der Adjektive in Aufgabe 3 an. Welche von ihnen kann man steigern? Bei welchen ist aber eine Steigerung nicht sinnvoll? Sprecht darüber:
*bedrohlich, bedrohlicher, am bedrohlichsten → kann man steigern.
bläulich, bläulicher, am bläulichsten → ...*

Adjektive aus Wortfeldern auswählen und anwenden

Wortarten

INFO

Wortfeld

Zu einem **Wortfeld** gehören Wörter, die eine **ähnliche Bedeutung** haben. So gehören zum Wortfeld *komisch* Adjektive wie: **ausgeflippt, eigenartig, fröhlich, lächerlich, lachhaft, lustig, merkwürdig, rätselhaft, seltsam, sonderbar, spaßig, ulkig, verrückt, übertrieben, witzig …**

Je mehr Wörter eines Wortfeldes man kennt, desto **genauer** und **abwechslungsreicher** kann man sprechen und schreiben.

Überschrift für Wortfeld gesucht

ein *gewitztes* Kerlchen
ein *helles* Köpfchen
ein *cleverer* Typ
ein *pfiffiges* Mädchen
ein *aufgeweckter* Junge
ein *gescheites* Mädchen
eine *superschlaue* Klasse
ein *schlauer* Bursche
eine *intelligente* Frau
eine *geistreiche* Idee

1 Alle hervorgehobenen Wörter in der Sammlung rechts gehören zu einem Wortfeld. Welches der folgenden Adjektive könnte die Überschrift zu diesem Wortfeld sein?

mutig   klug   gut   stark

2 Nennt noch weitere Wörter, die in dieses Wortfeld passen.

3 Das Wort *komisch* ist ein Allerweltswort, mit dem wir manchmal sehr Verschiedenes meinen. In den folgenden Zeilen stehen immer zwei Sätze. Schreibe den ersten Satz in jeder Zeile so auf, dass man genauer weiß, was hier gemeint sein könnte. Nimm dabei die Wörter im Infokasten zu Hilfe.

Komisch!

a) Dein Kleid sieht ja echt *komisch* aus! Das finde ich toll!
b) Heute Nacht habe ich so *komisch* geträumt. Ich bin vor Schreck aufgewacht.
c) Gestern hat mir mein Vater eine *komische* Geschichte erzählt. Ich habe laut gelacht.
d) Was du da sagst, finde ich *komisch*. Ich weiß gar nicht, was ich dazu sagen soll.
e) Das Halsband von deinem Hund ist *komisch*. Es passt doch gar nicht zu ihm!
f) Die Mädchen auf der Party trugen *komische* Klamotten. Alles locker und kunterbunt!

4 Im folgenden Text wiederholt der Schreiber ständig das Adjektiv *mutig*. Der Text wird abwechslungsreicher, wenn du auch andere Wörter aus dem Wortfeld *mutig* dafür einsetzt.

draufgängerisch, entschlossen, forsch, kühn, tapfer, todesmutig, tollkühn, verwegen

Mutprobe

Max ist an sich kein sehr *mutiger* Junge. Aber neulich hat er seinen Freunden erzählt, dass er sich traut, vom 5-Meter-Turm in unserem Schwimmbad zu springen. Heute wollte er es beweisen. Max wirkte sehr *mutig*. *Mutig* lief er zum Sprungturm und
5 stieg *mutig* die Stufen hinauf. Auf der Plattform angekommen, ging er geradezu *mutig* nach vorn. Er schaute kurz nach unten und sah seine Freunde unten *mutig* an. Er ging zwei Schritte zurück, lief an und sprang *mutig* in die Tiefe. Die Freunde klatschten. Die Mutprobe hatte er wirklich glänzend bestanden.

Wortarten

Präpositionen kennen und gebrauchen lernen

1 Überprüft, ob die Sätze a) bis f) mit dem Bildgeschehen übereinstimmen. Welche Fehler findet ihr dort? Begründet.

a) Die neue Straße führt durch die Hütte herum.
b) Das Gemüsebeet ist über dem Zaun angelegt worden.
c) Der Hahn befindet sich auf dem Zaun.
d) Der Bauer arbeitet unter dem kleinen Feld.
e) Der Kran mit der Abrissbirne steht zwischen der Straße.
f) Das Markierungsfahrzeug fährt genau neben der Mitte der Straße.

2 Formuliere die Sätze a) bis f) so, dass sie dem Geschehen auf dem Bild entsprechen. Du kannst Präpositionen aus dem folgenden **WORTSCHATZ** auswählen.

WORTSCHATZ

ab   an   auf   aus   bei   bis   durch   für   gegen   hinter   in   mit   nach   neben
ohne   seit   trotz   über   um   unter   von   vor   während   wegen   zu   zwischen

3 Ergänze die folgenden Sätze mit einer passenden Präposition aus dem **WORTSCHATZ**.

a) Die Dampfwalze befindet sich ? dem Markierungsfahrzeug und dem Asphalt-LKW.
b) Der Asphalt wird ? der Walze gleichmäßig ? der Straße verteilt.
c) Der Arbeiter ? der Walze gibt dem Fahrer Anweisungen,
   ? welchen Stellen der Asphalt noch besser verteilt werden soll.
d) Der Arbeiter ? dem Asphalt-Lkw verteilt den Asphalt, der ? dem Rohr läuft,
   gleichmäßig ? der Straße.

4 Setze in den folgenden Sätzen anstelle des Fragezeichens passende Präpositionen ein. Im **Wortschatz** wirst du fündig.

Aus der Beschreibung eines Lieblingsplatzes

Mein Lieblingsplatz ist der Stall ? Ronny, meinem Pferd. Dort riecht es immer so gut ? Heu. Ich setze mich ? einen Strohballen und sehe ? der Fütterung ? Ronny zu. Es ist ziemlich schummerig ? dem Stall, aber schön warm. Eine trübe Lampe hängt ? der Decke, und ? das Stallfenster kommt auch etwas Licht hinein. Manchmal spreche ich ? Ronny, und ich glaube, er hört sogar ? mich.

Präpositionen

Präpositionen bringen Ordnung in unsere Sprache. Sie setzen nämlich zwei Dinge oder Sachverhalte, über die gesprochen wird, miteinander in **Beziehung**.

*Das Buch liegt **auf** dem runden Tisch.*
*Der Ball rollt **unter** den runden Tisch.*
*Carl steht **neben** dem runden Tisch.*
*Die Lampe hängt **über** dem runden Tisch.*

Präpositionen fordern von den folgenden Wörtern **einen bestimmten Fall**, meistens
den **Akkusativ**:   oder den **Dativ**:
*Ich trete **gegen den** Ball.*   *Ich schieße **mit dem** linken Fuß.*

Wortschatz

ab	mit
an	nach
auf	neben
aus	ohne
bei	über
durch	um
für	unter
gegen	von
hinter	vor
in	zu

5 Lest den folgenden Text vor und ergänzt dabei die fehlenden Endungen. Sprecht die Wörter deutlich aus. Und schreibt so auf:
*in **meinem** Zelt, mit … Bruder, vor …*

Aus der Beschreibung eines Lieblingsplatzes

Am liebsten halte ich mich *in **mein*** Zelt* auf. Dort übernachte ich manchmal *mit **mein*** Bruder*. Wenn es noch hell ist, sitzen wir *vor **d*** Zelt*, unterhalten uns *über alle **möglich*** Dinge* und trinken Apfelschorle *aus **d*** Flasche*. Wenn wir dann *in **d*** Zelt* sind, leuchten wir uns *mit **d*** Taschenlampe* gegenseitig in
5 ***unser*** Bücher*. *Vor **d*** Einschlafen* hören wir, wie der Wind leicht *an **d*** Zelt* rüttelt. Das Zelt schützt uns aber *vor **d*** Wind* und sogar *vor **ein*** Sturm*.

6 Schreibe den Text weiter auf. Berichtige dabei die falsch gebrauchten Fälle.

Wenn es regnet, dann hören wir die Regentropfen auf **den** Dach prasseln. Dann ist es besonders gemütlich in **unseres** Zelt. Wir kuscheln uns in **unser** Schlafsäcke. Wenn es nach **ein** Regen wieder ganz still ist, dann schlafen wir auch bald ein. Natürlich wachen wir bei **ein** Geräusch auch wieder auf. Dann gucken wir aus **den** Schlitz hinaus in die
5 finstere Nacht. Einmal war es ein Igel, der vor **den** Zelt herumgelaufen ist.

Wortarten

Die Fälle nach Präpositionen kennenlernen

Paula	setzt sich	in	d ? Sessel.
Paula	sitzt	in	d ? Sessel.
Mia	legt sich	auf	d ? Teppich.
Mia	liegt	auf	d ? Teppich.
Tom	stellt sich	vor	d ? Fernseher.
Tom	steht	vor	d ? Fernseher.

Jetzt können die beiden nicht mehr fernsehen.

1 Bildet gemeinsam Sätze. Ergänzt dabei die Wörter *den* und *dem*.

2 Jeweils zwei Sätze in diesem Text sehen fast gleich aus. Trotzdem unterscheiden sie sich. Sprecht darüber, was in den Sätzen jeweils anders ist.

Präpositionen

Nach einigen Präpositionen können die darauf folgenden Artikel und Nomen im Akkusativ und im Dativ stehen.
Akkusativ: (wohin?) auf **den** Schulhof,   in **den** Sessel,   neben **den** Schrank …
Dativ: (wo?)   auf **dem** Schulhof,   in **dem** Sessel,   neben **dem** Schrank …

Der **Akkusativ** weist bei diesen Präpositionen darauf hin, dass sich etwas **auf einen Ort (wohin?) zu bewegt**.
Der **Dativ** weist darauf hin, dass sich etwas **an einem Ort (wo?) befindet**.

INFO

3 Zwei Texte – fast gleich! Lest sie euch vor. Ergänzt dabei die Artikel im richtigen Fall. Lest die Zeilen jeweils von links nach rechts.

Aufräumen im Akkusativ

Ich bringe Ordnung in ? Zimmer.
Ich stelle die Schuhe in ? Schrank.
Ich räume die Bücher in ? Regal.

Ich werfe das Papier in ? Papierkorb.
Jetzt packe ich die Schulsachen in ? Tasche.

Ich lege alle Stifte in ? Etui.
Ich rücke den Stuhl neben ? Tisch.
Zum Schluss setze ich die Plüschtiere auf ? Bett.

Aufgeräumt im Dativ

Jetzt ist Ordnung in ? Zimmer.
Die Schuhe stehen in ? Schrank.
Die Bücher befinden sich in ? Regal.

Das Papier liegt in ? Papierkorb.
Jetzt liegen die Schulsachen in ? Tasche.

Alle Stifte befinden sich in ? Etui.
Der Stuhl steht neben ? Tisch.
Zum Schluss sitzen die Plüschtiere auf ? Bett.

4 In welchem Text sind die Dinge in Bewegung, in welchem Text befinden sich die Dinge an einer bestimmten Stelle? Nutzt den Infokasten und sprecht darüber.

5 Schreibe den Text aus Aufgabe 3 ab und ergänze die fehlenden Artikel:
I den ersten Absatz links – rechts,   *II* die ersten beiden Absätze links – rechts,   *III* den ganzen Text.

Wortarten
Präpositionen und Fälle richtig anwenden

1 Ergänze die Artikel im richtigen Fall.

1) Viola schreibt etwas *(wohin?)* an ? Tafel dran.
2) Das Modellflugzeug kreist *(wo?)* über ? Sportplatz.
3) Die Spielerinnen laufen *(wohin?)* auf ? Spielfeld drauf.
4) Die Gruppe wartet *(wo?)* auf ? Bahnhof.
5) Die Kinder tollen *(wo?)* auf ? Hüpfburg herum.
6) Das Auto wird *(wohin?)* auf ? Abschleppwagen hinaufgezogen.

2 Ergänze die Präpositionen.

1) Viola schreibt etwas ? der Tafel auf.
2) Das Modellflugzeug fliegt ? den Sportplatz.
3) Die Spielerinnen laufen ? dem Spielfeld herum.
4) Die Schüler warten ? den Schulbus.
5) Die Kinder tollen ? der Hüpfburg herum.
6) Das Fahrzeug wird ? dem Abschleppwagen abgeschleppt.

3 Ergänze die Präpositionen und die Artikel im richtigen Fall.

1) Viola schreibt – *wo?* – Tafel.
2) Das Modellflugzeug kreist – *wo?* – Sportplatz.
3) Die Spielerinnen laufen – *wohin?* – Spielfeld.
4) Die Gruppe wartet – *wo?* – Bahnhof.
5) Die Kinder tollen – *wo?* – Hüpfburg herum.
6) Das Auto wird – *wohin?* – Abschleppwagen gezogen.

4 Welche Präpositionen kannst du für die Ziffern im Text einsetzen?
Schreibe den Text ab und ergänze die Präpositionen:
I die Sätze 1–6, **II** die Sätze 1–9, **III** alle Sätze.

Gefahren für Eisbären

Eisbären ernähren sich vor allem **1** Ringelrobben. Die können sie nur fangen, wenn die Beutetiere **2** einem Eisloch auftauchen. **3** offenen Wasser sind die Robben **4** die Eisbären viel zu schnell. Deshalb müssen die Bären **5** den Sommermonaten hungern, weil das Meer nicht zugefroren ist. Notfalls kommen sie acht Monate **6** Nahrung aus. Dafür kann sich ihr Gewicht **7** der Winterzeit verfünffachen. Allerdings wird die Fastenzeit **8** die Eisbären von Jahr zu Jahr länger. Sie gehen zu zeitig **9** dünne Eisschollen. Sie brechen ein und sind dann **10** dem Festland zu weit entfernt, um noch zurückschwimmen zu können. Viele **11** ihnen sind dabei schon verhungert.

Wortschatz

ab
an
auf
aus
bei
bis
durch
für
gegen
hinter
im
mit
nach
neben
ohne
seit
trotz
über
unter
um
von
vor
während
zu
zwischen

Wortarten

Wozu gebrauchen wir Verben?

Eine nicht ganz vollständige Geschichte

Gestern in der Stadt. Schaufenster, Läden, Kaufhäuser. Rolltreppe rauf, Rolltreppe runter. Endlich in der Computerabteilung.
Fast zwei Stunden dort. Mehrere Computerspiele. Das vierte für mich.
Portemonnaie, Geld, Kasse.
Glücklich. Straßenbahn, nach Hause.

1. Diese Geschichte besteht aus unvollständigen Sätzen.
   Könnt ihr euch vorstellen, was in der Geschichte passiert? Sprecht darüber.

2. Wenn man den Text aber in vollständigen Sätzen sagen will,
   braucht man dazu Verben.
   Schreibe die Geschichte mit passenden Verben auf. Unterstreiche die Verben.
   Schreibe in der Ich-Form: *Ich fuhr gestern in die Stadt.*

3. Lest euch eure Geschichten vor.

4. Manchmal lässt sich aber auch aus Verben selbst eine kleine Geschichte bauen. Erfindet einmal gemeinsam eine Geschichte,
   in der die Verben rechts vorkommen. Sie könnte so anfangen:
   Gestern bin ich unseren Berg runtergefahren...
   Jemand in der Gruppe erfindet dann den zweiten Satz, dann ein anderer den dritten – und so weiter. Damit es dabei nicht durcheinandergeht, sollte sich das Kind melden, dem ein Satz einfällt.
   Achtet darauf, dass alle Verben in der Geschichte vorkommen.

   runterfahren
   loslassen
   ausrutschen
   hinfallen
   wehtun
   platzen
   schieben
   umkehren
   laufen

5. Manche Nomen passen besonders gut zu bestimmten Verben.
   Die Verben sagen, was einer **tut** oder was **geschieht**.
   Bilde aus den folgenden Nomen und Verben kurze Sätze:
   Der Regen pladdert...

   Regen Wind Sonne Blumen   *pladdern blühen traben ernten*
   Kinder Löwen Vögel Fische   *fliegen brüllen wehen strahlen*
   Ärzte Hunde Gärtner Pferde   *bellen heilen spielen schwimmen*

Verben

Verben bezeichnen, was einer **tut** oder was **geschieht**:
Der Wind **weht**. *Der Regen* **pladdert**. *Die Leute* **rennen**. *Wasser* **läuft** *durch die Straßen.*
Verben brauchen wir vor allem, um **vollständige Sätze** bilden zu können.

Wortarten

Den Infinitiv und Zeitformen bilden

Der Infinitiv

Im **Wörterbuch** stehen die Verben im **Infinitiv**: *essen, fallen, waschen …*
In **Sätzen** kommen die Verben aber meistens **in anderen Formen** vor:
*Ich **aß** ein Eis. Doch die Eiskugel **fiel** mir aus der Hand. Ich **wusch** mir danach die Hände.*

Wenn du wissen möchtest wie *aß, fiel, wusch* geschrieben wird, dann musst du im Wörterbuch unter dem **Infinitiv** eines Verbs nachschlagen. Dort findest du die verschiedenen Formen: **fallen:** *du fällst, du fielst, gefallen, fall(e)!*

Den Infinitiv findest du heraus, wenn du Sätze bildest mit Wörtern wie:
*ich will, ich muss, ich möchte, ich kann …   Ich will **essen**. Sie muss **fallen**. Ich möchte **waschen**.*

1 Rechts siehst du verschiedene Verbformen.
Welche stehen im Infinitiv – welche in einer anderen Form?
Ordne sie in eine Tabelle ein.

Infinitiv:	andere Formen:
geben	gab
…	…

geben gab gelogen lügen
sprechen spricht flog fliegen
schreiben geschrieben
fällt fallen liegen lag
gesessen sitzen rennen
rannte gefangen fangen

2 Bilde den Infinitiv zu den folgenden Verben. Zwei Infinitive reimen sich immer.
Stelle die Infinitive zu Reimpaaren zusammen: *streichen – schleichen …*

er strich   er kroch   es riecht   wir sangen   er gewann
du schriebst   sie schließt   du trankst   er schlug   er streitet
es klingt   er reibt   er sank   du schreitest   du spinnst
er schoss   ich verlor   sie schlich   du trägst   sie friert

3 Setzt im folgenden Text mündlich für die ? die Verben, die am Rand stehen, in der richtigen Form ein:
Die Fledermaus geht meist …

Die Fledermaus

a) Die Fledermaus ? meist am späten Abend auf Jagd.
b) Am liebsten ? sie Mücken, Schnaken und Nachtfalter.
c) Beim Fliegen ? sich die Fledermaus über das Echo ihrer Rufe.
d) Am Tag ? die Fledermaus in Baumhöhlen oder auf Hausböden.
e) Heute ? die Fledermaus zu den geschützten Tieren.
f) Sie ? übrigens nicht zu den Vögeln, sondern zu den Säugetieren.

gehen
vertilgen
orientieren
hängen
gehören
zählen

4 Schreibe den Text aus Aufgabe 3 ab und setze die Verben ein:
l Sätze a)–c),   *ll* Sätze a)–d),   *lll* alle Sätze.

○●○○ Einsichten gewinnen – An Beispielen üben 279

5 So könnt ihr üben, wie die verschiedenen Verben gebildet werden:
- Wenn ihr unsicher seid, helft euch gegenseitig oder schlagt im Wörterbuch nach.
- Wenn ihr es richtig macht, reimen sich die Verbformen.

Infinitiv	Präteritum	Perfekt
schließen	er schloss	er hat geschlossen
gießen	er goss	er hat …
reißen	er riss	er hat …
…	er biss	er hat gebissen
binden	er …	er hat gebunden
finden	er fand	er hat …
trinken	er …	er hat getrunken
…	er sank	er ist gesunken
…	er bog	er hat gebogen
wiegen	er wog	er hat …
bleiben	er blieb	er ist …
…	er rieb	er hat gerieben
fließen	es floss	es ist …
…	es …	es hat gegossen

6 In jeder Dreiergruppe ist eine Reihe falsch.
Berichtige sie. Wenn du unsicher bist, schlage im Wörterbuch nach.

Infinitiv	Präteritum	Perfekt
schlagen	er schlug	er hat geschlagen
klagen	er klug	er hat geklagen
tragen	er trug	er hat getragen
frieren	er fror	er hat gefroren
verlieren	er verlor	er hat verloren
schmieren	er schmor	er hat geschmoren
beißen	er biss	er hat gebissen
reißen	er riss	er hat gerissen
heißen	er hiss	er hat gehissen
biegen	er bog	er hat gebogen
siegen	er sog	er hat gesogen
fliegen	er flog	er ist geflogen

7 Setzt beim Vorlesen die Verben in der passenden Form im Präteritum in den Text ein.

Kleiner Unfall

Einmal ? ich mit dem Rad einen Berg hinunter. *fahren*
Plötzlich ? der Hinterreifen. *platzen*
Ich ? in den Straßengraben. *fallen*
Ich ? wieder auf und ?, *stehen*
dass ich in eine Scherbe ? war. *sehen*
Zum Glück habe ich mich nicht ?. *fahren*
 verletzen

8 Füge beim Abschreiben des folgenden Textes die passenden Verben ein.

Die alten Römer aßen gern

Die alten Römer ? sehr gern und viel. *gab*
Meistens ? es mehrere Speisen nacheinander. *aßen*
Eine besondere Vorspeise ? hartgekochte Eier. *halbierten*
Die Köche ? die Eier und ? vorsichtig das Eigelb. *waren*
Sie ? es mit Fischsoße, Distelöl und Weinessig. *füllten*
Mit dieser Creme ? sie zum Schluss die Eihälften. *entnahmen*
 mischten

9 Ersetze beim Abschreiben die Infinitive durch die richtigen Verbformen im Präteritum.

Die alten Römer aßen gern

Die alten Römer *(essen)* sehr gern und viel.
Es *(machen)* ihnen Freude, leckere Speisen zuzubereiten.
Meistens *(geben)* es eine Vor-, eine Haupt- und eine Nachspeise.
Eine besondere Vorspeise *(sein)* hartgekochte Eier.
Die Köche *(halbieren)* die Eier und *(entnehmen)* vorsichtig das Eigelb.
Sie *(mischen)* es mit Fischsoße, Distelöl und Weinessig.
Mit dieser Creme *(füllen)* sie zum Schluss die Eihälften.

10 Setze beim Abschreiben die Verbformen im Präteritum ein. Wähle passende Verben aus.

Die alten Römer aßen gern

Die alten Römer ? sehr gern und viel. *nehmen*
Es ? ihnen Freude, leckere Speisen herzustellen. *geben*
Meistens ? es eine Vor-, eine Haupt- und eine Nachspeise. *schmausen*
Eine besondere Vorspeise ? aus hartgekochten Eiern. *halbieren*
Die Köche ? die Eier und ? vorsichtig das Eigelb heraus. *bereiten*
Sie ? es mit Fischsoße, Distelöl und Weinessig. *vermischen*
Mit dieser Creme ? sie dann die Eihälften. *dekorieren*
Zum Schluss ? sie das Ganze mit Kräutern. *bestehen*
 füllen

Wortarten

Verben aus einem Wortfeld anwenden

Wortfelder

Zu einem **Wortfeld** gehören Wörter, die eine **ähnliche** Bedeutung haben.
So gehören zum Wortfeld *gehen* Verben wie *bummeln, eilen, flitzen, hasten, laufen …*
Je mehr Wörter man kennt, desto genauer und abwechslungsreicher kann man sprechen, schreiben und verstehen.

INFO

1 Fallen euch noch mehr Verben zum Wortfeld *gehen* ein? Sammelt sie und schreibt sie auf.

2 In diesem Text wird ständig das Verb *gehen, gingen* wiederholt. Setzt beim Vorlesen hin und wieder andere Verben aus dem Wortfeld *gehen* dafür ein, dann wird der Text besser.

Am Morgen zum Strand

Am Morgen gingen wir los.
Unser Hund Willi ging vor uns her.
Zuerst gingen wir durch Wiesen.
Wir mussten durch hohes Gras gehen.
Dann gingen wir zu einem Brunnen, wo wir uns ausruhten.
Danach gingen wir zu einem Wassergraben.
Wir gingen durch den Graben hindurch.

Danach gingen wir die Düne hinauf,
und auf der anderen Seite gingen wir wieder runter.
Eine halbe Stunde lang gingen wir noch am Strand entlang.
Willi scheuchte die Möwen auf und ging hinter ihnen her.
Dann gingen wir wieder nach Hause.

WORTSCHATZ

bummeln
eilen
flitzen
hasten
hüpfen
klettern
kommen, kam
laufen, lief
marschieren
rennen, rannte
schreiten, schritt
spazieren
springen, sprang
steigen, stieg
trödeln
wandern
waten
watscheln

3 Schreibe den Text aus Aufgabe 2 ab. Beachte, dass nicht ständig *gehen, gingen* wiederholt wird: *l* den ersten Absatz, *ll lll* beide Absätze.

4 Lest euch den folgenden Text vor. Was stimmt hier eigentlich nicht?

Hier stimmt etwas nicht!

Lautlos polterten Lucia und Jakob durch den Korridor. Sie wateten durch den langen Gang. Mit Tempo bummelten dann beide in die Turnhalle. Rasch watschelte Jakob in den Umkleideraum. Lucia hüpfte traurig in die Halle. Im Sportunterricht mussten sie sich dann im Kreis herum warm wandern. Dann stolzierten sie auf den Sportplatz. Dort mussten alle die 60 Meter wetzen.

5 Schreibe den Text aus Aufgabe 4 ab. Setze passende Verben ein. Nutze den **WORTSCHATZ**.
l die ersten vier Sätze, *ll lll* alle Sätze.

Wortarten

c Überprüfe dein Wissen und Können

1 Nomen, Adjektive, Verben
Ordne die folgenden Wörter. Schreibe die Nomen groß.
Nomen: ...   Adjektive: ...   Verben: ...

GLÜCK, HOLT, RUND, WICHTIG, GELAUFEN, WUT

2 Plural
Schreibe den Plural dieser Nomen auf: *die ...*

Onkel, Tante, Mund, Bauch, Bleistift, Zeichenblock, Löffel, Gabel

3 Artikel
Setze den bestimmten und den unbestimmten Artikel in die Sätze ein:
a) Die Mutter hat heute Morgen ? Taxi bestellt.
b) Schon nach wenigen Minuten stand ? Taxi vor der Tür.

4 Personalpronomen
Setze in die Sätze die Personalpronomen *mir* und *mich* ein:
a) Heute Morgen habe ich ? erst geduscht.
b) Dann habe ich ? die Haare gekämmt.

5 Anredepronomen
Schreibe die Sätze rechts mit den Anredepronomen richtig auf.

Liebe Frau Meier, ich möchte IHNEN mitteilen, dass ich SIE und IHRE beiden Dackel gestern gesehen habe.

6 Die Steigerung der Adjektive
Setze in die folgenden Sätze die Vergleichswörter *wie* und *als* ein:
a) Dieses Jahr bin ich schon etwas größer ? voriges Jahr.
b) Leider bin ich immer noch nicht so groß ? mein älterer Bruder.

7 Präpositionen
Schreibe die Sätze auf. Unterstreiche die Präpositionen. Ergänze in den Sätzen die Artikel.
a) Ich setze mich auf d** Stuhl. Jetzt sitze ich auf d** Stuhl.
b) Ich stelle mein Fahrrad an d** Hauswand. Jetzt steht es dort an d** Wand.

8 Verben
Ordne die folgenden Verbformen: *biss, hat gebissen, beißen — frieren, hat gefroren, fror*
Infinitiv: ...   Präteritum: ...   Perfekt: ...

9 Infinitiv
Schreibe den Infinitiv von folgenden Verben auf: *aß, gelogen, lief, geholfen*

10 Wortfelder
Schreibe die Wörter auf, die **nicht** zum Wortfeld *gehen* gehören:
a) *laufen, flitzen, schnitzen, marschieren*
b) *spazieren, bummeln, schummeln, wandern*

Wortarten

Überprüfe dein Wissen und Können

1 Nomen, Adjektive, Verben
Ordne die folgenden Wörter.
Schreibe die Nomen groß.
PECH, GRÖSSER, KAM, WICHTIG, GELAUFEN, WUT, LANGSAM, ABEND, SANG
Nomen: ...   Adjektive: ...   Verben: ...

2 Plural
Schreibe je *u* ein weiteres Wort *uu* zwei weitere Wörter mit den folgenden Pluralendungen auf:
Plural mit **-en** oder **-n**: *die Betten, die Gabeln ...*
Plural mit **-s**: *die Kinos ...*
Plural mit **-er**: *die Bilder ...*
Plural mit **Umlaut**: *die Gänse ...*

3 Artikel
Setze den bestimmten und den unbestimmten Artikel in die Sätze ein:
a) Die Mutter hat heute Morgen ? Taxi bestellt.
b) Schon nach wenigen Minuten stand ? Taxi vor der Tür.

4 Personalpronomen
Setze in die Sätze die Personalpronomen ein:
a) Heute Morgen habe ich ? erst geduscht.
   Dann habe ich ? die Haare gekämmt.
b) Danach hat ? meine Mutter ins Auto gepackt und ist mit ? zur Schule gefahren.

5 Anredepronomen
Schreibe die folgenden Sätze mit den Anredepronomen richtig auf:

> Liebe Frau Meier,
> ich möchte IHNEN mitteilen, dass ich SIE und IHRE beiden Dackel gestern gesehen habe.
> Ich finde, dass die beiden mit IHREN roten Halsbändern sehr gut aussehen.

6 Die Steigerung der Adjektive
Setze in die folgenden Sätze das Adjektiv *hoch* und die Vergleichswörter *wie* und *als* ein.
a) Der Kirchturm ist ? ? unser Haus.
b) Er ist aber nicht so ? ? der Fernsehturm.
c) Und der Fernsehturm ist längst nicht so ? ? das ? Gebäude der Erde.

7 Präpositionen
Ergänze die fehlenden Präpositionen und die Artikel. Unterstreiche die Präpositionen.
a) Ich setze mich ? d** Stuhl.
   Jetzt sitze ich ? d** Stuhl.
b) Ich stelle mein Fahrrad ? d** Hauswand.
   Jetzt steht es dort ? d** Wand.

8 Verben
Schreibe zu folgenden Verben die Formen im Präteritum und Perfekt auf:
u **beißen, frieren, fliegen**
uu **lügen, ziehen, kommen, gewinnen**
Präteritum: ...   Perfekt: ...

9 Infinitiv
Schreibe den Infinitiv von folgenden Verben auf:
u **fraß, getroffen, schlief**
uu **geholfen, aß, saß, gestorben**

10 Wortfelder
Schreibe die Wörter auf, die **nicht** zum Wortfeld *gehen* gehören:
a) *u* **laufen, flitzen, schnitzen, marschieren**
b) *u uu* **spazieren, bummeln, schummeln, wandern**
c) *uu* **hüpfen, streiten, schreiten, trödeln, hinken, stinken, joggen**

Sprache und Sprachgebrauch

Die Zeitformen
Die verschiedenen Zeitformen kennenlernen

Merkwürdige Beobachtung

1 Jakob, pst! Nicht so laut! Da unten sehe ich einen Mann, der legt gerade etwas in den alten Kahn. Was es ist, erkenne ich nicht. [...] Es steckt in einem schwarzen Sack. Jetzt guckt er sich vorsichtig nach allen Seiten um! Und nun macht er das Boot los und steigt ein. Er rudert auf den See hinaus. Jetzt verschwindet er langsam.

2 Unten am See, da habe ich einen Mann gesehen. Der hat irgendwas in einen alten Kahn gelegt. Ich habe aber nicht genau erkannt, was es gewesen ist. [...] Es hat in einem schwarzen Sack gesteckt. Dann hat er sich vorsichtig nach allen Seiten umgeguckt. Und dann hat er das Boot losgemacht und ist eingestiegen. Zum Schluss ist er auf den See hinausgerudert und ist verschwunden.

3 Gestern waren wir unten am See, Jakob und ich. Da sah ich einen Mann, der irgendetwas in einen alten Kahn legte. Was es war, erkannte ich nicht richtig. [...] Jedenfalls steckte es in einem schwarzen Sack. Der Mann drehte sich noch einmal nach allen Seiten um. Dann machte er das Boot los und stieg ein. Danach ruderte er auf den See hinaus und verschwand.

1 In allen drei Texten wird dieselbe Situation geschildert. Und doch sind die Texte verschieden. Ordnet die drei Texte den Bildern zu.

2 An welchen Orten sind wohl die drei Texte entstanden?
Ordne den drei Texten die folgenden Sätze zu:
a) *Ein Junge berichtet seiner Mutter, dass er einen Dieb beobachtet hat, den die Polizei sucht.*
b) *Ein Junge schreibt in sein Tagebuch, was er gesehen hat.*
c) *Zwei Jungen beobachten einen verdächtigen Mann.*

3 In jedem Text fehlt ein Satz. In welche Texte gehören die Sätze wohl hinein?
a) *Jedenfalls kam es mir unheimlich vor.*
b) *Jedenfalls kommt es mir unheimlich vor.*
c) *Es ist mir jedenfalls unheimlich vorgekommen.*
Ordne die Buchstaben den Texten zu und schreibe auf: *Satz a) gehört in Text ...*

● ○ ○ ○   Probleme erkennen – Einsichten gewinnen   **285**

4 Schau dir die Verben in den Texten auf Seite 284 genau an. Ordne sie in eine Tabelle ein:

Präsens	Perfekt	Präteritum
ich sehe	ich habe gesehen	ich sah
…	…	…

Die Verwendung der Zeitformen

Das **Präsens** verwendet man vor allem dann, wenn man über etwas **spricht** oder **schreibt**, was in der **Gegenwart** geschieht, was **soeben** abläuft: *Dort unten sehe ich einen Mann.*

Das **Perfekt** verwendet man vor allem dann, wenn man über etwas **spricht**, was in der **Vergangenheit** passiert ist, was schon **vorbei** ist: *Unten am See habe ich einen Mann gesehen.*

Das **Präteritum** verwendet man vor allem dann, wenn man über etwas **schreibt**, was in der **Vergangenheit** geschah, was schon **vorbei** ist: *Unten am See sah ich einen Mann.*

INFO

5 Ein wichtiger Unterschied zwischen den drei Texten auf Seite 284 besteht darin, dass sie in verschiedenen Zeitformen stehen.
Welcher Text steht im **Präsens**? Welcher Text steht im **Präteritum**? Und welcher Text steht im **Perfekt**?

6 In welchen Zeitformen stehen die folgenden Sätze:
a) *Heute früh habe ich etwas Merkwürdiges beobachtet.*
b) *Gestern beobachtete ich etwas Merkwürdiges.*
c) *Da passiert gerade etwas, das mir merkwürdig vorkommt.*

Das Futur

Mit dem **Futur** können wir ausdrücken, dass etwas in der **Zukunft** geschieht.
Das Futur bildet man aus dem Hilfsverb **werden** und dem **Infinitiv**:
Morgen werde ich das alles meinem Vater erzählen.
Diese Zeitform verwenden wir aber nur ganz **selten**.
Meistens wählen wir dafür lieber das **Präsens**: *Morgen erzähle ich das alles meinem Vater.*

INFO

7 Setzt in die folgenden Sätze mündlich das Futur ein.

In die Zukunft geschaut

In 100 Jahren ? sich ein solches Erlebnis vielleicht ganz anders ? .   *abspielen*
Dann ? man vielleicht ? , was der Mann in dem Sack hatte.   *erkennen*
Es ? Ferngläser ? , die einen solchen Sack durchleuchten.   *geben*
Vielleicht ? zwei Jungen den Inhalt dann sogar ? können.   *fotografieren*
Dann ? sie mit den Fotos zur Polizei ? und den Mann anzeigen.   *gehen*
Oder sie ? sich schief ? , weil in dem Sack nur ein Fisch war.   *lachen*

8 Schreibe die Sätze aus Aufgabe 7 im Futur auf. Du kannst auch manchmal das Präsens verwenden.

Die Zeitformen

Die Zeitformen anwenden

Der Kater und die Maus

Ein Kater hat vor dem Haus gehockt
und hat auf eine Maus gelauert.
Die hat in einem Mausloch gesessen,
in das sie sich ganz schnell verkrochen hat,
– und ist nicht mehr herausgekommen.
Die Maus ist in dem Gang entlanggelaufen
und hat auch einen Notausgang gefunden.
Der Kater hat dort lange noch gesessen
und hat vor dem Mauseloch gewartet.

1. Das ist ein Gedicht, das eigentlich noch gar keins ist. Es reimt sich nämlich nicht. Ihr könnt aber ein Gedicht daraus machen. Ihr müsst nur die Zeitformen verändern. Formt es mündlich ins Präteritum um: *Ein Kater hockte vor dem Haus und lauerte auf eine Maus. ...*

2. Schreibe das Gedicht im Präteritum auf.

3. Forme die letzten Zeilen des Textes so in eine andere Zeitform um, dass daraus der zweite Teil des Gedichtes wird. Probiere aus – und schreibe auf.

Das Mäuslein rennt davon.
Es kennt ein anderes Loch.
Das Mäuslein denkt dabei:
Das macht mir richtig Spaß!
– Und lacht den Kater aus.

4. Lege eine Tabelle an und ordne diese Verben den vier Zeitformen zu:
   l Zeile a), *ll* Zeile a) und b), *lll* alle drei Zeilen.
   a) du isst, ich bin geflohen, ich blieb, ich werde sehen, ich habe gelogen, es regnete
   b) es schneit, ich habe gegessen, ich werde kommen, ich singe, du bleibst, ich ging weg
   c) er fraß, ich bin gesprungen, er ging, man wird sehen, ich weiß, das tut gut

Präsens	Perfekt	Präteritum	Futur
du isst ...	ich bin ...	ich blieb ...	ich werde ...

5. Schreibe die Er-, Sie- oder Es-Form von folgenden Verben im Präsens auf:
   l Zeile a), *ll* Zeile a) und b), *lll* alle drei Zeilen.
   er isst, es bricht ...
   a) essen, brechen, sehen, fahren, fallen, halten
   b) laufen, müssen, sprechen, werfen, stehlen, dürfen
   c) geben, schlagen, schmelzen, stechen, waschen, treffen

Ausflug zu einer Ritterburg

Wir *(fahren)* mit der Klasse zu einer Ritterburg.
Ein Mann in Ritterrüstung *(erklären)* uns die Geschichte der Burg.
Nach dem Vortrag *(klettern)* wir auf den Burgturm.
Leider *(bekommen)* ich so hoch oben Höhenangst.
Die Aussicht *(finden)* ich dann aber doch ganz toll.
Wir *(sehen)* auf die ganze Burganlage hinunter.

6 Erarbeitet euch den Text in Gruppenarbeit.
  I Ihr schreibt den Text im Präsens auf: *Wir fahren mit der Klasse …*
  II Ihr schreibt den Text im Perfekt auf: *Wir sind … gefahren. …*
  III Ihr schreibt den Text im Präteritum auf: *Wir fuhren …*
  Die Zeitform muss **immer eingehalten** werden!

7 Lest eure Texte vor. Gefallen euch alle drei Texte gleich gut?
  Gibt es einzelne Sätze, die in einer bestimmten Zeitform nicht gut
  in den Text hineinpassen? Sprecht darüber.

Die Zeitform einhalten

Normalerweise steht ein Erzähltext im **Präteritum**. Diese Zeitform sollte man auch **einhalten**. Manchmal aber **kann** man eine **andere** Zeitform wählen, um die Geschichte **spannender** zu machen. Und manchmal **muss** man sogar die Zeitform wechseln, weil das Präteritum **nicht passt**.

INFO

8 Schreibe den folgenden Text auf. Dabei kannst du dir aussuchen,
  in welcher Zeitform du schreiben möchtest. Wechsle also die Zeitformen,
  wenn du es für richtig hältst. Anfangen sollte der Text aber auf jeden Fall im Präteritum:
  Am letzten Freitag besuchten wir … Ritterburg.
  I Sätze a), b), d), h), i),   *II* Sätze a), b), c), d), e), h), i),   *III* alle Sätze.

Auf der Ritterburg

a) Am letzten Freitag *(besuchen)* wir mit der Klasse eine Ritterburg.
b) Ein Mann in echter Ritterrüstung *(erklären)* uns die ganze Geschichte der Burg.
c) Das *(dauern)* ziemlich lange!
d) Nach dem Vortrag *(klettern)* wir auf den hohen Burgturm.
e) Leider *(bekommen)* ich so hoch oben immer Höhenangst.
f) Die Aussicht *(finden)* ich dann aber doch super.
g) Wir *(schauen)* auf die ganze Burganlage hinunter.
h) Dieser Ausflug *(gefallen)* uns allen gut.
i) Sicherlich *(kommen)* ich mit meinen Eltern noch einmal hierher.
j) Die *(sehen)* so etwas bestimmt noch nicht!

9 Lest euch eure Texte vor. Achtet darauf, welche Zeitformen ihr jeweils verwendet habt.

10 Lest euch diesen Text vor. Achtet darauf, wie die Mutter und Felix miteinander reden.

Im Tierpark

Felix besuchte heute Vormittag mit seiner Klasse den Tierpark. Am Abend fragte ihn seine Mutter: „Was saht ihr denn so alles?" Und Felix fing gleich an zu erzählen: „Wir beobachteten Wildschweine. Die versanken fast im Dreck."
Die Mutter schüttelte den Kopf, und dann fragte sie: „Und was erlebtet ihr sonst noch?"
5 Ganz begeistert erzählte Felix: „Wir sahen noch eine Gruppe Esel. Die liefen mit den Hirschen um die Wette." Die Mutter hörte aufmerksam zu. Dann fragte sie noch: „Und was gefiel dir am besten?"
Da lachte Felix und sagte: „Am besten gefielen mir die Islandponys."
Und er fügte noch hinzu: „Ich ritt sogar auf einem Esel. Das machte echt Spaß."
10 Da war seine Mutter aber froh, dass ihr Sohn einen so schönen Tag gehabt hatte.

11 Wie würdet ihr mit eurer Mutter über diesen Ausflug sprechen?

12 Schreibe den Text ab:
l Zeile 1–3, *ll* Zeile 1–7, *lll* den ganzen Text.
Verwende in den wörtlichen Reden die Zeitform, die du selbst beim Sprechen benutzen würdest.

13 Lest euch die Texte gegenseitig vor. Achtet darauf, wie die anderen formuliert haben.

Die Zeitformen in einem Erzähltext

Die Sätze in einem **Erzähltext** stehen normalerweise im **Präteritum**.
Doch die **wörtlichen Reden**, die darin vorkommen, stehen meistens im **Perfekt**:
Als der Vater nach Hause kam, fragte er die Mutter: „Ist Felix schon ins Bett gegangen?"

ll lll **14** Schreibe den folgenden Text ab und setze die Verben in den Zeitformen ein, die du für richtig hältst. *Als der Vater nach Hause kam …*

Am Abend, als der Vater kam

Als der Vater nach Hause *(kommen)*, *(fragen)* er die Mutter: „*(Gehen)* Felix schon ins Bett?"
Die Mutter *(sagen)*: „Ja, er *(legen)* sich schon hin."
Der Vater *(gehen)* zu Felix ins Zimmer und *(fragen)* ihn: „Na, was *(erleben)* du denn heute so alles?"
Felix *(antworten)*: „Wir *(besuchen)* mit der Klasse den Tierpark."
„*(Gefallen)* es dir dort?", *(fragen)* der Vater.
„Ja", *(sagen)* Felix, „wir *(sehen)* Hunderte von Tieren!"
Doch dann *(sagen)* er noch: „Der Ausflug *(anstrengen)* uns alle. Ich bin jetzt echt müde. Ich *(erzählen)* dir morgen beim Frühstück, was wir so alles *(erleben)*."

ll lll **15** Lest euch eure Texte gegenseitig vor.
Achtet dabei auf die Zeitformen, die ihr eingesetzt habt.

◯◯◯● Gelerntes überprüfen

Die Zeitformen
Überprüfe dein Wissen und Können

1 Schreibe auf, welche Zeitformen in den einzelnen Sätzen vorkommen:
I Sätze a)–d), *II* Sätze a)–f), *III* alle Sätze.
a) Präteritum, b) …
  a) Lotte kam zur ersten Stunde zu spät.
  b) Sie verschläft morgens nämlich manchmal,
  c) wenn der Vater sie nicht weckt.
  d) Und heute Morgen hat ihr Vater selbst verschlafen.
  e) Das passiert zwar selten,
  f) aber heute ist es nun einmal passiert.
  g) Doch es wird bestimmt nicht wieder vorkommen!

2 In den folgenden Sätzen sind die Zeitformen nicht richtig verwendet.
Schreibe die Sätze in passenderen Zeitformen auf: *Die Lehrerin fragte Lotte: …*
  h) Die Lehrerin hat Lotte gefragt:
  i) „Lotte! Was geschah denn?
  j) Sahst du gestern zu lange fern?
  k) Schliefst du schlecht?
  l) Oder was war los mit dir?"

3 Setze in die folgenden Sätze die passenden Zeitformen ein:
I Sätze m)–o), *II* Sätze m)–r), *III* alle Sätze.
m) antwortete, n) …
  m) Lotte, ganz außer Puste, ? der Lehrerin:
  n) „Nein, ich ? nicht zu lange ?.
  o) Mein Vater ? mich einfach nicht ?.
  p) Ich ?,
  q) er ? heute Morgen selbst ?
  r) und deswegen ? ich nicht ?."
  s) Die Lehrerin ?.
  t) Und die anderen Kinder ? auch lachen.
  u) Lotte sagte noch: „Es ? nicht wieder ?."

antworten
fernsehen
wecken
glauben
verschlafen
aufwachen
lachen
müssen
vorkommen

4 Welche der folgenden Aussagen sind richtig? Es sind vier! Schreibe die Buchstaben auf:
  a) In Sätzen kommen die Verben meistens im Infinitiv vor.
  b) Verben geben an, was einer tut und was geschieht.
  c) Verben stehen im Wörterbuch immer im Präsens.
  d) Mit dem Präsens sprechen wir über die Gegenwart.
  e) Das Präteritum verwenden wir, wenn wir etwas über die Gegenwart schreiben.
  f) Das Futur verwenden wir manchmal dann, wenn wir über die Zukunft sprechen.
  g) Das Perfekt kommt oft in wörtlichen Reden vor.
  h) Die Zeitformen darf man in einem Text niemals wechseln.

Satzglieder
Wörter in Sätzen umstellen

1 Lest euch diese Unsinnverse gegenseitig vor.

Verkehrte Welt

Fische fangen Angler,
Tische bauen Tischler.

Riesen fürchten Zwerge,
Wiesen mähen Bauern.

Hasen schießen Jäger,
Nasen schnupfen Kinder.

Schnecken fressen Igel,
Hecken bevölkern Vögel.

Die Mutter kratzt die Katze,
das Futter frisst das Schweinchen.

Die Flasche trinkt das Baby aus,
die Tasche leert das Mädchen aus.

Käfer fressen Vögel,
Schläfer wecken die Wecker.

Die Häuser die Hunde bewachen,
die Drachen besiegen die Ritter.

Bäume sind höher als Türme,
Träume sind länger als Ferien.

2 Was müsst ihr tun, um aus dieser verkehrten Welt eine richtige Welt zu machen? Besprecht es miteinander.

3 Stelle in diesen Versen immer ein anderes Wort / eine andere Wortgruppe an den Anfang. Dann werden die Sätze richtig – und es wird sogar ein Gedicht daraus. Schreibe es auf:
 I die ersten drei Strophen, *II* die ersten fünf Strophen, *III* alle Strophen.

4 Lest euch eure Gedichte gegenseitig vor.

Wörter in einem Satz umstellen

Wenn ein Wort in einem Satz an der **falschen Stelle** steht,
dann kann der Satz **falsch verstanden** werden oder **unsinnig** sein:
Riesen fürchten Zwerge. Käfer fressen Vögel. …

Ein solcher Satz wird erst dann richtig, wenn man die Stellung der Wörter ändert:
Zwerge fürchten Riesen. Vögel fressen Käfer. …

Satzglieder

Passende Wörter im Textzusammenhang auswählen

1 Jeder Satz des folgenden Textes ist in zwei verschiedenen Formen abgedruckt.
Die Wörter sind immer dieselben. Doch die Reihenfolge ist anders.
Lest euch in Gruppen- oder Partnerarbeit die Sätze erst einmal vor.

Schwimmwettkampf

Der Startschuss war gefallen.
1 a) Lukas sprang als Erster ins Wasser.
　b) Ins Wasser sprang Lukas als Erster.
2 a) Er schwamm auch sehr gut.
　b) Sehr gut schwamm auch er.
3 a) Doch Niklas hatte ihn bei der Wende schon eingeholt.
　b) Bei der Wende hatte ihn doch Niklas schon eingeholt.
4 a) Aber dem Niklas schwanden nach und nach die Kräfte.
　b) Nach und nach schwanden dem Niklas aber die Kräfte.
5 a) So holte Lukas immer mehr auf.
　b) Immer mehr holte Lukas so auf.
6 a) Schon bald hatte er seinen Gegner überholt.
　b) Überholt hatte er seinen Gegner schon bald.
7 a) Am Ende hat Lukas doch noch gewonnen.
　b) Doch noch hat Lukas am Ende gewonnen.

2 Lest jetzt alle Beispielpaare noch einmal laut zum Vergleich.
Ein Satz von beiden hört sich beim Lesen jeweils besser an.
Stimmt in der Gruppe darüber ab, welcher Satz euch besser gefällt.

3 Schreibe die Geschichte mit den Sätzen auf, die dir besser gefallen.

> ### Die Stellung der Wörter in einem Satz
>
> Zwei Sätze können aus **denselben Wörtern** bestehen
> und doch **verschieden aussehen** und sich **verschieden anhören**.
> Es kommt auf den **Sinn** und auf den **Textzusammenhang** an,
> welche Wörter an welchen Stellen stehen.
>
> **INFO**

4 Formuliert den letzten Satz dieser Geschichte.
Bringt die Teile des Satzes in eine Reihenfolge, die euch gefällt.
bejubelte / mit viel Beifall / die Klasse / seinen Sieg

5 Vergleicht nun eure Texte. Welcher Text hört sich besonders gut an?
Begründet, woran das liegt.

Satzglieder

Wörter in Sätzen umstellen – Texte verbessern

1 Lest euch diese beiden Texte durch.

A Training lohnt sich!

Paula ist schon seit zwei Jahren Mitglied im Schwimmverein. Sie nimmt mit ihrer Mannschaft häufig an Wettkämpfen teil. Sie geht deswegen zweimal die Woche zum Training. Sie hat den ersten Erfolg am letzten Sonntag gehabt. Sie war im Brustschwimmen von allen die Schnellste.

B Training lohnt sich!

Schon seit zwei Jahren ist Paula Mitglied im Schwimmverein. Häufig nimmt sie mit ihrer Mannschaft an Wettkämpfen teil. Deswegen geht sie zweimal in der Woche zum Training. Am letzten Sonntag hat sie den ersten Erfolg gehabt. Im Brustschwimmen war sie von allen die Schnellste.

2 Lest die Texte nun noch einmal laut. Was fällt euch auf? Welcher Text gefällt euch besser – und warum?

3 Welche Aussage ist richtig?
  a) Text **A** besteht aus anderen Wörtern als Text **B**.
  b) In Text **B** stehen viele Wörter an anderer Stelle als in Text **A**.
  c) Text **A** steht in einer anderen Zeitform als Text **B**.

4 Lies den folgenden Text erst einmal ganz durch.
  • Lies den Text dann noch einmal Satz für Satz.
  • Entscheide, welche der Sätze a) oder b) dir jeweils besser gefallen.
  • Notiere die Buchstaben.

Training lohnt sich!

1 a) Paula ist schon seit zwei Jahren Mitglied im Schwimmverein.
  b) Schon seit zwei Jahren ist Paula Mitglied im Schwimmverein.
2 a) Sie nimmt mit ihrer Mannschaft häufig an Wettkämpfen teil.
  b) Häufig nimmt sie mit ihrer Mannschaft an Wettkämpfen teil.
3 a) Sie geht deswegen zweimal in der Woche zum Training.
  b) Deswegen geht sie zweimal in der Woche zum Training.
4 a) Am letzten Sonntag hat sie den ersten Erfolg gehabt.
  b) Sie hat den ersten Erfolg am letzten Sonntag gehabt.
5 a) Sie war von allen die Schnellste im Brustschwimmen.
  b) Im Brustschwimmen war sie von allen die Schnellste.

5 Lest euch die Sätze jetzt vor, die ihr ausgewählt habt.

6 Warum gefällt euch der Text mit diesen Sätzen? Begründet.

7 Schreibe den Text mit denjenigen Sätzen auf, die du besser findest.

8 Vergleicht eure Texte aus Aufgabe 7 in der Tischgruppe.

9 So geht der Text „Training lohnt sich" weiter.
- Schreibe die Sätze auf.
- Entscheide dabei, ob du einen der unterstrichenen Teile an den Satzanfang verschieben möchtest.
Vielleicht so: *Das Tauchen war allerdings ...*

Bisher war <u>das Tauchen</u> allerdings nicht ihre Stärke.
Sie tauchte <u>aber heute</u> beim Training fast 15 Meter.
Sie schafft beim nächsten Mal <u>mit etwas Glück</u> vielleicht sogar 20 Meter.

10 Schreibe die folgenden Sätze auf.
Entscheide, ob du andere Teile der Sätze an den Satzanfang verschieben möchtest, weil dir der Text dann besser gefällt.

Sogar im Rückenschwimmen wurde sie von Mal zu Mal besser.
Bisher war das Tauchen allerdings nicht ihre Stärke.
Sie tauchte aber heute beim Training fast 15 Meter.
Sie schafft beim nächsten Mal mit etwas Glück vielleicht sogar 20 Meter.

11 Dies sollen die letzten Sätze der Geschichte sein.
Du musst sie aber erst noch aus den Wörtern zusammensetzen.
- Überlege, welche Wörter du an den Satzanfang stellen möchtest.
- Schreibe die Sätze anschließend auf.

Leistung Paula sehr ist stolz ihre auf

sie das alles ihrem verdankt fleißigen Training

aber auch ist Paula ihrer sehr dankbar Trainerin

12 Ihr habt nun Sätze des Textes so zusammengestellt, wie sie euch am besten gefallen.
Lest euch eure Texte abschließend noch einmal gegenseitig vor.

Wörter in Texten umstellen

In der deutschen Sprache kann man **Wörter** oder ganze **Teile** von Sätzen an verschiedene Stellen **umstellen**:
Paula war schon immer eine gute Schwimmerin.
Schon immer war Paula eine gute Schwimmerin.
Eine gute Schwimmerin war Paula schon immer.

Durch solche **Umstellungen** kann man einen Text **verbessern**.

Satzglieder

Mit Umstellproben Satzglieder ermitteln

1 Fertigt euch Blätter an, auf denen jeweils ein Wort und der Punkt stehen.

2 Stellt euch vor der Klasse so auf, dass ein sinnvoller Satz daraus entsteht. Schreibt den Satz auf.

3 Probiert nun aus, ob auch andere Wörter am Satzanfang stehen können.
Dabei bleiben manche Wörter immer zusammen. Welche sind es?

4 Macht aus dem Punkt in eurem Satz oben ein Fragezeichen.
Was steht jetzt am Anfang des Satzes? Schreibt den Satz auf.

Umstellprobe: Satzglieder ermitteln

Bei **Umstellproben** bleiben bestimmte Wörter eines Satzes immer **zusammen**:
| *Die Lehrerin* | *kommt* | *dann* | *in die Klasse* |.
| *Dann* | *kommt* | *die Lehrerin* | *in die Klasse* |.
| *In die Klasse* | *kommt* | *dann* | *die Lehrerin* |.

Bildet man einen **Fragesatz**, dann gerät das Verb an den Satzanfang:
| ***Kommt*** | *die Lehrerin* | *dann* | *in die Klasse* |?

Teile von Sätzen, die man an den Satzanfang **umstellen** kann, nennt man **Satzglieder**.
Der **Beispielsatz** enthält also insgesamt **vier Satzglieder**.

5 Aus wie vielen Satzgliedern besteht der Satz, den ihr in Aufgabe 2 geschrieben habt?

6 Macht auch mit dem folgenden Satz Umstellproben. Aus wie vielen Satzgliedern besteht er? *Die meisten sitzen auf einmal ganz still an ihren Tischen.*

7 Bilde aus den folgenden Wörtern einen Satz.
Mache Umstellproben und stelle fest, aus wie vielen Satzgliedern er besteht.

KRACH EINIGE MACHEN KINDER NOCH

Satzglieder

 Mit Frageproben Adverbiale ermitteln

Wir wohnten früher in Wiedorf.

1 Aus wie vielen Satzgliedern besteht dieser Satz? Führt Umstellproben durch.

2 Mit welchen Fragen kann man die unterstrichenen Satzglieder erfragen?

> ### Frageprobe: Adverbiale erfragen
>
> Wie man Satzglieder nennt, bekommt man durch **Frageproben** heraus.
>
> **Adverbiale** sind Satzglieder, die etwas über die **Zeit,** über den **Ort** sowie über die **Art und Weise** aussagen:
>
> - **Adverbiale des Ortes** kann man mit Wörtern wie **wo, wohin, woher** erfragen:
>   *Er kommt (woher?) aus Wiedorf. Er zog (wohin?) nach Peine. Er wohnt (wo?) dort.*
>
> - **Adverbiale der Zeit** kann man durch Wörter wie **wann, seit wann, wie lange** erfragen:
>   *Niklas war (wann?) letztes Jahr Grundschüler.*
>   *Er besucht (seit wann?) seit Kurzem die Gesamtschule.*
>
> - **Adverbiale der Art und Weise** kann man mit dem Wort **wie** erfragen:
>   *Ihm gefällt die Gesamtschule (wie?) sehr gut.*

3 Erfragt die unterstrichenen Satzglieder im nächsten Text mündlich durch Frageproben.
In welchen Sätzen kommen Adverbiale des Ortes, der Zeit, der Art und Weise vor?

Lotte erzählt von früher und heute

a) Ich komme aus Wiedorf.
b) Dort wohnten wir früher.   *Wo?*
c) Ich fühlte mich wohl in diesem Dorf.
d) Ich ging dort zur Grundschule.   *Wohin?*
e) Wir sind letztes Jahr umgezogen.
f) Wir wohnen heute in Braunschweig.   *Woher?*
g) Ich besuche in dieser Stadt eine Gesamtschule.
h) Ich gehe morgens zum Bus.   *Wann?*
i) Ich fahre mit ihm dann in die Schule.
j) Ich finde das unbequem.   *Wie?*
k) Ich mochte unser Dorf lieber.

4 Schreibe die Sätze aus Aufgabe 3 nun so auf, dass ein Text daraus wird, der sich besser liest.
Stelle dabei hin und wieder eines der unterstrichenen Satzglieder an den Satzanfang:
I Sätze a)–d),   *II* Sätze a)–g),   *III* alle Sätze.

Satzglieder

Adverbiale des Ortes unterscheiden

Akkusativ
1) Ich lege das Buch auf den Tisch.
Wohin lege ich das Buch?

Dativ
2) Das Buch liegt auf dem Tisch.
Wo liegt das Buch?

1 Zu welchem Beispiel gehören die folgenden Sätze? Lest sie euch deutlich vor.
Entscheidet: *Satz a) gehört zu Beispiel 2, Satz b) gehört …*

a) Paul fährt auf dem Schulhof herum.
b) Paul fährt auf den Schulhof drauf.
c) Mary läuft vor das Haus.
d) Mary läuft vor dem Haus hin und her.
e) Ein Vogelschwarm fliegt über den Wald.
f) Ein Vogelschwarm fliegt über dem Wald.

2 Worin besteht der Unterschied zwischen den Sätzen von Beispiel 1 und Beispiel 2?
Bedeuten sie etwas anderes? Tauscht euch darüber aus.

Frageprobe: Adverbiale des Ortes unterscheiden

Manche Adverbiale des Ortes kannst du mit **wo** erfragen. Sie stehen im **Dativ**:
*Ich sitze (wo?) auf **dem** Stuhl.*

Manche Adverbiale des Ortes kannst du mit **wohin** erfragen. Sie stehen im **Akkusativ**:
*Ich setze mich (wohin?) auf **den** Stuhl.*

3 Lest euch die folgenden Sätze vor.
- Sprecht die Artikel **dem**, **den** und **einen** deutlich aus!
- Setzt beim Lesen die Artikel in die letzten Sätze ein.

Alles besetzt

a) Ich komme in das Zimmer.
b) Ich will mich auf den Sessel setzen.
c) Auf dem Sessel sitzt schon unser Hund.
d) Ich will mich auf einen Stuhl setzen.
e) Auf dem Stuhl sitzt schon mein Opa.
f) Auf dem anderen Stuhl liegt ein Berg Zeitungen.
g) Also lege ich mich auf ? Teppich.
h) Auf ? Teppich habe ich Platz genug.
i) Doch plötzlich kommt unser Hund auf ? Teppich heruntergesprungen.
j) Jetzt liegen wir beide auf ? Teppich und schmusen.

4 Schreibe den Text „Alles besetzt" nun ab. Unterstreiche in allen Sätzen die Artikel.
l Sätze a)–e),   *ll* Sätze a)–h),   *lll* den ganzen Text. *Ich komme in das Zimmer. …*

5 Welche der Sätze kann man mit **wo** und welche mit **wohin** erfragen?
Schreibe es hinter deine aufgeschriebenen Sätze.

Satzglieder
Adverbiale unterscheiden und umstellen

Lotte war krank

a) Lotte hat in der Schule <u>eine Woche lang</u> gefehlt.
b) Tabea hat sie <u>fast jeden Tag</u> zu Hause besucht.
c) Sie las ihr <u>manchmal</u> dort etwas vor.
d) Sie haben <u>einmal</u> Dame gespielt.
e) Sie ist <u>jetzt</u> gesund.
f) Sie kommt fröhlich in die Schule.
g) Sie hat aber ihren Entschuldigungszettel vergessen.
h) Die Lehrerin sagt freundlich zu ihr:
i) „Du musst den Zettel morgen mitbringen!"
j) Sie bringt ihn am nächsten Tag mit.

1 Viele Sätze in diesem kleinen Text fangen mit *Sie* an.
Schreibe die Sätze so auf, dass manchmal ein Adverbial am Anfang steht.
Auf diese Weise kannst du den Text verbessern.
In den ersten Sätzen ist das Adverbial schon unterstrichen.
In den anderen suchst du dir eins aus, das an den Anfang passt.
l Sätze a)–f), *ll lll* alle Sätze.

2 Unterstreiche in deinem abgeschriebenen Text die Adverbiale.
Du bekommst sie heraus, wenn du die **Frageprobe** machst:
- vier Adverbiale des Ortes: **wo? wohin?**
- sieben Adverbiale der Zeit: **wann? wie lange?**
- drei Adverbiale der Art und Weise: **wie?**

3 Ordne die Adverbiale des Textes in eine Tabelle ein:

Adverbiale des Ortes wo? wohin?	Adverbiale der Zeit wann? wie lange?	Adverbiale der Art und Weise wie?
in der Schule	eine Woche lang	gesund
...	...	...

lll **4** Bilde aus den folgenden Satzgliedern zwei Sätze.
Füge sie als Sätze k) und l) zu deinem abgeschriebenen Text hinzu.

fühlt sich / Lotte / wohl / bei den anderen Kindern / jetzt
war / es / langweilig / zu Hause / manchmal

lll **5** Trage auch die Adverbiale dieser beiden Sätze in die Tabelle aus Aufgabe 3 ein.
In jedem Satz sind es drei.

Satzglieder

Subjekt und Prädikat ermitteln

Nicht so schlimm!
a) Matti stolpert.
b) Er fällt hin.
c) Der Junge verletzt sich.
d) Sein Knie blutet.
e) Weint er?
f) Was ist passiert?
g) Passiert ist nichts!
h) Das bisschen Blut wird vergehen!
i) Das gibt sich!
j) Das ist nicht so schlimm.

1 Alle diese Sätze enthalten ein Subjekt und ein Prädikat.
- Kennt ihr diese Begriffe noch aus der Grundschule?
- Versucht herauszubekommen, welche Teile Subjekte und welche Teile Prädikate sind. Sprecht über das, was ihr noch darüber wisst.

Frageprobe: Subjekt und Prädikat ermitteln

Das **Subjekt** erfragt man mit **wer?** oder **was?**.
Eine solche Frageprobe stellt man mithilfe eines **Verbs**:
Matti stolpert. → **Wer** stolpert? → *Matti*
Passiert ist nichts. → **Was** ist passiert? → *nichts*
Das Subjekt besteht in der Regel aus einem **Nomen**, manchmal auch aus einem **Pronomen**.
Es kann aus einem oder aus mehreren Wörtern bestehen.

Das **Prädikat** besteht aus einem **Verb**. Manchmal gehört zum Prädikat noch ein **zweites** Wort:
ist ... passiert, verletzt sich, fällt ... hin

Und so sieht ein Satz mit Subjekt und Prädikat dann aus: *Der Junge verletzt sich.*

2 Schreibe die Sätze aus Aufgabe 1 ab. Unterstreiche die Subjekte blau und die Prädikate rot. Beachte, was im Merkkasten dazu gesagt ist.
I Sätze a)–e), *II III* alle Sätze.

III **3** Ergänze einige der Sätze. Dann wird der Text spannender:
Matti stolpert über einen Ast. ...

4 Bilde aus den folgenden Satzgliedern drei Sätze und schreibe sie unter deinen Text. Unterstreiche die Subjekte und Prädikate.

nach Hause / der Junge / läuft / danach
verbindet / sofort / seine Mutter / die Wunde
tut weh / jetzt / sie / gar nicht mehr

Satzglieder
Das Verb als Mittelpunkt des Satzes erkennen

1 Wenn du ein Verb hörst, dann denkst du dir immer etwas hinzu.
Bei dem Verb *lesen* fragst du dich z. B.: **Wer** könnte das sein, der liest?
Und **was** könnte er lesen? Bilde Sätze, die zu dem Verb *lesen* passen.

Das Mädchen		ein Buch
Oma		die Post
Das Baby		die Zeitung
Die Mutter	liest	einen Comic
Der Indianer		eine E-Mail
Die Blume		die Sportnachrichten
Der Junge		einen Brief
Opa		eine Fährte
Das Haus		eine Geschichte

Das Verb als Mittelpunkt des Satzes

Im Mittelpunkt eines Satzes steht das **Verb**. Das Verb bildet das **Prädikat** des Satzes.
Alle Prädikate benötigen ein **Subjekt**: *Die Blume blüht. Die Katze schläft.*
Viele Prädikate benötigen außerdem ein **Objekt**:
Die Mutter liest die Zeitung. Der Vater wickelt das Baby.

INFO

2 Kombiniere beim Aufschreiben der folgenden Sätze das Verb
mit passenden Subjekten und Objekten.
Wenn du die vorgeschlagenen Wörter verwendest, dann reimen sich immer zwei Zeilen.

Der Dieb	stiehlt	einen Drachen
Der Junge	baut sich	Anziehsachen
Der Kater	nascht	die Tomaten
Die Mutter	schneidet	vom Sonntagsbraten
Der Fußballspieler	verletzt sich	ein Schwein
Der Schlachter	schlachtet	sein Bein
Der Sänger	fängt	die Maus
Die Katze	kriegt	Applaus

3 Bilde eigene Sätze mit den folgenden Verben:
  I lacht, hilft, belauscht.
  II schläft, lacht, dankt, belauscht, verschenkt.
  III zittert, lacht, träumt, gefällt, belauscht, verschenkt.
Unterstreiche danach die **Subjekte** blau, die **Prädikate** rot und die **Objekte** grün:

Satzglieder

Objekte im Dativ und Akkusativ unterscheiden

1) Der Detektiv erwischt …
2) Die Radfahrerin beachtet …
3) Der Junge fürchtet …

Akkusativ-Objekte
den Fußgänger
den bellenden Hund
den Kaufhausdieb

4) Der Detektiv lauert … auf.
5) Die Radfahrerin weicht … aus.
6) Der Junge geht mutig … entgegen.

Dativ-Objekte
dem Fußgänger
dem bellenden Hund
dem Kaufhausdieb

7) Der Vater gratuliert … zum Geburtstag.
8) Der Vater beschenkt … zum Geburtstag.
9) Die Kids hören … im Stadion zu.
10) Die Kids hören … im Stadion singen.

Akkusativ- und Dativ-Objekte
seinen Sohn
seinem Sohn
den Sänger
dem Sänger

1 Links stehen unvollständige Sätze. Rechts stehen die Objekte, die am Geschehen beteiligt sind. Die musst du ergänzen. Dabei musst du aber genau aufpassen, denn die Objekte unterscheiden sich immer nur in einem einzigen Wort: *dem* oder *den*. Übt das Einsetzen, indem ihr euch die Sätze vorlest und dabei *den*/*dem* deutlich ausspecht!

2 Schreibe die Sätze aus Aufgabe 1 auf. Unterstreiche die Objekte: Der Detektiv erwischt den Kaufhausd *i* Sätze 1), 2), 4), 7), *u* Sätze 1), 2), 4), 5), 7), 8), *uu* alle Sätze.

Frageprobe: Objekte ermitteln

In vielen Sätzen müssen außer dem Subjekt zusätzlich auch Objekte vorkommen:
- Das **Akkusativ-Objekt**, das man mit der Frage **wen?** oder **was?** ermittelt.
  Ich unterstütze (wen?) *meinen Freund. Ich suche* (was?) *meinen Schlüssel.*
- Das **Dativ-Objekt**, das man mit der Frage **wem?** ermittelt: *Ich helfe* (wem?) *meinem Freund.*
- In manchen Sätzen kommen **beide Objekte** vor: *Der Postbote bringt* (wem?) *der Frau* (was?) *einen Brief.*

3 Ergänze beim Abschreiben die folgenden Sätze durch Dativ- und Akkusativ-Objekte:
Die Dativ-Objekte sind: *ihrem Sohn, seinem Publikum, dem Schüler, dem Kranken*
Die Akkusativ-Objekte sind: *einen spannenden Text, einen Gürtel, die Aufgabe, eine Medizin*

a) Die Mutter schenkte *(wem?) (wen?* oder *was?)* zum Geburtstag.
b) Der Schauspieler liest *(wem?) (wen?* oder *was?)* vor.
c) Die Ärztin flößt *(wem?) (wen?* oder *was?)* ein.
d) Der Lehrer erklärt *(wem?) (wen?* oder *was?)*.

Satzglieder

Satzglieder erkennen und in Texte einfügen

Der Esel meiner Freundin

a) Meine Freundin Nicola hat *(wen?* oder *was?)* …   *einen Esel*
b) Der steht meistens *(wo?)* …   *in ihrem Garten*
c) Aber man kann *(wen?)* … auch reiten.   *ihn*
d) Man klettert dann einfach *(wohin?)* …   *auf seinen Rücken*
e) Dann gibt man *(wem?)* … *(wen?* oder *was?)* …   *dem Tier / einen Klaps*

f) Meistens bleibt der Esel aber *(wo?)* … stehen.   *dem Tier / gut*
g) Dann musst du *(wem?)* … *(wie?)* … zureden.   *auf seinem Platz*
h) Das kann *(wie lange?)* … dauern.   *mehrere Minuten lang*
i) Vielleicht setzt er dann *(wen?* oder *was?)* … langsam *(wohin?)* …   *voran*
    seine Beine

j) Er kann aber auch ziemlich schnell *(wohin?)* … rennen.   *den halben Tag lang*
k) Jedenfalls sind wir manchmal *(wie lange?)* … *(wo?)* …   *bei dem Tier*
    über den Rasen

1 Schreibe diesen Text ab.
Setze dabei die Objekte und Adverbiale an der passenden Stelle ein.
I Sätze a)–e), *II* Sätze a)–h), *III* alle Sätze.

2 Unterstreiche im abgeschriebenen Text die Objekte grün und die Adverbiale schwarz.

3 Und so geht die Geschichte weiter. In den Sätzen p)–u) musst du die Satzglieder richtig zuordnen.
I Sätze l)–o), *II* Sätze l)–q), *III* alle Sätze.
Einmal ist der Esel aus dem Garten ausgebrochen. …

l) Einmal ist der Esel *(von wo?)* … ausgebrochen.   *aus dem Garten*
m) Er ist *(wohin?)* … gelaufen.   *auf die Hauptstraße*
n) Er stellte sich *(wie?)* … *(wohin?)* …   *breitbeinig / auf die Straße*
o) und blieb *(wo?)* … *(wie?)* … stehen.   *dort / seelenruhig*

p) Er hielt *(wen?* oder *was?)* … auf.   *Auf der Straße*
q) *(Wo?)* … bildete sich eine lange Autoschlange.   *den ganzen Verkehr*

r) Erst als ein Fahrer *(wen?* oder *was?)* … verließ   *einen Klaps / sein Auto*
s) und *(wem?)* … *(wen?* oder *was?)* … gab,   *dem Tier*
t) fiel es *(wem?)* … ein,   *den Autos*
u) *(wem?)* … *(wen?* oder *was?)* … wieder freizugeben.   *den Weg / dem Esel*

4 Unterstreiche nach dem Abschreiben die **Objekte** grün und die **Adverbiale** schwarz.

Satzglieder

Deutsch – Englisch: Satzglieder verschieben

1 Lest euch die beiden Texte durch. Es wird euch sicher gelingen, auch den englischen Text zu verstehen, wenn ihr Satz für Satz vergleicht.

Paul stellt sich vor
Ich heiße Paul.
Ich bin zwölf Jahre alt.
Ich mag meinen Bruder Tom sehr gern.
Ich habe auch einige Freunde.
Ich mag Liebeslieder überhaupt nicht.
Ich mag lieber Pop-Songs.

Paul introduces himself
My name is Paul.
I'm twelve years old.
I like my brother Tom very much.
I also have some friends.
I hate love songs.
I prefer pop songs.

2 Vergleicht beide Texte. Was heißt im Englischen:
ich heiße – ich mag sehr gern – ich mag überhaupt nicht – ich mag lieber?

3 Am deutschen Text stört uns, dass fast alle Sätze mit *Ich* anfangen. Nach dem Umstellen einiger Satzglieder hört sich der Text besser an. Lest den deutschen Text vor.

Ich heiße Paul.
Ich bin zwölf Jahre alt.
<u>Meinen Bruder Tom</u> mag ich sehr gern.
<u>Einige Freunde</u> habe ich auch.
<u>Liebeslieder</u> mag ich überhaupt nicht.
<u>Pop-Songs</u> mag ich lieber.

My name is Paul.
I'm twelve years old.
I like <u>my brother Tom</u> very much.
I also have <u>some friends</u>.
I hate <u>love songs</u>.
I prefer <u>pop songs</u>.

4 Vergleicht nun den deutschen und den englischen Text aus Aufgabe 3 miteinander.
- An welcher Stelle stehen jeweils die unterstrichenen Satzglieder?
- Wie heißen die Satzglieder, die jetzt im Deutschen am Satzanfang stehen?

Die Stellung der Satzglieder im Deutschen und Englischen

In der **englischen** Sprache steht fast immer das **Subjekt am Anfang**:
I hate love songs. Unmöglich ist: *Love songs I hate.*
Man nennt so etwas eine **feste Satzgliedstellung**.
In der **deutschen** Sprache können **alle möglichen Satzglieder am Anfang** stehen:
Ich hasse <u>Liebeslieder</u> – <u>Liebeslieder</u> hasse ich.
Man nennt das eine **veränderbare Satzgliedstellung**.

5 Schreibe den deutschen Satz dreimal auf. Stelle dabei immer eines der unterstrichenen Satzglieder an den Satzanfang. Im englischen Satz kannst du nur einmal das unterstrichene Satzglied umstellen.

Ich spiele   <u>Fußball</u>   <u>mit ihnen</u>   <u>am liebsten.</u>
I like playing   football   with them   <u>most of all.</u>

Satzglieder

Überprüfe dein Wissen und Können

Löst die folgenden Aufgaben: *I* Aufgabe 1–5, *II* Aufgabe 1–6, *III* Aufgabe 1–7.

1 Aus wie vielen Satzgliedern besteht der folgende Satz? Ermittle es durch Umstellproben. Schreibe den Satz ab. Ziehe zwischen den Satzgliedern einen Strich: … | … | … | …
Der Kater traf eines schönen Tages die Maus vor ihrem Loch.

2 Setze beim Abschreiben die Wörter, die rechts stehen, richtig in die Sätze ein.
Achte auf die richtigen Endungen: *ihrem* …
a) Lena schenkt ? Bruder ein T-Shirt zum Geburtstag.
b) Der Junge hilft ? Vater im Garten.
c) Die Polizistin beschreibt ? Besucher den Weg.
d) Der Fußgänger musste ? Radfahrer ausweichen.
e) Das Kind schreibt ? Opa eine Ansichtskarte.

ihr
sein
ein
ein
sein

3 Schreibe je einen Satz mit *jagen* und *helfen* auf, in dem je ein Subjekt und ein Objekt vorkommen.

4 Schreibe je einen Satz mit *geben* und *zeigen* auf, in dem je ein Subjekt und zwei Objekte vorkommen.

5 Schreibe den Text so auf, dass in jedem Satz ein anderes Satzglied am Satzanfang steht.
a) Die Maus verlässt in der Dämmerung ihren Bau.
b) Sie kann im Dunkeln schlecht sehen.
c) Ihre langen Tasthaare helfen ihr aber bei der Orientierung.
d) Als eine Art Antenne dienen diese Haare.

6 Wie heißen die Satzglieder, die hier am Satzanfang stehen? Schreibe auf:
a) In manchem Dorf (Adverbial);   b) Ein Mann (…);   c) Die (…);   …
a) In manchem Dorf gibt es komische Tiere!
b) Ein Mann hatte zum Beispiel eine Katze.
c) Die hatte einen Tick.
d) Nachts lauerte sie manchmal einem Tierchen auf.
e) Danach legte sie den Fang dem Mann vors Bett.
f) Gefreut hat das den Mann aber nicht.

7 Stelle beim Abschreiben in den folgenden Sätzen jeweils ein anderes Satzglied an den Anfang des Satzes. Schreibe den Namen des Satzgliedes dahinter:
Tote Mäuse (…), …
g) Er konnte nämlich tote Mäuse nicht ausstehen.
h) Ihm wollte die Katze aber doch nur ein Geschenk machen!
i) Von ihrem Fressen wollte sie ihm etwas abgeben.
j) Katzen sind manchmal nämlich dankbare Tiere.
k) Der Mann hätte das wissen müssen!

Nachschlagen im Register der verwendeten Fachausdrücke

Nachschlagen im Register der verwendeten Fachausdrücke

Nehmen wir an, du bist beim Schreiben nicht sicher, wie man die **Anführungszeichen** in der wörtlichen Rede setzt. Dann musst du nicht das ganze Inhaltsverzeichnis durchforsten und das Buch durchblättern. Du suchst einfach den Fachbegriff **Anführungszeichen** im Register der Fachausdrücke. Und dort kannst du lesen:

> Vor den Fachbegriffen **Redesatz, Begleitsatz** steht jeweils ein Pfeil. Die Pfeile weisen darauf hin, dass du unter diesen Stichwörtern erfährst, was ein Redesatz und ein Begleitsatz überhaupt sind. Dort kannst du dann diese Informationen lesen:

> Wenn du nun immer noch nicht sicher bist, dann erst musst du dich im Buch selbst informieren. Am Ende eines Stichwortes wird immer mit einem Pfeil darauf hingewiesen, wo im Buch du Genaueres über deine Fragen erfährst, z. B. auf → Seite 244 und → 246. Dort stehen die Merksätze zu den Zeichen der wörtlichen Rede. In den Merksätzen findest du Beispiele, an die du dich halten kannst. Probiere es aus!

> **Anführungszeichen:** Anführungszeichen kennzeichnen den Anfang und das Ende eines wörtlichen → Redesatzes, der von einem → Begleitsatz begleitet wird: *„Wir fahren morgen früh"*, sagte er, *„nach Dortmund."* → 244
>
> **Redesatz:** Im Redesatz (siehe auch → Begleitsatz) steht, was einer sagt. Der Redesatz wird durch → Anführungszeichen (auch: Gänsefüßchen) hervorgehoben: *Sie rief: „Das glaube ich nicht!"* → 246
>
> **Begleitsatz:** Wer etwas sagt, steht im Begleitsatz der → wörtlichen Rede; was einer sagt, steht im → Redesatz. Der Begleitsatz kann dem Redesatz vorausgestellt sein *(Sie rief: „Ich habe keine Lust dazu!")*, er kann nachgestellt sein *(„Ich habe keine Lust dazu!", rief sie)*, er kann eingeschoben sein *(„Ich habe", rief sie, „keine Lust dazu!")*. → 244

1. Du möchtest wissen, wann man ein Ausrufezeichen setzen muss. Lies unter **Ausrufezeichen** nach. Von dort wirst du weitergeleitet zu → **Aufforderungssatz** und → **Imperativ**. Und dann schau noch einmal im Buch nach, was auf den Seiten → 242 und → 244 steht.

2. Du möchtest wissen, woran man erkennen kann, wann ein Wort großgeschrieben wird. Schau unter **Großschreibung** nach. Unter → **Signalwörter** erfährst du dann noch mehr. Und von den Seiten → 234 an kannst du noch Genaueres nachlesen.

3. Du möchtest wissen, wie sich ein Gedicht von anderen Texten unterscheidet. Taste dich voran: → **Gedicht**, → **Vers**, → **Strophe**, → **Reim**, → **Personifikation**.

4. Finde heraus, in welcher **Zeitform** du eine **Gegenstandsbeschreibung** schreiben musst.

5. Finde heraus, wie sich die Zeitformen **Perfekt** und **Präteritum** unterscheiden – und wo sie besonders vorkommen.

6. Du möchtest gern wissen, wozu eine **Schreibkonferenz** gut ist. Schau unter dem Stichwort nach und suche dann mithilfe der → Pfeile weitere Informationen.

Register der verwendeten Fachausdrücke

A

Adjektiv: Adjektive können die Eigenschaften von Dingen genauer bezeichnen *(schön, schnell, witzig …)*. Alle Wörter, die zwischen Artikel und Nomen stehen können, sind Adjektive: *das schnelle Auto.* Viele Adjektive können auch an anderen Stellen im Satz stehen: *Das Auto fährt schnell. Das Auto ist rot.* Die meisten Adjektive lassen sich → steigern: *groß, größer, am größten.* → 268–272

Adverbial: Adverbiale sind → Satzglieder. Sie können aus einzelnen Adverbien, Adjektiven oder längeren Ausdrücken bestehen. Es gibt 1. Adverbiale der Zeit (wann: *gestern,* seit wann: *seit gestern,* wie lange: *die ganze Zeit*), 2. Adverbiale des Ortes (wo: *auf dem Spielplatz,* wohin: *auf den Spielplatz,* woher: *vom Spielplatz*), 3. Adverbiale der Art und Weise (wie: *mit guter Laune, glücklich*). → 295–297

Akkusativ (Wenfall): → Nomen und → Pronomen können im Akkusativ stehen. Den Akkusativ erkennt man am → Artikel. Nomen im Akkusativ erfragt man mit den Fragen *wen?* oder *was?*: was?: *den Brief,* wen?: *den Schüler.* → 266, 274–275, 300

Akkusativ-Objekt: Das Akkusativ-Objekt ist ein → Satzglied. Man kann es mit den Fragen *wen* oder *was* ermitteln: *Die Lehrerin lobt* (wen?) *den neuen Schüler. Der Spieler trifft* (wen? oder was?) *den Ball.* → 300

Alphabet: Reihenfolge der Wörter nach dem Abc → 206–207

Anredepronomen: Das sind Pronomen, mit denen man jemanden anredet: *Ich mag dich. Ich grüße Sie.* Wenn man einen Menschen mit *Sie* anredet, werden die Pronomen großgeschrieben *(Ich danke Ihnen. Ich grüße Sie herzlich).* → 267

Anführungszeichen: Anführungszeichen kennzeichnen den Anfang und das Ende eines wörtlichen → Redesatzes, der von einem → Begleitsatz begleitet wird: *„Wir fahren morgen früh",* sagte er, *„nach Dortmund."* → 246

Artikel: Nomen haben einen Artikel. Man unterscheidet den → bestimmten Artikel *(der, die, das)* und den → unbestimmten Artikel *(ein, eine).* Die Artikel geben an, ob ein Nomen Maskulinum *(der Löffel),* Femininum *(die Gabel)* oder Neutrum *(das Messer)* ist. → 234–235, 263–264

Aufforderungssatz: Satzart, mit der man jemanden zu etwas auffordert oder ihn um etwas bittet: *Du musst mir bitte mal helfen!* Viele Aufforderungssätze stehen im → Imperativ: *Hilf mir bitte mal!* Nach Sätzen, die als Aufforderung gemeint sind, steht ein → Ausrufezeichen. → 242, 244

Auslaute: Die Konsonanten am Ende eines Wortes werden Auslaute genannt. Die Auslaute *b, d, g* (Stau*b*, Lan*d*, Zwei*g* …) klingen beim Sprechen stimmlos wie p, t, k. Durch Bildung der → Langform kann ihre Stimmhaftigkeit hörbar gemacht werden *(stau*b*ig, Län*d*er, Zwei*g*e …)* → 227

Ausrufezeichen: Das Ausrufezeichen am Ende eines → Aufforderungssatzes weist darauf hin, dass mit diesem Satz eine Bitte, eine Aufforderung oder ein Ausruf gemeint ist: *Leih mir doch mal deinen Bleistift! Komm her! Au, das tut weh!* → 242, 244

Aussagesatz: Satzart, mit der man eine Feststellung macht: *Ich war gestern im Kino.* Am Ende des Aussagesatzes steht ein Punkt. → 241, 244

B

Begleitsatz: Wer etwas sagt, steht im Begleitsatz der → wörtlichen Rede; was einer sagt, steht im → Redesatz. Der Begleitsatz kann dem Redesatz vorausgestellt sein *(Sie rief: „Ich habe keine Lust dazu!"),* er kann nachgestellt sein *(„Ich habe keine Lust dazu!", rief sie),* er kann eingeschoben sein *(„Ich habe", rief sie, „keine Lust dazu!").* → 246–247

Bericht: Berichten kann man über Ereignisse und Erlebnisse. Es gibt Zeitungsberichte, Unfallberichte, Schadensberichte, mündliche und schriftliche Berichte. In einem Bericht schreibt man möglichst genau, was man erlebt hat, was geschehen ist, wann, wie, wo, warum etwas geschah und welche Personen dabei beteiligt waren. Die Leser von Berichten wollen genau informiert werden. Da alles, was man berichtet, schon geschehen ist, stehen Berichte in der Regel im → Präteritum: *Unsere Scheune stand lichterloh in Flammen.*

Beschreibung: Beschreiben kann man → Gegenstände, → Lieblingsplätze, Personen, Tiere, Vorgänge und vieles andere. In einer Beschreibung stehen einem die Dinge direkt vor Augen. Man schreibt so genau wie möglich, wie die Dinge aussehen, wo sie sich befinden, was man mit ihnen machen kann, wie man sich dabei fühlt. Die Leser von Beschreibungen müssen sich das, was man beschrieben hat, genau vorstellen können. Deswegen spielen anschauliche Adjektive hier eine wichtige Rolle. Beschreibungen stehen in der Regel im → Präsens. → 54–67, 68–79

Bestimmter Artikel: Der bestimmte Artikel gibt im Gegensatz zum → unbestimmten Artikel in einem Text an, dass etwas Bestimmtes gemeint ist und dass das zu ihm gehörende Nomen bereits bekannt oder schon einmal genannt worden ist: *Vor der Tür steht das Taxi, auf das wir gewartet haben.* → 259, 263

Bildergeschichte: So wird eine Geschichte bezeichnet, deren Handlung vorwiegend in Bildern oder durch Bildfolgen erzählt wird. Nach Bildergeschichten kann man Geschichten schreiben. → 116–117

C

Cluster: Ein Cluster (Gedankenschwarm) ist eine Sammlung von Stichwörtern. In der Mitte eines Clusters steht ein Reizwort wie *Freibad*. Um dieses Reizwort herum werden andere Wörter notiert, die einem dazu einfallen: *Sommer, Rutsche ...* Diese Wörter verbindet man zu einer Gedankenkette, aus der man dann eine Geschichte schreiben kann. → 87–88

D

Dativ (Wemfall): → Nomen und → Pronomen können im Dativ stehen. Den Dativ erkennt man am → Artikel. Nomen im Dativ erfragt man mit der Frage *wem?*: *Er hilft* (wem?) *dem Freund.* → 266, 274–275, 300

Dativ-Objekt: Das Dativ-Objekt ist ein Satzglied. Man kann es mit der Frage *wem?* ermitteln: *Die Lehrerin hilft* (wem?) *dem neuen Schüler.* → 300

Dehnungs-h: Das Dehnungs-h ist ein h, das einen langen betonten Vokal besonders auffällig macht. Es steht in einer Reihe von Wörtern vor den Buchstaben *l, m, n, r (fehlen, nehmen, gähnen, fahren).* Es steht aber auch in diesen Fällen niemals nach Silbenanfängen mit *sch (schälen), t (tönen), qu (quälen), gr (grölen), sp (sparen), kr (kramen), p (pulen).* Bei der Silbentrennung gehört das Dehnungs-h, im Gegensatz zum → silbentrennenden h, zur ersten Silbe *(feh-len, fah-ren).* → 217

Diagramm: Diagramme stellen Zahlen in bildlicher Form dar. Es gibt verschiedene Formen, z. B. Säulendiagramme, Balkendiagramme oder Kreisdiagramme. → 37–38

Diskussion: Sachliches Gespräch mehrerer Personen über ein bestimmtes oder über mehrere Themen. Dabei haben die Gesprächsteilnehmer meist unterschiedliche Meinungen und versuchen, die anderen von ihrer Meinung zu überzeugen. Eine Diskussion muss sachlich und mit viel → Höflichkeit durchgeführt werden, damit sie nicht zu einem Streit wird. Um an einer Diskussion erfolgreich teilzunehmen, sind bestimmte → Gesprächsregeln notwendig. → 16–19

Doppelkonsonant: → Konsonantenverdoppelung

Doppelpunkt: Der Doppelpunkt steht nach dem vorausgehenden → Begleitsatz. Mit ihm wird eine wörtliche Rede eröffnet: *Sie lachte ihn an und sagte: „Das ist doch Unsinn!"* → 246

Drei-Schritt-Lesemethode: Mit der Drei-Schritt-Lesemethode kann man sich → nicht lineare Texte, wie → Tabellen, → Diagramme, → Infografiken, besser erschließen. Im ersten Schritt orientiert man sich, im zweiten Schritt wird der Inhalt erfasst und im dritten Schritt gibt man die Ergebnisse wieder. → 36

E

Elfchen: Ein Elfchen ist nach bestimmten Regeln aufgebaut: Die erste Zeile besteht aus einem Wort, die zweite aus zwei Wörtern, die dritte aus drei Wörtern, die vierte Zeile aus vier Wörtern und die fünfte enthält ein Wort. Elfchen erzählen immer eine kurze Geschichte, deren Schluss – also die fünfte Zeile – auch ganz überraschend sein darf. → 164, 167

E-Mail: E-Mail (*kurz:* Mail) ist eine elektronische Briefpost im → Internet. In Sekundenschnelle kann der Absender eine Textnachricht, Grafiken oder andere Dateien einem oder mehreren Empfängern zustellen, die genau wie er über eine eigene E-Mail-Adresse verfügen. → 49–50

Entscheidungsfrage: Eine Entscheidungsfrage ist im Unterschied zu einer → Ergänzungsfrage eine Frage, die man mit *ja* oder *nein* beantwortet: „Hilfst du mir mal?" – „Ja." → 243

Entwurf: Als Entwurf bezeichnet man die erste Fassung eines selbst geschriebenen Textes. Ein Entwurf enthält meistens noch Fehler. Es ist eine → Überarbeitung nötig, manchmal auch mithilfe einer → Schreibkonferenz. Erst danach wird ein Entwurf zu einem fertigen Text. → 72–73, 90–91, 92

Ergänzungsfrage: Eine Ergänzungsfrage ist im Unterschied zu einer → Entscheidungsfrage eine Frage, die man mit einem Satz oder mehreren Wörtern beantwortet: *Warum hilfst du mir nicht sofort? – Weil ich jetzt keine Zeit habe.* → 243

Erlebniserzählung: Darin erzählt man, was man wirklich erlebt hat oder was man erlebt haben könnte. Eine Erlebniserzählung unterscheidet sich von einer → Fantasiegeschichte dadurch, dass in ihr alles wirklich geschehen sein könnte: was man erlebt, gefühlt und gedacht hat. Meistens stehen Erlebnisgeschichten in der Ich-Form und in einer der Vergangenheitsformen → Präteritum und → Perfekt. → 80–81, 83

Erzählung: In einer Erzählung wird mündlich oder schriftlich der Verlauf von Geschehnissen dargestellt. Diese Geschehnisse können tatsächlich passiert oder ausgedacht sein. Da man nur erzählen kann, was bereits geschehen ist, verwendet man in Erzählungen meistens Vergangenheitsformen: Mündlich erzählt man überwiegend im Perfekt, schriftliche Erzählungen stehen hauptsächlich im Präteritum. → 176–197

F

Fachwort: Ein Fachwort ist ein Wort, das man nur für die Beschreibung bestimmter Gegenstände und Vorgänge benötigt: *Sitzdach, Überstand, rechteckig …* Fachwörter sind häufig → Fremdwörter: *Material, quadratisch, oval …* → 57–58

Fall (Kasus): Nomen können in vier Fällen vorkommen. Den Fall eines Nomens erkennt man in der Regel am → Artikel: → Nominativ *(der Hund)*, → Akkusativ *(den Hund)*, → Dativ *(dem Hund)*, → Genitiv *(des Hundes)*. → 266, 274–275, 300

Fantasiegeschichte: Eine Fantasiegeschichte ist eine frei erfundene Geschichte. In ihr können unwahrscheinliche Dinge vorkommen wie Aliens oder Gespenster. Fantasiegeschichten sind spannende Texte, in denen die Ereignisse in einer bestimmten Reihenfolge erzählt werden. Fantasiegeschichten stehen in der Regel im → Präteritum. → 96–107

Femininum: → Geschlecht, → Grammatisches Geschlecht

Fragesatz: → Fragezeichen, → Entscheidungsfrage, → Ergänzungsfrage

Fragezeichen: Das Fragezeichen gibt an, dass ein Satz als Frage gemeint ist: *Hilfst du mir mal? – Wann kommst du?* → 243–244

Fremdwort: Fremdwörter stammen aus anderen Sprachen, dem Griechischen, dem Lateinischen, dem Englischen, Französischen usw. Viele von ihnen haben ihr fremdsprachliches Aussehen oder ihre Aussprache beibehalten: *Theater, Jeans, T-Shirt, Portemonnaie …* → 262

Futur: Mit der → Zeitform Futur kann man auf etwas hinweisen, das in der Zukunft geschieht. Es wird mit dem Hilfsverb *werden* gebildet: *Morgen werde ich wahrscheinlich mitspielen.* → 285

G

Gedicht: Ein Gedicht ist ein Text mit einem besonderen äußeren Aussehen: Die Zeilen sind in → Versen und die Absätze oft in → Strophen voneinander abgesetzt. Ein weiteres Merkmal von Gedichten ist ihre „verdichtete" Sprache. Was gesagt wird, ist auf engsten Raum begrenzt. Manchmal bestehen Verse sogar nur aus einzelnen Wörtern. Viele Gedichte haben auch besondere Klänge und → Reime oder einprägsame Bilder und → Personifikationen. → 154–175

Gegenstandsbeschreibung: In einer Gegenstandsbeschreibung werden das Aussehen, die Form, die Größe, die Farbe, das Material und besondere Merkmale beschrieben. Die Sprache ist sachlich und genau. Fachwörter spielen oft eine besondere Rolle. Die Zeitform solcher Beschreibungen ist das Präsens. → 54–67

Geschlecht: Nomen haben ein Geschlecht. Es ist am → Artikel zu erkennen: Maskulinum (männlich): *der Löffel*; Femininum (weiblich): *die Gabel*; Neutrum (sächlich): *das Messer*. Das → grammatische Geschlecht unterscheidet sich vom → natürlichen Geschlecht. → 259

Geschlossene Silbe: Die betonte Silbe eines Wortes kann auf einen Konsonanten enden, dann nennt man sie geschlossene Silbe: *En-de, Mor-gen, lus-tig …* (Gegensatz → offene Silbe). Der Vokal in geschlossenen Silben ist in der Regel kurz. → 213–214

Gesprächsformeln: Feste Redewendungen, die für den Gesprächspartner angenehm klingen. Man verwendet sie zum Beispiel, wenn man den Gesprächspartner um etwas bitten will: *Könntest du bitte mal … Wärst du so nett …* oder wenn man in einer → Diskussion zeigen will, dass man einen Vorschlag gut findet: *Eine super Idee … Ein toller Vorschlag …* Gesprächsformeln sind ein wichtiger Bestandteil der → Höflichkeit → 18

Gesprächsregeln: Regeln, die notwendig sind, damit eine → Diskussion fair, freundlich und erfolgreich ablaufen kann und nicht zu einem Streit wird. Sie beziehen sich auf das Verhalten (→ Gestik und → Mimik) und auf die Sprache. Jeder Gesprächsteilnehmer muss diese Regeln beachten. So müssen zum Beispiel alle den Gesprächspartner ausreden lassen und die Regeln der → Höflichkeit beachten. → 12–19

Gesprochene Sprache: Die Sprache, in der wir reden, nennt man gesprochene Sprache. In ihr kommen → umgangssprachliche Ausdrücke und unvollständige Sätze vor. Sie unterscheidet sich von der genaueren → schriftlichen Sprache, in der wir schreiben. → 82, 254–257

Gestik: Die Gestik ist Teil der Körpersprache. Sie umfasst alle Körperbewegungen, jedoch nicht die → Mimik. Wir nutzen zum Beispiel in einer → Diskussion gezielt unsere Gestik, um unsere Meinung durch bestimmte Körperbewegungen zu unterstreichen. → 18

Grammatisches Geschlecht: Nomen haben ein Geschlecht, das durch die Artikel *der, die, das* bestimmt wird. Einige Nomen haben ein → natürliches Geschlecht *(der Hahn, die Henne, der Ochse, die Kuh …)*. Bei den meisten Nomen gibt aber der Artikel nicht an, ob etwas männlich oder weiblich ist (z. B. *der Löffel, die Gabel*). Ein solches Geschlecht ist rein grammatischer Art (Maskulinum, Femininum oder Neutrum). → 259

Großschreibung: Großgeschrieben werden Namen, Nomen und das erste Wort in einem Satz: *Der kleine Felix ist ein großer Angeber.* Welche Wörter großgeschrieben werden, kann man meistens an → Signalwörtern sehen: → Artikel *(das Glück)*, → versteckte Artikel *(zum Glück)*, → Adjektive *(großes Glück)*, → Pronomen *(dein Glück)* und an bestimmten Endungen *(Fröhlichkeit, Gesundheit, Verwandtschaft, Zeichnung, Ärgernis, Eigentum)*. → 232–240

Grundstufe (Positiv): Die Grundstufe des Adjektivs ist, im Vergleich zur → Steigerungsstufe und zur → Höchststufe, die einfache Form des Adjektivs *(groß)*.

Sie wird mit dem Vergleichswort *wie* gebildet: *Sie ist genauso groß wie ich.* → 270

H

Haiku: Ein Haiku ist eine reimlose japanische Gedichtform in drei → Versen. Der erste Vers besteht aus fünf Silben, der zweite aus sieben Silben und der dritte Vers wieder aus fünf Silben. Insgesamt enthält ein Haiku also 17 Silben. In einem Haiku wird ein Ereignis oder ein bestimmter Augenblick sehr kurz und knapp dargestellt. → 164

Hauptsatz: Satz, der allein vorkommt und als solcher verständlich ist: *Wir gewinnen das Spiel.* Viele Hauptsätze sind mit einem → Nebensatz verbunden: *Wir gewinnen das Spiel, weil wir besser sind.*

Höchststufe (Superlativ): Die Höchststufe eines Adjektivs zeigt in einem Vergleich an, dass etwas *am größten, am höchsten, am besten* aber auch *am kleinsten* ist. → 270

Höflichkeit: besondere Verhaltensweise, die den Umgang der Menschen miteinander erleichtert. Vor allem in Gesprächen und → Diskussionen muss man höflich sein, damit diese fair und freundlich ablaufen. Höflichkeit ist eine Sache der Sprache und → Körpersprache. Um höflich zu sein, muss man sich an bestimmte → Gesprächsregeln halten. Wichtig sind auch → Gesprächsformeln, die für den Gesprächspartner angenehm klingen. → 12–19

I

Ich-Erzähler: Der Autor einer Erzählung oder eines Romans schlüpft beim Erzählen in die Rolle eines erzählenden Ichs hinein. Dieses Ich erzählt aus seiner Perspektive, was es erlebt, was es sieht und was es von den anderen Figuren hört. Es kann aber auch erzählen, was es selbst dabei denkt und fühlt. → 186–187, 193, 195–197

Imperativ: Der Imperativ ist eine Form des Verbs: *Hilf mir bitte! Lass mich in Ruhe!* Mit dem Imperativ kann man eine Bitte oder eine → Aufforderung ausdrücken. → 242

Impressum: Ein Impressum ist eine gesetzlich vorgeschriebene Herkunftsangabe. Das Impressum nennt z. B. in Zeitungen, Zeitschriften, Büchern oder auf → Internetseiten die Namen von Personen und Organisationen, die für die Inhalte verantwortlich sind. → 46

Infinitiv (Grundform des Verbs): Der Infinitiv wird mit dem → Wortbaustein *-en* gebildet: *geb/en, fahr/en, lauf/en* ... In Wörterbüchern sind alle Verben im Infinitiv (in der Grundform) aufgeführt. → 278–279

Infografik: Eine Infografik ist ein Schaubild, das Daten und Fakten anschaulich darstellt. Infografiken findet man vor allem in Zeitungen, Zeitschriften, Fachbüchern und in Schulbüchern. → 39, 40, 41

Internet: Das Internet (*kurz:* Netz oder Web) ist ein weltweites Computernetzwerk zur Verwaltung und zum Transport von Daten, in dem spezielle Dienste, wie z. B. → E-Mail, soziale Netzwerke, Chats, Blogs, angeboten werden. → 43

Internetadresse: Eine Internetadresse (auch Webadresse oder kurz Adresse genannt) ist eine Kombination aus Buchstaben und Zeichen, die direkt zu einer bestimmten → Internetseite führt: z. B.: www.westermanngruppe.de. → 43

Internetseite: Eine Internetseite (auch Webseite oder kurz Seite genannt) ist ein bestimmtes Dokument im → Internet. → 43, 46–48

K

Komma: Ein Komma steht zwischen aufgezählten Wörtern und Wortgruppen: *Kathi, Lore, die kleine Tina spielen, lachen, toben miteinander.* Es steht auch zwischen Haupt- und Nebensatz: *Sie waren immer zusammen, als sie Ferien hatten.* → 248, 250–251

Komparativ: → Steigerungsstufe

Konjunktion: Mit Konjunktionen werden einzelne Wörter oder ganze Sätze verbunden. Man unterscheidet nebenordnende Konjunktionen wie *und,* *oder, denn ...* und unterordnende Konjunktionen wie *als, weil, dass, wenn: Lotte und Tina können sich gut leiden, weil sie viel gemeinsam haben.* Konjunktionen sind oft → Signalwörter, vor denen ein Komma steht. 248, 250–251

Konsonant: Konsonanten sind im Gegensatz zu → Vokalen Laute, bei denen Lippen, Zunge oder Zäpfchen mitschwingen, wenn wir sie aussprechen. Die Buchstaben für Konsonanten sind *b, c, d, f, g, h, j, k, l, m, n, p, q, r, s, t, v, w, x, z.* → 212

Kopfwörter, Kopfzeichen: Kopfwörter sind Wörter, die im Wörterbuch oben links und oben rechts auf dem Seitenrand stehen. Sie helfen dabei, die Wörter, die auf den beiden Seiten zwischen ihnen stehen, schneller zu finden. → 208

Körpersprache: Mit unserer Körpersprache teilen wir anderen Menschen etwas mit, ohne es mit Worten auszudrücken. Oft sind wir uns unserer Körpersprache nicht bewusst. Wir können sie aber auch gezielt einsetzen, zum Beispiel zur → Höflichkeit in einer → Diskussion. Die Körpersprache besteht aus der → Gestik und der → Mimik. → 18, 122, 187

Konsonantenverdoppelung: Wenn die erste betonte Silbe in einem Wort mit einem Konsonanten endet (→ geschlossene Silbe) und die zweite Silbe mit demselben Konsonanten beginnt, dann wird beim Schreiben der Konsonant verdoppelt *(fal-len, krab-beln).* Doppelt gesprochen wird er jedoch nicht. Man nennt das Zusammentreffen von zwei gleichen Konsonanten → Silbengelenk. → 220–221

Korrekturlesen: Den → Entwurf eines Textes liest man Korrektur, um Fehler aufzuspüren und diese bei der → Überarbeitung zu korrigieren. Aller Erfahrung nach fällt es schwer, die Fehler in den eigenen Texten zu entdecken. Deshalb empfiehlt sich folgende Lesemethode: 1. Murmelnd lesen: darauf achten, ob sich Sätze seltsam oder falsch anhören, 2. Punkt-und-Komma-Lesen: nur auf die Zeichensetzung achten, 3. Rückwärts lesen: auf die Rechtschreibung einzelner Wörter achten. → 93

Kreuzreim: Der Kreuzreim ist eine bestimmte Form des → Reimes. Beim Kreuzreim reimen die Wörter überkreuz miteinander: Der erste Vers reimt mit dem dritten Vers, der zweite Vers reimt mit dem vierten usw. Die Reimfolge beim Kreuzreim ist: a – b – a – b. → 156

Kurzform: Die meisten Wörter unserer Sprache sind zweisilbig *(träumen, läuten, Fläche, Fächer).* Wendet man bei solchen Wörtern die Strategie: eine Kurzform bilden an, kann man häufig erkennen, wie sie geschrieben werden *(träumen → Traum, läuten → laut, Fläche → flach, Fächer → Fach).* → 225–226

Kurzvokal: Vokal, den man kurz ausspricht wie *a* in *alle, e* in *denken, i* in *innen, o* in *volle, u* in *unten.* Kurzvokale stehen in → geschlossenen Silben *(of-fen, un-ten ...).* → 214

L

Langform: Zur → Kurzform eines Wortes kann man eine zweisilbige Langform bilden: *Kuss – Küsse.* Bei Wörtern mit den → Auslauten *b, d, g* kann man an einer Langform hören, wie sie geschrieben werden: *schabt → schaben, wild → wilder, schlägt → schlagen.* → 227

Langvokal: Vokal, den man lang und gedehnt ausspricht wie *a* in *kamen, e* in *reden, i* in *ihnen, o* in *loben, u* in *suchen.* Langvokale stehen in → offenen Silben *(lo-ben, su-chen).* → 214

Lieblingsplatzbeschreibung: Hierbei wird beschrieben: wo der Platz sich befindet, wie es dort aussieht, was man dort tun, hören, sehen und riechen kann, wie man sich dort fühlt. Lieblingsplatzbeschreibungen sind sehr persönliche Beschreibungen, in denen auch Gefühle zum Ausdruck gebracht werden können. Die Zeitform, in der man beschreibt, ist in der Regel das Präsens. → 68–79

Lineare Texte: Die meisten Texte sind lineare Texte. Ein linearer Text ist fortlaufend geschrieben und wird – wie üblich – „von links nach rechts und von oben nach unten" gelesen. Im Gegensatz dazu stehen die → nicht linearen Texte, wie → Tabellen, → Diagramme und → Infografiken.

Link: Mit Links (*auch:* Hyperlinks) werden → Internetseiten miteinander verknüpft. Klickt man auf einer Internetseite einen Link an, ruft man eine andere Seite auf. Oftmals sind Links grafisch hervorgehoben. → 42–43

Literarische Texte: Literarische Texte sind lyrische Texte (Gedichte), epische Texte (Erzählungen, Romane) und dramatische Texte (Theaterstücke, Dramen).

Logo: Ein Logo ist ein grafisches Erkennungszeichen, das für eine bestimmte Marke, Firma oder eine andere Organisation steht. → 46

Lyrisches Ich: Der Begriff „Lyrisches Ich" bezeichnet in Gedichten denjenigen, der *Ich* sagt. Das lyrische Ich erlebt, empfindet und schildert Geschehnisse, Gedanken und Gefühle aus seiner subjektiven Sicht (Perspektive): *Ich male mir den Winter* (Guggenmos). Das lyrische Ich eines Gedichtes kann – muss aber nicht – mit dem Autor des Gedichtes übereinstimmen. → 161

M

Märchen: Märchen sind unterhaltende Erzählungen über fantastisch-wunderbare Begebenheiten. Sie sind frei erfunden. Ihre Erzählweise folgt dem Muster der Wiederholung (oft Dreizahl). Märchen sind zeitlich und räumlich nicht festgelegt. Man kann sie an ihren häufig formelhaften Anfängen *(Es war einmal …)* und Schlussformeln *(… und lebten glücklich bis an ihr Ende)* erkennen. Oftmals findet man in Märchen redende Tiere, Riesen, Zwerge, Drachen, Feen, Hexen und Zauberer. Diese Figuren können auch Menschengestalt annehmen. Der Held eines Märchens wird häufig durch gute oder böse Mächte auf die Probe gestellt. Am Ende wird in Märchen meist das Gute belohnt und das Böse bestraft. → 124–153

Maskulinum: → Geschlecht, → Grammatisches Geschlecht

Mimik: Die Mimik ist Teil der Körpersprache. Sie umfasst alle Bewegungen im Gesicht, jedoch nicht die Bewegungen des restlichen Körpers → Gestik. Mit der Mimik drücken wir häufig unsere Gefühle aus. In einer → Diskussion können wir unsere Mimik gezielt einsetzen, um zum Beispiel dem anderen durch Lächeln zu zeigen, dass wir freundlich gestimmt sind. → 18

Mitlaut: → Konsonant

N

Nachsilbe (Suffix): Nachsilben sind → Wortbausteine. Sie dienen dazu, ein Wort in eine andere Wortart zu überführen: *Spiel* (Nomen) → *spiel-bar* (Adjektiv). Es gibt besondere Nachsilben für Nomen *(Frei<u>heit</u>, Zeit<u>ung</u>, Dankbar<u>keit</u>, Finster<u>nis</u>, Eigen<u>tum</u>, Wirt<u>schaft</u>)* und Adjektive *(gelb<u>lich</u>, ek<u>lig</u>, lang<u>sam</u>, dank<u>bar</u>, kind<u>isch</u>)*. Manche Nachsilben sind keine echten Sprechsilben, weil man sie schriftlich **nicht** allein abtrennen kann *(Zei-<u>tung</u>, kin-d<u>isch</u>)*. → 219

Natürliches Geschlecht: Bei Wörtern wie *der Onkel, die Tante* zeigt der Artikel an, dass sie männlich und weiblich sind. Das natürliche Geschlecht ist aber nur bei wenigen Wörtern erkennbar *(der Hengst, die Stute, der Rüde, die Hündin …)*. Fast alle Nomen haben ein → grammatisches Geschlecht. → 259

Nebensatz: Nebensätze sind mit → Hauptsätzen verbunden. Sie werden durch → Konjunktionen oder Relativpronomen eingeleitet. Ein Nebensatz kann einem Hauptsatz nachfolgen *(Ich komme, wenn ich Zeit habe.)*, er kann auch einem Hauptsatz vorausgehen *(Wenn ich Zeit habe, komme ich.)*.

Neutrum: → Geschlecht, → Grammatisches Geschlecht

Nicht lineare Texte: Zu den nicht linearen Texten gehören → Tabellen, → Diagramme und → Infografiken. Es handelt sich dabei um → Sachtexte, die man im Gegensatz zu den → linearen (fortlaufenden) Texten wegen ihrer äußeren Form „nicht linear" nennt. Diese Texte liest man in der Regel nicht wie üblich „von links nach rechts und von oben nach unten", sondern man springt beim Lesen hin und her. Als Lesemethode für nicht lineare Texte empfiehlt sich die → Drei-Schritt-Lesemethode. → 34–41

Nomen (Substantiv): Mit Nomen bezeichnet man Lebewesen *(Kind, Affe, Baum)*, Dinge *(Hammer, Haus, Buch)*, Gedanken und Gefühle *(Wut, Idee, Glück)* und Zeitangaben *(Sommer, Ferien, Abend)*. Nomen haben einen → Artikel, an dem das → Geschlecht zu erkennen ist *(der Hammer, das Haus, die Langeweile)*. Nomen können in den vier → Fällen gebraucht werden *(der Hund, des Hundes, dem Hund, den Hund)*. Weil die Nomen die wichtigste Wortart sind, schreibt man sie groß. → 258–261

Nominativ (Werfall): Nomen und Pronomen können im Nominativ stehen. Man erfragt sie mit der Frage *wer?* oder *was?*: Wer bellt? *Der Hund* bellt. – Was nervt mich? *Das Gebell* nervt mich. → 266

O

Objekt: Objekte sind → Satzglieder. Sie können aus einem oder mehreren Wörtern bestehen: *Sie füttert ihn. Sie füttert den Kater. Sie hilft dem kleinen Kind.* Man unterscheidet das → Akkusativ-Objekt: *Sie füttert* (wen?) *ihren Kater.* und das → Dativobjekt: *Sie gibt* (wem?) *ihm zu fressen.* → 300

Offene Silbe: Die betonte Silbe eines Wortes kann mit einem Vokal enden, dann nennt man sie offen: *sa-gen, kau-fen, le-ben* ... Der Vokal in der offenen Silbe ist lang im Gegensatz zur → geschlossenen Silbe. → 213–214

P

Paarreim: Der Paarreim ist eine bestimmte Form des → Reimes. Beim Paarreim reimen jeweils zwei aufeinanderfolgende Verse miteinander. Die Reimfolge beim Paarreim ist: a – a – b – b. → 156

Perfekt: Das Perfekt ist, wie das → Präteritum, eine → Zeitform der Vergangenheit. Mit dem Perfekt weist man auf etwas hin, das schon vergangen ist. Das Perfekt wird mit den Hilfsverben *haben* und *sein* gebildet: *Ich habe ihn vorhin gesehen. Ich bin gerade gekommen.* Das Perfekt kommt besonders häufig in der → gesprochenen Sprache vor. → 285–288

Personalpronomen: Personalpronomen sind *ich, du, er, sie, es, wir, ihr, sie* und die entsprechenden Formen im Dativ *(mir, dir, ihm, ihr, uns, euch, ihnen)* und Akkusativ *(mich, dich, ihn, ihr, uns, euch, sie)*. Mit den Personalpronomen kann man in einem Text vermeiden, dass die Nomen ständig wiederholt werden *(Lara spielt mit ihrem Hund. Sie tobt gern mit ihm herum.).* → 265–266

Personifikation: Der Begriff „Personifikation" bedeutet, dass in → Gedichten Dinge, Tiere oder Naturerscheinungen etwas tun, was eigentlich nur Menschen tun können. Die Dinge, Tiere oder Naturerscheinungen werden auf diese Weise personifiziert. Das heißt, sie treten wie Personen auf und fühlen und handeln wie Menschen: *Der Wind zieht seine Hosen an* (Heine). → 158, 159, 175

Plural (Mehrzahl): Der Plural des Nomens gibt im Gegensatz zum → Singular an, dass es sich um mehrere Exemplare von etwas handelt. Der Plural steht mit dem Artikel *die* und ist in der Regel an Endungen oder Umlauten zu erkennen: *die Tische, die Kinder, die Autos, die Gabeln, die Äpfel* ... → 260–262

Positiv: → Grundstufe

Prädikat: Das Prädikat ist ein → Satzglied. Jeder Satz enthält ein Prädikat. Das Prädikat ist der Mittelpunkt oder Kern eines Satzes. Es besteht aus einem → Verb. Oft gehört auch noch ein zweites Wort dazu: *Die Kinder spielen. Joschi hat den Ball bekommen. Er spielt ihn Felix zu. Der hat sich erschrocken.* → 298

Präfix: → Vorsilbe

Präposition: Präpositionen sind Wörter wie *an, auf, in, durch, zu* ... Nach Präpositionen steht das Nomen im Genitiv *(wegen des Wetters)*, im Dativ *(zu dem Nachbarn)* oder im Akkusativ *(durch den Tunnel)*. Einige von ihnen können zwei verschiedene Fälle nach sich ziehen (Dativ: wo? *auf dem Teller*, Akkusativ: wohin? *auf den Teller*). → 274–276

Präsens: Mit der Zeitform Präsens (Gegenwartsform) weist man auf etwas hin, das in der Gegenwart abläuft: *Ich lese gerade. Das Buch gefällt mir gut.* Oft weist man mit dem Präsens auch auf etwas hin, das erst in der Zukunft geschieht: *Morgen erzähle ich dir alles.* → 285

Präteritum: Das Präteritum ist, wie das → Perfekt, eine → Zeitform der Vergangenheit. Mit dem Präteritum weist man auf etwas hin, das vergangen ist: *Gestern spielten wir unentschieden.* Das Präteritum verwenden wir besonders in der → geschriebenen Sprache. → 285–288

Pronomen (Stellvertreter): Pronomen stehen entweder vor einem Nomen *(mein Fahrrad)* oder anstelle eines Nomens *(Tina kommt zu Besuch. Sie bleibt bis Sonntag.)*. Die wichtigsten Pronomen sind die → Personalpronomen *ich, du, er, sie, es, wir, ihr, sie* und die → Anredepronomen. → 265–267

Punkt: Der Punkt ist ein Satzschlusszeichen. Er steht in der Regel dort, wo ein → Aussagesatz zu Ende ist und ein neuer Gedanke beginnt. Nach dem Punkt wird großgeschrieben. → 241, 244

Q

Quelle, Quellenangabe: In einer Quellenangabe wird die Herkunft (die Quelle) von Texten, Bildern oder Daten angegeben. So steht z. B. auf → Tabellen, → Diagrammen oder → Infografiken ein Hinweis zur Datenquelle, oder es gibt in Fachbüchern, wie hier im Schulbuch, ein Verzeichnis mit den Quellen der verwendeten Texte und Fotos. → 34–35, 37, 39, 40, 318

R

Recherche: Als Recherche bezeichnet man die gezielte Suche nach Informationen: *Die Schüler recherchieren im Internet.* → 42–51

Redesatz: Im Redesatz *(siehe auch → Begleitsatz)* steht, was einer sagt. Der Redesatz wird durch → Anführungszeichen *(auch: Gänsefüßchen)* hervorgehoben: *Sie rief: „Das glaube ich nicht!"* → 246–247

Reim: Der Begriff „Reim" bezeichnet den Gleichklang von zwei oder mehreren Wörtern vom letzten betonten Vokal an: *Haus – hinaus, sinken – trinken*. In Gedichten kommt der → Paarreim, der → Kreuzreim oder der → umarmende Reim vor. → 156

S

Sachtext: Ein Sachtext will Leser vor allem über Dinge und Sachverhalte informieren. Zu den linearen Sachtexten (→ lineare Texte) gehören z. B. → Gegenstandsbeschreibungen, Tierbeschreibungen, Zeitungsberichte oder Lexikonartikel sowie Kochrezepte, Gebrauchsanweisungen oder Spielanleitungen. Auch → Tabellen, → Diagramme oder → Infografiken gehören zu den Sachtexten, sie zählen zu den → nicht linearen Texten. → 26–33

Satz: Ein Satz ist die sprachliche Form eines abgeschlossenen Gedankens. Mit jedem Satz in einem Text beginnt ein neuer Gedanke. Beim Sprechen macht man nach einem Satz eine Pause. Beim Schreiben setzt man danach einen Punkt. Sätze bestehen in der Regel mindestens aus → Subjekt und → Prädikat: *Der Apfel schmeckt. Die Blume blüht.* → 241, 244, 294

Satzglied: Teil eines Satzes, den man an den Satzanfang umstellen kann. Ein Satzglied kann aus einem oder aus mehreren Wörtern bestehen: | *Manche Kinder | essen | am liebsten | Bratwurst mit Ketschup. – Am liebsten | essen | manche Kinder | Bratwurst mit Ketschup |*. Man unterscheidet vier verschiedene Arten von Satzgliedern: → Subjekt, → Prädikat, → Objekt, → Adverbial. → 290–303

Satzschlusszeichen: Satzzeichen, mit denen man einen Satz abschließt: → Punkt, → Ausrufezeichen, → Fragezeichen. → 244

Schreibkonferenz: In einer Schreibkonferenz nimmt eine Schülergruppe Texte unter die Lupe, die in der Klasse geschrieben worden sind. Die Partner geben sich gegenseitig Tipps für die → Überarbeitung der Texte. → 72–73, 92–93

Schriftliche Sprache: Die Sprache, in der wir in richtigem Hochdeutsch schreiben, nennt man → Standardsprache (Hochsprache). Sie steht im Gegensatz zur → Umgangssprache. Beim Schreiben hat man Zeit zum Formulieren. Man überlegt sich, was man schreiben soll. Man schreibt genauer. Man bildet vollständige Sätze. Vor allem aber schreibt man für jemanden, der nicht anwesend ist, sondern später vielleicht das Geschriebene liest. → 254–257

Signalwörter: Signalwörter nennt man Wörter, die etwas Bestimmtes anzeigen, z. B. die Setzung des → Kommas und die → Großschreibung. → 234–239, 250

Sechs-Schritt-Lesemethode: Mit der Sechs-Schritt-Lesemethode kann man sich auch umfangreiche und schwierige → Sachtexte erschließen: 1. Überfliegend lesen: Was steht in dem Text ungefähr drin? 2. Gründlich lesen: Was steht in den einzelnen Absätzen ganz genau? 3. Unverstandenes klären: Was verstehe ich nicht? 4. Zwischenüberschriften formulieren: Wörter, einen kurzen Satz oder eine Frage aufschreiben. 5. Informationen festhalten: Zu den Zwischenüberschriften weitere Stichwörter aufschreiben. 6. Inhalt wiedergeben: Den Inhalt zusammenfassen und mit eigenen Worten wiedergeben. → 27

Silbe: Teil eines Wortes. Es gibt → offene Silben und → geschlossene Silben. Beim Sprechen kann man Wörter durch kleine Pausen in ihre Silben zerlegen *(Ja|nu|ar, Ok|to|ber)*. Beim Schreiben trennt man die Silben durch Silbentrennungsstriche ab *(Ja-nu-ar, Ok-to-ber)*. Eine Silbe besteht aus mindestens einem Vokal, der von einem oder mehreren Konsonanten eingerahmt sein kann. In jedem Wort gibt es eine betonte Silbe *(Já-nu-ar, Ok-tó-ber)*. → 212–215

Silbengelenk: Silbengelenk nennt man die Stelle zwischen zwei Silben, von denen die erste mit demselben Konsonanten endet, mit dem die zweite Silbe beginnt: *kom-men, fal-len* … Der Konsonant im Silbengelenk wird nur einmal gesprochen, aber beim Schreiben verdoppelt. → 213

Silbentrennendes h: Wenn in einem zweisilbigen Wort die erste Silbe mit einem Vokal endet und die zweite Silbe mit einem Vokal beginnt, so steht zwischen ihnen oft ein silbentrennendes h *(se-h-en, Schu-h-e)*. Dieses h gehört beim Trennen des Wortes, im Gegensatz zum → Dehnungs-h, zur zweiten Silbe *(se-hen, Schu-he)*. → 216

Singular (Einzahl): Der Singular von Nomen zeigt im Gegensatz zum → Plural an, dass nur ein einziges Exemplar von etwas gemeint ist. Er ist an den Artikeln *der, die, das, ein, eine* zu erkennen: *der Apfel, ein Apfel* … → 261

Sitemap: Eine Sitemap ist ein Inhaltsverzeichnis auf einer → Internetseite. Die Sitemap besteht aus einer Reihe verschiedener → Links, mit denen man zu den weiteren Seiten eines Internetauftritts gelangen kann. → 46

S-Laute: Die s-Laute können in unserer Sprache stimmhaft *(reisen)* oder stimmlos *(reißen)* ausgesprochen werden. Den stimmhaften s-Laut schreibt man immer als *s (rasen, Riesen, sausen)*. Den stimmlosen s-Laut kann man auf dreierlei Weise schreiben: 1. nach langem Vokal mit *ß (aßen)*, 2. zwischen zwei kurzen Vokalen mit *ss (essen)*, 3. am Wortende mit *s*, wenn er von einem stimmhaften s-Laut abstammt *(Maus* → *Mäuse)*. Darüber hinaus gibt es eine Fülle von Wörtern, in denen das *s* im Zusammenhang mit Konsonanten vorkommt: mit *st, sp* usw., die mit *s* geschrieben werden *(Fest, Wespe …)*. → 223–224

Slogan: Ein Slogan ist ein kurzer und einprägsamer Werbespruch. → 46

Standardsprache: Die Sprache, in der wir schreiben und in richtigem Hochdeutsch sprechen, nennt man Standardsprache. Sie steht im Gegensatz zur → Umgangssprache. → 254–257

Steckbrief: Ein Steckbrief ist eine kurze, übersichtliche Information über eine Sache oder eine knappe, stichwortartige Beschreibung von Lebewesen. Steckbrief nennt man bei der Polizei Plakate mit der Beschreibung von flüchtigen Straftätern, durch die zur Mithilfe bei der Ergreifung aufgefordert wird. → 47

Steigern: Die meisten Adjektive lassen sich steigern → Grundstufe: *groß*, → Steigerungsstufe: *größer*, → Höchstufe: *am größten*. Bei vielen Adjektiven ist aber eine Steigerung nicht sinnvoll oder nicht möglich *(viereckig, täglich, tot …)*. → 270

Steigerungsstufe (Komparativ): Die Steigerungsstufe zeigt in einem Vergleich an, dass etwas z. B. *näher, weiter* oder *größer* als etwas anderes ist. Sie wird mit dem Vergleichswort *als* gebildet: *Sie ist größer als ich.* → 270

Strophe: Als Strophe bezeichnet man die einzelnen Absätze eines Gedichtes. → 155

Subjekt: Das Subjekt ist ein → Satzglied. Fast jeder Satz enthält ein Subjekt. Es steht meistens am Anfang eines Satzes. Mit ihm wird gesagt, wer etwas tut, von wem eine Handlung ausgeht. Das Subjekt wird mit den Fragen *wer?* oder *was?* ermittelt. Es kann aus einem Nomen, Pronomen oder mehreren Wörtern bestehen, die zu dem Nomen gehören: *Jakob geht in die 5. Klasse. Er geht in die 5. Klasse. Der aufgeweckte Schüler Jakob geht in die 5. Klasse.* → 298

Suchmaschine: Eine Suchmaschine ist ein Programm, das mithilfe großer Datenbanken eine gezielte Informationssuche im → Internet ermöglicht. Mit Suchmaschinen, wie z. B. Google oder Yahoo, kann man durch die Eingabe von Stichwörtern → Internetseiten mit bestimmten Informationen suchen und finden. → 42–45

Suffix: → Nachsilbe

Superlativ: → Höchststufe

T

Tabelle: Tabellen gehören zu den → nicht linearen Texten. Sie bestehen aus waagerechten Zeilen (—) und senkrechten Spalten (|) und können sehr viele Informationen enthalten. Die übersichtliche Tabellenform erleichtert beim Lesen den Überblick und das Auffinden von Einzelinformationen. → 34–36

U

Überarbeitung: Ein erster aufgeschriebener Text (→ Entwurf) bedarf einer Überarbeitung. Hier werden vor allem Rechtschreib- und Kommafehler korrigiert. Manchmal werden auch Satzglieder umgestellt und umgangssprachliche Ausdrücke verbessert. Um die Fehler aufzuspüren, empfiehlt sich die Lesemethode → Korrektur lesen. Die → Schreibkonferenz kann Hilfen für eine Überarbeitung geben. → 72–73, 84–85, 92–93

Umarmender Reim: Der umarmende Reim ist eine bestimmte Form des → Reimes. Beim umarmenden Reim wird ein Reimpaar von einem anderen umschlossen. Die Reimfolge beim umarmenden Reim ist: a – b – b – a. → 156

Umlaut: Umlaute nennt man diejenigen Buchstaben (Vokale), die zwei Pünktchen haben: *ä, ö, ü, äu*. Sie heißen Umlaute, weil sie meistens von einem Wort mit *a, o, u, au* umgelautet sind: *Bad – Bäder, Baum – Bäume.* Wenn man bei der Schreibung von Wörtern unsicher ist, ob sie mit *ä* oder *e, äu* oder *eu* geschrieben werden, hilft die Strategie der Bildung einer → Kurzform. → 225–226

Umgangssprache: Die Sprache, in der wir locker miteinander reden, nennt man Umgangssprache: *Das hab ich echt nicht geschnallt.* Sie unterscheidet sich besonders in manchen Wörtern von der → Standardsprache oder Hochsprache: *Das habe ich wirklich nicht verstanden.* → 254–257

Umstellprobe: Die Umstellprobe dient zur Ermittlung der → Satzglieder. Einzelne Wörter oder Wortgruppen, die man an den Satzanfang umstellen kann, ohne dass sich der Sinn verändert, sind Satzglieder. Die Umstellprobe dient auch zur Verbesserung von Texten: *Er | hatte | heute | keinen Appetit.* → *Heute | hatte | er | keinen Appetit.* → 294

Unbestimmter Artikel: Der unbestimmte Artikel gibt, im Gegensatz zum → bestimmten Artikel, an, dass das Nomen, zu dem er gehört, vorher noch nicht genannt oder noch unbekannt ist: *Vor dem Haus steht ein Taxi. Auf wen wartet es nur?* → 263

V

Verb (Zeitwort, Tätigkeitswort): Verben bezeichnen, was einer tut oder was geschieht: *Der Wind weht. Der Regen prasselt. Die Kinder frieren.* Verben können in verschiedenen → Zeitformen gebraucht werden *(lügen, log, hat gelogen).* Verben bilden das → Prädikat eines Satzes. → 277–278, 298, 299

Vers: Als Vers bezeichnet man die einzelne Zeile eines Gedichtes. Ein Vers ist eine Sinneinheit, nach der man in der Regel eine kleine Sprechpause macht. → 155

Versteckter Artikel: Artikel können mit manchen → Präpositionen zusammenwachsen: *bei dem – beim, zu dem – zum, in dem – im, von dem – vom, in das – ins ...* Der Artikel ist sozusagen in der Präposition „versteckt". Nach Präpositionen mit verstecktem Artikel wird das folgende Wort in der Regel großgeschrieben *(beim Turnen, zum Essen ...)*. → 238

Vokal: Vokale sind Selbstlaute im Gegensatz zu → Konsonanten. Vokale werden ohne die Unterbrechung von Lippen, Zähnen, Zäpfchen und Zunge zum Klingen gebracht. Die Buchstaben für Vokale sind *a, e, i, o, u*, auch die → Umlaute *ä, ö, ü* und die → Zwielaute (Diphthonge) *ei, ai, au, eu* zählen zu den Vokalen. → 212

Vorsilbe (Präfix): Vorsilben sind → Wortbausteine. Sie dienen dazu, die Bedeutung eines Wortes zu verändern und zu erweitern. Aus *zählen* wird *er-zählen, ab-zählen, ver-zählen, aus-zählen ...* Vorsilben sind immer auch echte Silben, die bei der Silbentrennung mit einem Silbenstrich abgetrennt werden können: *zer-reißen, ab-fallen ...* Es gibt zwei Arten von Vorsilben: 1. unselbstständige, die nicht allein stehen können, wie *be-, er-, ver-, un-: ver-zählen → sie ver-zählt sich*; 2. selbstständige Vorsilben, die vom Wort abgetrennt werden können, wie *ab-, aus-: ab-zählen → sie zählt etwas ab.* → 218

W

Wortart: In der deutschen Sprache gibt es sieben Wortarten: 1. → Nomen, 2. → Artikel und → Pronomen, 3. → Adjektive, 4. → Verben, 5. Adverbien, 6. Konjunktionen, 7. → Präpositionen. → 258–283

Wortbaustein: Wortbausteine sind Teile von Wörtern, die an den → Wortstamm angefügt werden. Es gibt Wortbausteine, die der Bildung von Wörtern dienen, wie → Präfixe und → Suffixe *(an/**spiel**/bar, über/**heb**/lich ...)*, und solche, die der Beugung von Wörtern dienen *(ge/**komm**/en, ge/**hol**/t ...).* → 218–219

Wortfamilie: Eine Wortfamilie besteht aus Wörtern, die den gleichen Wortstamm haben: *-fahr-: Fahrt, Fähre, gefährlich, Fährte, Gefährte.* → 210

Wortfeld: Ein Wortfeld besteht aus Wörtern, die eine ähnliche Bedeutung haben. Wortfeld **gehen**: *laufen, rennen, stapfen, rasen, marschieren ...*; Wortfeld **komisch**: *lächerlich, lustig, ausgeflippt, ulkig, verrückt ...* → 272, 281

Wörtliche Rede: → Redesatz

Wortschatz: Ein Wortschatz besteht aus den Wörtern, die jemand versteht (Verstehenswortschatz), und aus Wörtern, die jemand verwendet (Gebrauchswortschatz). Je mehr Wörter des Wortschatzes einem Menschen zur Verfügung stehen, umso besser kann er die Welt verstehen, umso besser kann er sich verständigen und schreiben. → 14, 59, 72, 78, 130, 222

Wortstamm: Der Wortstamm ist der Kern eines Wortes ohne → Vorsilben und → Nachsilben: *ver/**steh**/en, ge/**mal**/t, unter/**halt**/sam.* → 210, 218

Z

Zeitform (Tempus): Die Zeitformen sind Formen des Verbs. Die wichtigsten Zeitformen sind: → das Präsens *(du kommst)*, → das Perfekt *(du bist gekommen)*, → das Präteritum *(du kamst)*. Das → Futur ist eine selten gebrauchte Zeitform *(du wirst kommen)*. → 284–289

Zwielaut: Zwielaute nennt man die Laute (Vokale), die aus zwei Lauten bestehen und entsprechend mit zwei Buchstaben geschrieben werden: *ai, au, äu, ei, eu (Waise, Haut, Säule, Meise, Kreuz)*. Obwohl das *ie* auch aus zwei Buchstaben besteht, zählt man es nicht zu den Zwielauten, weil es beim Sprechen nur aus einem langen *i* besteht. → 212

Lösungen: Überprüfe dein Wissen und Können

Das Vorlesen üben
Seite 25:
Aufgabe 1: Richtig sind a), c), d), f) und g).
Aufgabe 2: Richtig sind a) und c).
Aufgabe 3: Richtig ist b).
Aufgabe 4: Wer <u>andern</u> eine Grube gräbt, fällt <u>selbst</u> hinein.
Aufgabe 5: Richtig ist c).
Aufgabe 6:
a) Nein, wie haben <u>3:0</u> gewonnen.
b) Nein, wir haben 3:0 <u>gewonnen</u>.
c) Nein, <u>wir</u> haben 3:0 gewonnen.

Tabellen – Diagramme – Infografiken
Seite 41:
Aufgabe 1: Die Infografik zeigt, wie viele und welche Haustiere bei uns leben.
Aufgabe 2: a) Hund, Katze, Maus; b) Köpfe von einem Hund, einer Katze und einer Maus; c) Million, Millionen; d) 2014; e) Industrieverband Heimtierbedarf, Zentralverband zoologischer Fachbetriebe Deutschlands; f) Balken
Aufgabe 3: a) Katzen, b) 6,8 Millionen, c) Ziervögel, d) in Aquarien
Aufgabe 4: a) Es gab 2014 fast zweimal so viele Katzen wie Hunde. b) Spitzenreiter waren 2014 die Katzen mit 11,8 Mio. c) Es gab weniger Zierfische als Ziervögel. d) In den Terrarien lebten 0,8 Mio. Tiere.
Aufgabe 5: Richtig ist b) Wohneinheit von Menschen
Aufgabe 6: a) Zeilen, Spalten; b) Balkendiagramm; Säulendiagramm; c) Bilder

Informationen im Internet recherchieren
Seite 51:
Aufgabe 1 (mögliche Lösung):
a) **2** Minigolf Hoherodskopf; **3** Galileo Hoherodskopf / Erlebniswald der Sinne Hoherodskopf;
4 Jugendherberge Hoherodskopf;
b) Das Suchergebnis **1** stammt aus dem Online-Lexikon Wikipedia: www.wikipedia.org/wiki/Hoherodskopf.
c) Jetzt neu! / viel spannender als … / Erlebniswald der Sinne / eine neue Attraktion / ideal
Aufgabe 2: Foto, Logo, Text, Sitemap, Links

Aufgabe 3: Die zutreffenden Aussagen sind: a), d), f), g) und h).
Aufgabe 4 (mögliche Lösung): … zu einem einzigartigen Rodelvergnügen / wunderschöne Landschaft / ein ungefährliches Vergnügen / Wir freuen uns … / Ihr Team …

Gegenstände beschreiben
Seite 66–67:
Aufgabe 1: A, C, G, H
Aufgabe 2 (mögliche Lösung): ein <u>rot getupftes</u> Kleid, eine <u>grau karierte</u> Hose, ein <u>schwarz gestreifter</u> Rock, eine <u>grün gepunktete</u> Bluse, ein <u>rosa geblümtes</u> Tuch, ein <u>blau geringeltes</u> T-Shirt
Aufgabe 3: b) und d): In den beiden Abschnitten wird erzählt und berichtet; sie stehen daher auch in der Vergangenheit. Eine Gegenstandsbeschreibung ist nicht erzählend / berichtend, sondern beschreibend und steht im Präsens.
Aufgabe 4: **Der Spiegel**
In meinem Zimmer <u>hängt</u> ein großer Wandspiegel. Er <u>besteht aus</u> einem kreisrunden Spiegelglas von 60 cm Durchmesser. Das Spiegelglas <u>befindet sich</u> in einem 10 cm breiten Rahmen aus grau lackiertem Metall. Zur Verzierung <u>klebt</u> auf der linken oberen Ecke eine Blüte aus Glassteinchen. Die Blüte <u>leuchtet</u> sonnengelb und grasgrün. Auf der Rückseite des Spiegels <u>gibt es</u> ein Drahtseil, damit man ihn an der Wand <u>aufhängen</u> kann.
Aufgabe 5: **Die Sporttasche**
Meine neue Sporttasche hat leicht <u>abgerundete</u> Formen. Sie <u>misst</u> etwa 35 cm in der Höhe und in der Tiefe und ist 74 cm <u>breit</u>. Das Material besteht aus <u>grünem</u> und <u>grauem</u> Kunststoffgewebe.
Die Tasche <u>besitzt</u> vier Reißverschlussfächer. Das <u>große</u> Hauptfach wird durch eine Abdeckung mit einem Klettverschluss <u>geschützt</u>. In den Seitentaschen lassen sich gut Turnschuhe oder schmutzige Wäsche <u>verstauen</u>. In der <u>flachen</u> Reißverschlusstasche auf der Vorderseite kann man die Geldbörse oder andere <u>kleine</u> Dinge aufbewahren. Der Boden aus <u>dunkelgrauem</u> Kunststoffgewebe <u>wirkt</u> sehr stabil. Er ist bis zu den beiden Tragegriffen aus <u>hellgrauem</u> Textilband hochgezogen. Darüber hinaus

gibt es noch einen abnehmbaren Schulterriemen.
Aufgabe 6 (mögliche Lösung): **Das Aquarium**
So sieht das Aquarium aus: Das rechteckige Becken aus klarem Glas ist 61 cm breit, 31 cm tief und 42 cm hoch, und es hat ein Volumen von 63 Litern. Die Seitenwände und der Boden bestehen aus wasserdicht verklebten Glasscheiben. Ein etwa 6 cm hoher Deckel aus schwarzem Kunststoff dient als Abdeckung. Darin befindet sich auch die Beleuchtung. Der Deckel lässt sich leicht abnehmen. Er hat eine große Klappe und eine kleine Futteröffnung.
Auf dem Boden des Beckens befindet sich eine dicke Kiesschicht mit einigen großen Steinen, die so angeordnet sind, dass es abwechslungsreich und natürlich wirkt. Darauf wachsen schöne grüne Wasserpflanzen, die den Sauerstoff für die Fische herstellen. Rechts ist das Becken dicht bepflanzt, damit sich die Fische dort verstecken können. Aber links kann man sie gut beobachten, weil es dort weniger Pflanzen gibt. Die Heizung ist rechts hinter den Pflanzen versteckt. Sie erwärmt das Wasser im Aquarium auf 24° Celsius. Außerhalb sorgt ein Standfilter mit einer kleinen elektrischen Pumpe für die Reinigung des Wassers. Das Ansaugrohr reicht bis zum Boden des Aquariums.

Lieblingsplätze beschreiben
Seite 79:
Aufgabe 1: Richtig sind a) und c).
Aufgabe 2: Richtig sind a) und b).
Aufgabe 3: Gut hineinpassen würden: a), b), d), g).
Aufgabe 4 (mögliche Lösung): Zuerst **klettere** ich die **alte** Holzleiter hinauf. **Auf diese Weise** kann ich oben auf den Hausboden gelangen. **Vorsichtig krabbele/krieche** ich dann unter den **braunen** Holzbalken hindurch. **Jetzt** bin ich in der **gemütlichen** Kammer. **Hier** riecht es immer ein bisschen **muffig/staubig/unangenehm**. Deswegen gehe ich zum Fenster hinüber und öffne es. **Jetzt** kommt **frische** Luft herein. Ich kann über das **ganze/weite** Land schauen. Was für ein **toller/herrlicher** Blick!
Aufgabe 5 (mögliche Lösung): a) befindet sich, b) steht, c) habe ich, d) hängt, e) liegt, f) gibt es

Von Erlebnissen erzählen
Seite 94–95:
Aufgabe 1: a), d), f)
Aufgabe 2: i), j), l)
Aufgabe 3: **Text B:** Ich-Form; Präteritum; Spannungswort: *Plötzlich*; Gefühlsausruf: *„So ein Schreck!"*; anschauliche Wortwahl: *Im Nu, heftiger Hagelschauer, Rutschbahn*
Aufgabe 4: Also, diese Woche habe ich etwas sehr Merkwürdiges erlebt. Es war am Montag und ich war bei meiner Schulfreundin Merle zu Besuch. Wir spielten gerade am Computer, als plötzlich Merles Handy piepte. Eine SMS. Cool! Ich war vielleicht neugierig. „Los, lies schon vor", sagte ich. Aber Merle …
Aufgabe 5:
- Manchmal sind mehrere Lösungen möglich: Gestern **wollte** ich – Schnell **fand** ich / **habe** ich **gefunden** / **hatte** ich **gefunden** / Ich **ging** / **bin gegangen** – Ich **konnte** – ich **wühlte** – **suchte** – Aber dann **fiel** mir ein / **ist** mir **eingefallen**
- Beispiel für einen passenden Schluss: … meine Geldbörse zu Hause auf der Kommode lag.

Aufgabe 6 (mögliche Lösung): **So ein Schreck**
Es war mitten in der Nacht, als ich von einem **unheimlichen** Geräusch aufwachte. Es kam von draußen. Da hatte doch einer geschrien. Ich stand auf und lief zum Fenster. Der Mond schien **hell**, aber ich konnte keinen sehen. Alles war ruhig und friedlich. „Vielleicht habe ich ja **schlecht** geträumt", dachte ich und ging zurück ins Bett. Gerade wollte ich einschlafen, als das **entsetzliche** Geschrei wieder anfing.
Nun bekam ich es mit der Angst zu tun und lief schnell zu Papa. Ich rüttelte ihn **unsanft** an der Schulter: „Wach auf, Papa, da draußen schreit jemand ganz **fürchterlich**." „Ja, ja", brummte Papa verschlafen. Aber dann lächelte er: „Das sind doch nur Katzen. Die zanken sich. Geh schlafen."
In dieser Nacht träumte ich von **riesigen schwarzen** Katzen mit **gelben** Augen, wie sie sich anfauchten und zankten.
Aufgabe 7 (mögliche Lösung):
Ein überraschender Fund
An einem regnerischen Herbsttag ging ich mit meinem Großvater in den Wald. Wir wollten Pilze sammeln, weil die bei Regen besonders **gut** wachsen.

Mein Opa kennt sich **super** mit Pilzen aus und weiß, wo die besten zu finden sind. Schon bald waren unsere Körbe gefüllt. Das reichte für eine **leckere** Mahlzeit. Wir konnten uns auf den Heimweg machen. Aber da entdeckte ich noch ein paar besonders **schöne** Steinpilze, **richtige** Prachtexemplare. Die wollte ich **unbedingt** haben. Die Pilze standen unter einer **großen** Fichte. Ich musste ganz **tief** unter die Zweige kriechen. Gerade wollte ich nach dem ersten Steinpilz greifen, als ich etwas sehr Merkwürdiges sah. *Ein helles Licht flackerte kurz auf und verschwand dann gleich wieder. Ich erschrak fürchterlich und zog sofort meine Hand zurück. Vor Schreck wandte ich mich schnell ab. Als ich mich jedoch wieder umdrehte und genauer hinsah, erkannte ich, dass sich das Licht in kurzen Abständen wiederholte. Und schließlich hörte ich auch das leise Brummen, das den aufleuchtenden Lichtschein begleitete. Nun wusste ich, worum es sich handelte, und die ganze Furcht fiel von mir ab. Ich griff noch einmal unter den Baum und holte das Handy unter den Blättern und Zweigen hervor. Mit dem Handy in der Hand ging ich zu meinem Opa und streckte es ihm grinsend entgegen. „Guck mal, was ich da gefunden habe!"*

„Na, das nenne ich mal einen Fund!", schmunzelte Opa. „Das geben wir nachher im Fundbüro ab. Vielleicht kriegst du ja einen **hübschen** Finderlohn."

Fantasiegeschichten erzählen
Seite 107:
Aufgabe 1:
1) erfunden, 2) möglich, 3) wirklich, 4) unmöglich, 5) Unerwartetes

Aufgabe 2 (mögliche Lösung): Der Schattenwolf / Eine unglaubliche Begegnung / Gerettet!

Aufgabe 3: Vor drei Jahren war ich zu Besuch bei meinem Großvater in Rumänien. Er lebt auf einem **abgelegenen** Bauernhof am Waldrand. Dort gibt es **viele** Tiere: Pferde, Kühe, Hühner, Enten und einen großen **zotteligen** Schäferhund namens Alaska. Der war mein ganz **besonderer** Liebling.
Eines Morgens sagte mein Opa: „Der Schattenwolf hat heute Nacht drei Hühner gerissen". „Der Schattenwolf?", **fragte** ich erstaunt. „Ja, ein unheimlicher Wolf, der hier seit Menschengedenken leben soll. Aber niemand hat ihn jemals gesehen", **antwortete** Opa. Und dann **fügte** er noch **hinzu**: „Darum nennen ihn die Leute aus dem Dorf auch den Schattenwolf."
Zusammen mit Alaska erkundete ich die Gegend. Plötzlich zerrte er an der Leine. Mit einem Ruck riss er sich los. Wie ein Blitz war er im Unterholz verschwunden. Gleich darauf entdeckte ich ihn, wie er aufgeregt ein paar abgebrochene Äste anbellte. Aber was ist das? In dem Geäst hatte sich ein silbergrauer Wolf die Pfote eingeklemmt. Kann das wirklich der Schattenwolf sein? Er sieht so traurig aus. Vorsichtig ging ich näher und befreite ihn behutsam. Mit seinen klugen gelben Augen blickte er mich lange an. Dann sprang er auf und schon war er im Schatten des Waldes verschwunden.
Aufgabe 4 (mögliche Lösung):
Das alles ist nun schon lange her. Manchmal weiß ich gar nicht, ob ich das erlebt oder ob ich nur geträumt habe. Allerdings hat man im Tal meines Großvaters nie wieder etwas vom Schattenwolf gehört oder gesehen.

Till Eulenspiegel
Seite 123:
Aufgabe 1: Richtig ist b).
Aufgabe 2: Richtig ist c).
Aufgabe 3: Richtig ist b).
Aufgabe 4: Richtig ist c).
Aufgabe 5: Richtig sind a), b) und c).
Aufgabe 6: Richtig sind a) und c).
Aufgabe 7: Richtig sind a) und d).
Aufgabe 8: Richtig sind a) und d).

Märchen
Seite 138:
Originalschluss des Märchens: **Die drei Wünsche**
„Ich muss dich aus dieser Lage befreien. Ich wünsche, dass die Blutwurst von deiner Nase verschwindet. Bleiben wir arm. Reichtum macht nicht glücklich."
Der dritte Wunsch wurde erfüllt wie die vorigen, und unsere beiden Alten suchten weiter Holzkohle im Wald, bis sie starben.

Seite 140:
Mittelteil des Märchens: **Prinzessin Mäusehaut**
Schließlich brachte man dem König einen Ring. Mäusehaut habe ihn wohl verloren. Aber der Ring sei viel zu kostbar, den müsse er gestohlen haben. Daraufhin ließ der König Mäusehaut vor sich kommen und fragte, woher der Ring sei. Da konnte sich Mäusehaut nicht länger verbergen. Sie wickelte sich aus ihrem Kleid aus Mäusehaut, ihre goldgelben Haare quollen hervor, und sie trat heraus, so schön, aber auch so schön, dass der König gleich die Krone von seinem Kopf abnahm und ihr aufsetzte und sie für seine Gemahlin erklärte.

Seite 153:
Aufgabe 1: Richtig sind b) und d).
Aufgabe 2: Richtig sind b), c) und d).
Aufgabe 3: Richtig sind a), b), e), f), g), h) und i).
Aufgabe 4: Märchenmerkmale: 1. Sprüche / Zauberformeln; 2. Dinge, Tiere und Wesen mit übernatürlichen Kräften
Aufgabe 5: Richtig ist b).
Aufgabe 6: Richtig sind a), c) und e).

Gedichtewerkstatt
Seite 168:
Die Originalfassung des Gedichtes
Regenschirme
Vera Ferra-Mikura

Wenn die ersten Tropfen fallen,
lustig auf das Pflaster knallen,
blühen sie wie Blumen auf.
Bunt gestreifte, bunt gefleckte,
bunt getupfte, bunt gescheckte
nehmen fröhlich ihren Lauf.

Seit die ersten Tropfen fielen,
schweben sie auf dünnen Stielen,
leuchtend, schimmernd, rund und glatt.
Bunt gestreifte, bunt gefleckte,
bunt getupfte, bunt gescheckte
Schirme blühen in der Stadt.

(Vera Ferra-Mikura: Regenschirme. Aus: Bunt gefleckt, getupft, gescheckt. Wien: Jungbrunnen Verlag GmbH 2008)

Seite 169:
Die Originalfassung des Gedichtes
Der Frühling kommt bald
Christian Morgenstern

Herr Winter,
Geh hinter,
Der Frühling kommt bald!
Das Eis ist geschwommen,
Die Blümlein sind kommen
Und grün wird der Wald.

Herr Winter,
Geh hinter,
Dein Reich ist vorbei.
Die Vögelein alle,
Mit jubelndem Schalle,
Verkünden den Mai!

(Christian Morgenstern: Der Frühling kommt bald! Aus: So viele Tage wie das Jahr hat. 365 Gedichte für Kinder und Kenner. Gesammelt und herausgegeben von James Krüss. 10. Auflage der Neuausgabe von 1989. © 1959 by C. Bertelsmann Jugendbuch Verlag, München)

Seite 175:
Aufgabe 1:
Zu einem Gedicht passen die Buchstaben: a), c), f), g), i), j), k), l).
Zu einem Sachtext passen die Buchstaben: b), d), e), h).
Aufgabe 2: Das Gedicht erzählt vom Herbst. Der Herbst tritt in dem Gedicht wie eine Person auf. Er greift in die Natur ein und verändert sie.
Aufgabe 3: Das Gedicht besteht aus zwei Strophen. Jede Strophe hat vier Verse.
Aufgabe 4: Die Reimform ist der Kreuzreim:
a – b – a – b
Aufgabe 5: / hat das schöne Sommerkleid / von den Feldern weggenommen /; / und die Blätter ausgestreut /; / deckt er warm und sachte zu /
Aufgabe 6: Der Herbst handelt in dem Gedicht vorsichtig und behutsam: / deckt er warm und <u>sachte</u> zu / (Vers 6).

Textwerkstatt
Seite 196–197:
Die Stute erwartet ihr Fohlen
Aufgabe 3 (mögliche Lösung): In den Zeilen 14–16 will man unbedingt wissen, wie es weitergeht. Denn im Text wird berichtet, dass die Stute sehr aufgeregt ist. Dem Leser geht es ähnlich. Man kann schon ahnen, dass die Stute jetzt ihr Fohlen bekommen wird, aber man weiß noch nicht, ob auch alles gut geht.
Aufgabe 4: Die Stute heißt Stella. Das bedeutet Stern. Den Namen hat die Stute, weil sie auf ihrer Stirn einen weißen Fleck hat, der wie ein Stern aussieht.
Aufgabe 5 (mögliche Lösung): Am Verhalten der Stute kann man erkennen, dass sie sehr aufgeregt ist: Sie frisst nichts, sie ist sehr unruhig und ändert oft ihre Position, außerdem schwitzt sie.
Aufgabe 6: Der Bauer klopft der Stute auf den Hals und er beruhigt sie mit den Worten: „Bald kommt dein Junges, ich lass dich nicht allein." (Zeile 10)
Aufgabe 7: Das Fohlen versucht aufzustehen und wird dabei von seiner Mutter unterstützt.
Aufgabe 8: Das Fohlen heißt „Schwälbchen". Es darf schon an seinem zweiten Lebenstag die Mutter auf die Weide begleiten.
Aufgabe 9 (mögliche Lösung): Der Bauer geht zufrieden in sein Haus, weil das Fohlen nun geboren und gesund und munter ist. Auch bei der Geburt gab es keinerlei Probleme, deshalb kann der Bauer nun ganz beruhigt sein.
Aufgabe 10 (mögliche Lösung): Im ersten Satz wird deutlich, dass die Stute dem Erzähler oder der Erzählerin gehört: „unsere Stute" (Zeile1). Das Pferd gehört wahrscheinlich einer Familie und ein Familienmitglied (z. B. die Tochter) erzählt die Geschichte.

Aufbau und Schreibung der Wörter
Seite 230–231:
Aufgabe 1:
a) **Vokale:** e, i, a, u; **Konsonanten:** r, w, t, f
b) **Vokale:** o, u, a; **Umlaute:** ü;
Konsonanten: l, m, k, r, v, h
c) **Vokale:** y, o, a, u, e; **Umlaute:** ä, ü;
Konsonanten: w, b, k, z, t
Aufgabe 2: a) Wörter mit **langem Vokal:** Tal, Pol, Spuk
b) Wörter mit **kurzem Vokal:** Geld, Mund, Sand, Feld
c) (mögliche Lösung):
Wörter mit **kurzem Vokal:** in, mit, dick;
Wörter mit **langem Vokal:** Wahl, Not, nah
Aufgabe 3 (mögliche Lösung):
a) nähen, nehmen, Hahn, Ahnung, höher, Jahr
b) mit **silbentrennendem h:** gehen, Drohung, Nähe;
mit **Dehnungs-h:** Fohlen, nehmen, kahl
c) mit **silbentrennendem h:** blüht – blü-hen;
steht – ste-hen, droht – dro-hen;
mit **Dehnungs-h:** zählt – zäh-len, fährt – fah-ren, führt – füh-ren
Aufgabe 4 (mögliche Lösung):
a) er gafft, es knallt, sie kämmt, sie rennt;
b) er trifft, er isst, sie kommt, er spinnt, sie trennt;
c) er bittet, er bellt, sie kann, er wettet, sie will, sie lässt
Aufgabe 5: a) Fetzen, Plätze – Dackel, Deckel;
b) Kranz, Platz, Prinz, Blitz, Pflanze, Tatze
c) Brezel, Schatz, Witz, Kreuz – Rabauke, Klecks, Keks, Knacks
Aufgabe 6:
a) (mögliche Lösung):
Wörter mit ss: essen, lassen, nass, wissen;
Wörter mit ß: außen, fließen, schließen, Soße
b) er beißt, sie isst, es gießt, es passt, sie wusste, er weiß; c) Grimasse, Gequassel, Meißel, Soße, Reißverschluss
Aufgabe 7:
a) entsetzlich, entspannen, entzwei, entkommen
b) Entscheidung, Entfernung, Entwicklung, Entschuldigung, entziffern, entlaufen
c) entdecken, Entsetzen, entweder … oder, entlang, Entwurf, entstehen, enttäuscht, entgegen
Aufgabe 8:
a) Durst – durstig, Matsch – matschig, Ärger – ärgerlich, Absicht – absichtlich, Lust – lustig, Schrift – schriftlich, Eis – eisig
b) Freund – freundlich, Mut – mutig, Schrift – schriftlich, Zeit – zeitlich, Berg – bergig, Feind – feindlich, Brüder – brüderlich, Zeit – zeitig
c) Mund – mündlich, Frieden – friedlich, Berg – bergig, Matsch – matschig, Nebel – neblig, Punkt – pünktlich, Schwindel – schwindelig, Feind – feindlich
Aufgabe 9 (mögliche Lösung):
a) **Wörter mit ä:** ändern, Täter, Fähre, Säbel;

Wörter mit äu: säubern, Häuser, Käufer, läuten
b) Träume – Traum, aufräumen – Raum, gefährlich – Gefahr, erklären – klar, säuerlich – sauer, ärmlich – arm
c) verlängern – lang, krächzen – Krach, aufräumen – Raum, **e**hrlich, bläulich – blau, sich kr**eu**zen
Aufgabe 10 (mögliche Lösung):
a) tobt – toben, trägt – tragen, wild – Wildnis, der Dieb – die Diebe, das Geld – die Gelder, das Rad – die Räder
b) das Feld – die Felder, der Dieb – die Diebe, das Lob – loben, der Wind – windig, es trabt – traben, es trägt – tragen, gesund – gesünder
c) das Feld – die Felder, es pie**p**t, der Dieb – die Diebe, bun**t**, das Lob – loben, der Wind – windig, es quie**k**t, es trabt – traben, es trägt – tragen, gesund – gesünder
Aufgabe 11: Die Mannschaft der 5b hatte mit 3:0 gesie**g**t. So etwas gelin**g**t den Kindern nicht immer. Die Gegner waren nämlich durchaus gef**ä**hrlich. Doch in der En**d**runde konnten sie dann nicht mehr mithalten. Die Stürmer der 5b haben in den le**tzt**en Minuten ihre Tore geschossen. Und damit haben sie en**d**lich einmal die Schulmeisterschaft gewo**nn**en.

Die Großschreibung
Seite 233:
Barbe, die: ein europäischer Süßwasserfisch aus der Familie der Karpfen
Färse, die: junge Kuh
kören: die Besten auswählen
Rüde, der: männlicher Hund

Seite 240:
Aufgabe 1: Sie sitzen auf bequemen Sitzen.
Aufgabe 2: Die kleine Katze sitzt auf einem weichen Sitz und sonnt sich in der warmen Sonne.
Aufgabe 3: a) Es ist wichtig, etwas zu üben.
b) Doch zum Üben braucht man Geduld.
Aufgabe 4: Ihr T-Shirt leuchtet in strahlendem Blau.
Aufgabe 5: Das Wort *Blau* wird hier großgeschrieben, weil das Adjektiv *strahlendem* davorsteht.
Aufgabe 6: a) keine Lust, b) vor Langeweile, c) ihre Jungen mit Maden, d) mit einem Sprung ins Wasser. e) Manchmal könnte ich vor Wut ins Kissen beißen. f) Ich kann es nicht vertragen, wenn jemand Lügen über mich verbreitet. g) Ich esse am liebsten Obst und Gemüse.
Aufgabe 7: a) keine große Lust, b) vor lauter Langeweile, c) ihre hungrigen Jungen mit fetten Maden, d) mit einem großen Sprung ins tiefe Wasser, e) vor großer Wut ins weiche Kissen, f) schlimme Lügen, g) frisches Obst, gesundes Gemüse.
Aufgabe 8: Tönige Schreuben lagen auf facklichen Rusen und haben gemeucht.

Zeichensetzung – Kommasetzung
Seite 253:
Aufgabe 1:
a) Wo warst du denn gestern**?**
b) Ich war im Schwimmbad**.**
c) Hat es dir dort gefallen**?**
d) Natürlich, was für eine dumme Frage**!**
Aufgabe 2:
Joe sagt**:** „In der Wüste sprang einmal ein Löwe auf mich zu." „Und was hast du da gemacht?", fragt Jonny. Joe sagt**:** „Ich sprang auf einen Baum und kletterte hinauf." Da sagt Jonny**:** „Aber in der Wüste gibt es doch gar keine Bäume." Da ruft Joe**:** „Das war mir in diesem Augenblick ganz egal!"
Aufgabe 3:
„Erzähl doch mal was von deiner Reise durch die Wüste**!**", sagt Jonny.
Joe erzählt**:** „Einmal sprang ein Löwe auf mich zu, und ich konnte mich gerade noch retten."
„Das ist ja Wahnsinn**!**", rief Jonny. „Und was hast du da gemacht**?**"
Joe sagt**:** „Ich sprang auf einen Baum und kletterte hinauf."
„Aber in der Wüste gibt es doch gar keine Bäume", sagt Jonny.
Da ruft Joe**:** „Das war mir in diesem Augenblick ganz egal**!**"
Aufgabe 4:
a) Der Bäcker backt Brot**,** Brötchen**,** Kuchen und Torten.
b) Puppen und Spielzeugautos**,** Kinderbücher und Spiele findet man im Spielzeugladen.
c) Im Fischgeschäft kann man Muscheln**,** Fisch**,** Heringssalat oder Krabben kaufen.
Aufgabe 5:
Das Fußballspiel haben wir verloren**,** weil wir schlecht gespielt haben.

Aufgabe 6: Weil wir schlecht gespielt haben, haben wir das Fußballspiel verloren.
Aufgabe 7: Unser Sportfest war ein Erfolg, weil alle gut mitgemacht haben.
Aufgabe 8: Als wir gerade grillen wollten, fing es an zu regnen.
Aufgabe 9: Wenn das Wetter besser gewesen wäre, hätte uns das Fest noch mehr Spaß gemacht.
Aufgabe 10 (mögliche Lösung): Wenn ich heute noch Zeit habe, dann gehe ich mit meinen Freunden ins Freibad.
Aufgabe 11 (mögliche Lösung): Als Felix nach Hause kam, war es schon sehr spät.
Aufgabe 12 (mögliche Lösung): Obwohl er heute krank war, ging er zu dem Fußballspiel.

Wortarten
Seite 282–283:
Aufgabe 1: **Nomen:** Glück, Wut; **Adjektive:** rund, wichtig; **Verben:** holt, gelaufen
Aufgabe 2: Plural
die Onkel, die Tanten, die Münder, die Bäuche, die Bleistifte, die Zeichenblöcke, die Löffel, die Gabeln
Aufgabe 3: Artikel
a) Die Mutter hat heute Morgen ein Taxi bestellt.
b) Schon nach wenigen Minuten stand das Taxi vor der Tür.
Aufgabe 4: Personalpronomen
a) Heute Morgen habe ich mich erst geduscht.
b) Dann habe ich mir die Haare gekämmt.
Aufgabe 5: Anredepronomen
Liebe Frau Meier, ich möchte Ihnen mitteilen, dass ich Sie und Ihre beiden Dackel gestern gesehen habe.
Aufgabe 6: Die Steigerung der Adjektive
a) Dieses Jahr bin ich schon etwas größer als voriges Jahr.
b) Leider bin ich immer noch nicht so groß wie mein älterer Bruder.
Aufgabe 7: Präpositionen
a) Ich setze mich auf den Stuhl. Jetzt sitze ich auf dem Stuhl.
b) Ich stelle mein Fahrrad an die Hauswand. Jetzt steht es dort an der Wand.
Aufgabe 8: Verben
Infinitiv: beißen, frieren; **Präteritum:** biss, fror;

Perfekt: hat gebissen; hat gefroren
Aufgabe 9: Infinitiv
essen, lügen, laufen, helfen
Aufgabe 10: Wortfelder
a) schnitzen; b) schummeln
Seite 283:
Aufgabe 1:
Nomen: Pech, Wut, Abend; **Adjektive:** größer, wichtig, langsam; **Verben:** kam, gelaufen, sang
Aufgabe 2 (mögliche Lösung): Plural
–en / –n: die Flaschen, die Frauen, die Jungen
–s: die Taxis, die Limos, die Zebras, die Opas
–er: die Kinder, die Becher, die Rinder
Plural mit Umlaut: Hühner, Mütter, Väter
Aufgabe 3: Artikel
a) Die Mutter hat heute Morgen ein Taxi bestellt.
b) Schon nach wenigen Minuten stand das Taxi vor der Tür.
Aufgabe 4: Personalpronomen
a) Heute Morgen habe ich mich erst geduscht. Dann habe ich mir die Haare gekämmt.
b) Danach hat mich meine Mutter ins Auto gepackt und ist mit mir zur Schule gefahren.
Aufgabe 5: Anredepronomen
Liebe Frau Meier, ich möchte Ihnen mitteilen, dass ich Sie und Ihre beiden Dackel gestern gesehen habe. Ich finde, dass die beiden mit **ihren** roten Halsbändern sehr gut aussehen.
Aufgabe 6: Die Steigerung der Adjektive
a) Der Kirchturm ist höher als unser Haus.
b) Er ist aber nicht so hoch wie der Fernsehturm.
c) Und der Fernsehturm ist längst nicht so hoch wie das höchste Gebäude der Erde.
Aufgabe 7: Präpositionen
a) Ich setze mich auf den Stuhl. Jetzt sitze ich auf dem Stuhl.
b) Ich stelle mein Fahrrad an die Hauswand. Jetzt steht es dort an der Wand.
Aufgabe 8: Verben
beißen, biss, gebissen / frieren, fror, gefroren / fliegen, flog, geflogen / lügen, log, gelogen / ziehen, zog, gezogen / kommen, kam, gekommen / gewinnen, gewann, gewonnen
Aufgabe 9: Infinitiv
fressen, treffen, schlafen / helfen, essen, sitzen, sterben

Aufgabe 10: Wortfelder
a) schnitzen, b) schummeln, c) streiten, stinken

Die Zeitformen
Seite 289:
Aufgabe 1: a) Präteritum, b) Präsens, c) Präsens, d) Perfekt, e) Präsens, f) Perfekt, g) Futur
Aufgabe 2:
h) Die Lehrerin fragte Lotte:
i) „Lotte! Was ist denn geschehen?
j) Hast du gestern zu lange ferngesehen?
k) Hast du schlecht geschlafen?
l) Oder was ist los mit dir?"
Aufgabe 3:
m) Lotte, ganz außer Puste, antwortete der Lehrerin:
n) „Nein, ich habe nicht zu lange ferngesehen.
o) Mein Vater hat mich einfach nicht geweckt.
p) Ich glaube,
q) er hat heute Morgen selbst verschlafen
r) und deswegen bin ich nicht aufgewacht."
s) Die Lehrerin lachte.
t) Und die anderen Kinder mussten auch lachen.
u) Lotte sagte noch: „Es wird nicht wieder vorkommen."

Satzglieder
Seite 303:
Aufgabe 1: Der Satz besteht aus 5 Satzgliedern:
| Der Kater | traf | eines schönen Tages | die Maus | vor ihrem Loch |
Aufgabe 2:
a) Lena schenkt **ihrem** Bruder ein T-Shirt zum Geburtstag.
b) Der Junge hilft **seinem** Vater im Garten.
c) Die Polizistin beschreibt **einem** Besucher den Weg.
d) Der Fußgänger musste **einem** Radfahrer ausweichen.
e) Das Kind schreibt **seinem** Opa eine Ansichtskarte.
Aufgabe 3 (mögliche Lösung):
Der Hund jagt die Katze. Das Mädchen hilft ihrer Freundin.
Aufgabe 4 (mögliche Lösung):
Er gibt ihr den Anspitzer. Er zeigt ihm den Weg.

Aufgabe 5:
a) In der Dämmerung verlässt die Maus ihren Bau.
Oder: Ihren Bau verlässt die Maus in der Dämmerung.
b) Im Dunkeln kann sie schlecht sehen.
c) Ihr helfen aber bei der Orientierung ihre langen Tasthaare.
Oder: Bei der Orientierung helfen ihr aber ihre langen Tasthaare.
d) Diese Haare dienen als eine Art Antenne.
Aufgabe 6:
a) In manchem Dorf (Adverbial); b) Ein Mann (Subjekt); c) Die (Subjekt); d) Nachts (Adverbial); e) Danach (Adverbial); f) Gefreut hat (Prädikat);
Aufgabe 7 (mögliche Lösung):
g) Tote Mäuse (Akkusativ-Objekt) konnte er nämlich nicht ausstehen.
h) Die Katze (Subjekt) wollte ihm aber doch nur ein Geschenk machen!
i) Sie (Subjekt) wollte ihm von ihrem Fressen etwas abgeben.
j) Manchmal (Adverbial) sind Katzen nämlich dankbare Tiere.
k) Das (Akkusativ-Objekt) hätte der Mann wissen müssen.

Quellen

Texte

Seite 20: Die beiden Ziegen. A. L. Grimm – nacherzählt von Wolfgang Menzel

Seite 20: Iwan Krylow: Warum das Schwein weinte. Übersetzt von Käthe Recheis. Aus: Das große Fabelbuch. Wien: Ueberreuter 1995

Seite 21: Der Fuchs und der Ziegenbock: Äsop – nacherzählt von Wolfgang Menzel

Seite 23: Das Pferd und das Hängebauchschwein. Originalbeitrag von Wolfgang Menzel

Seite 34: Stunde der Gartenvögel. Zahlenangaben nach: https://www.nabu.de/tiere-und-pflanzen/aktionen-und-projekte/stunde-der-gartenvoegel/ergebnisse/ am 02.09.2015

Seite 37: Feldsperlinge in deutschen Gärten und Parks in den Jahren 2006–2015. Zahlenangaben nach: https://www.nabu.de/tiere-und-pflanzen/aktionen-und-projekte/stunde-der-gartenvoegel/ergebnisse/ am 02.09.2015

Seite 39: Deutschlands wilde Tiere – Rote Liste der Wirbeltiere. Zahlenangaben nach: http://www.heimische-tiere.de/Sauegtiere Deutschland.htm am 03.09.15: Quelle: Bundesamt für Naturschutz (Hg.): Rote Liste gefährdeter Tiere, Pflanzen und Pilze Deutschlands 1: Wirbeltiere vom 13. Oktober 2009

Seite 44: Suchergebnisse 1–10: Texte nach www.google.de/search, recherchiert im Zeitraum vom 24. bis 26.10.2015

Seite 48: Text Kletterwald nach: http://www.kletterwald-hoherodskopf.de am 06.12.15

Seite 53: Joachim Ringelnatz: Die Feder. Aus: Ders.: Sämtliche Gedichte. Zürich: Diogenes Verlag AG 1997

Seite 74: Arno Holz: Rote Dächer. Aus: Ders.: Werke. Hrsg. von Wilhelm Emrich und Anita Holz. Band. 1. Neuwied: Luchterhand 1961

Seite 96–97: Der Geschichtenerzähler. Neu erzählt von Ursula Sassen. Nach: Klaus Peter Klein: Der Geschichtenerzähler. In: Praxis Deutsch Heft 49, Friedrich Verlag, Seelze 1981

Seite 103: Die Schule war aus … Originalbeitrag von Ursula Sassen. Nach: Manfred Große: Die Jacke. Aus: Hans-Joachim Gelberg: Die Erde ist mein Haus. Achtes Jahrbuch der Kinderliteratur. © 1988 Beltz Verlag, Weinheim und Basel. Programm Beltz & Gelberg, Weinheim

Seite 109: Erich Kästner: Wie Eulenspiegel auf dem Seil tanzte (leicht bearbeitet). Aus: Till Eulenspiegel – erzählt von Erich Kästner. Illustrationen von Walter Trier. Hamburg: Cecilie Dressler Verlag GmbH & Co. KG, Zürich: Atrium Verlag AG. © Atrium Verlag AG, Zürich 1938, Seite 16–18

Seite 110: Erich Kästner: Eulenspiegel rächt sich (leicht bearbeitet). Aus: Till Eulenspiegel – erzählt von Erich Kästner. Illustrationen von Walter Trier. Hamburg: Cecilie Dressler Verlag GmbH & Co. KG, Zürich: Atrium Verlag AG. © Atrium Verlag AG, Zürich 1938, Seite 18–21

Seite 113: Wie Eulenspiegel in einen Bienenkorb kroch. Originalbeitrag von Wolfgang Menzel – nach Hermann Bote

Seite 114–115: Erich Kästner: Wie Eulenspiegel einem Esel das Lesen beibrachte (leicht bearbeitet). Aus: Till Eulenspiegel – erzählt von Erich Kästner. Illustrationen von Walter Trier. Hamburg: Cecilie Dressler Verlag GmbH & Co. KG, Zürich: Atrium Verlag AG. © Atrium Verlag AG, Zürich 1938, Seite 54–59

Seite 118–121: Wolfgang Menzel: Wie Eulenspiegel bei Uelzen einen Bauern um ein grünes Londoner Tuch betrog. Originalbeitrag

Seite 126–129: Der Schmied Butec. Slowakisches Volksmärchen – nacherzählt von Wolfgang Menzel. Originalbeitrag

Seite 132–135: Brüder Grimm: Die Bremer Stadtmusikanten (leicht bearbeitet). Aus: Die schönsten Märchen der Brüder Grimm. Bearbeitet von Renate Lüpke und Waltraud Villaret. Gütersloh: Bertelsmann Reinhard Mohn OHG o.J. Alle Rechte dieser Ausgabe bei Bertelsmann Reinhard Mohn OHG, Gütersloh

Seite 137–138: Die drei Wünsche. Volksmärchen aus den Pyrenäen. Aus: Französische Märchen. Herausgegeben von Ré Soupault. Düsseldorf: Diederichs 1992

Seite 139: Brüder Grimm: Prinzessin Mäusehaut (sprachlich bearbeitet). Aus: Kinder- und Hausmärchen der Brüder Grimm. Vollständige Ausgabe in der Urfassung. Herausgegeben von Friedrich Panzer. Wiesbaden: Vollmer

Seite 141–145: Prinzessin Mäusehaut – ein szenisches Spiel. Originalbeitrag von Wolfgang Menzel – nach den Brüdern Grimm

Seite 147–151: Brüder Grimm: Hans im Glück (leicht bearbeitet). Aus: Die schönsten Märchen der Brüder Grimm. Bearbeitet von Renate Lüpke und Waltraud Villaret. Gütersloh: Bertelsmann Reinhard Mohn OHG o.J. Alle Rechte dieser Ausgabe bei Bertelsmann Reinhard Mohn OHG, Gütersloh

Seite 154: Jean de Brunhoff: Patali dirapata. Aus: Jean de Brunhoff: König Babar. Paris: Librairie Hachette 1939

Wolfgang Menzel: In der grummel Flotterlucht. Originalbeitrag

Seite 155: Joachim Ringelnatz: Der Stein. Aus: Ders.: Sämtliche Gedichte. Zürich: Diogenes Verlag AG 1997

Joachim Ringelnatz: Der Funke. Aus: Ders.: Sämtliche Gedichte. Zürich: Diogenes Verlag AG 1997

Seite 157: Eduard Mörike: Septembermorgen. Aus: Deutsche Gedichte. Eine Anthologie. Herausgegeben von Dietrich Bode. Stuttgart, 1988. © 1984 Philipp Reclam Junior

Seite 158: Heinrich Seidel: November. Aus: So viele Tage wie das Jahr hat. 365 Gedichte für Kinder und Kenner. Gesammelt und herausgegeben von James Krüss. 10. Auflage der Neuausgabe von 1989. © 1959 by C. Bertelsmann Jugendbuch Verlag, München

Seite 160: James Krüss. Das Wasser. Aus: Ders.: Der wohltemperierte Leierkasten. 12 mal 12 Gedichte für Kinder, Eltern und andere Leute. Gütersloh: Sigbert Mohn Verlag 1961

Seite 161: Josef Guggenmos: Ich male mir den Winter. Aus: Josef Guggenmos: Ich will dir was verraten. Weinheim/Basel 1992

Seite 165: Adolf Holst: Eislauf. Aus: Ders.: Tandaradei. Oldenburg: Stalling 1920

Seite 165: Peter Hacks: Der Walfisch. Aus dem Originalwerk: Peter Hacks: Der Flohmarkt. Gedichte für Kinder. Lizenzgeber: Eulenspiegel Verlag, Berlin

Seite 166: James Krüss. Der gereimte Löwe. Aus: Ders.: Der wohltemperierte Leierkasten. 12 mal 12 Gedichte für Kinder, Eltern und andere Leute. Gütersloh: Sigbert Mohn Verlag 1961

Seite 167: James Krüss. Gewitterlied. Aus: Weinheimer Lesebuch. Band 1. Beltz Verlag, Weinheim und Basel. Programm Beltz & Gelberg, Weinheim 1967

Seite 168: Vera Ferra-Mikura: Regenschirme. Aus: Bunt gefleckt, getupft, gescheckt. Wien: Jungbrunnen Verlag GmbH 2008

Seite 169: Christian Morgenstern: Der Frühling kommt bald. Aus: So viele Tage wie das Jahr hat. 365 Gedichte für Kinder und Kenner. Gesammelt und hg. von James Krüss. 10. Auflage der Neuausgabe von 1989. © 1959 by C. Bertelsmann Jugendbuch Verlag, München

Seite 170: Christian Morgenstern: Die drei Spatzen. Aus: Ders.: Gesammelte Werke. Herausgegeben von Margareta Morgenstern. München: Piper 1965

Seite 171: Robert Reinick: Der Schneemann auf der Straße

Seite 172: James Krüss. Schneemanns-Los. Aus: Ders.: Der wohltemperierte Leierkasten. 12 mal 12 Gedichte für Kinder, Eltern und andere Leute. Gütersloh: Sigbert Mohn Verlag 1961

Seite 173: Fredrik Vahle: Viel Himmel zwischen den Ohren. Aus: Ders.: Der Himmel fiel aus allen Wolken. © 1994 Beltz Verlag, Weinheim und Basel. Programm Beltz & Gelberg, Weinheim

Seite 174: Georg Britting: Goldene Welt. Aus: Ders.: Sämtliche Werke. Band 2. List, München 1996

Seite 175: Joseph von Eichendorff: Herbst. Aus: Ders.: Ausgewählte Werke. Band 1. München: Winkler 1970

Seite 176–177: H. B. Cave: Arktisches Abenteuer. Aus: Gisela Hartmann: Das neue große Buch der Erzählungen. Stuttgart: Union-Verlag 1961

Seite 179: Achim Bröger: Lieber Weihnachtsmann. Aus: Ders.: Auf Zehenspitzen und Katzenpfoten. Würzburg: Arena 1983

Seite 181–182: Renate Welsh: Axel und die Freude (leicht verändert). Aus: Herbert Ossowski (Hg.): Unter dem Sonnenschirm. Düsseldorf: Patmos 1989. © Renate Welsh

Seite 183–185: Paul Maar: Falsch verbunden. Aus: Hans-Joachim Gelberg (Hg.): Glücksvogel. Geschichten, Gedichte und Bilder. © Beltz & Gelberg in der Verlagsgruppe Beltz. Weinheim und Basel 2013

Seite 186–187: Tilde Michels: Wie der Vogel gestorben ist. Aus: Dies.: Ich und der Garraga. 18 Geschichten von Nori. Düsseldorf: Hoch Verlag 1972

Seite 188–189: Astrid Lindgren: Wie Ole seinen Hund bekam (Auszug). Aus: Astrid Lindgren: Wir Kinder aus Bullerbü. Deutsch von Else von Hollander-Lossow. Hamburg: © Verlag Friedrich Oetinger 1988

Seite 191: Susanne Kilian: Kennst du das auch? Aus: Dies.: Kinderkram. Kinder Gedanken Buch. Erzählungen und Texte. © 1987 Beltz Verlag, Weinheim und Basel. Programm Beltz & Gelberg, Weinheim, Seite 72

Seite 191: Susanne Kilian: Oder das, kennst du das? Aus: Dies.: Kinderkram. Kinder Gedanken Buch. Erzählungen und Texte. © 1987 Beltz Verlag, Weinheim und Basel. Programm Beltz & Gelberg, Weinheim, Seite 74

Seite 193: Irmela Wendt: Uli und ich. Aus: Geh und spiel mit dem Riesen. Erstes Jahrbuch der Kinderliteratur. Hg. von Hans-Joachim Gelberg. 1971 Beltz Verlag, Weinheim und Basel. Programm Beltz & Gelberg, Weinheim (Rechte zu 100% bei Autorin)

Seite 196–197: Gret Ziswiler: Die Stute erwartet ihr Fohlen. Aus: Sabine Schroer, Gret Ziswiler (Hg.): Pferde. Zürich: Atlantis Verlag 1971 (vergriffen)

Seite 198–205: Alle Auszüge aus: Uwe Timm: Rennschwein Rudi Rüssel. München: Deutscher Taschenbuch Verlag 1993

Bilder

|Advanco GmbH, Mülsen: 56.1. |akg-images GmbH, Berlin: 5.1, 108.2, 125.3, 125.4; Paul Klee: Kampfszene aus der komisch-phantastischen Oper „Der Seefahrer", 1925 /Basel Sammlung Trix Duerst-Hass 99.1. |Apple Inc. Deutschland, Haar: 49.1, 49.2, 83.1, 83.2. |Badische Zeitung, Freiburg: Monika Weber 89.3. |Baumkronenpfad Hoherodskopf, Schotten / Hoherodskopf: 46.2, 46.3. |Blickwinkel, Witten: McPHOTO 186.1. |CAMINITO s.a.s. Literary Agency, Cesano Maderno (MB): © Joaquín S. Lavado (Quino)/Caminito S.a.s. Literary Agency 273.1. |CanStockPhoto.com, Halifax, Nova Scotia: 64.1. |Carl Hanser Verlag GmbH & Co. KG, München: Uwe Timm: Rennschwein Rudi Rüssel. Mit Illustrationen von Gunnar Matysiak, München 1989 199.1, 200.1, 200.2, 201.1. |CICERO Design & Druck: 87.1. |Derer, Frank, Steinenbronn: 34.1, 34.2, 34.4, 34.5, 34.6, 35.3, 35.5, 37.1. |Deuter Sport GmbH & Co. KG, Gersthofen: 67.1. |dreamstime.com, Brentwood: Barsik 90.2; Goce 64.4. |Dressler Verlag GmbH, Hamburg: Cover zu Erich Kästner: Till Eulenspigel 108.5. |F.O.BAGS GmbH, Köln: 62.1. |F1online, Frankfurt/M.: (Baumhaus) Titel. |Fabian, Michael, Hannover: 3.3, 8.1, 10.1, 10.2, 11.1, 14.1, 14.2, 14.3, 14.4, 14.5, 14.6, 16.1. |Fit4Style Silberschmuck e.K., Köthen: SilberDream Lederarmband 54.8. |fokusnatur, Elsterberg: Pröhl 35.6. |fotolia.com, New York: Clivia 31.2; Comugnero Silvana 54.2; IrisArt 59.1; Karin & Uwe Annas 64.2; ludmilafoto 54.9; rgbspace 65.1; Tep, Fred 64.3; trekandphoto 54.6. |Friedrich Hechelmann Kunsthalle im Schloss Isny, München: Friedrich Hechelmann. Isny im Allgäu 174.1. |Getty Images, München: Nature Picture/Edwardes, Guy 28.1; Oscar Diez/BIA 29.1. |Getty Images (RF), München: (Kinder Bildnr. 172601026 FR), iStockphoto.com, Calgary (Holz in der Hand des Jungen) Titel. |Google LLC.: Baumkronenweg Kopfing, Oberösterreich 3.4, 42.1. |Hama, Monheim: 60.1. |Heinrich Obermeyer GmbH & Co. KG, Oberstaufen: 61.1. |Helga Lade Fotoagenturen GmbH, Frankfurt/M.: Davis, Tim 30.1. |http://kaiserdom-koenigslutter.info: 108.6. |Indoor Spielwerk Betriebs GmbH & Co.Kg, Hamburg: 89.4. |Interfoto, München: Sigfried Kuttig/imageBROKER 108.1. |iStockphoto.com, Cal-

gary: Andrew_Howe 35.2; suxingmin 104.1; Vorobev, Mark 54.4. |juniors@wildlife Bildagentur GmbH, Hamburg: S. Muller 35.1. |Keystone Pressedienst, Hamburg: 125.1, 125.2. |Kletterwald Hoherodskopf, Bad Nauheim: 48.1. |mauritius images GmbH, Mittenwald: Pöhlmann, André 54.1. |Menzel, Wolfgang, Wedemark: 162.1. |Microsoft Deutschland GmbH, München: 46.4. |Naturfotografie Klaus Roggel, Berlin: Klaus Roggel 35.4. |NICI GmbH, Altenkunstadt: © NICI 2011.Alle Rechte vorbehalten. 64.5. |Nußbaum, Regina, Braunschweig: 108.3. |OKAPIA KG - Michael Grzimek & Co., Frankfurt/M.: Hans Reinhard 34.3. |Panzau, Thomas, Hamburg: 112.1. |Paul Frank Industries LLC, Los Angeles, California: 63.2. |Picture-Alliance GmbH, Frankfurt/M.: dpa-infografik 3.2, 41.1; dpa-Zentralbild 4.2, 89.5; dpa/Ebener, David 200.4; Steffen, Peter / dpa 90.1; Sunbird Images 28.2. |plainpicture, Hamburg: Caiaimages 89.2. |Region Vogelsberg Touristik GmbH, Schotten: 46.1. |Rudolph, Dr. Günter, Dresden: 215.1. |Scala Archives, Bagno a Ripoli/Firenze: (c) VG Bild-Kunst, Bonn 2019 101.1, 271.1. |Shutterstock.com, New York: 4.1, 31.1, 39.1, 39.3, 39.4, 39.5, 54.3, 54.5, 54.10, 54.11, 63.1, 65.2, 89.1; Hulai, Vitalii 3.1, 32.1; nui7711 54.7; Zoonar GmbH 39.2. |Ski- und Rodelarena Hoherodskopf, Rasdorf: 51.1. |Steirer, Christof (www.naturfoto-tirol.com), Telfes im Stubai: 26.1. |Thienemann-Esslinger Verlag GmbH, München: 124.1, 124.2. |Tierfotoagentur, Altenburg: Seibot, B. 197.1. |Trainingsunterlagen24 GmbH, Zielitz: 98.1, 98.2. |Verlagshaus Jacoby & Stuart GmbH, Berlin: Cover zu Rotraut Susanne Berners Märchencomics, Berlin 2008 124.3. |Wagenbreth, Henning, Berlin: 108.4. |© dtv Verlagsgesellschaft mbH & Co. KG, München: Cover zu Uwe Timm: Rennschwein Rudi Rüssel 6.1, 198.1, 200.3.